이 책을 펴고 있는 그대를 환영합니다.

똑. 똑. 똑

호기심과 질문으로
지식의 문을 힘차게 두드리기를

쿵. 쿵. 쿵

알아가는 즐거움으로
심장이 벅차게 뛰기를

이 책을 펴고 있는 그대를 응원합니다.

BETTER CONTENT BETTER LIFE

중등 국어 1-1

WRITERS

김진아 대경중 교사
나단비 금옥중 교사
박정호 휘문중 교사
이시진 잠실중 교사

COPYRIGHT

인쇄일 2025년 3월 11일(1판3쇄)
발행일 2024년 11월 11일

펴낸이 신광수
펴낸곳 ㈜미래엔
등록번호 제16-67호

중고등개발본부장 하남규
개발책임 이충선
개발 장혜연, 전미, 김수진, 황혜린, 조소은, 정미연

디자인실장 손현지
디자인책임 김기욱
디자인 디자인 모티프, 스튜디오 에딩크

CS본부장 장명진

ISBN 979-11-7311-127-3

머리말

중학교 첫날,

교실로 향하는 발걸음에는
새 친구들을 만날 설렘 한 걸음,
새로운 공부에 대한 걱정 한 걸음,
여러 감정의 걸음걸음이 뒤섞여 있어요.

이제 모퉁이를 돌아 새 교실에 발을 디디면
또 어떤 일이 우리를 기다리고 있을지 알 수 없어요.
새롭다는 것,
그 속에는 불확실성이 숨어 있거든요.
그 불확실성은 우리를 두렵게도 만들고 설레게도 만들어요.

하지만 우리가 마음먹고 목표를 정하는 순간,
불확실성의 장막은 사라지고 밝게 빛나는 가능성이 펼쳐져요.
여러분이 언제나 가능성의 빛으로 가득하도록

그 곁에 항상 **올리드가 함께할게요~**   

Structure
구성과 특징

❈ 학습 목표에 따른 개념 학습
❈ 소단원 핵심 내용 꼼꼼 정리

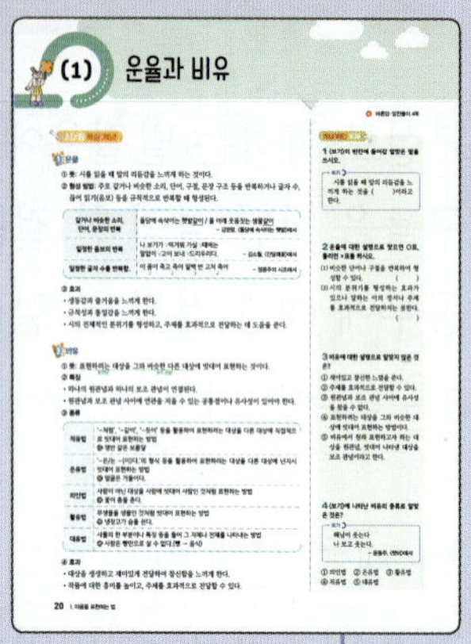

❈ 교과서 학습 활동 분석
❈ 시험에 꼭 나오는 학습 활동 정리

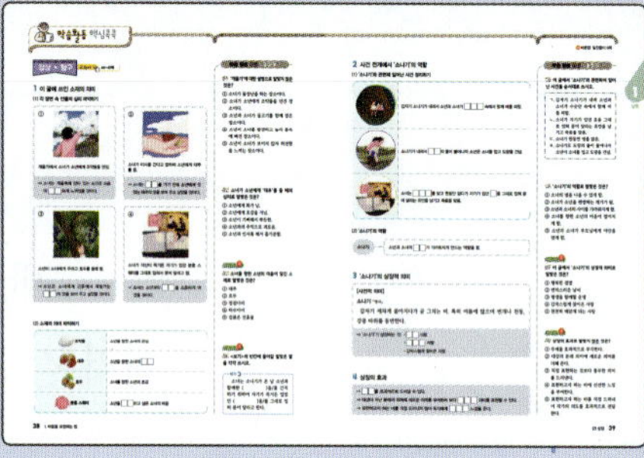

❈ 기본 문제로 구성된 '소단원 다잡기'
❈ 학교 시험 빈출 문제로 구성된 '대단원 문제'

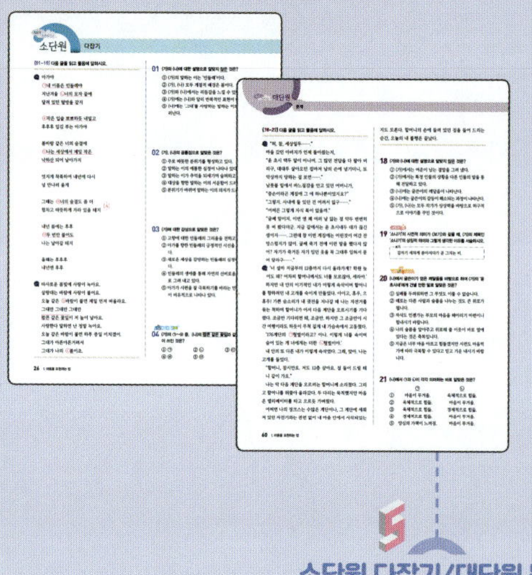

1 소단원 핵심 개념

3 학습 활동 핵심 콕콕

5 소단원 다잡기/대단원 문제

2 교과서 본문 학습

4 만점 노트

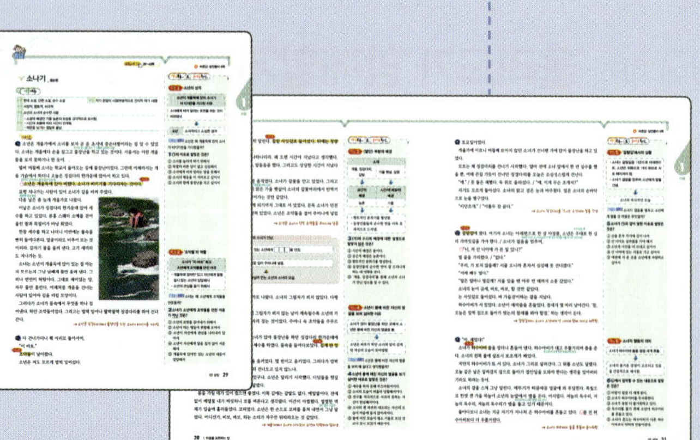

❈ 교과서 전체 지문 꼼꼼 정리
❈ 본문 분석과 핵심 내용 정리

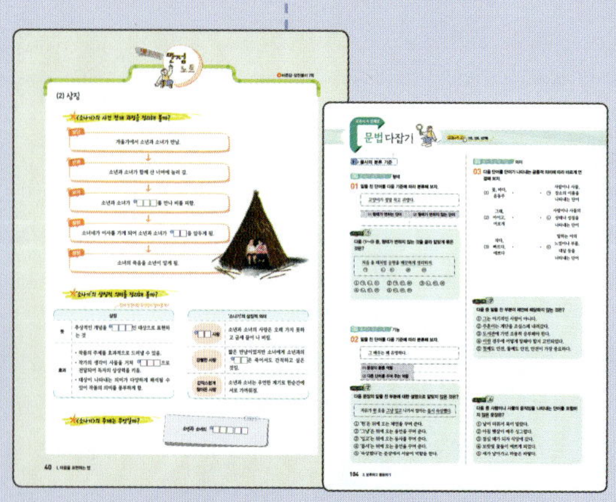

❈ 시험에 꼭 나오는 소단원 핵심 내용 정리
➕ 문법 단원은 '문법 다잡기'로 반복 학습

☸ 시험에 잘 나오는 빈출 지문을 통째로 정리

☸ 내공을 쌓기 위한 학교 시험 빈출 유형 문제 풀이
☸ 고난도 문제로 구성된 만점 올리드

☸ 모의평가 결과를 스스로 점검
☸ 학습 개선점 진단

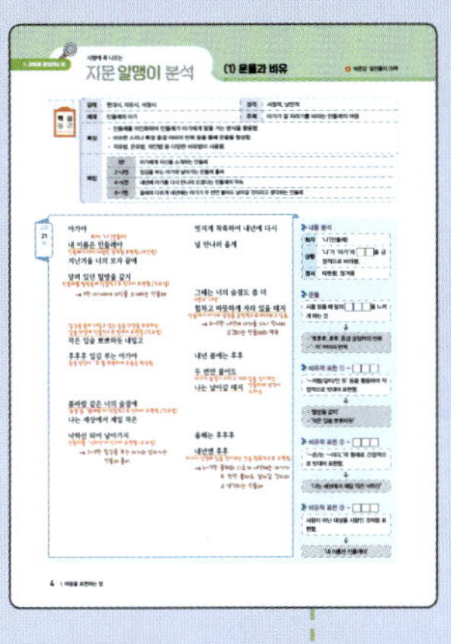

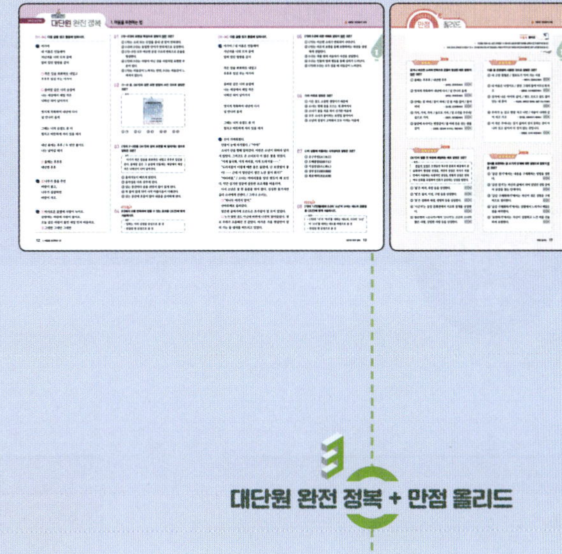

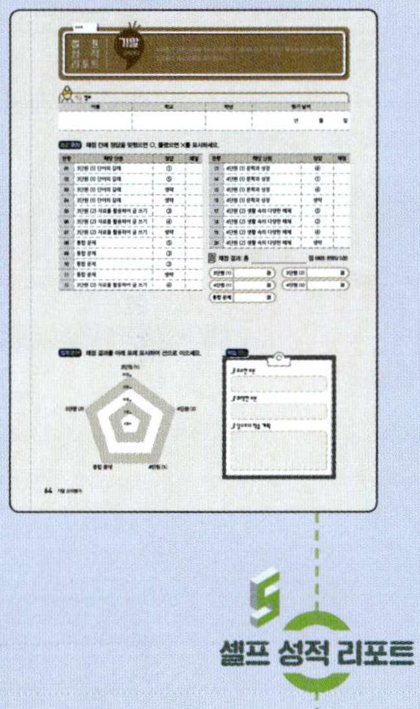

지문 알맹이 분석

대단원 완전 정복 + 만점 올리드

셀프 성적 리포트

시험 대비편

소단원 완전 정복

중간/기말 모의평가

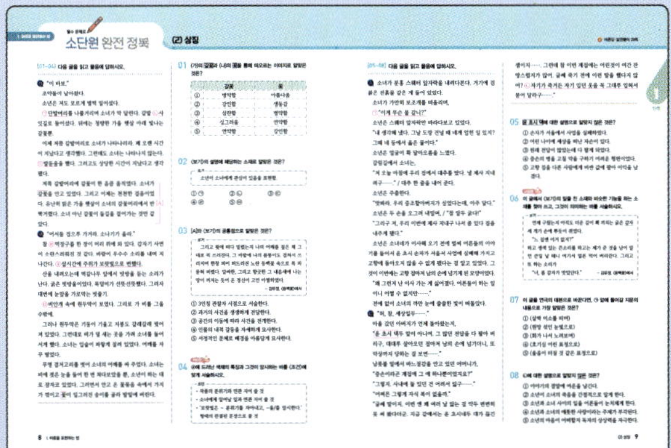

☸ 소단원 빈출 지문, 빈출 유형을 빠짐없이 문제 풀이

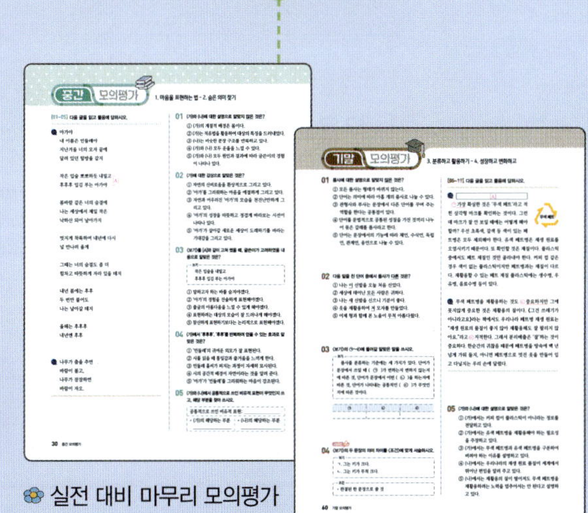

☸ 실전 대비 마무리 모의평가

Contents
차례

교과서 학습편

01 마음을 표현하는 법

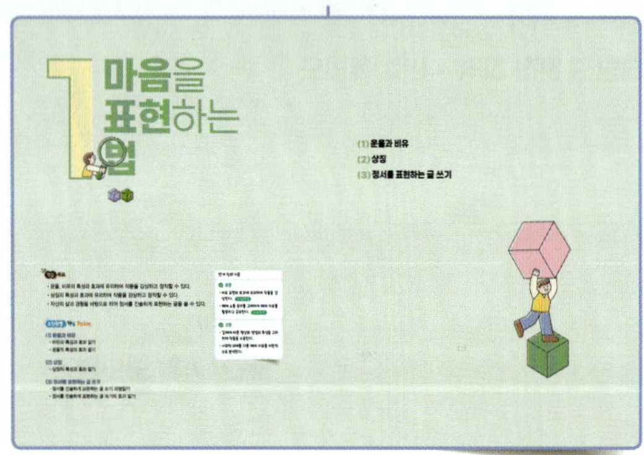

02 숨은 의미 찾기

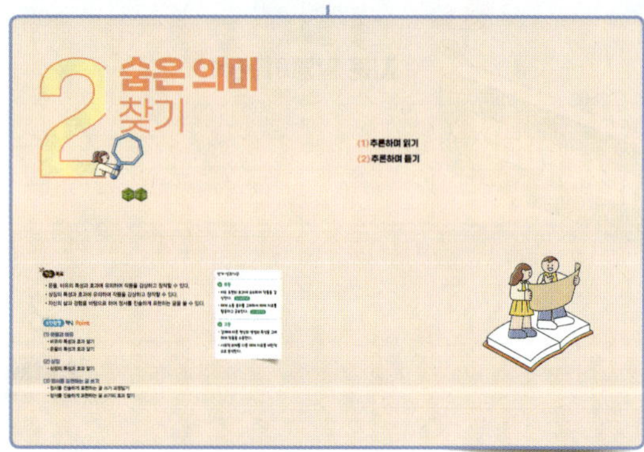

분류하고
활용하기

성장하고
변화하고

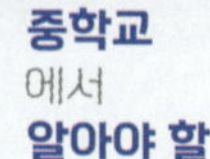

핵심 용어

01. 글의 종류

초등	중등	뜻
노래글	운문	시의 형식으로 지어서 운율이 드러나는 글
줄글	산문	운율이 드러나지 않는 자유로운 문장으로 쓴 글
설명하는 글	설명문	어떤 대상에 대한 정보를 독자들이 이해하기 쉽도록 알기 쉽게 풀어 쓴 글
주장하는 글	논설문	읽는 이를 설득할 목적으로 자신의 주장이나 의견을 논리적으로 쓴 글
생활문	수필	일상생활에서 겪은 일이나 느낌을 형식에 얽매이지 않고 쓴 글

02. 문장의 종류

초등	중등	뜻
시키는 문장	명령문	말하는 이가 듣는 이에게 무엇을 시키거나 행동을 요구하는 문장 예 약속한 것은 꼭 지켜라. / 창문을 활짝 열어라.
묻는 문장	의문문	말하는 이가 듣는 이에게 질문을 하여 그 해답을 요구하는 문장 예 무엇을 먹고 싶으세요? / 가장 중요한 문제가 무엇인가요?
권유하는 문장	청유문	말하는 이가 듣는 이에게 같이 행동할 것을 요청하는 문장 예 나와 함께 길을 걷자. / 에너지 절약 운동에 동참하자.
풀이하는 문장	평서문	말하는 이가 어떠한 사실을 객관적으로 이야기하는 문장 예 오늘은 입학식이 있는 날이다. / 다이아몬드는 탄소로 이루어져 있다.
감탄을 나타내는 문장	감탄문	말하는 이가 자신의 느낌을 표현하는 문장 예 아, 그 사실은 정말 놀랍구나! / 이야, 국어 시험 100점 맞았다.

03. 문법 용어

초등	중등	뜻
낱자	음운	말의 뜻을 구별하여 주는 소리의 가장 작은 단위 예 '밤'과 '봄'이 다른 뜻의 말이 되게 하는 'ㅏ'와 'ㅗ', '물'과 '불'이 다른 뜻의 말이 되게 하는 'ㅁ'과 'ㅂ'이 각각 음운이다.

맛보기 | 문제

1 다음 중 운문에 해당하는 것은?

① 시 　② 소설
③ 수필 　④ 설명문
⑤ 논설문

2 〈보기〉의 빈칸에 들어갈 말로 알맞은 것은?

> **보기**
> (　　　)은 어떤 대상에 대한 정보를 전달하기 위해 쓰는 글로 독자들이 이해하기 쉽도록 알기 쉽게 풀어 쓴다.

① 운문 　② 산문
③ 수필 　④ 설명문
⑤ 논설문

3 〈보기〉의 설명에 해당하는 문장의 종류로 알맞은 것은?

> **보기**
> 말하는 이가 듣는 이에게 같이 행동할 것을 요청하는 문장이다.

① 명령문 　② 의문문
③ 청유문 　④ 평서문
⑤ 감탄문

4 다음 중 명령문에 해당하는 것은?

① 내일 꼭 만나자.
② 앗, 깜짝 놀랐잖아!
③ 내일은 일찍 일어나라.
④ 나는 중학생이 되었다.
⑤ 좋아하는 음식이 무엇이니?

소리마디	음절	하나의 종합된 음의 느낌을 주는 말소리의 단위 예 '봄바람'의 '봄', '바', '람'이 각각 음절이다.
낱말	단어	뜻을 지니고 홀로 쓰일 수 있는 말의 단위(단, 조사는 홀로 쓰일 수 없지만 단어로 인정함.) 예 '봄바람'은 '봄철에 불어오는 바람'이라는 뜻을 지니고 홀로 쓰일 수 있는 단어이다.
말마디	어절	문장을 구성하고 있는 각각의 마디 예 '봄바람이 살랑살랑 분다.'의 '봄바람이', '살랑살랑', '분다'가 각각 어절이다.
소리 흉내말	의성어	소리를 흉내 낸 말 예 멍멍, 우당탕, 흑흑
모양 흉내말	의태어	모양을 흉내 낸 말 예 아장아장, 엉금엉금, 뒤뚱뒤뚱
이어 주는 말	접속어	단어와 단어, 구절과 구절, 문장과 문장을 이어 주는 구실을 하는 문장 성분 예 그리고, 그러나, 그래서, 따라서, 또는, 더구나, 결국, 예컨대
지시하는 말	지시어	앞에서 말한 내용을 다시 말할 때, 불필요한 반복을 피하기 위해서 대신 사용하는 말 예 이, 그, 저 / 이것, 그것, 저것 / 이렇게, 그렇게, 저렇게 / 이러하다, 그러하다, 저러하다
으뜸꼴	기본형	활용하는 단어의 기본 형태로, '-다'가 붙은 형태 예 '먹고, 먹어서' 등의 기본형은 '먹다'이다.
어울림	호응	앞에 어떤 말이 오면 거기에 응하는 말이 따라오는 것 예 '그것은 결코 우연한 일이 아니다.'에서 '결코'와 '아니다'가 호응한다.

04. 글의 구성과 관련된 용어

갈래	글의 종류를 가리키는 말
문체	글에 나타난 글쓴이의 개성적인 글투나 표현
구성	주제를 표현하기 위해 여러 요소들을 선택하여 배열하는 일
주제	글쓴이가 나타내고자 하는 중심 생각
소재	글의 내용이 되는 재료
제재	가장 중심이 되는 소재
핵심어	글의 중심 내용을 압축적으로 담고 있는 말
형상화	형체로는 분명히 나타나 있지 않은 것을 언어를 통해 구체적이고 명확한 형상으로 나타내는 것

5 〈보기〉의 빈칸에 들어갈 말로 알맞은 것은?

보기
( )은 말의 뜻을 구별하여 주는 소리의 가장 작은 단위이다.

① 음운 ② 음절
③ 단어 ④ 어절
⑤ 문장

6 〈보기〉의 빈칸에 들어갈 숫자로 알맞은 것은?

보기
'아침에 돌개바람이 거세게 불었다.'는 문장은 ( )어절로 이루어져 있다.

① 3 ② 4 ③ 5
④ 7 ⑤ 8

7 〈보기〉의 밑줄 친 말을 가리키는 용어로 알맞은 것은?

보기
아장아장 걷던 아기가 넘어졌다. <u>그래서</u> 아기는 엉엉 울었다.

① 의성어 ② 의태어 ③ 접속어
④ 지시어 ⑤ 유의어

8 다음 용어의 뜻에 알맞게 연결하시오.

(1) 구성 • • ㉠ 글쓴이가 나타내고자 하는 중심 생각

(2) 문체 • • ㉡ 글에 나타난 글쓴이의 개성적인 글투나 표현

(3) 주제 • • ㉢ 주제를 표현하기 위해 여러 요소들을 선택하여 배열하는 일

05. 글의 성격과 관련된 표현

서정적	글쓴이의 감정이 잘 드러나는 (것)
낭만적	현실적이 아니고 환상적이며 공상적인 (것)
상징적	눈에 보이지 않는 추상적인 개념이나 사물을 구체적인 사물로 나타내는 (것)
함축적	말이나 글이 어떤 뜻을 속에 담고 있는 (것)
예찬적	훌륭한 것이나 아름다운 것을 존경하고 찬양하는 (것)
객관적	자기와의 관계에서 벗어나 제삼자의 입장에서 사물을 보거나 생각하는 (것)
주관적	자기의 견해나 관점을 바탕으로 사물을 보거나 생각하는 (것)
의지적	어떠한 일을 이루고자 하는 마음이 강하게 나타나는 (것)
비극적	몹시 슬퍼서 마음이 아프거나 괴롭고 불행한 상태에 처한 (것)
궁극적	일정한 과정을 거쳐 결국 마지막에 도달하는 (것)
이질적	다른 대상과 성질이 다른 (것)
실용적	실제 생활에서 유용하게 쓰기에 알맞은 (것)
해학적	익살스럽고도 품위가 있는 말이나 행동이 있는 (것)
회상적	지난 일을 돌이켜 생각하는 (것)

06. 문체의 종류

운문체	운율이 겉으로 드러나는 문체
산문체	일정한 운율이 나타나지 않고 자유롭게 쓴 문체
문어체	일상적인 대화에서 쓰는 말이 아닌, 문장에서만 쓰는 말을 이용하여 쓴 문체
구어체	문장에서만 쓰는 말이 아닌, 일상적인 대화에서 사용하는 말을 이용하여 쓴 문체
만연체	많은 어구를 이용하여 반복, 수식, 설명함으로써 문장을 길게 표현하는 문체
건조체	꾸미는 표현이 없거나 적고, 내용을 충실하게 전달하는 것을 목적으로 하는 문체

07. 그 밖에 자주 쓰이는 표현

어조	말하는 방식이나 억양, 말투, 말의 가락
정서	사람의 마음에 일어나는 여러 가지 감정, 또는 감정을 불러일으키는 기분이나 분위기
내면세계	겉으로 드러나지 않는 마음속의 감정이나 심리
관점	사물이나 현상을 보고 생각하는 태도나 방향 또는 처지

맛보기 | 문제

9 〈보기〉의 빈칸에 들어갈 말로 알맞은 것은?

> **보기**
> 비둘기는 '평화'라는 (   ) 의미를 지닌 동물이다.

① 서정적 ② 상징적
③ 함축적 ④ 예찬적
⑤ 실용적

10 〈보기〉의 빈칸에 들어갈 말로 알맞은 것은?

> **보기**
> 논설문은 글쓴이의 주장이나 의견이 드러나므로 (   )인 성격을 지닌다.

① 낭만적 ② 예찬적
③ 객관적 ④ 주관적
⑤ 궁극적

11 〈보기〉의 설명에 해당하는 문체로 알맞은 것은?

> **보기**
> 일상적인 대화에서 사용하는 말을 이용하여 쓴 문체

① 운문체 ② 문어체
③ 구어체 ④ 만연체
⑤ 건조체

12 〈보기〉의 설명에 해당하는 용어로 알맞은 것은?

> **보기**
> 사물이나 현상을 보고 생각하는 태도나 방향 또는 처지

① 관점 ② 정서
③ 어조 ④ 형상화
⑤ 내면세계

08. 문제에서 자주 쓰이는 표현

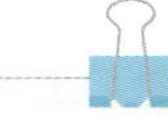

1 **이와 같은 글**의 특성으로 알맞은 것은?

① 대사와 지시문으로 이루어진다.
② 읽는 이를 설득할 목적으로 쓴다.
③ 글쓴이의 개성적인 생각을 드러낸다.
④ 운율이 있는 함축적 언어로 표현한다.
⑤ 인물 간의 갈등을 중심으로 사건을 전개한다.

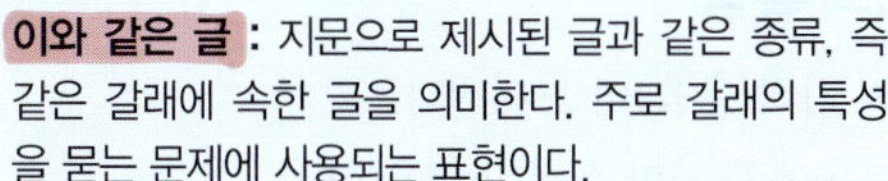

이와 같은 글 : 지문으로 제시된 글과 같은 종류, 즉 같은 갈래에 속한 글을 의미한다. 주로 갈래의 특성을 묻는 문제에 사용되는 표현이다.

이 글 : '이 글의 특성으로 알맞은 것은?'이라고 묻는다면 주어진 글에 한정하여 묻는 것이다. 문제를 풀 때 '이 글'과 '이와 같은 글'을 구분하여 보도록 한다.

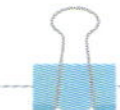

2 이 글에서 글쓴이의 별명에 해당하는 말을 **3음절 / 3어절**로 쓰시오.

3음절 / 3어절 : 음절은 글자 하나하나에 해당하며, 어절은 띄어쓰기의 단위가 되는 문장의 마디이다. 예를 들어, '호랑이', '오뚝이' 등은 3음절로 이루어진 말이고, '책 읽는 고양이', '인도 카레 박사' 등은 3어절로 이루어진 말이다.

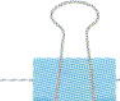

3 (가)에 나타난 **전개 방식**으로 알맞은 것은?
① 구분 ② 대조 ③ 비교 ④ 열거 ⑤ 정의

전개 방식 : 주로 비문학에서 글이 어떤 방식으로 펼쳐지는지 묻는 것이다. 예를 들어 설명문에서 설명하는 두 대상의 공통점을 중심으로 내용이 제시되어 있다면 전개 방식은 '비교'이다. 이외에도 정의, 대조, 구분, 열거 등의 전개 방식이 있다.

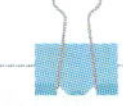

4 이 글에서 글쓴이가 주장하는 바를 **찾아 쓰시오**.

찾아 쓰시오 : 지문에서 답에 해당하는 내용을 찾아 그대로 쓰라는 의미이다.

5 ㉠ ~ ㉢ 중, **나머지와 성격이 다른 하나는?**
① ㉠ ② ㉡ ③ ㉢ ④ ㉣ ⑤ ㉤

나머지와 성격이 다른 하나는? : 지문에 제시된 다섯 가지의 대상 중 나머지 네 가지와 성격이 다른 것을 찾으라는 의미이다. 예를 들어, 글쓴이가 좋아하는 대상 네 가지와 그렇지 않은 대상 하나를 제시한 경우나, 네 가지가 모두 '한복'을 의미하는데 하나만 한복이 아닌 것을 의미할 경우, 나머지 넷과 성격이 다른 대상 하나가 정답이 된다.

01. 시의 뜻

마음속에 떠오르는 생각이나 느낌을 운율이 있는 말로 압축해서 표현한 글이다.

02. 시의 특성

- 말의 가락(운율)이 느껴진다.
- 마음속에 다양한 심상이 떠오른다.
- 행과 연이라는 압축된 형식을 통해 의미를 전달한다.
- 일상적인 언어와 다른 세련되고 함축적인 시어를 사용하여 정서를 표현한다.

03. 시의 형식적 요소

시어	시에 쓰인 언어
행	시의 한 줄 한 줄을 이르는 말
연	하나 이상의 행이 모여 이루어진 덩어리
음보	시를 읽을 때 비슷한 길이로 끊어 읽게 되는 말의 도막

『그립다 → 행
말을 할까
하니 그리워』『 』: 연

그냥 갈까 ∨
그래도 ∨
다시 더 한 번 ∨ → 음보
– 김소월, 〈가는 길〉에서

04. 시의 내용적 요소

주제	시에 담긴 글쓴이의 중심 생각이나 느낌
소재	주제를 나타내기 위하여 사용한 글감
심상(이미지)	어떤 대상과 관련하여 떠올리게 되는 마음속의 모습이나 느낌

05. 시적 화자

- 시 속에서 말하는 이를 의미한다. 시인이 자신의 생각과 느낌을 효과적으로 나타내기 위해서 창조해 낸 허구적 인물이다.
- 시적 화자는 표면에 드러나는 경우가 있고, 그렇지 않은 경우가 있다.

죽는 날까지 하늘을 우러러
한 점 부끄럼이 없기를,
잎새에 이는 바람에도
나는 괴로워했다.　　　　– 윤동주, 〈서시〉에서
→ '나'는 이 시의 시적 화자로, 시적 화자가 표면에 드러난 경우이다.

---

1 시에 대한 설명으로 맞으면 ○표, 틀리면 ×표를 하시오.

(1) 시는 새로운 정보를 재미있게 전달하는 것을 주된 목적으로 한다.　(　　)

(2) 시의 운율을 형성하는 단위로서 자연스럽게 끊어 읽게 되는 말의 도막을 음보라고 한다.　(　　)

2 〈보기〉의 빈칸에 들어갈 알맞은 말을 쓰시오.

┌ 보기 ┐
　시를 읽으며 어떤 대상과 관련하여 떠올리게 되는 마음속의 모습을 (　　　　)이라고 한다.

3 시를 감상하는 일반적인 방법으로 알맞지 <u>않은</u> 것은?

① 운율을 느끼며 읽는다.
② 시어의 함축적 의미를 파악한다.
③ 생략된 부분을 추측하며 읽는다.
④ 시의 전체적인 분위기를 파악한다.
⑤ 정해진 구성에 맞게 썼는지 판단한다.

4 시적 화자에 대한 설명으로 알맞지 <u>않은</u> 것은?

① 허구적인 인물이다.
② 시 속의 말하는 이다.
③ 글쓴이 자신에 해당한다.
④ 시 속에 '나'로 등장하기도 한다.
⑤ 글쓴이의 생각과 느낌을 대변한다.

06. 시적 대상

- 시의 화자가 바라보는 대상, 즉 시의 소재나 제재를 의미한다.
- 시의 소재는 매우 다양하므로, 시적 대상은 구체적인 사물일 수도 있고 추상적인 생각(관념)일 수도 있다.

07. 시의 갈래

형식에 따라	정형시	시의 구조나 시구, 글자 수, 운율 등이 일정한 규칙에 따라 고정되어 있는 시 예 시조
	자유시	어떤 형식의 제약을 받지 않고 자유롭게 쓴 시
	산문시	행의 구분 없이 줄글(산문)처럼 쓴 시
내용에 따라	서정시	개인적인 감정이나 정서를 내용으로 하는 시
	서사시	줄거리를 가진 이야기를 길게 서술한 시
	극시	극의 형식을 빌리거나 극적인 수법을 사용하여 시상을 전개하는 시

08. 시의 운율

외형률	시의 표면에 뚜렷하게 드러나는 규칙적인 운율. 정형시인 시조에 나타남. 예 묏버들 ∨ 가려 꺾어 ∨ 보내노라 ∨ 님에게 　자시는 ∨ 창밖에 ∨ 심어 두고 ∨ 보소서. 　밤비에 ∨ 새잎 나거든 ∨ 날인가도 ∨ 여기소서 − 4음보　　　　− 홍랑의 시조
내재율	일정한 규칙 없이 시의 내면에 자유롭게 흐르는 운율. 자유시에 나타남. 예 바람은 넘실 천 이랑 만 이랑 　이랑 이랑 햇빛이 갈라지고 − '이랑'의 반복　　　　− 김영랑, 〈오월〉에서

09. 시의 심상

시를 읽을 때에 마음속에 떠올리게 되는 모습이나 느낌을 의미한다.

시각적 심상	색채, 모양, 움직임 등 눈을 통해 떠올리는 이미지 예 달빛이 푸르다.
청각적 심상	소리의 감각을 이용한 이미지 예 우르르 비 오는 소리
후각적 심상	냄새의 감각을 이용한 이미지 예 사월이면 진달래 향기
미각적 심상	맛의 감각을 이용한 이미지 예 메마른 입술에 쓰디쓰다.
촉각적 심상	감촉을 피부로 느낄 수 있는 이미지 예 아버지의 서느런 옷자락
공감각적 심상	하나의 감각을 다른 감각으로 바꾸어 표현하여 둘 이상의 감각을 동시에 떠오르게 하는 이미지 예 푸른 휘파람 소리(청각의 시각화)

5 〈보기〉에 해당하는 시의 갈래로 알맞은 것은?

　보기

　동짓(冬至)달 기나긴 밤을 한 허리를 베어 내어
　춘풍(春風) 이불 아래 서리서리 넣었다가
　정든 임 오신 밤이여든 구비구비 펴리라

− 황진이의 시조

① 정형시, 극시
② 정형시, 서정시
③ 자유시, 서정시
④ 자유시, 서사시
⑤ 산문시, 서사시

6 시의 운율에 대한 설명으로 알맞지 않은 것은?

① 정형시는 외형률을 가진다.
② 현대시는 주로 내재율이 나타난다.
③ 시의 표면에 뚜렷이 드러나야 한다.
④ 내재율은 겉으로 잘 느껴지지 않는다.
⑤ 일정한 규칙이 없어도 운율을 느낄 수 있다.

7 〈보기〉의 빈칸에 들어갈 알맞은 말을 쓰시오.

　보기

　'간간하고 짭조름한 미역'에서는 (　　　) 심상을 사용하여 미역의 맛을 표현하였다.

8 다음 중 후각적 심상을 사용한 표현에 해당하는 것은?

① 새들의 노래
② 시리도록 파란 하늘
③ 연분홍 살구꽃이 피어
④ 그 집에서 밥 짓는 냄새나면
⑤ 솜사탕처럼 부드러운 고양이의 털

갈래 학습 · 02 소설

01. 소설의 뜻

현실 세계에 있음 직한 일을 글쓴이가 상상력을 동원하여 꾸며 낸 이야기이다.

02. 소설의 특성

허구성	소설은 현실에서 소재를 가져와 내용을 꾸민 것으로, 글쓴이가 상상력을 동원하여 만들어 낸 이야기임.
개연성	소설은 상상을 통해 꾸며 낸 이야기이긴 하지만, 현실에서 실제로 일어날 수 있을 만한 이야기를 다룸.
진실성	소설은 인생의 참된 모습과 진실을 표현하고자 하며, 삶의 진실과 바람직한 인간상을 추구함.
산문성	소설은 운율이 없는 줄글 형식으로 내용을 표현함.
서사성	소설은 인물, 사건, 배경을 갖추고 일정한 줄거리를 가지고 사건을 전개함.
예술성	소설은 예술의 한 형식으로 이야기를 통해 아름다움과 감동을 느낄 수 있음.

03. 소설의 3요소

주제	글쓴이가 전달하고자 하는 중심 생각
구성	글쓴이의 의도에 맞게 사건을 배열하는 것
문체	글에 나타난 글쓴이의 개성적인 글투나 표현

04. 소설 구성의 3요소

인물	소설 속에 등장하여 사건을 이끌어 가는 사람
사건	소설 속에서 인물들이 겪거나 일으키는 일
배경	이야기의 무대로서 사건이 일어나는 시간과 공간

05. 소설의 갈등

한 인물의 여러 심리가 대립하거나 한 인물과 다른 대상이 서로 부딪치는 것으로 인물의 성격과 작품의 주제를 드러내고 소설의 내용을 전개하는 역할을 한다.

내적 갈등		한 인물의 마음속에서 일어나는 갈등
외적 갈등	인물과 인물의 갈등	인물 간의 성격이나 가치관이 대립하여 일어나는 갈등
	인물과 사회의 갈등	사회 제도나 윤리로 인해 인물이 겪는 갈등
	인물과 자연의 갈등	인물이 자연과 부딪쳐 싸우면서 겪는 갈등
	인물과 운명의 갈등	인물이 자신이 타고난 운명에 의해 겪는 갈등

맛보기 | 문제

1 소설의 일반적인 특징으로 알맞지 **않은** 것은?

① 글쓴이의 상상으로 만들어진다.
② 인물, 사건, 배경이 반드시 들어간다.
③ 운율을 통해 글쓴이의 개성을 표현한다.
④ 이야기를 통해 아름다움을 느낄 수 있다.
⑤ 현실에 있음 직한 이야기를 소재로 다룬다.

2 소설의 특성과 설명을 알맞게 연결하시오.

(1) 허구성 •　　• ㉠ 현실의 소재를 가공한 이야기

(2) 산문성 •　　• ㉡ 줄거리를 가지고 사건 전개

(3) 서사성 •　　• ㉢ 줄글 형식으로 표현

3 〈보기〉의 빈칸에 들어갈 알맞은 말을 쓰시오.

> **보기**
>
> 글에 사용된 독특한 (　　　)를 통해 글쓴이의 개성을 알 수 있다.

4 〈보기〉의 상황에 해당하는 갈등을 쓰시오.

> **보기**
>
> 자신의 오해 때문에 친구와 싸운 후 사과를 할지 말지 혼자서 고민하는 경우

06. 소설의 인물 유형

역할에 따라	주동 인물	소설의 주인공으로서 사건을 이끌어 가는 인물
	반동 인물	주동 인물과 대립하면서 갈등을 일으키는 인물
중요도에 따라	주요 인물	주인공이나 그에 버금가는 비중을 지닌 인물
	주변 인물	주인공을 돕거나 주인공을 돋보이게 하는 인물
특성에 따라	전형적 인물	특정한 사회 계층이나 세대, 직업을 대표하는 성격을 지닌 인물
	개성적 인물	자기만의 뚜렷한 개성을 지닌 인물
성격 변화 양상에 따라	평면적 인물	처음부터 끝까지 성격이 변하지 않는 인물
	입체적 인물	사건이 전개됨에 따라 성격이 변하는 인물

07. 소설의 인물 제시 방법

직접적 제시	서술자가 인물의 성격이나 특성, 심리 등을 직접적으로 설명하는 방법 예 나는 누워서 자는 체했지만 마음이 불안해서 오래도록 깨어 있었다. – 오승희, 〈할머니를 따라간 메주〉
간접적 제시	인물의 말이나 행동을 통해 인물의 성격이나 특성, 심리를 간접적으로 보여 주는 방법 예 중구 영감은 용숙의 말허리를 꺾어 버린다. 용숙의 얼굴이 벌개진다. 눈에 오기가 발끈 솟는다. – 박경리, 〈김 약국의 딸들〉

08. 소설의 서술자

- 소설 속에서 이야기를 전달하는 이로, 시의 '화자'와 같은 존재이다.
- 서술자는 작가가 창조한 가상의 인물로, 이야기 속에 등장하거나 이야기 밖에 존재한다.

09. 소설의 시점

소설의 인물 및 사건을 바라보는 서술자의 관점을 의미한다.

1인칭	주인공 시점	주인공인 '나'가 '나'의 이야기를 하는 시점
	관찰자 시점	주변 인물인 '나'가 주인공을 관찰하며 이야기하는 시점
3인칭	전지적 작가 시점	서술자가 마치 신(神)처럼 인물의 심리나 행동을 알고 구체적으로 이야기하는 시점
	관찰자 시점	서술자가 겉으로 보이는 인물의 행동을 관찰하여 이야기하는 시점

5 〈홍길동전〉의 '홍길동'에 해당하는 인물 유형을 알맞게 묶은 것은?

① 주동 인물, 반동 인물
② 주동 인물, 주요 인물
③ 주요 인물, 반동 인물
④ 주변 인물, 평면적 인물
⑤ 주변 인물, 입체적 인물

6 소설의 인물에 대한 설명으로 알맞지 않은 것은?

① 주동 인물과 반동 인물은 서로 대립한다.
② 중요도에 따라 주요 인물과 주변 인물로 나눌 수 있다.
③ 개성적 인물은 소설의 전개 과정에서 성격이 변한다.
④ 인물의 성격과 특성을 서술자가 직접 제시할 수 있다.
⑤ 인물의 성격을 말과 행동을 통해 드러내는 것을 간접 제시라고 한다.

7 다음 설명에 해당하는 시점을 쓰시오.

> 이야기 밖의 존재가 다른 사람의 이야기를 관찰하여 독자에게 전달한다.

8 〈보기〉에 대한 설명으로 알맞은 것은?

> **보기**
> 소녀는 소년이 개울둑에 앉아 있는 걸 아는지 모르는지, 그냥 날쌔게 물만 움켜 낸다.
> – 황순원, 〈소나기〉에서

① 서술자가 작품 속에 등장한다.
② 주인공이 자신의 이야기를 한다.
③ 서술자가 인물의 심리를 분석한다.
④ 서술자가 인물의 행동을 관찰한다.
⑤ 주변 인물이 주인공을 관찰하며 이야기한다.

01. 수필의 뜻

인생과 사물에 대한 글쓴이의 생각과 느낌을 일정한 형식에 얽매이지 않고 자유롭게 표현한 산문 문학이다. 예 일기, 편지, 자서전, 기행문 등

02. 수필의 특성

자기 고백적인 글	형식이 자유로운 글
자신의 경험, 생각, 느낌 등을 고백하듯 솔직하게 드러냄.	정해진 틀이 없으므로 쓰고 싶은 대로 자유롭게 쓸 수 있음.
개성이 드러나는 글	**깨달음을 주는 글**
글의 내용과 표현 방식에서 글쓴이의 개성이 드러남.	글쓴이의 깊은 생각이 드러나 삶에 대한 깨달음과 감동을 줌.
비전문적인 글	**소재가 다양한 글**
전문적으로 글을 쓰는 사람이 아니어도 누구나 쉽게 쓸 수 있음.	일상생활에서 마주치는 모든 것이 소재가 될 수 있음.

03. 수필의 종류

	경수필	중수필
뜻	생활 주변에서 일어나는 사소한 일을 소재로 가볍게 쓴 수필	사회적인 문제 등 무거운 내용을 담고 있는 논리적이고 객관적인 수필
특징	• 가벼운 느낌을 주는 문장을 사용함. • '나'가 겉으로 드러남. • 개인적인 정서를 주로 표현함. • 일상생활에서 일어나는 일을 소재로 함.	• 무거운 느낌을 주는 문장을 사용함. • '나'가 겉으로 드러나지 않음. • 보편적인 논리를 주로 표현함. • 사회 문제나 공적인 문제를 소재로 함.

04. 수필과 소설의 차이점

	수필	소설
성격	사실적임.	허구적임.
서술자 '나'	글 속의 '나'는 글쓴이 자신임.	글 속의 '나'는 글쓴이가 꾸며 낸 인물임.
글쓴이의 생각	직접적으로 드러남.	등장인물의 말과 행동을 통해 간접적으로 드러남.

맛보기 | 문제

1 수필의 일반적인 특징으로 알맞지 <u>않은</u> 것은?

① 개성적인 문학이다.
② 자유로운 형식의 글이다.
③ 글쓴이의 체험을 바탕으로 한다.
④ 전문적인 작가가 아니어도 누구나 창작할 수 있다.
⑤ 글쓴이가 내세운 인물의 말과 행동을 통해 주제를 전달한다.

2 수필의 예에 해당하지 <u>않는</u> 것은?

① 일기　　　② 편지
③ 건의문　　④ 기행문
⑤ 자서전

3 〈보기〉의 빈칸에 들어갈 알맞은 말을 쓰시오.

┌─ 보기 ─
수필은 누구나 쉽게 쓸 수 있는 (　　　)인 글이다.

4 소설과 수필의 차이점으로 알맞은 것은?

① 소설은 운문이고, 수필은 산문이다.
② 소설은 형식이 자유롭고, 수필은 형식에 제한이 있다.
③ 소설은 상상하여 쓴 글이고, 수필은 체험과 사실을 쓴 글이다.
④ 소설은 글쓴이의 생각을, 수필은 글쓴이의 정서를 표현한 것이다.
⑤ 소설은 사전적 표현을 주로 사용하고, 수필은 상징적 표현을 주로 사용한다.

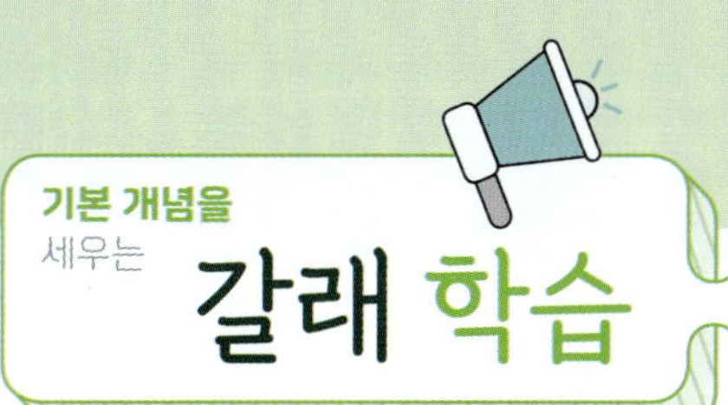

01. 희곡의 뜻

무대에서 연극을 상연하는 목적으로 쓴 대본이다.

02. 희곡의 특성

무대 상연의 문학	대사의 문학
무대 상연을 목적으로 하기 때문에 시간과 공간의 제약을 받음.	인물의 대사와 행동을 통해 이야기를 전개하고 주제를 표현함.
갈등의 문학	현재 진행형의 문학
인물과 인물 사이의 갈등을 주된 내용으로 함.	배우의 행동을 통해 모든 사건을 지금 눈앞에서 일어나는 사건으로 현재화하여 표현함.

03. 희곡의 구성 요소

	해설	극의 도입 부분에서 등장인물, 배경, 무대 장치 등을 설명하는 부분
형식적 요소	대사 — 대화	인물들끼리 주고받는 말
	대사 — 독백	인물이 상대역 없이 혼자 하는 말
	대사 — 방백	관객에게는 들리나 다른 등장인물에게는 들리지 않는 것으로 약속하고 하는 말
	지문 — 행동 지시문	인물의 동작, 표정, 말투, 심리 등을 지시하는 부분
	지문 — 무대 지시문	작품의 배경, 무대 장치, 조명, 음향 효과 등을 지시하는 부분
내용적 요소	인물	극에 등장하여 갈등을 빚는 주체
	사건	인물들이 벌이거나 겪는 일
	배경	사건이 일어나는 때와 장소

04. 희곡과 시나리오의 비교

	희곡	시나리오
공통점	• 상연이나 상영을 전제로 한 대본 • 대립과 갈등의 문학	• 행동과 대사가 중요시됨. • 길이에 제한이 있음.
차이점	연극의 대본	영화의 대본
	막과 장을 단위로 함.	신(scene)과 시퀀스(sequence)를 단위로 함.
	무대적 효과를 이용함.	기계적 효과를 이용함.
	시간과 공간의 제한을 받음.	시간과 공간의 제한을 덜 받음.
	등장인물의 수가 제한됨.	등장인물의 수에 제한이 없음.

1 희곡에 대한 설명으로 맞으면 ○표, 틀리면 ×표를 하시오.

(1) 사건을 현재화하여 표현한다.
( )

(2) 인물의 대사와 행동을 중심으로 이야기를 전달한다.
( )

2 〈보기〉에서 대사와 행동 지시문에 해당하는 부분의 기호를 각각 쓰시오.

> 보기
>
> ㉠이윽고 종소리 그친다. 도념, 고깔을 쓰고 바랑을 걸머쥐고, 깡매기를 들고 나온다.
> 주지: ㉡(지게를 지고 일어서며) 지금 그 종 네가 쳤니?
> 도념: ㉢그럼은요. 언젠 내가 안 치구 다른 이가 쳤나요?
> — 함세덕, 〈동승〉

(1) 대사: ( )
(2) 행동 지시문: ( )
(3) 무대 지시문: ( )

3 〈보기〉의 빈칸에 들어갈 알맞은 말을 쓰시오.

> 보기
>
> 상대방이 자신의 말을 듣지 못하는 것으로 여기고 관객을 향해서 하는 말을 ( )이라고 한다.

4 희곡과 시나리오를 비교한 내용으로 알맞지 <u>않은</u> 것은?

① 모두 문학 작품이다.
② 모두 무대를 통해 상연된다.
③ 희곡은 시나리오와 달리 등장인물의 수가 제한된다.
④ 시나리오는 희곡과 달리 기계적인 효과를 중요시한다.
⑤ 희곡과 시나리오는 모두 행동을 통해 인물의 심리와 성격을 드러낸다.

01. 설명문의 뜻

어떤 사물의 이치나 현상, 지식 등에 대해 읽는 이가 쉽게 이해할 수 있도록 풀이하여 정보를 전달하는 글이다.

02. 설명문의 특성

객관성	글쓴이의 주관적인 생각이나 느낌을 드러내지 않고 객관적인 입장에서 있는 그대로 설명함.
사실성	정확한 사실에 근거하여 설명함.
평이성	이해를 돕기 위해 쉬운 표현을 사용함.
명료성	뜻이 분명하게 전달되도록 정확한 문장으로 설명함.
체계성	짜임새 있게 체계적으로 내용을 전달함.

03. 설명문의 구성 단계

처음 (머리말)	• 읽는 이의 관심을 유도함. • 글을 쓰게 된 동기를 제시함. • 설명 대상을 소개함.
↓	
중간 (본문)	• 설명 대상에 대해 쉽고 자세하게 설명함.
↓	
끝	• 설명한 내용을 간략하게 요약하고 정리함. • 설명한 내용 중 핵심적인 사항을 강조함. • 앞으로의 과제나 읽는 이에 대한 당부를 제시함.

04. 설명문을 읽는 방법

• 설명하고 있는 대상이 무엇인지 파악한다.
• 글의 구성과 내용 전개 방식을 파악한다.
• 각 문단의 중심 내용과 전체 주제를 파악한다.
• 알게 된 내용이나 더 알고 싶은 내용을 메모한다.
• 정보의 정확성과 글쓴이의 태도의 객관성을 판단한다.

맛보기 문제

1 설명문의 일반적인 특징으로 알맞지 않은 것은?

① 객관적인 정보를 제공한다.
② 내용을 짜임새 있게 전개한다.
③ 자신의 경험을 중심으로 내용을 전개한다.
④ 뜻이 분명하게 전달되도록 정확한 용어를 사용한다.
⑤ 읽는 이가 쉽게 이해할 수 있도록 쉬운 표현을 사용한다.

2 〈보기〉의 빈칸에 들어갈 알맞은 말을 쓰시오.

> ┌ 보기 ┐
> 설명문에서 글을 쓰게 된 동기를 제시하고 독자의 흥미를 유발하는 부분은 (   )이다.

3 〈보기〉에 대한 설명으로 알맞은 것은?

> ┌ 보기 ┐
> 앞에서 살펴본 한글의 특성을 잘 이해하고 한글에 대한 관심을 갖는다면 앞으로 한글은 세계적인 문자로 도약할 수 있을 것이다.

① 설명 대상에 대해 소개하고 있다.
② 읽는 이의 관심을 유도하고 있다.
③ 글을 쓰게 된 동기를 밝히고 있다.
④ 본문의 내용을 정리하고 글쓴이의 당부를 제시하고 있다.
⑤ 다양한 설명 방법을 사용하여 한글의 가치를 알리고 있다.

4 설명문을 읽을 때 유의할 사항으로 맞으면 ○표, 틀리면 ×표를 하시오.

(1) 글쓴이의 주장이 무엇인지 파악해야 한다. (   )
(2) 글쓴이가 정확한 사실을 말하고 있는지 판단해야 한다. (   )

바른답·알찬풀이 3쪽

01. 논설문의 뜻

어떤 문제에 대한 자신의 주장이나 의견을 논리적으로 전개하여 읽는 이를 설득하는 글이다.

02. 논설문의 특성

설득적	독자를 설득하는 것을 목적으로 함.
논리적	주장에 대한 근거가 타당하고 논리적임.
체계적	논리 전개가 '서론–본론–결론'에 따라 짜임새 있게 이루어짐.
주관적	글쓴이의 가치관이 담긴 생각과 수장이 뚜렷하게 드러남.

03. 논설문의 구성 단계

서론	• 글을 쓰는 목적과 동기를 제시함. • 해결하고자 하는 문제를 밝힘. • 독자의 흥미를 유도함.
본론	• 주장이나 의견을 본격적으로 펼침. • 주장을 뒷받침하는 근거를 제시함. • 문제에 대한 해결 방안을 제시함.
결론	• 주장한 내용을 요약함. • 앞으로의 전망을 제시함. • 독자들의 실천을 촉구하고 당부의 말을 덧붙임.

04. 논설문을 읽는 방법

• 글의 내용을 사실과 의견으로 구분하여 글쓴이의 의도를 파악한다.
• 주장에 대한 근거가 어떤 방법으로 제시되었는지 파악한다.
• 글쓴이의 주장을 뒷받침하는 근거가 타당한지 판단한다.
• 글쓴이의 주장이 현실에 비추어 실현 가능한지 검토한다.
• 글이 논리적으로 짜임새 있게 전개되고 있는지 판단한다.

맛보기 | 문제

1 논설문의 일반적인 특징으로 알맞지 <u>않은</u> 것은?

① 글쓴이의 주장이 논리적이다.
② 애매한 표현을 사용하지 않는다.
③ 말하고자 하는 바가 체계적으로 전개된다.
④ 주장을 뒷받침하는 근거나 이유가 타당하다.
⑤ 주관적인 의견을 개입시키지 않고 객관적인 태도를 지닌다.

2 〈보기〉의 빈칸에 들어갈 알맞은 말을 쓰시오.

> ─ 보기 ─
> 논설문은 (   )인 글로 글쓴이의 가치관이 담긴 생각과 주장이 뚜렷하게 드러난다.

3 논설문의 구성 단계에 대한 설명으로 알맞지 <u>않은</u> 것은?

① 서론 – 다루고자 하는 문제를 소개한다.
② 서론 – 독자의 흥미를 불러일으키는 내용을 제시한다.
③ 본론 – 주장하는 바를 본격적으로 제시한다.
④ 본론 – 주장을 뒷받침하는 타당한 근거를 제시한다.
⑤ 결론 – 글쓴이의 의견을 구체적으로 펼친다.

4 논설문을 읽을 때 유의할 사항으로 맞으면 ○표, 틀리면 ×표를 하시오.

(1) 글의 내용을 사실과 의견으로 구분해야 한다. (   )
(2) 글쓴이의 주장이 실현 가능한지 살펴야 한다. (   )

1 마음을 표현하는 법

학습 목표

- 운율, 비유의 특성과 효과에 유의하며 작품을 감상하고 창작할 수 있다.
- 상징의 특성과 효과에 유의하며 작품을 감상하고 창작할 수 있다.
- 자신의 삶과 경험을 바탕으로 하여 정서를 진솔하게 표현하는 글을 쓸 수 있다.

소단원별 핵심 Point

(1) 운율과 비유
- 운율의 특성과 효과 알기
- 비유의 특성과 효과 알기

(2) 상징
- 상징의 특성과 효과 알기

(3) 정서를 표현하는 글 쓰기
- 정서를 진솔하게 표현하는 글 쓰기 과정 알기
- 정서를 진솔하게 표현하는 글 쓰기의 효과 알기

연계 성취기준

✔ 초등
- 비유적 표현의 효과에 유의하며 작품을 감상한다. 5~6학년
- 겪은 일을 표현하는 글을 자유롭게 쓰고, 쓴 글을 함께 읽고 생각이나 느낌을 나눈다. 1~2학년

✔ 고등
- 갈래에 따른 형상화 방법의 특성을 고려하며 작품을 수용한다.
- 다양한 언어 공동체의 특성을 고려하여 필자의 개성이 드러나는 글을 쓴다.

(1) 운율과 비유

소단원 핵심 개념

중요 1 운율

① **뜻**: 시를 읽을 때 말의 리듬감을 느끼게 하는 것이다.
② **형성 방법**: 주로 같거나 비슷한 소리, 단어, 구절, 문장 구조 등을 반복하거나 글자 수, 끊어 읽기(음보) 등을 규칙적으로 반복할 때 형성된다.

같거나 비슷한 소리, 단어, 문장의 반복	돌담에 속삭이는 햇발같이 / 풀 아래 웃음짓는 샘물같이 　　　　　　　　　　　– 김영랑, 〈돌담에 속삭이는 햇발〉에서
일정한 음보의 반복	나 보기가∨역겨워 가실∨때에는 말없이∨고이 보내∨드리우리다.　　– 김소월, 〈진달래꽃〉에서
일정한 글자 수를 반복함.	이 몸이 죽고 죽어 일백 번 고쳐 죽어 　　3　　4　　3　　4　　　– 정몽주의 시조에서

③ **효과**

- 생동감과 즐거움을 느끼게 한다.
- 규칙성과 통일감을 느끼게 한다.
- 시의 전체적인 분위기를 형성하고, 주제를 효과적으로 전달하는 데 도움을 준다.

중요 2 비유

① **뜻**: 표현하려는 대상을 그와 비슷한 다른 대상에 빗대어 표현하는 것이다.
　　　　　　　　(원관념)　　　　　　　　(보조 관념)
② **특징**

- 하나의 원관념과 하나의 보조 관념이 연결된다.
- 원관념과 보조 관념 사이에 연관을 지을 수 있는 공통점이나 유사성이 있어야 한다.

③ **종류**

직유법	'~처럼', '~같이', '~듯이' 등을 활용하여 표현하려는 대상을 다른 대상에 직접적으로 빗대어 표현하는 방법 예 쟁반 같은 보름달
은유법	'~은/는 ~(이)다.'의 형식 등을 활용하여 표현하려는 대상을 다른 대상에 넌지시 빗대어 표현하는 방법 예 얼굴은 거울이다.
의인법	사람이 아닌 대상을 사람에 빗대어 사람인 것처럼 표현하는 방법 예 꽃이 춤을 춘다.
활유법	무생물을 생물인 것처럼 빗대어 표현하는 방법 예 냉장고가 숨을 쉰다.
대유법	사물의 한 부분이나 특징 등을 들어 그 자체나 전체를 나타내는 방법 예 사람은 빵만으로 살 수 없다.(빵 → 음식)

④ **효과**

- 대상을 생생하고 재미있게 전달하여 참신함을 느끼게 한다.
- 작품에 대한 흥미를 높이고, 주제를 효과적으로 전달할 수 있다.

개념 확인 문제

1 〈보기〉의 빈칸에 들어갈 알맞은 말을 쓰시오.

> **보기**
>
> 시를 읽을 때 말의 리듬감을 느끼게 하는 것을 (　　　　)이라고 한다.

2 운율에 대한 설명으로 맞으면 ○표, 틀리면 ×표를 하시오.

(1) 비슷한 단어나 구절을 반복하여 형성할 수 있다. 　　　　　(　　　)
(2) 시의 분위기를 형성하는 효과가 있으나 말하는 이의 정서나 주제를 효과적으로 전달하지는 못한다. 　　　　　(　　　)

3 비유에 대한 설명으로 알맞지 <u>않은</u> 것은?

① 재미있고 참신한 느낌을 준다.
② 주제를 효과적으로 전달할 수 있다.
③ 원관념과 보조 관념 사이에 유사성을 찾을 수 없다.
④ 표현하려는 대상을 그와 비슷한 대상에 빗대어 표현하는 방법이다.
⑤ 비유에서 원래 표현하고자 하는 대상을 원관념, 빗대어 나타낸 대상을 보조 관념이라고 한다.

4 〈보기〉에 나타난 비유의 종류로 알맞은 것은?

> **보기**
>
> 해님이 웃는다
> 나 보고 웃는다.
> 　　　　　– 윤동주, 〈햇비〉에서

① 의인법　② 은유법　③ 활유법
④ 직유법　⑤ 대유법

후후후 _ 성미정

1연
아가야
내 이름은 민들레야
지난겨울 너의 모자 끝에
달려 있던 털방울 같지

→ 1연: 아가에게 자신을 소개하는 민들레

2연
작은 입술 뽀뽀하듯 내밀고
후후후 입김 부는 아가야

3연
봄바람 같은 너의 숨결에
나는 세상에서 제일 작은
낙하산 되어 날아가지

→ 2~3연: 입김을 부는 아가와 날아가는 민들레 홀씨

4연
멋지게 착륙하여 내년에 다시
널 만나러 올게

5연
그때는 너의 숨결도 좀 더
힘차고 따뜻하게 자라 있을 테지

→ 4~5연: 내년에 아가를 다시 만나러 오겠다는 민들레의 약속

6연
내년 봄에는 후후
두 번만 불어도
나는 날아갈 테지

7연
올해는 후후후
내년엔 후후

→ 6~7연: 올해와 다르게 내년에는 아가가 두 번만 불어도 날아갈 것이라고 생각하는 민들레

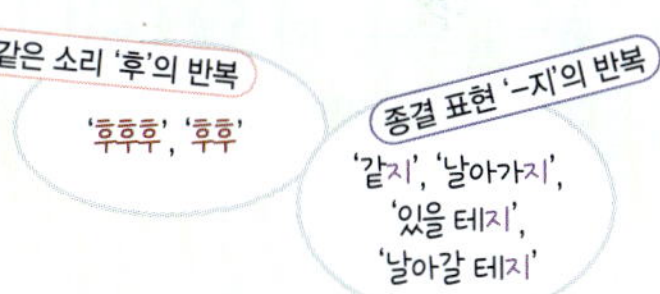

작품 개관

갈래	현대시, 자유시, 서정시
제재	민들레, 아가
성격	서정적, 낭만적
주제	아가가 잘 자라기를 바라는 민들레의 마음
특징	• 민들레를 의인화하여 민들레가 아가에게 말을 건네는 방식을 활용함. • 비슷한 소리나 특정 종결 어미의 반복 등을 통해 운율을 형성함. • 직유법, 은유법, 의인법 등 다양한 비유법이 사용됨.

핵심 콕콕

> **이 시에서 운율이 느껴지는 부분**

같은 소리 '후'의 반복
'후후후', '후후'

종결 표현 '-지'의 반복
'같지', '날아가지', '있을 테지', '날아갈 테지'

> **이 시에 나타난 비유적 표현**

의인법
사람이 아닌데 사람인 것처럼 표현한 대상
'나'(민들레)

표현하려는 대상	빗대어 나타낸 대상
'나'(민들레)	털방울
내밀고 있는 입술	□□하는 입술
너의 □□	봄바람

은유법	
표현하려는 대상	빗대어 나타낸 대상
'나'(민들레)	낙하산

문제로 확인

1 이 시의 말하는 이는 겉으로 드러나 있다.　　　　(○, ×)

2 이 시는 민들레를 □□□하여 민들레가 아가에게 말을 건네는 방식을 활용하였다.

감상 ✶ 탐구 교과서 15~17쪽

1 이 시에 나타난 운율과 그 효과

(1) 가, 나를 소리 내어 읽었을 때의 느낌 비교하기

가

작은 입술 뽀뽀하듯 내밀고
후후후 입김 부는 아가야

봄바람 같은 너의 숨결에
나는 세상에서 제일 작은
낙하산 되어 날아가지

나

　아가가 작은 입술을 뽀뽀하듯 내밀고 후후후 입김을 분다. 봄바람 같은 그 숨결에 민들레는 세상에서 제일 작은 낙하산이 되어 날아간다.

➜ **가**는 읽는 중간마다 숨을 쉬면서 끊어 읽게 되어 □□□이 느껴지고, 읽는 중간에 □□이 많아 내용을 음미하게 되지만, **나**는 쭉 붙여 읽게 되고, 흘러가듯이 빠르게 읽힌다.

(2) 시에서 반복되는 표현을 찾고, 그 효과 파악하기

반복되는 표현	• '후후후' • '□□' • '─지'
표현의 효과	• □□□ 홀씨를 부는 모습이나 소리를 강조한다. • 포근하고 아기자기한 시의 □□□를 형성한다. • 시를 읽는 즐거움을 느끼게 한다.

(3) 시에서 운율의 효과 알기

➜ 리듬감 또는 □□□을 느끼게 한다.
➜ 생동감과 즐거움을 느끼게 한다.
➜ □□□과 규칙성을 느끼게 한다.
➜ 시의 □□□를 형성한다.

✚ 더 알아보기!

시의 운율을 이루는 요소

같은 음운의 반복	예 서늘한 돌담에 달빛이 들어 → 'ㄹ'의 반복
음보의 반복	예 엄마야∨누나야∨강변 살자. / 뜰에는∨반짝이는∨금모래빛. → 3음보 　　　　　　　　　　　　　　　　　　　　　 – 김소월, 〈엄마야 누나야〉에서
단어나 구절의 반복	예 님은 갔습니다. 아아 사랑하는 나의 님은 갔습니다. 　　　　　　　　　　　　　　　　　　　　　 – 한용운, 〈님의 침묵〉에서
의성어나 의태어의 사용	예 고운 임 오신 날 밤이어든 굽이굽이 펴리라. 　　　　　　　　　　　　　　　　　　　 – 황진이의 시조에서

학습 활동 응용 >>>

01 이 시를 줄글로 바꾸어 읽을 때 달라지는 점으로 알맞은 것은?

① 호흡이 많아지게 된다.
② 리듬감이 느껴지게 된다.
③ 숨을 쉬면서 끊어 읽게 된다.
④ 천천히 내용을 음미하게 된다.
⑤ 흘러가듯이 빠르게 읽게 된다.

02 이 시에서 운율을 형성하는 부분으로 보기 어려운 것은?

① 후후
② 봄바람
③ 후후후
④ 날아가지
⑤ 있을 테지

03 이 시에서 반복되는 표현을 통해 얻을 수 있는 효과로 알맞지 않은 것은?

① 리듬감을 느끼게 한다.
② 통일감을 느끼게 한다.
③ 규칙성을 느끼게 한다.
④ 시의 분위기를 형성한다.
⑤ 단조로움을 느끼게 한다.

핵심 개념 콕

04 〈보기〉의 빈칸에 들어갈 알맞은 말을 쓰시오.

◗ 보기 ◗

　시에서 운율은 주로 같거나 비슷한 소리, 단어, 구절 등을 반복하거나 글자 수, 끊어 읽기 등을 규칙적으로 (　　　)하는 것을 통해 형성할 수 있다.

2 이 시에 쓰인 비유와 그 효과

(1) 표현하려는 대상과 빗대어 표현한 대상의 비슷한 점 찾고 표현 효과 파악하기

> 아가야 / 내 이름은 민들레야
>
> 지난겨울 너의 모자 끝에 / 달려 있던 털방울 같지

→ 표현하려는 대상인 '☐☐☐'를 '☐☐☐'에 빗대어 표현하였다.

→ 표현하려는 대상과 빗대어 표현한 대상의 비슷한 점: 동그랗고 보송보송한 느낌이 비슷하다.

→ 표현 효과: ☐☐☐ 홀씨의 모습이 생생하게 느껴진다.

> 작은 입술 뽀뽀하듯 내밀고

→ 표현하려는 대상인 내밀고 있는 입술을 ☐☐하는 입술에 빗대어 표현하였다.

→ 표현하려는 대상과 빗대어 표현한 대상의 비슷한 점: ☐☐을 동그랗게 모아 앞으로 내민 모양이 비슷하다.

→ 표현 효과: 민들레 홀씨를 부는 아기의 모습이 구체적으로 그려진다.

> 봄바람 같은 너의 숨결에

→ 표현하려는 대상인 '숨결'을 '☐☐☐'에 빗대어 표현했다.

→ 표현하려는 대상과 빗대어 표현한 대상의 비슷한 점: 따뜻한 느낌을 준다는 점이 비슷하다.

→ 표현 효과: 아가의 ☐☐이 가지는 느낌이 생생하고 구체적으로 그려진다.

> 나는 세상에서 제일 작은 / 낙하산 되어 날아가지

→ 표현하려는 대상인 '나(민들레)'를 '☐☐☐'에 빗대어 표현했다.

→ 표현하려는 대상과 빗대어 표현한 대상의 비슷한 점: ☐☐을 타고 날아가는 점이 비슷하다.

→ 표현 효과: 바람을 타고 날아가는 민들레 홀씨의 모습을 낙하산에 빗대어 신선하게 느껴진다.

(2) 의인법의 표현 효과 알기

> 아가야 / 내 이름은 민들레야

→ 사람이 아닌 ☐☐☐가 마치 사람인 것처럼 아가에게 말을 걸며 자신의 이름을 소개한 발상이 재미있고, ☐☐☐을 느낄 수 있으며 아가를 향한 민들레의 마음이 효과적으로 전달된다.

(3) 비유의 표현 효과 정리하기

→ 표현하려는 대상의 모습이나 대상이 주는 느낌을 구체적이고 생생하게 전달할 수 있다. 또한 작품에 재미와 참신함을 느끼게 하며 작품의 ☐☐를 효과적으로 전달할 수 있다.

학습 활동 응용 >>>

05 '아가'가 내밀고 있는 '작은 입술'을 빗댄 대상으로 알맞은 것은?

① 숨결
② 봄바람
③ 작은 낙하산
④ 뽀뽀하는 입술
⑤ 아가의 모자 끝에 달린 털방울

핵심 개념 콕

06 '봄바람'의 원관념으로 알맞은 것은?

① 숨결
② 아가
③ 민들레
④ 털방울
⑤ 지난겨울

07 '나'와 '낙하산'의 비슷한 점으로 알맞은 것은?

① 아가가 좋아한다.
② 바람을 타고 날아간다.
③ 봄이면 늘 만날 수 있다.
④ 다음 해에 다시 돌아온다.
⑤ 사람이 후 불면 날아간다.

핵심 개념 콕

08 '아가야 / 내 이름은 민들레야'에 드러난 표현 방법에 대한 설명으로 알맞은 것은?

① 사물의 부분을 전체로 빗대었다.
② 무생물을 생물인 것처럼 빗대었다.
③ 사람이 아닌 것을 사람인 것처럼 빗대었다.
④ '~처럼', '~같은' 등을 활용하여 직접적으로 빗대었다.
⑤ '은/는 ~(이)다.'의 형식을 활용하여 표현하려는 대상을 다른 대상에 빗대었다.

🌸 바른답·알찬풀이 4쪽

적용 × 실천 교과서 18~19쪽

1 노랫말에 쓰인 운율과 비유

> 따사로운 봄빛에 사랑이 녹아요.
> 살랑대는 바람에 사랑이 불어요.
> 오늘 같은 바람이 불면 제일 먼저 떠올라요.
> 그대만 그대만 그대만
> 팝콘 같은 꽃잎이 저 높이 날아요.
> 사랑한다 말하면 난 정말 녹아요.
> 오늘 같은 바람이 불면 하루 종일 미치겠어.
> 그대가 아른아른거려서
> 그대가 나의 봄이죠.
>
> — 김이나 · 민연재 작사, 〈러브 블러썸(Love Blossom)〉에서

(1) 노랫말에서 반복되는 표현과 그 효과 알기

→ '~에 사랑이 ~요.', '오늘 같은 바람이 불면', '~요.', '그대만' 등이 반복된다. 이는 ☐☐☐ 을 형성하는 한편 노랫말의 주제를 강조하고, 기억에 오래 남게 하는 효과가 있다.

(2) 노랫말에 쓰인 비유 정리하기

→ ☐☐ 같은 ☐☐, '그대가 나의 봄'

2 광고에 쓰인 비유와 비유 표현을 쓴 까닭

가	
	→ 이 광고는 물에 빠졌을 때 생명을 지켜 주는 구명조끼처럼 헌혈이 수혈을 필요로 하는 환자의 생명을 구한다는 점을 간략하고 분명하게 전달하기 위해 '헌혈은 구명조끼'라는 ☐☐☐을 사용하였다.
나	
	→ 이 광고는 꽃잎이 흩날리는 즐거운 봄꽃 축제의 분위기를 효과적으로 전달하기 위하여 '노래하는 봄', '손짓하는 꽃잎'과 같은 ☐☐☐을 사용하였다.

09 이 노랫말에서 반복되는 표현으로 보기 어려운 것은?

① 사랑
② 그대만
③ 팝콘 같은 꽃잎
④ 오늘 같은 바람이 불면
⑤ 아른아른

핵심 개념 콕

10 '그대가 나의 봄'에 나타난 것과 같은 표현 방법이 쓰인 예로 알맞지 않은 것은?

① 인생은 회전목마
② 봄은 고양이로다.
③ 내 마음은 호수요.
④ 꽃을 보듯 너를 본다.
⑤ 나는 나룻배 / 당신은 행인

11 광고 (가)에 사용된 비유적 표현의 효과로 알맞은 것은?

① 구명조끼의 중요성을 강조한다.
② 수혈이 필요한 사람이 늘어났다는 정보를 제공한다.
③ 헌혈할 때는 신중하게 고민해야 한다는 내용을 전달한다.
④ 헌혈이 의미 있는 일이라는 뜻을 간략하고 분명하게 전달한다.
⑤ 헌혈할 때 겪는 어려움을 강조하며 개선해야 할 문제를 제시한다.

12 광고 (나)의 문구에 대한 설명으로 알맞지 않은 것은?

① 꽃잎이 흩날리는 상상을 하게 만든다.
② 즐거운 봄꽃 축제의 분위기를 전달한다.
③ 광고의 핵심 정보를 효과적으로 전달한다.
④ '봄'이 노래하고, '꽃잎'이 손짓한다고 표현하였다.
⑤ <후후후>에 쓰이지 않은 다른 비유법이 사용되었다.

● 바른답·알찬풀이 4쪽

(1) 운율과 비유

1연
아가야
내 이름은 민들레야
지난겨울 너의 모자 끝에
달려 있던 털방울 같지
→ 1연: 아가에게 자신을 소개하는 민들레

2연
작은 입술 뽀뽀하듯 내밀고
후후후 입김 부는 아가야

3연
봄바람 같은 너의 숨결에
나는 세상에서 제일 작은
낙하산 되어 날아가지
→ 2~3연: 입김을 부는 아가와 날아가는 민들레 홀씨

4연
멋지게 착륙하여 내년에 다시
널 만나러 올게

5연
그때는 너의 숨결도 좀 더
힘차고 따뜻하게 자라 있을 테지
→ 4~5연: 내년에 아가를 다시 만나러 오겠다는 민들레의 약속

6연
내년 봄에는 후후
두 번만 불어도
나는 날아갈 테지

7연
올해는 후후후
내년엔 후후
→ 6~7연: 올해와 다르게 내년에는 아가가 두 번만 불어도 날아갈 것이라고 생각하는 민들레

★ 〈후후후〉에 나타난 운율과 그 효과는 무엇일까?

시어의 반복에서 **①**[　　]이 느껴짐.
• '후후후', '후후'의 반복
• '-지'의 반복

→ 운율의 효과 →

• 리듬감 또는 음악성을 느끼게 함.
• **②**[　　]과 즐거움을 느끼게 함.
• 통일감 또는 규칙성을 느끼게 함.
• 시의 **③**[　　]를 형성함.

★ 〈후후후〉에 쓰인 비유는 무엇일까?

'아가야 / 내 이름은 민들레야' → 의인법
↳ 민들레가 마치 **④**[　　]인 것처럼 아가에게 말을 걸어 자신을 소개함.

'봄바람 같은 너의 숨결에' → 직유법
↳ '숨결'이 따뜻하고 부드러운 점에서 마치 '봄바람'과 같다고 표현함.

'작은 입술 뽀뽀하듯 내밀고' → 직유법
↳ 아가가 **⑤**[　　]을 오므린 모양을 '뽀뽀하듯'이라고 표현함.

'세상에서 제일 작은 / 낙하산 되어 날아가지' → 은유법
↳ **⑥**[　　]을 타고 날아가는 점이 비슷하여 '나(민들레)'를 '낙하산'이라고 표현함.

★ 〈후후후〉의 주제는 무엇일까?

아가가 잘 자라기를 바라는 **⑦**[　　]의 마음

[01~10] 다음 글을 읽고 물음에 답하시오.

가 아가야
　㉠내 이름은 민들레야
　지난겨울 ㉡너의 모자 끝에
　달려 있던 털방울 같지

　ⓐ작은 입술 뽀뽀하듯 내밀고
　후후후 입김 부는 아가야

　봄바람 같은 너의 숨결에
　㉢나는 세상에서 제일 작은
　낙하산 되어 날아가지

　멋지게 착륙하여 내년에 다시
　널 만나러 올게

　그때는 ㉣너의 숨결도 좀 더
　힘차고 따뜻하게 자라 있을 테지　[A]

　내년 봄에는 후후
　㉤두 번만 불어도
　나는 날아갈 테지

　올해는 후후후
　내년엔 후후

나 따사로운 봄빛에 사랑이 녹아요.
　살랑대는 바람에 사랑이 불어요.
　오늘 같은 ⓑ바람이 불면 제일 먼저 떠올라요.
　그대만 그대만 그대만
　팝콘 같은 꽃잎이 저 높이 날아요.
　사랑한다 말하면 난 정말 녹아요.
　오늘 같은 바람이 불면 하루 종일 미치겠어.
　그대가 아른아른거려서
　그대가 나의 ⓒ봄이죠.

---

01 (가)와 (나)에 대한 설명으로 알맞지 <u>않은</u> 것은?

① (가)의 말하는 이는 '민들레'이다.
② (가), (나) 모두 계절적 배경은 봄이다.
③ (가)와 (나)에서는 리듬감을 느낄 수 있다.
④ (가)에는 (나)와 달리 반복적인 표현이 나타난다.
⑤ (나)에는 '그대'를 사랑하는 말하는 이의 마음이 드러난다.

02 (가), (나)의 공통점으로 알맞은 것은?

① 주로 따뜻한 분위기를 형성하고 있다.
② 말하는 이의 애통한 심정이 나타나 있다.
③ 말하는 이가 추억을 되새기며 슬퍼하고 있다.
④ 대상을 향한 말하는 이의 서운함이 드러나 있다.
⑤ 분위기가 바뀌며 말하는 이의 의지가 드러나고 있다.

03 (가)에 대한 감상으로 알맞은 것은?

① 고향에 대한 민들레의 그리움을 전하고 있다.
② 아가를 향한 민들레의 긍정적인 시선을 드러내고 있다.
③ 새로운 세상을 갈망하는 민들레의 심정이 드러나 있다.
④ 민들레의 생애를 통해 자연의 신비로움을 환상적으로 그려 내고 있다.
⑤ 아가가 시련을 잘 극복하기를 바라는 민들레의 마음이 비유적으로 나타나 있다.

04 (가)의 ㉠~㉤ 중, (나)의 팝콘 같은 꽃잎과 같은 표현 방법이 쓰인 것은?

① ㉠　　　　② ㉡　　　　③ ㉢
④ ㉣　　　　⑤ ㉤

05 (가)의 운율 형성 방법을 〈보기〉에서 모두 고른 것은?

> ─ 보기 ─
> ㄱ. 동일한 시어를 반복한다.
> ㄴ. 동일한 종결 어미를 반복한다.
> ㄷ. 행마다 다른 글자 수가 나타난다.
> ㄹ. 시구를 읽어 나갈 때 호흡이 쭉 이어진다.

① ㄱ, ㄴ
② ㄴ, ㄷ
③ ㄱ, ㄴ, ㄷ
④ ㄴ, ㄷ, ㄹ
⑤ ㄱ, ㄴ, ㄷ, ㄹ

06 (가)에 드러난 표현 방법을 분석한 내용으로 알맞지 <u>않은</u> 것은?

① 사물인 '민들레'를 사람처럼 '나'라고 표현하였다.
② '후후후'와 같은 음성 상징어를 사용해서 대상의 모습을 생동감 있게 표현하였다.
③ '봄바람 같은 너의 숨결'은 표현하려는 대상인 '숨결'을 '봄바람'에 빗대어 표현한 것이다.
④ '지난겨울', '내년 봄' 등 시간적 배경을 통해 성장하고자 하는 '민들레'의 소망을 효과적으로 표현하였다.
⑤ '제일 작은 / 낙하산 되어 날아가지'에서 민들레 홀씨가 바람을 타고 나는 모습을 '낙하산'에 빗대어 표현하였다.

07 (가)의 ⓐ에서 표현하려는 대상과 빗대어 표현한 대상의 비슷한 점이 무엇인지 〈조건〉에 맞게 서술하시오.

> ─ 조건 ─
> • 표현하려는 대상과 빗대어 표현한 대상을 각각 밝힐 것
> • 완결된 한 문장으로 쓸 것

08 [A]에 담긴 '나'의 시선을 〈조건〉에 맞게 서술하시오.

> ─ 조건 ─
> • '내년'에 있을 아가의 변화에 관해 쓸 것
> • '아가'를 대하는 '나'의 태도를 포함하여 쓸 것
> • 완결된 한 문장으로 쓸 것

09 (나)의 ⓑ, ⓒ에 대한 설명으로 알맞지 <u>않은</u> 것은?

① ⓑ와 ⓒ는 모두 '그대'를 빗대어 표현한 말이다.
② ⓑ는 말하는 이에게 '그대'를 떠올리게 한다.
③ ⓑ는 말하는 이에게 긍정적인 감정을 불러일으킨다.
④ ⓒ에는 '그대'를 사랑하는 '나'의 마음이 담겨 있다.
⑤ ⓒ는 포근한 시적 분위기를 형성하는 데 영향을 미친다.

10 (나)와 〈보기〉의 공통점으로 알맞은 것은?

> ─ 보기 ─
> 가자, 가자, 가자.
> 숲으로 가자.
> 달 조각을 주우러
> 숲으로 가자
>
> ─ 윤동주, 〈반딧불〉에서

① 반복적인 표현을 통해 운율을 형성하고 있다.
② 계절적 배경을 활용하여 말하는 이의 심정을 강조하고 있다.
③ 비유적 표현을 통해 말하는 이의 심리 변화를 드러내고 있다.
④ 공간의 이동에 따라 말하는 이의 태도 변화를 강조하고 있다.
⑤ 음성 상징어를 사용하여 대상의 모습을 구체적으로 표현하고 있다.

(2) 상징

소단원 핵심 개념

1 상징의 뜻과 특징

① 뜻: 추상적인 개념을 구체적인 대상으로 표현하는 것이다.

② 특징

- 원관념을 드러내지 않고 보조 관념만으로 의미를 표현한다.
- 원관념과 보조 관념의 대응 관계가 일대일이 아닌, 다대일의 다의성을 지닌다.

예 풀이 눕는다. / 비를 몰아오는 동풍에 나부껴 / 풀은 눕고 / 드디어 울었다.

'풀'은 단순히 식물만 뜻하는 것이 아니라 가장 흔한 존재, 한없이 연약한 존재, 억세게 자라는 끈질긴 생명력을 지닌 존재 등을 상징함.

— 김수영, 〈풀〉에서

2 상징의 종류

관습적 상징	오랫동안 특수한 문화적 배경 아래에서 관습화되어 형성된 상징 예 • 비둘기: 기독교 문화권에서 평화를 상징함. • 십자가: 기독교 문화권에서 희생, 구원, 속죄양 의식을 상징함. • 사군자: 동양 문화권에서 지조, 절개 등과 같은 선비 정신을 상징함.
개인적 (문학적) 상징	작가가 문학 작품에서 사용하는 특수하고 독창적인 상징 예 김유정의 〈동백꽃〉에서 '동백꽃'은 향토성, 순수성, 사춘기의 순수한 사랑, 화해 등을 상징함.
원형적 상징	민족이나 문화를 초월하여 인류가 공유하는 상징 예 • 빛: 질서, 이성, 구원 등을 상징함. • 물: 정화와 재생, 생명력, 소생 등을 상징함. • 불: 욕망, 파괴, 죽음, 상승적 에너지 등을 상징함.

3 상징의 효과

- 작품의 주제를 효과적으로 드러낼 수 있다.
- 작가의 생각이 사물을 거쳐 간접적으로 전달되어 독자의 상상력을 키운다.
- 대상이 나타내는 의미가 다양하게 해석될 수 있어 작품의 의미를 풍부하게 한다.

4 비유와 상징의 비교

	비유	상징
공통점	• 주제를 효과적으로 드러낼 수 있음. • 표현하려는 대상이 보다 참신하고 풍부한 의미를 가지게 함.	
차이점	• 원관념과 보조 관념이 함께 나타남. • 원관념과 보조 관념 사이에 유사성이 있음. • 원관념과 보조 관념의 의미 관계 =1:1	• 원관념은 제시되지 않고 보조 관념만 나타남. • 원관념과 보조 관념 사이에 유사성이 없음. • 원관념과 보조 관념의 의미 관계 = 다수:1 ^물 ^{예 정화, 생명력, 소생}

개념 확인 문제

1 〈보기〉의 빈칸에 들어갈 알맞은 말을 쓰시오.

보기

상징은 (　　　)인 개념을 구체적인 대상으로 나타내는 표현 방법이다.

2 상징에 대한 설명으로 맞으면 ○표, 틀리면 ×표를 하시오.

(1) 원관념과 보조 관념 사이에는 유사성이 있다. (　　　)
(2) 원관념과 보조 관념의 의미 관계가 일대일로 나타난다. (　　　)

3 소재와 상징적 의미의 연결이 알맞지 않은 것은?

① 물 - 생명력
② 비둘기 - 파괴
③ 불 - 욕망, 죽음
④ 사군자 - 지조, 절개
⑤ 십자가 - 희생, 구원

4 〈보기〉의 빈칸에 들어갈 알맞은 말을 각각 쓰시오.

보기

비유는 원관념과 보조 관념을 작품 안에 함께 제시하는 표현 방법이고, 상징은 (　　　)은 숨기고 (　　　)만 작품 표면에 제시하는 표현 방법이다.

소나기 _ 황순원

작품 개관

갈래	현대 소설, 단편 소설, 순수 소설	시점	작가 관찰자 시점(부분적으로 전지적 작가 시점)
성격	서정적, 향토적, 비극적		
주제	소년과 소녀의 순수한 사랑		
특징	• 소설의 배경인 가을 농촌의 모습을 감각적으로 묘사함. • 시간의 흐름에 따라 사건이 전개됨. • 여운을 남기는 결말로 끝남.		

빈출지문

가 소년은 개울가에서 소녀를 보자 곧 윤 초시네 증손녀딸이라는 걸 알 수 있었다. 소녀는 개울에다 손을 잠그고 물장난을 하고 있는 것이다. 서울서는 이런 개울물을 보지 못하기나 한 듯이.
과거의 첫 시험. 또는 그 시험에 급제한 사람

벌써 며칠째 소녀는 학교서 돌아오는 길에 물장난이었다. 그런데 어제까지는 개울 기슭에서 하더니 오늘은 징검다리 한가운데 앉아서 하고 있다.
바다나 강 따위의 물과 닿아 있는 땅

핵심 1
㉠소년은 개울둑에 앉아 버렸다. 소녀가 비키기를 기다리자는 것이다.

요행 지나가는 사람이 있어 소녀가 길을 비켜 주었다.
뜻밖에 얻는 행운

다음 날은 좀 늦게 개울가로 나왔다.

이날은 소녀가 징검다리 한가운데 앉아 세수를 하고 있었다. 분홍 스웨터 소매를 걷어 올린 팔과 목덜미가 마냥 희었다.

한참 세수를 하고 나더니 이번에는 물속을 빤히 들여다본다. 얼굴이라도 비추어 보는 것이리라. 갑자기 물을 움켜 낸다. 고기 새끼라도 지나가는 듯.

소녀는 소년이 개울둑에 앉아 있는 걸 아는지 모르는지 그냥 날쌔게 물만 움켜 낸다. 그러나 번번이 허탕이다. 그대로 재미있는 양, 자꾸 물만 움킨다. 어제처럼 개울을 건너는 사람이 있어야 길을 비킬 모양이다.

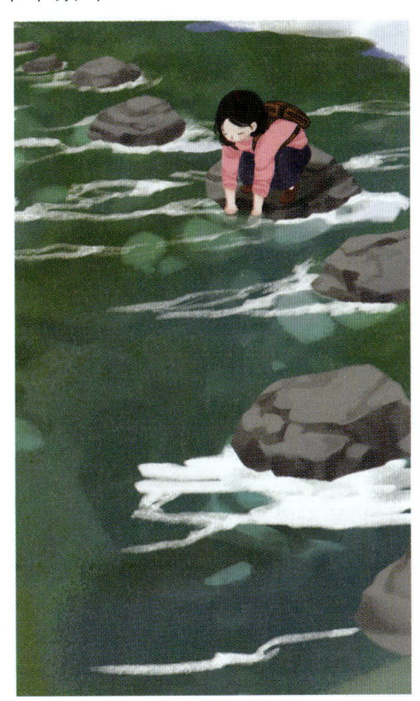

그러다가 소녀가 물속에서 무엇을 하나 집어낸다. 하얀 조약돌이었다. 그러고는 벌떡 일어나 팔짝팔짝 징검다리를 뛰어 건너간다.

→ 소년은 징검다리에서 물장난을 치는 소녀가 비키기를 기다림.

나 다 건너가더니 획 이리로 돌아서며,

"이 바보."

핵심 2
조약돌이 날아왔다.

소년은 저도 모르게 벌떡 일어섰다.

핵심 1 소년의 성격

소년이 개울둑에 앉아 소녀가 비키기만을 기다린 이유
소녀에게 비켜 달라는 표현을 하는 것이 어려워서

↓

소년	소극적이고 소심한 성격

교 과 서 날 개 소년은 왜 개울둑에 앉아 소녀가 비키기만을 기다렸을까?

1 ㉠의 이유로 알맞은 것은?

① 소녀를 놀라게 하기 위해서
② 특별히 바쁜 일이 없고 심심해서
③ 소녀에게 비켜 달라는 말을 못해서
④ 소녀의 행동을 더 지켜보고 싶어서
⑤ 소녀와 함께 물장난을 치고 싶어서

핵심 2 '조약돌'의 역할

소녀가 "이 바보" 하고 소년에게 조약돌을 던진 이유
• 개울둑에 앉아만 있고 자신에게 말을 걸지 않는 소년이 답답해서 • 소년의 관심을 끌기 위해서

교 과 서 날 개 소녀는 왜 소년에게 조약돌을 던졌을까?

2 소녀가 소년에게 조약돌을 던진 이유가 아닌 것은?

① 소년의 표현을 끌어내기 위해서
② 소년이 하는 행동이 위험해 보여서
③ 소년이 자신에게 관심을 나타내지 않아서
④ 소년이 자신에게 말을 걸지 않아 서운해서
⑤ 개울둑에 앉아만 있는 소년의 대응이 답답해서

단발머리를 나풀거리며 소녀가 막 달린다. 갈밭 사잇길로 들어섰다. 뒤에는 청량한 가을 햇살 아래 빛나는 갈꽃뿐.

이제 저쯤 갈밭머리로 소녀가 나타나리라. 꽤 오랜 시간이 지났다고 생각했다. 그런데도 소녀는 나타나지 않는다. 발돋움을 했다. 그러고도 상당한 시간이 지났다고 생각됐다.

저쪽 갈밭머리에 갈꽃이 한 옴큼 움직였다. 소녀가 갈꽃을 안고 있었다. 그리고 이제는 천천한 걸음이었다. 유난히 맑은 가을 햇살이 소녀의 갈꽃머리에서 반짝거렸다. 소녀 아닌 갈꽃이 들길을 걸어가는 것만 같았다.
한 손으로 움켜쥘 만한 분량을 세는 단위

소년은 이 갈꽃이 아주 뵈지 않게 되기까지 그대로 서 있었다. 문득 소녀가 던진 조약돌을 내려다보았다. 물기가 걷혀 있었다. 소년은 조약돌을 집어 주머니에 넣었다.

→ 소년은 소녀가 던진 조약돌을 주머니에 넣음.

지문 콕콕

발단: 개울가에서 소년과 소녀가 만남.

소녀	☐☐☐ 에 앉아 있는 소년에게 ☐☐☐ 을 던짐.
소년	소녀가 던진 조약돌을 집어 주머니에 넣음.

↓

서로에게 관심이 있는 소년과 소녀의 모습

다 다음 날부터 좀 더 늦게 개울가로 나왔다. 소녀의 그림자가 뵈지 않았다. 다행이었다.

그러나 이상한 일이었다. 소녀의 그림자가 뵈지 않는 날이 계속될수록 소년의 가슴 한구석에는 어딘가 허전함이 자리 잡는 것이었다. 주머니 속 조약돌을 주무르는 버릇이 생겼다.

그러한 어떤 날, 소년은 전에 소녀가 앉아 물장난을 하던 징검다리 한가운데에 앉아 보았다. 물속에 손을 잠갔다. 세수를 하였다. 물속을 들여다보았다. 검게 탄 얼굴이 그대로 비치었다. 싫었다.

소년은 두 손으로 물속의 얼굴을 움키었다. 몇 번이고 움키었다. 그러다가 깜짝 놀라 일어나고 말았다. 소녀가 이리 건너오고 있지 않느냐.

숨어서 내 하는 꼴을 엿보고 있었구나. 소년은 달리기 시작했다. 디딤돌을 헛짚었다. 한 발이 물속에 빠졌다. 더 달렸다.

몸을 가릴 데가 있어 줬으면 좋겠다. 이쪽 길에는 갈밭도 없다. 메밀밭이다. 전에 없이 메밀꽃 내가 짜릿하니 코를 찌른다고 생각됐다. 미간이 아찔했다. 찝찔한 액체가 입술에 흘러들었다. 코피였다. 소년은 한 손으로 코피를 훔쳐 내면서 그냥 달렸다. 어디선가, 바보, 바보, 하는 소리가 자꾸만 뒤따라오는 것 같았다.
맛이 없이 조금 짠

→ 개울가에서 소녀가 다가오자 소년이 당황하여 달아남.

핵심 콕콕 & 문제로 확인

핵심 3 〈발단〉 부분의 배경

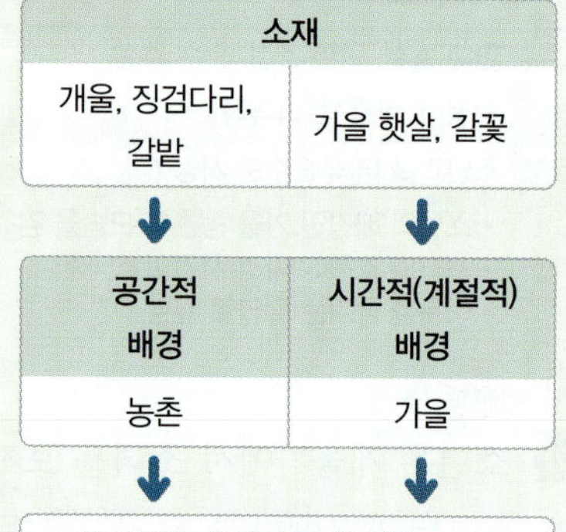

소재	
개울, 징검다리, 갈밭	가을 햇살, 갈꽃

↓ ↓

공간적 배경	시간적(계절적) 배경
농촌	가을

↓ ↓

- 향토적인 분위기를 형성함.
- 등장인물들의 순수한 면을 더욱 효과적으로 드러냄.

3 (가)와 (나)의 배경에 대한 설명으로 알맞지 않은 것은?

① 시간적 배경은 봄이다.
② 공간적 배경은 농촌이다.
③ 향토적인 분위기를 형성한다.
④ 등장인물의 순수한 면이 잘 드러나게 하는 데 영향을 준다.
⑤ '개울, 징검다리'를 통해 소년과 소녀가 만난 장소를 알 수 있다.

핵심 4 소년이 물에 비친 자신의 얼굴을 보며 싫어한 이유

소녀가 앉아 물장난을 하던 곳에서 소년은 물에 비친 자신의 얼굴을 봄.

↓

소년은 피부가 하얀 소녀와 달리 검게 탄 자신의 모습이 못마땅함.

교과서 날개  소년은 물에 비친 자신의 얼굴을 보며 왜 싫다고 생각했을까?

4 소년이 물에 비친 자신의 얼굴을 보기 싫어한 이유로 알맞은 것은?

① 세수를 하지 못해 부끄러워서이다.
② 소녀의 모습이 떠올라 당황해서이다.
③ 친구를 적극적으로 사귀지 못하는 자신이 한심해서이다.
④ 소녀의 흰 피부와 대조되는 자신의 모습이 마음에 들지 않아서이다.
⑤ 물에 비친 모습이 평소 거울로 보던 것보다 못나 보였기 때문이다.

라 토요일이었다.

개울가에 이르니 며칠째 보이지 않던 소녀가 건너편 가에 앉아 물장난을 하고 있었다.

모르는 체 징검다리를 건너기 시작했다. 얼마 전에 소녀 앞에서 한 번 실수를 했을 뿐, 여태 큰길 가듯이 건너던 징검다리를 오늘은 조심성스럽게 건넌다.

"얘." / 못 들은 체했다. 둑 위로 올라섰다. / "얘, 이게 무슨 조개지?"

자기도 모르게 돌아섰다. 소녀의 맑고 검은 눈과 마주쳤다. 얼른 소녀의 손바닥으로 눈을 떨구었다.

"비단조개." / "이름두 참 곱다."

→ 소녀가 징검다리를 건너는 소년에게 말을 건넴.

마 갈림길에 왔다. 여기서 소녀는 아래편으로 한 삼 마장쯤, 소년은 우대로 한 십 리 가까잇길을 가야 한다. / 소녀가 걸음을 멈추며,

위가 되는 쪽
거리의 단위. 오 리나 십 리가 못 되는 거리를 이를 때 '리' 대신 쓰임.

ⓐ"너, 저 산 너머에 가 본 일 있니?"

벌 끝을 가리켰다. / "없다."

"우리, 가 보지 않을래? 시골 오니까 혼자서 심심해 못 견디겠다."

"저래 봬두 멀다."

"멀믄 얼마나 멀갔게? 서울 있을 땐 아주 먼 데까지 소풍 갔었다."

소녀의 눈이 금세, 바보, 바보, 할 것만 같았다.

논 사잇길로 들어섰다. 벼 가을걷이하는 곁을 지났다.

허수아비가 서 있었다. 소년이 새끼줄을 흔들었다. 참새가 몇 마리 날아간다. '참, 오늘은 일찍 집으로 돌아가 텃논의 참새를 봐야 할걸.' 하는 생각이 든다.

→ 갈림길에서 소녀가 소년에게 산 너머에 함께 가자고 제안함.

바 "아, 재밌다!"

소녀가 허수아비 줄을 잡더니 흔들어 댄다. 허수아비가 대고 우쭐거리며 춤을 춘다. 소녀의 왼쪽 볼에 살포시 보조개가 패었다.

무리하게 자꾸 또는 계속하여 자꾸

저만치 허수아비가 또 서 있다. 소녀가 그리로 달려간다. 그 뒤를 소년도 달렸다. 오늘 같은 날은 일찌감치 집으로 돌아가 집안일을 도와야 한다는 생각을 잊어버리기라도 하려는 듯이.

소녀의 곁을 스쳐 그냥 달린다. 메뚜기가 따끔따끔 얼굴에 와 부딪힌다. 쪽빛으로 한껏 갠 가을 하늘이 소년의 눈앞에서 맴을 돈다. 어지럽다. 저놈의 독수리, 저놈의 독수리, 저놈의 독수리가 맴을 돌고 있기 때문이다.

제자리에서 서서 뱅뱅 도는 장난

돌아다보니 소녀는 지금 자기가 지나쳐 온 허수아비를 흔들고 있다. ⓑ좀 전 허수아비보다 더 우쭐거린다.

→ 소녀가 허수아비 줄을 흔들며 즐거워함.

핵심 5 '갈림길'에서의 상황

- 소녀는 갈림길을 기준으로 아래편으로, 소년은 위쪽으로 가야 하므로 서로 헤어져야 함.
- 소녀가 걸음을 멈추며 소년에게 말을 건넴.

⬇

소녀의 적극적인 모습

 교과서 날개 소녀가 걸음을 멈추고 소년에게 말을 건 까닭은 무엇일까?

5 소녀가 ⓐ과 같이 말한 이유로 알맞은 것은?

① 산을 혼자 가기에 겁이 나서
② 산 너머로 심부름을 가야 해서
③ 소년과 시간을 더 보내고 싶어서
④ 산 너머에 있는 서울로 가고 싶어서
⑤ 예전에 가 본 곳을 소년에게 자랑하고 싶어서

핵심 6 소녀의 행동의 의미

소녀가 허수아비 줄을 점점 세게 흔듦.

⬇

소녀의 즐거운 감정이 고조되고 있음을 간접적으로 제시함.

6 ⓑ에서 짐작할 수 있는 내용으로 알맞은 것은?

① 바람이 점점 더 세게 분다.
② 소녀가 허수아비를 무서워한다.
③ 소녀가 점점 더 즐거워하고 있다.
④ 독수리를 쫓기 위해 소년이 허수아비를 흔들고 있다.
⑤ 소녀가 흔드는 허수아비가 다른 허수아비보다 약하게 만들어졌다.

사 논이 끝난 곳에 도랑이 하나 있었다. 소녀가 먼저 뛰어 건넜다.

거기서부터 산 밑까지는 밭이었다.

수숫단을 세워 놓은 밭머리를 지났다. / "저게 뭐니?"

"원두막." / "여기 참외, 맛있니?"

"그럼. 참외 맛두 좋지만 수박 맛은 더 좋다." / "하나 먹어 봤으면."

소년이 참외 그루에 심은 무밭으로 들어가, 무 두 밑을 뽑아 왔다. 아직 밑이 덜
들어 있었다. 잎을 비틀어 팽개친 후 소녀에게 한 밑 건넨다. 그러고는 이렇게 먹어
야 한다는 듯이 먼저 대강이를 한 입 베어 물
어 낸 다음 손톱으로 한 돌이 껍질을 벗겨 우
적 깨문다.

소녀도 따라 했다. 그러나 세 입도 못 먹고,

"아, 맵고 지려."

하며 집어 던지고 만다.

"참 맛없어 못 먹겠다."

핵심 7 소년이 더 멀리 팽개쳐 버렸다.

➡ 소년과 소녀는 무를 뽑아 먹고 맛이 없어서 멀리 던져 버림.

빈출지문

아 산이 가까워졌다. / 단풍이 눈에 따가웠다.

"야아!"

소녀가 산을 향해 달려갔다. 이번은 소년이 뒤따라 달리지 않았다. 그러고도 곧
소녀보다 더 많은 꽃을 꺾었다.

"이게 들국화, 이게 싸리꽃, 이게 도라지꽃……."

"도라지꽃이 이렇게 예쁜 줄은 몰랐네. 난 보랏빛이 좋아! …… 근데 이 양산같
이 생긴 노란 꽃이 뭐지?" / "마타리꽃."

소녀는 마타리꽃을 양산 받듯이 해 보인다. 약간 상기된 얼굴에 살풋한 보조개를
떠올리며.

다시 소년은 꽃 한 옴큼을 꺾어 왔다. 싱싱한 꽃가지만 골라 소녀에게 건넨다.

그러나 소녀는, / "하나두 버리지 말어."

➡ 소년이 소녀에게 꽃을 꺾어 건넴.

자 산마루께로 올라갔다.

맞은편 골짜기에 오손도손 초가집이 몇 모여 있었다.

누가 말한 것도 아닌데 바위에 나란히 걸터앉았다. 별로 주위가 조용해진 것 같
았다. 따가운 가을 햇살만이 말라 가는 풀 냄새를 퍼뜨리고 있었다.

"저건 또 무슨 꽃이지?"

적잖이 비탈진 곳에 칡덩굴이 엉키어 꽃을 달고 있었다.

"꼭 등꽃 같네. 서울 우리 학교에 큰 등나무가 있었단다. 저 꽃을 보니까 등나무
밑에서 놀던 동무들 생각이 난다."

핵심 7 소녀에 대한 소년의 태도

소녀	• "아, 맵고 지려." • 무를 집어 던짐.

소년	• "참 맛없어 못 먹겠다." • 무를 더 멀리 던짐.

• 소녀와 친해지고 싶은 마음에 소년
은 자신도 소녀와 같은 생각이라는
것을 표현함.

교과서 날개 소년이 소녀보다 무를 더 멀리
팽개친 까닭은 무엇일까?

7 소년이 무를 멀리 팽개친 이유로 알맞
은 것은?

① 원래 무를 좋아하지 않아서

② 자신의 무가 소녀 것보다 맛이 없어서

③ 자신도 소녀와 같은 생각임을 보여 주
고 싶어서

④ 무가 맛이 없다는 소녀에게 황당한 마
음이 들어서

⑤ 자신이 더 멀리 던질 수 있음을 보여
주고 싶어서

핵심 8 소년의 행동의 의미

| 소년 | 싱싱한 꽃가지만 골라 소녀
에게 건넴. |
|---|---|

소년은 소녀에 대한 호감을 드러냄.

교과서 날개 싱싱한 꽃가지만 골라 건넨 소
년의 마음은 무엇일까?

8 소년이 싱싱한 꽃가지를 소녀에게 건
넨 이유로 알맞은 것은?

① 싱싱한 꽃이 많았기 때문에

② 소녀의 부탁을 들어주기 위해서

③ 소녀에게 좋은 것만 주고 싶기 때문에

④ 소녀가 시든 꽃을 좋아하지 않기 때문
에

⑤ 소녀에게 꽃의 종류를 알려 주기 위해
서

소녀가 조용히 일어나 비탈진 곳으로 간다. 꽃송이가 달린 줄기를 잡고 끊기 시작한다. 좀처럼 끊어지지 않는다. 안간힘을 쓰다가 그만 미끄러지고 만다. 칡덩굴을 그러쥐었다.

소년이 놀라 달려갔다. 소녀가 손을 내밀었다. 손을 잡아 이끌어 올리며, 소년은 제가 꺾어다 줄 것을 잘못했다고 뉘우친다.

→ 소녀가 꽃을 꺾다가 미끄러짐.

차 소녀의 오른쪽 무릎에 핏방울이 내맺혔다. 소년은 저도 모르게 생채기에 입술을 가져다 대고 빨기 시작했다. 그러다가 무슨 생각을 했는지 확 일어나 저쪽으로 달려간다.

좀 만에 숨이 차 돌아온 소년은, / "이걸 바르면 낫는다."

송진을 생채기에다 문질러 바르고는 그 달음으로 칡덩굴 있는 데로 내려가 꽃 달린 줄기를 이빨로 끊어 가지고 올라온다. 그러고는,

"저기 송아지가 있다. 그리 가 보자."

누렁 송아지였다. 아직 코뚜레도 꿰지 않았다.

핵심 9 소년이 고삐를 바투 잡아 쥐고 등을 긁어 주는 척 후딱 올라탔다. 송아지가 껑충
> 두 대상이나 물체의 사이가 썩 가깝게

거리며 돌아간다.

소녀의 흰 얼굴이, 분홍 스웨터가, 남색 스커트가, 안고 있는 꽃과 함께 범벅이 된다. 모두가 하나의 큰 꽃묶음 같다. 어지럽다. 그러나 내리지 않으리라. 자랑스러웠다. 이것만은 소녀가 흉내 내지 못할 자기 혼자만이 할 수 있는 일인 것이다.

→ 소년이 소녀 앞에서 송아지 등에 올라탐.

지문 콕콕

전개: 소년과 소녀가 함께 산 너머에 놀러 감.

소년과 소녀가 ☐ 너머로 가는 길에 ☐을 꺾으며 즐거운 시간을 보냄.	→	꽃을 꺾으려다 미끄러져 다친 소녀의 ☐☐를 소년이 정성껏 치료해 줌.

빈출지문

카 "너희 예서 뭣들 하느냐."

농부 하나가 억새풀 사이로 올라왔다.

송아지 등에서 뛰어내렸다. 어린 송아지를 타서 허리가 상하면 어쩌느냐고 꾸지람을 들을 것만 같다.

그런데 나룻이 긴 농부는 소녀 편을 한 번 훑어보고는 그저 송아지 고삐를 풀어 내면서, / "어서들 집으루 가거라. 소나기가 올라."

핵심 10 참 먹장구름 한 장이 머리 위에 와 있다. 갑자기 사면이 소란스러워진 것 같다.
> 먹빛같이 시꺼먼 구름

바람이 우수수 소리를 내며 지나간다. 삽시간에 주위가 보랏빛으로 변했다.

산을 내려오는데 떡갈나무 잎에서 빗방울 듣는 소리가 난다. 굵은 빗방울이었다.
> 눈물, 빗물 따위의 액체가 방울져 떨어지는

목덜미가 선뜻선뜻했다. 그러자 대번에 눈앞을 가로막는 빗줄기.

핵심 콕콕 & 문제로 확인

핵심 9 소년이 송아지를 탄 이유

소년이 송아지 등에 올라탐.

↓

- 소녀에게 잘 보이고 싶은 마음
- 소녀에게 자신만이 할 수 있는 멋진 모습을 보여 주고 싶은 마음

교과서날개 소년이 송아지에 올라탄 까닭은 무엇일까?

9 소년이 송아지 등에 올라탄 이유로 알맞은 것은?

① 송아지와 교감하고 싶어서
② 소녀에게 잘 보이고 싶어서
③ 오랜만에 본 송아지가 반가워서
④ 소녀에게 실수한 일을 만회하려고
⑤ 소녀가 송아지를 탈 수 있도록 시범을 보이려고

핵심 10 작품 속 분위기의 변화

상황	• 먹장구름 한 장이 나타남. • 바람이 우수수 소리를 냄. • 주위가 보랏빛으로 변함. • 굵은 빗방울이 떨어짐.

↓

작품의 분위기가 바뀌면서 소년과 소녀에게 좋지 않은 일이 일어날 수 있음을 암시함.

10 (카)에서 작품의 분위기를 반전시키는 소재로 알맞지 **않은** 것은?

① 어린 송아지
② 먹장구름 한 장
③ 떨어지는 굵은 빗방울
④ 보랏빛으로 변한 주변
⑤ 우수수 소리를 내는 바람

비안개 속에 원두막이 보였다. 그리로 가 비를 그을 수밖에.

그러나 원두막은 기둥이 기울고 지붕도 갈래갈래 찢어져 있었다. 그런대로 비가 덜 새는 곳을 가려 소녀를 들어서게 했다. 소녀는 입술이 파랗게 질려 있었다. 어깨를 자꾸 떨었다.

무명 겹저고리를 벗어 소녀의 어깨를 싸 주었다. 소녀는 비에 젖은 눈을 들어 한 번 쳐다보았을 뿐, 소년이 하는 대로 잠자코 있었다. 그러면서 안고 온 꽃묶음 속에서 가지가 꺾이고 꽃이 일그러진 송이를 골라 발밑에 버린다.

→ 소나기가 내리자 소년과 소녀가 원두막으로 가 비를 피함.

빈출지문

타 소녀가 들어선 곳도 비가 새기 시작했다. 더 거기서 비를 그을 수 없었다.

밖을 내다보던 소년이 무엇을 생각했는지 수수밭 쪽으로 달려간다. 세워 놓은 수숫단 속을 비집어 보더니 옆의 수숫단을 날라다 덧세운다. 다시 속을 비집어 본다. 그러고는 소녀 쪽을 향해 손짓을 한다.

수숫단 속은 비는 안 새었다. 그저 어둡고 좁은 게 안됐다. 앞에 나앉은 소년은 그냥 비를 맞아야만 했다. 그런 소년의 어깨에서 김이 올랐다.

핵심 11
ㄱ <u>소녀가 속삭이듯이, 이리 들어와 앉으라고 했다.</u> 괜찮다고 했다. 소녀가 다시 들어와 앉으라고 했다. 할 수 없이 뒷걸음질을 쳤다. 그 바람에 소녀가 안고 있는 꽃묶음이 우그러들었다. 그러나 소녀는 상관없다고 생각했다. 비에 젖은 소년의 몸 내음새가 확 코에 끼얹혀졌다. 그러나 고개를 돌리지 않았다. 도리어 소년의 몸기운으로 해서 떨리던 몸이 적이 누그러지는 느낌이었다.
꽤 어지간한 정도로

→ 소년이 소녀가 비를 피할 수 있게 수숫단을 날라 덧세움.

파 소란하던 수숫잎 소리가 뚝 그쳤다. 밖이 멀게졌다.

수숫단 속을 벗어 나왔다. 멀지 않은 앞쪽에 햇빛이 눈부시게 내리붓고 있었다. 도랑 있는 곳까지 와 보니, 엄청나게 물이 불어 있었다. 빛마저 제법 붉은 흙탕물이었다. 뛰어 건널 수가 없었다.

핵심 12
소년이 등을 돌려 댔다. 소녀가 순순히 업혔다. 걷어 올린 소년의 잠방이까지 물이 올라왔다. 소녀는, 어머나 소리를 지르며 소년의 목을 그러안았다.

개울가에 다다르기 전에 가을 하늘은 언제 그랬는가 싶게 구름 한 점 없이 쪽빛으로 개어 있었다.

→ 소년이 소녀를 업고 소나기로 물이 불어난 도랑을 건넘.

지문 콕콕 ── 위기: 소년과 소녀가 소나기를 만나 비를 피함.

갑자기 ☐☐☐ 가 내리자 소년은 소녀가 비를 맞지 않게 하고, 소나기가 그친 뒤 물이 불어난 ☐☐ 을 소녀를 업고 건넘.

↓

함께 비를 피한 후로 소년과 소녀의 사이는 이전보다 더욱 가까워짐.

핵심 콕콕 & 문제로 확인

핵심 11 소년에 대한 소녀의 마음

소년의 행동
소녀가 비를 피할 수 있게 수숫단을 세워 공간을 만들어 주고, 자신은 수숫단 앞에서 비를 맞음.

↓

소녀의 마음
• 자신을 위해 주는 소년에게 고맙고 미안함. • 소년이 비를 맞는 것이 안쓰럽고 걱정됨.

교과서 날개 수숫단 앞에서 비를 맞는 소년을 보는 소녀의 마음은 어땠을까?

11 ㄱ과 같이 말하는 소녀의 속마음을 추측한 것으로 알맞지 않은 것은?

① 자신만 수숫단 속에 있어 미안함을 느낄 것이다.
② 소년이 비를 맞아 감기에 걸릴까 봐 걱정될 것이다.
③ 소년의 어려움을 모른 체하는 자신이 부끄러울 것이다.
④ 어깨에 김이 올라오면서도 비를 맞는 소년이 안쓰러울 것이다.
⑤ 자신을 위해 헌신하는 소년의 모습을 보며 고마움을 느낄 것이다.

핵심 12 소년에게 업힌 소녀

소나기로 인해 도랑의 물이 불어남. → 소년이 소녀를 업고 도랑을 건넘.

↓

• 둘 사이가 이전보다 더 가까워짐. • 서로에 대한 호감이 더욱 커짐.

교과서 날개 소년과 소녀의 관계가 도랑을 건너며 어떻게 달라졌을까?

12 도랑을 건넌 이후 소년과 소녀의 관계에 나타났을 변화로 알맞은 것은?

① 매우 서먹해졌다.
② 더욱 친밀해졌다.
③ 서로에게 화가 났다.
④ 서로에게 실망하게 되었다.
⑤ 서로에게 무관심하게 되었다.

빈출지문

하 그 다음 날은 소녀의 모양이 뵈지 않았다. 다음 날도, 다음 날도. 매일같이 개울가로 달려와 봐도 뵈지 않았다.

학교에서 쉬는 시간에 운동장을 살피기도 했다. 남몰래 오 학년 여자 반을 엿보기도 했다. 그러나 뵈지 않았다.

그날도 소년은 주머니 속 흰 조약돌만 만지작거리며 개울가로 나왔다. 그랬더니 이쪽 개울둑에 소녀가 앉아 있는 게 아닌가.

소년은 가슴부터 두근거렸다.

"그동안 앓았다."

알아보게 소녀의 얼굴이 해쓱해져 있었다.

"그날 소나기 맞은 것 때메?"

소녀가 가만히 고개를 끄덕였다.

"인제 다 났냐?"

"아직두…….""

"그럼 누워 있어야지."

"너무 갑갑해서 나왔다. …… 그날 참 재밌었어. …… 근데 그날 어디서 이런 물이 들었는지 잘 지지 않는다."

소녀가 분홍 스웨터 앞자락을 내려다본다. 거기에 검붉은 진흙물 같은 게 들어 있었다.

소녀가 가만히 보조개를 떠올리며,

"이게 무슨 물 같니?"

소년은 스웨터 앞자락만 바라다보고 있었다.

"내 생각해 냈다. 그날 도랑 건널 때 네게 업힌 일 있지? 그때 네 등에서 옮은 물이다."

핵심 13 ⊙소년은 얼굴이 확 달아오름을 느꼈다.

→ 소년은 비를 맞아 한동안 앓았던 소녀를 오랜만에 만남.

빈출지문

거 갈림길에서 소녀는,

"저 오늘 아침에 우리 집에서 대추를 땄다. 낼 제사 지내려구……."

핵심 14 대추 한 줌을 내어 준다.

소년은 주춤한다.

"맛봐라. 우리 증조할아버지가 심었다는데, 아주 달다."

소년은 두 손을 오그려 내밀며,

"참 알두 굵다!"

"그리구 저, 우리 이번에 제사 지내구 나서 좀 있다 집을 내주게 됐다."

소년은 소녀네가 이사해 오기 전에 벌써 어른들의 이야기를 들어서 윤 초시 손자가 서울서 사업에 실패해 가지고 고향에 돌아오지 않을 수 없게 됐다는 걸 알고 있었다. 그것이 이번에는 고향 집마저 남의 손에 넘기게 된 모양이었다.

핵심 콕콕 & 문제로 확인

핵심 13  소년과 소녀의 추억

비를 맞고 한동안 앓았던 소녀를 오랜만에 다시 만난 소년

⬇

소녀가 검붉게 물든 분홍 스웨터를 보여 주자 그날의 추억이 떠오름.

⬇

| 소년의 마음 | • 부끄러움
• 수줍음
• 쑥스러움 |

13 ⊙에서 짐작할 수 있는 소년의 심리로 알맞은 것은?

① 수줍다.
② 황당하다.
③ 불쾌하다.
④ 긴장된다.
⑤ 후회스럽다.

핵심 14  '대추'의 의미

이사를 가게 된 소녀는 소년에게 대추를 한 줌 건넴.

⬇

• 소년에게 주는 마지막 선물
• 소년을 좋아하는 마음의 표시

교과서 날개 소녀가 소년에게 대추를 건넨 까닭은 무엇일까?

14 소녀가 소년에게 대추를 건넨 이유로 알맞은 것은?

① 마지막 선물을 주고 싶어서
② 함께 대추를 따러 가자는 뜻에서
③ 서울로 함께 놀러 가자는 뜻에서
④ 증조할아버지를 소개하고 싶어서
⑤ 자신의 집 제사에 참석하라는 뜻에서

"왜 그런지 난 이사 가는 게 싫어졌다. 어른들이 하는 일이니 어쩔 수 없지만……."

전에 없이 소녀의 까만 눈에 쓸쓸한 빛이 떠돌았다.

소녀와 헤어져 돌아오는 길에 소년은 혼자 속으로 소녀가 이사를 간다는 말을 수없이 되뇌어 보았다. 무어 그리 안타까울 것도 서러울 것도 없었다. 그렇건만 ㉠소년은 지금 자기가 씹고 있는 대추알의 단맛을 모르고 있었다.

→ 소녀는 소년에게 이사 소식을 알리고 대추를 줌.

녀 이날 밤, 소년은 몰래 덕쇠 할아버지네 호두밭으로 갔다.

낮에 봐 두었던 나무로 올라갔다. 그리고 봐 두었던 가지를 향해 작대기를 내리쳤다. 호두 송이 떨어지는 소리가 별나게 크게 들렸다. 가슴이 선뜻했다. 그러나 다음 순간, 굵은 호두야 많이 떨어져라, 많이 떨어져라, 저도 모를 힘에 이끌려 마구 작대기를 내리치는 것이었다.

돌아오는 길에는 열이틀 달이 지우는 그늘만 골라 짚었다. 그늘의 고마움을 처음 느꼈다.

불룩한 주머니를 어루만졌다. 호두 송이를 맨손으로 깠다가는 옴이 오르기 쉽다는 말 같은 건 아무렇지도 않았다. 그저 근동에서 제일가는 이 덕쇠 할아버지네 호두를 어서 소녀에게 맛보여야 한다는 생각만이 앞섰다.

옴진드기가 기생하여 일으키는 전염 피부병

가까운 이웃 동네

그러다, 아차, 하는 생각이 들었다. 소녀더러 병이 좀 낫거들랑 이사 가기 전에 한번 개울가로 나와 달라는 말을 못 해 둔 것이었다. 바보 같은 것, 바보 같은 것.

→ 소년이 소녀에게 주기 위하여 덕쇠 할아버지네 호두를 몰래 따서 옴.

빈출지문

더 이튿날, 소년이 학교에서 돌아오니 아버지가 나들이옷으로 갈아입고 닭 한 마리를 안고 있었다.

어디 가시느냐고 물었다.

그 말에는 대꾸도 없이 아버지는 안고 있는 닭의 무게를 겨냥해 보면서,

"이만하면 될까?"

어머니가 망태기를 내주며,

"벌써 며칠째 '걀걀' 하구 알 날 자리를 보던데요. 크진 않아두 살은 쪘을 거예요."

소년이 이번에는 어머니한테 아버지가 어디 가시느냐고 물어보았다.

"저, 서당골 윤 초시 댁에 가신다. 제상에라도 놓으시라구……."

"그럼 큰 놈으루 하나 가져가지. 저 얼룩 수탉으루……."

이 말에 아버지는 허허 웃고 나서,

"인마, 그래두 이게 실속이 있다."

소년은 공연히 열적어, 책보를 집어 던지고는 외양간으로 가, 쇠잔등을 한 번 철썩 갈겼다. 쇠파리라도 잡는 척.

아무 까닭이나 실속이 없게 좀 겸연쩍고 부끄러워, 표준어는 '열없다'임.

→ 소년의 아버지가 닭을 챙겨 윤 초시 댁 제사에 참석하러 감.

핵심 15 이별을 앞둔 소년과 소녀의 심리

소녀의 심리	쓸쓸함을 느낌.
소년의 심리	안타깝고 서러움.

소년은 소녀가 이사를 가게 된 사실을 알고 충격을 받아 대추의 단맛을 느끼지 못함.

교과서 날개 소년이 대추의 단맛을 느끼지 못한 까닭은 무엇일까?

15 ㉠의 이유로 알맞은 것은?

① 대추가 덜 익어서
② 대추를 좋아하지 않아서
③ 대추를 먹고 싶지 않아서
④ 대추를 처음 먹어 보는 것이어서
⑤ 소녀의 이사 소식이 충격적이어서

핵심 16 호두를 따는 소년의 심리

소녀에게 호두를 주려고 덕쇠 할아버지네 호두를 몰래 땀.	호두를 딴 뒤 그늘만 골라 짚으며 돌아옴.
소녀에게 자신의 마음을 전하고 싶음.	호두를 몰래 딴 것을 다른 사람에게 들키고 싶지 않음.

교과서 날개 소년은 왜 그늘만 골라 짚어 돌아왔을까?

16 소년이 호두를 딴 뒤 그늘만 골라 돌아온 이유로 알맞은 것은?

① 햇살이 너무 따가워서
② 그늘진 곳이 지름길이어서
③ 호두를 따다가 옴이 올라서
④ 몰래 호두를 딴 것을 들키고 싶지 않아서
⑤ 덕쇠 할아버지네 호두밭 근처에 그늘이 많아서

지문 콕콕 절정: 소녀네가 이사 가게 되면서 소년과 소녀가 이별을 앞두게 됨.

소녀	소년
한동안 앓던 소녀가 소년에게 ☐☐ 한 줌을 주며 ☐☐를 가게 되었다는 소식을 전함.	소녀가 이사를 가기 전에 소녀에게 ☐☐를 주고 싶어 함.

↓

헤어지는 것이 안타깝고 서운한 소녀와 소년의 마음이 드러남.

빈출지문

라 개울물은 날로 여물어 갔다.

소년은 갈림길에서 아래쪽으로 가 보았다. 갈밭머리에서 바라보는 서당골 마을은 쪽빛 하늘 아래 한결 가까워 보였다.

어른들의 말이, 내일 소녀네가 양평읍으로 이사 간다는 것이었다. 거기 가서는 조그마한 가겟방을 보게 되리라는 것이었다.

소년은 저도 모르게 주머니 속 호두알을 만지작거리며, 한 손으로는 수없이 갈꽃을 휘어 꺾고 있었다.

그날 밤, 소년은 자리에 누워서도 같은 생각뿐이었다. 내일 소녀네가 이사하는 걸 가 보나 어쩌나. 가면 소녀를 보게 될까 어떨까.

그러다가 까무룩 잠이 들었는가 하는데,

"허, 참, 세상일두……." / 마을 갔던 아버지가 언제 돌아왔는지,

"윤 초시 댁두 말이 아니여. 그 많던 전답을 다 팔아 버리구, 대대루 살아오던 집마저 남의 손에 넘기더니, 또 악상까지 당하는 걸 보면……."

_{수명을 다 누리지 못하고 젊어서 죽은 사람의 상사}

남폿불 밑에서 바느질감을 안고 있던 어머니가,

_{남포등에 켜 놓은 불}

"증손이라곤 계집애 그 애 하나뿐이었지요?"

"그렇지. 사내애 둘 있던 건 어려서 잃구……."

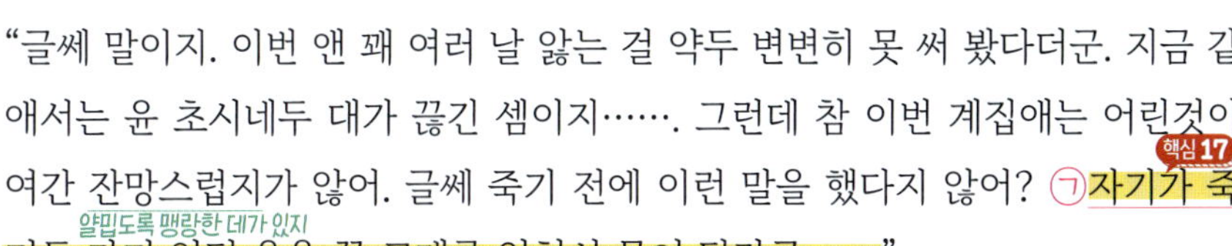

"어쩌믄 그렇게 자식 복이 없을까."

"글쎄 말이지. 이번 앤 꽤 여러 날 앓는 걸 약두 변변히 못 써 봤다더군. 지금 같애서는 윤 초시네두 대가 끊긴 셈이지……. 그런데 참 이번 계집애는 어린것이 여간 잔망스럽지가 않어. 글쎄 죽기 전에 이런 말을 했다지 않어? ㉠자기가 죽거든 자기 입던 옷을 꼭 그대루 입혀서 묻어 달라구……."

_{얄밉도록 맹랑한 데가 있지}

→ 시간이 흘러 소년은 소녀의 죽음을 알게 됨.

지문 콕콕 결말: 소녀의 죽음을 소년이 알게 됨.

소녀의 유언	자신이 죽거든 자기가 입던 ☐☐☐☐☐를 그대로 입혀서 묻어 달라.

→ 소년과의 ☐☐을 소중하게 여기는 소녀의 마음이 나타남.

핵심 콕콕 & 문제로 확인

17 <보기>의 빈칸에 들어갈 알맞은 말을 각각 쓰시오.

▸ 보기 ◂

소년이 주머니 속 (　　　)을 만지작거리고 (　　　)을 꺾는 것은 소녀네가 이사 가게 되어 심란하기 때문이다.

핵심 17 소녀의 유언

내가 죽으면 입던 옷을 꼭 그대로 입혀서 묻어 달라.

소년과 함께한 추억을 간직하고 싶은 소녀의 마음

교과서 날개 소녀는 왜 입던 옷을 그대로 입혀서 묻어 달라고 했을까?

18 소녀가 ㉠과 같이 말한 이유로 알맞은 것은?

① 어릴 때부터 좋아하던 옷이기 때문에
② 중요한 행사 때마다 입던 옷이기 때문에
③ 소년과 함께한 추억이 깃든 옷이기 때문에
④ 자신이 가진 옷 중에 제일 예쁜 옷이기 때문에
⑤ 집안에 내려오는 전통을 따르고 싶었기 때문에

19 이 글의 제목인 '소나기'가 상징하는 바로 알맞은 것은?

① 삶과 죽음
② 일상의 소중함
③ 짧고 강렬한 사랑
④ 고난을 극복한 삶
⑤ 희망이 없는 미래

감상 ✕ 탐구 교과서 44~47쪽

1 이 글에 쓰인 소재의 의미

(1) 각 장면 속 인물의 심리 파악하기

① 
개울가에서 소녀가 소년에게 조약돌을 던짐.

➜ 소녀는 개울둑에 앉아 있는 소년의 모습이 ☐☐하게 느껴졌을 것이다.

② 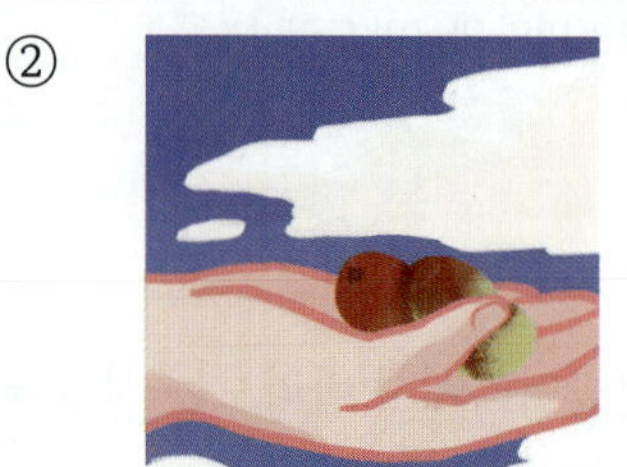
소녀가 이사를 간다고 말하며 소년에게 대추를 줌.

➜ 소녀는 ☐☐를 가기 전에 소년에게 맛있는 대추의 맛을 보여 주고 싶었을 것이다.

③ 
소년이 소녀에게 주려고 호두를 몰래 땀.

➜ 소년은 소녀에게 근동에서 제일가는 ☐☐의 맛을 보여 주고 싶었을 것이다.

④ 
소녀가 자신이 죽거든 자기가 입던 분홍 스웨터를 그대로 입혀서 묻어 달라고 함.

➜ 소녀는 소년과의 ☐☐을 소중하게 여겼을 것이다.

(2) 소재의 의미 파악하기

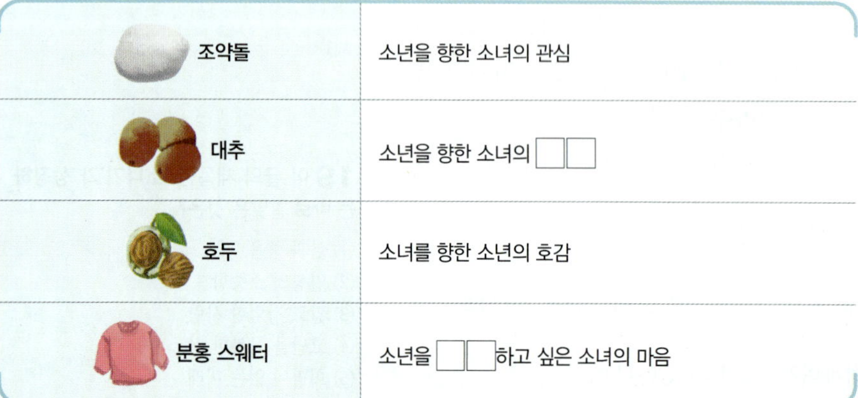

	조약돌	소년을 향한 소녀의 관심
	대추	소년을 향한 소녀의 ☐☐
	호두	소녀를 향한 소년의 호감
	분홍 스웨터	소년을 ☐☐하고 싶은 소녀의 마음

---

01 '개울가'에 대한 설명으로 알맞지 <u>않은</u> 것은?

① 소녀가 물장난을 하는 장소이다.
② 소녀가 소년에게 조약돌을 던진 장소이다.
③ 소년과 소녀가 물고기를 함께 잡은 장소이다.
④ 소년이 소녀를 발견하고 놀라 물속에 빠진 장소이다.
⑤ 소년이 소녀가 보이지 않자 허전함을 느끼는 장소이다.

02 소녀가 소년에게 '대추'를 줄 때의 심리로 알맞은 것은?

① 소년에게 화가 남.
② 소년에게 호감을 지님.
③ 소년이 기뻐해서 뿌듯함.
④ 소년과의 추억으로 괴로움.
⑤ 소년과 인사를 해서 홀가분함.

핵심 개념 콕

03 소녀를 향한 소년의 마음이 담긴 소재로 알맞은 것은?

① 대추
② 호두
③ 징검다리
④ 허수아비
⑤ 검붉은 진흙물

핵심 개념 콕

04 <보기>의 빈칸에 들어갈 알맞은 말을 각각 쓰시오.

> ▸ 보기
>
> 소녀는 소나기가 온 날 소년과 함께한 (　　　　)을/를 간직하기 위하여 자기가 죽거든 입었던 (　　　　)을/를 그대로 입혀 묻어 달라고 한다.

2 사건 전개에서 '소나기'의 역할

(1) '소나기'와 관련해 일어난 사건 정리하기

갑자기 소나기가 내려서 소년과 소녀가 ☐☐☐ 속에서 함께 비를 피함.

소나기가 내려서 ☐☐의 물이 불어나자 소년은 소녀를 업고 도랑을 건넘.

소녀는 ☐☐☐를 맞고 한동안 앓다가 자기가 입던 ☐을 그대로 입혀 묻어 달라는 유언을 남기고 죽음을 맞음.

(2) '소나기'의 역할

소나기 —— 소년과 소녀의 ☐☐가 가까워지게 만드는 역할을 함.

3 '소나기'의 상징적 의미

[사전적 의미]

소나기 「명사」

  갑자기 세차게 쏟아지다가 곧 그치는 비. 특히 여름에 많으며 번개나 천둥, 강풍 따위를 동반한다.

→ '소나기'가 상징하는 것: · ☐☐ 사랑
　　　　　　　　　　　　 · ☐☐☐ 사랑
　　　　　　　　　　　　 · 갑작스럽게 찾아온 사랑

4 상징의 효과

→ ☐☐를 효과적으로 드러낼 수 있다.
→ 대상이 지닌 본래의 의미에 새로운 의미를 부여하여 보다 ☐☐☐ 의미를 표현할 수 있다.
→ 표현하고자 하는 바를 직접 드러내지 않아 독자에게 ☐☐☐ 느낌을 준다.

05 이 글에서 '소나기'와 관련하여 일어난 사건을 순서대로 쓰시오.

> ㄱ. 갑자기 소나기가 내려 소년과 소녀가 수숫단 속에서 함께 비를 피함.
> ㄴ. 소녀가 자기가 입던 옷을 그대로 입혀 묻어 달라는 유언을 남기고 죽음을 맞음.
> ㄷ. 소녀가 한동안 병을 앓음.
> ㄹ. 소나기로 도랑의 물이 불어나자 소년이 소녀를 업고 도랑을 건넘.

06 '소나기'의 역할로 알맞은 것은?

① 소녀의 병을 나을 수 있게 함.
② 소녀가 소년을 원망하는 계기가 됨.
③ 소년과 소녀의 사이를 가까워지게 함.
④ 소녀를 향한 소년의 마음이 멀어지게 함.
⑤ 소년과 소녀가 부모님에게 야단을 맞게 함.

07 이 글에서 '소나기'의 상징적 의미로 알맞은 것은?

① 행복한 결말
② 변덕스러운 날씨
③ 평생을 함께할 운명
④ 갑작스럽게 찾아온 사랑
⑤ 천천히 깨닫게 되는 사랑

08 상징의 효과로 알맞지 <u>않은</u> 것은?

① 주제를 효과적으로 부각한다.
② 대상의 본래 의미에 새로운 의미를 더해 준다.
③ 직접 표현하는 것보다 풍부한 의미를 드러낸다.
④ 표현하고자 하는 바에 신선한 느낌을 부여한다.
⑤ 표현하고자 하는 바를 직접 드러내어 작가의 의도를 효과적으로 전달한다.

(2) 상징

★ 〈소나기〉의 사건 전개 과정을 정리해 볼까?

발단
개울가에서 소년과 소녀가 만남.

↓

전개
소년과 소녀가 함께 산 너머에 놀러 감.

↓

위기
소년과 소녀가 ❶ ◻◻◻를 만나 비를 피함.

↓

절정
소녀네가 이사를 가게 되어 소년과 소녀가 ❷ ◻◻을 앞두게 됨.

↓

결말
소녀의 죽음을 소년이 알게 됨.

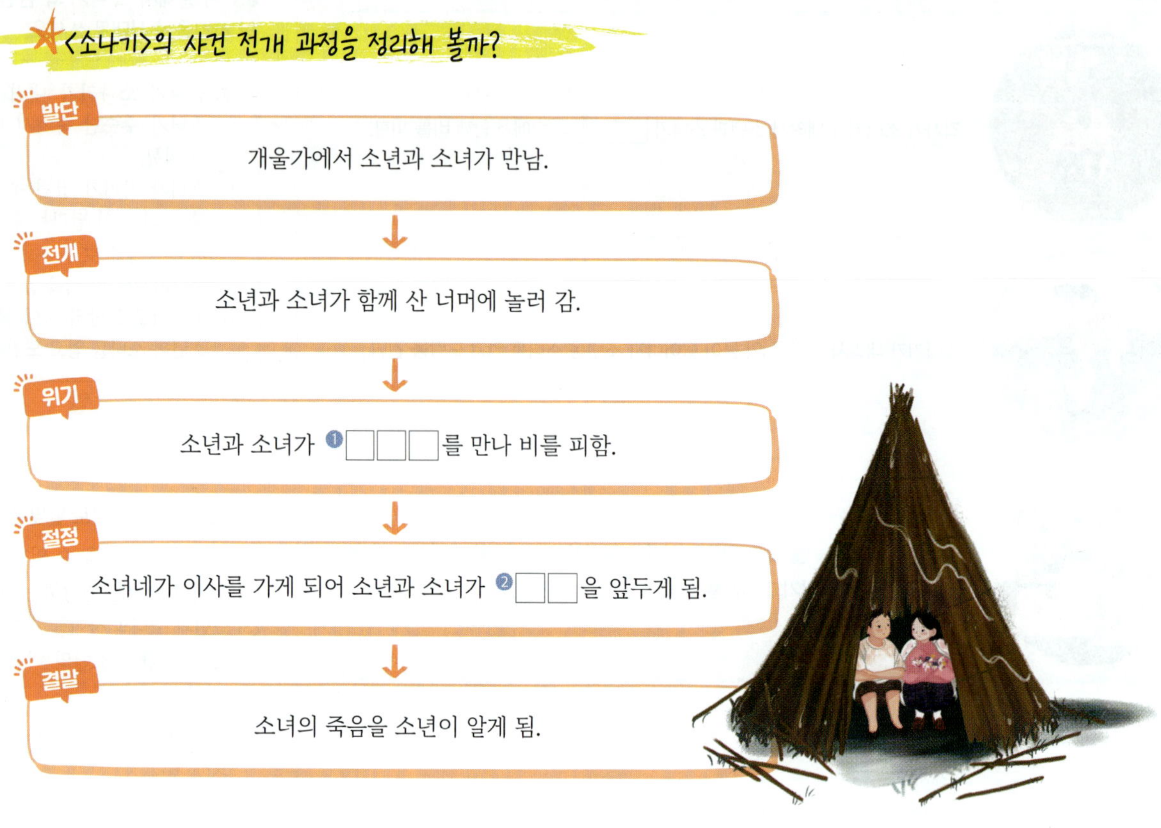

★ '소나기'의 상징적 의미를 정리해 볼까?

→ 먼저 상징이란 무엇인지 알아볼까?

상징	
뜻	추상적인 개념을 ❸ ◻◻◻인 대상으로 표현하는 것
효과	• 작품의 주제를 효과적으로 드러낼 수 있음. • 작가의 생각이 사물을 거쳐 ❹ ◻◻◻으로 전달되어 독자의 상상력을 키움. • 대상이 나타내는 의미가 다양하게 해석될 수 있어 작품의 의미를 풍부하게 함.

'소나기'의 상징적 의미	
❺ ◻◻ 사랑	소년과 소녀의 사랑은 오래 가지 못하고 금세 끝이 나 버림.
강렬한 사랑	짧은 만남이었지만 소녀에게 소년과의 ❻ ◻◻은 죽어서도 간직하고 싶은 것임.
갑작스럽게 찾아온 사랑	소년과 소녀는 우연한 계기로 한순간에 서로 가까워짐.

★ 〈소나기〉의 주제는 무엇일까?

소년과 소녀의 ❼ ◻◻◻◻◻

소단원
기초가 튼튼해지는

다잡기

[01~04] 다음 글을 읽고 물음에 답하시오.

가 벌써 며칠째 소녀는 학교서 돌아오는 길에 물장난이었다. 그런데 어제까지는 개울 기슭에서 하더니 오늘은 징검다리 한가운데 앉아서 하고 있다.

㉠소년은 개울둑에 앉아 버렸다. 소녀가 비키기를 기다리자는 것이다.

요행 지나가는 사람이 있어 소녀가 길을 비켜 주었다.

다음 날은 좀 늦게 개울가로 나왔다.

이날은 소녀가 징검다리 한가운데 앉아 세수를 하고 있었다. 분홍 스웨터 소매를 걷어 올린 팔과 목덜미가 마냥 희었다.

나 소녀는 소년이 개울둑에 앉아 있는 걸 아는지 모르는지 그냥 날쌔게 물만 움켜 낸다. 그러나 번번이 허탕이다. 그대로 재미있는 양, 자꾸 물만 움킨다. 어제처럼 개울을 건너는 사람이 있어야 길을 비킬 모양이다.

그러다가 소녀가 물속에서 무엇을 하나 집어낸다. 하얀 조약돌이었다. 그러고는 벌떡 일어나 팔짝팔짝 징검다리를 뛰어 건너간다.

다 다 건너가더니 횀 이리로 돌아서며,

㉡"이 바보." / 조약돌이 날아왔다.

소년은 저도 모르게 벌떡 일어섰다.

단발머리를 나풀거리며 소녀가 막 달린다. 갈밭 사잇길로 들어섰다. 뒤에는 청량한 가을 햇살 아래 빛나는 갈꽃뿐.

이제 저쯤 갈밭머리로 소녀가 나타나리라. 꽤 오랜 시간이 지났다고 생각했다. 그런데도 소녀는 나타나지 않는다. 발돋움을 했다. 그러고도 상당한 시간이 지났다고 생각됐다.

라 저쪽 갈밭머리에 갈꽃이 한 옴큼 움직였다. 소녀가 갈꽃을 안고 있었다. 그리고 이제는 천천한 걸음이었다. 유난히 맑은 가을 햇살이 소녀의 갈꽃머리에서 반짝거렸다. 소녀 아닌 갈꽃이 들길을 걸어가는 것만 같았다.

소년은 이 갈꽃이 아주 뵈지 않게 되기까지 그대로 서 있었다. 문득 소녀가 던진 조약돌을 내려다보았다. 물기가 걷혀 있었다. 소년은 조약돌을 집어 주머니에 넣었다.

01 이와 같은 글의 특성으로 알맞은 것은?

① 작가가 상상하여 꾸며 낸 이야기이다.
② 유명한 인물의 일대기를 그려 낸 이야기이다.
③ 객관적 근거를 들어 자신의 주장을 증명한다.
④ 글쓴이의 개인적 경험을 사실적으로 묘사한다.
⑤ 대상에 대한 자세한 정보 제공을 목적으로 한다.

02 이 글에 대한 설명으로 알맞지 <u>않은</u> 것은?

① 계절적 배경은 가을이다.
② 공간적 배경은 농촌의 어느 마을이다.
③ 서술자는 작품 속에 등장하는 인물이다.
④ 전체적으로 향토적이고 순수한 분위기가 느껴진다.
⑤ 개울가는 소년과 소녀의 만남이 이루어지는 공간이다.

03 ㉠에서 알 수 있는 소년의 성격으로 알맞은 것은?

① 게으르다.
② 성실하다.
③ 외향적이다.
④ 소극적이다.
⑤ 예의가 바르다.

서술형 **학습 활동 연계**

04 소녀가 ㉡과 같은 행동을 한 이유가 무엇인지 〈조건〉에 맞게 서술하시오.

─ 조건 ─
• 소년에 대한 소녀의 생각이나 감정을 쓸 것
• 완결된 한 문장으로 쓸 것

[05~08] 다음 글을 읽고 물음에 답하시오.

가 소년이 참외 그루에 심은 무밭으로 들어가, 무 두 밑을 뽑아 왔다. 아직 밑이 덜 ⓐ들어 있었다. 잎을 비틀어 팽개친 후 소녀에게 한 밑 건넨다. 그러고는 이렇게 먹어야 한다는 듯이 먼저 ⓑ대강이를 한 입 베어 물어 낸 다음 손톱으로 한 돌이 껍질을 벗겨 우적 깨문다.

소녀도 따라 했다. 그러나 세 입도 못 먹고,
㉠"아, 맵고 지려." / 하며 집어 던지고 만다.
㉡"참 맛없어 못 먹겠다."
소년이 더 멀리 팽개쳐 버렸다.

나 "이게 들국화, 이게 싸리꽃, 이게 도라지꽃……."
"도라지꽃이 이렇게 예쁜 줄은 몰랐네. ㉢난 보랏빛이 좋아! …… 근데 이 양산같이 생긴 노란 꽃이 뭐지?"
"마타리꽃." / 소녀는 마타리꽃을 양산 받듯이 해 보인다. 약간 상기된 얼굴에 살풋한 보조개를 떠올리며.
다시 소년은 꽃 한 ⓒ옴큼을 꺾어 왔다. 싱싱한 꽃가지만 골라 소녀에게 건넨다.
그러나 소녀는, / ㉣"하나두 버리지 말어."

다 소녀의 오른쪽 무릎에 핏방울이 내맺혔다. 소년은 저도 모르게 ⓓ생채기에 입술을 가져다 대고 빨기 시작했다. 그러다가 무슨 생각을 했는지 홱 일어나 저쪽으로 달려간다.
좀 만에 숨이 차 돌아온 소년은,
㉤"이걸 바르면 낫는다."

라 "저기 송아지가 있다. 그리 가 보자."
누렁 송아지였다. 아직 코뚜레도 꿰지 않았다.
소년이 고삐를 ⓔ바투 잡아 쥐고 등을 긁어 주는 척 후딱 올라탔다. 송아지가 껑충거리며 돌아간다.
소녀의 흰 얼굴이, 분홍 스웨터가, 남색 스커트가, 안고 있는 꽃과 함께 범벅이 된다. 모두가 하나의 큰 꽃묶음 같다. 어지럽다. 그러나 내리지 않으리라. 자랑스러웠다. 이 것만은 소녀가 흉내 내지 못할 자기 혼자만이 할 수 있는 일인 것이다.

05 (가)~(라)에 나타난 소년의 심리 변화로 알맞은 것은?

	(가)	(나)	(다)	(라)
①	화가 남	부끄러움	자신감	긴장감
②	민망함	설렘	걱정스러움	자부심
③	속상함	안타까움	만족감	자부심
④	화가 남	민망함	긴장감	부끄러움
⑤	자부심	걱정스러움	안타까움	자신감

06 〈보기〉의 설명에 해당하는 단어를 찾아 쓰시오.

> **보기**
> • 소녀를 빗대어 표현한 것
> • 소년이 소녀를 위하여 건넨 것

학습 활동 콕콕

07 〈보기〉의 설명에 해당하는 부분으로 알맞은 것은?

> **보기**
> 소년의 정성에 고마워하며 그것을 소중히 여기는 소녀의 마음이 나타난다.

① ㉠　② ㉡　③ ㉢　④ ㉣　⑤ ㉤

08 ⓐ~ⓔ의 뜻풀이로 알맞지 않은 것은?

① ⓐ: 식물의 뿌리나 열매가 속이 단단한 상태가 되어
② ⓑ: 식물의 뿌리나 줄기의 윗부분
③ ⓒ: 한 손으로 옴켜쥘 만한 분량을 세는 단위
④ ⓓ: 손톱 따위로 할퀴거나 긁히어서 생긴 작은 상처
⑤ ⓔ: 두 대상이나 물체의 사이가 썩 멀게

[09~12] 다음 글을 읽고 물음에 답하시오.

가 참 먹장구름 한 장이 머리 위에 와 있다. 갑자기 사면이 소란스러워진 것 같다. 바람이 우수수 소리를 내며 지나간다. 삽시간에 주위가 보랏빛으로 변했다.

산을 내려오는데 떡갈나무 잎에서 빗방울 듣는 소리가 난다. 굵은 빗방울이었다. 목덜미가 선뜻선뜻했다. 그러자 대번에 눈앞을 가로막는 빗줄기.

나 그러나 원두막은 기둥이 기울고 지붕도 갈래갈래 찢어져 있었다. 그런대로 비가 덜 새는 곳을 가려 소녀를 들어서게 했다. ㉠소녀는 입술이 파랗게 질려 있었다. 어깨를 자꾸 떨었다.

㉡무명 겹저고리를 벗어 소녀의 어깨를 싸 주었다. 소녀는 비에 젖은 눈을 들어 한 번 쳐다보았을 뿐, 소년이 하는 대로 잠자코 있었다. 그러면서 안고 온 꽃묶음 속에서 가지가 꺾이고 꽃이 일그러진 송이를 골라 발밑에 버린다.

소녀가 들어선 곳도 비가 새기 시작했다. 더 거기서 비를 그을 수 없었다.

다 수숫단 속은 비는 안 새었다. 그저 어둡고 좁은 게 안됐다. ㉢앞에 나앉은 소년은 그냥 비를 맞아야만 했다. 그런 소년의 어깨에서 김이 올랐다.

소녀가 속삭이듯이, 이리 들어와 앉으라고 했다. 괜찮다고 했다. 소녀가 다시 들어와 앉으라고 했다. 할 수 없이 뒷걸음질을 쳤다. 그 바람에 소녀가 안고 있는 꽃묶음이 우그러들었다. 그러나 소녀는 상관없다고 생각했다. 비에 젖은 소년의 몸 내음새가 확 코에 끼얹혀졌다. ㉣그러나 고개를 돌리지 않았다. 도리어 소년의 몸기운으로 해서 떨리던 몸이 적이 누그러지는 느낌이었다.

라 ㉤도랑 있는 곳까지 와 보니, 엄청나게 물이 불어 있었다. 빛마저 제법 붉은 흙탕물이었다. 뛰어 건널 수가 없었다.

ⓐ소년이 등을 돌려 댔다. 소녀가 순순히 업혔다. 걷어올린 소년의 잠방이까지 물이 올라왔다. 소녀는, 어머나 소리를 지르며 소년의 목을 그러안았다.

09 이 글을 통해 알 수 있는 내용이 <u>아닌</u> 것은?

① 소년 때문에 꽃묶음이 망가져 소녀는 속상하였다.
② 소년과 소녀는 소나기가 올 것을 예상하지 못했다.
③ 소녀는 도랑을 건너갈 때 소년에게 도움을 받았다.
④ 뛰어 건널 수 없을 정도로 도랑의 물이 많이 불었다.
⑤ 원두막은 비가 새서 비를 피하기에 적합하지 않았다.

10 (가)에 대한 설명으로 알맞은 것은?

① 인물의 심리 변화를 드러낸다.
② 시대적 배경을 알 수 있게 한다.
③ 갈등 해결의 실마리가 나타난다.
④ 인물 간 갈등이 심화하는 계기가 나타난다.
⑤ 인물들 주변의 분위기가 어두워졌음을 보여준다.

11 ㉠~㉤을 통해 추측한 내용으로 알맞지 <u>않은</u> 것은?

① ㉠: 소녀의 몸 상태가 나빠질 수 있겠어.
② ㉡: 소녀를 배려하는 소년의 행동이군.
③ ㉢: 소녀를 위하는 소년의 헌신적인 태도를 엿볼 수 있어.
④ ㉣: 소녀가 소년에게 친근감을 느끼고 있군.
⑤ ㉤: 소년과 소녀가 시련을 겪게 만든 결정적인 사건이군.

12 〈보기〉와 비교하여 ⓐ에서 소년의 태도는 어떻게 변화하였는지 〈조건〉에 맞게 서술하시오.

> ── 보기 ──
> **[이전의 소년의 태도]**
> 　소년은 개울둑에 앉아 버렸다. 소녀가 비키기를 기다리자는 것이다.

> ── 조건 ──
> • 이전과 ⓐ에서 보인 행동과 태도를 비교하여 쓸 것
> • 완결된 한 문장으로 쓸 것

[13~16] 다음 글을 읽고 물음에 답하시오.

가 소녀가 분홍 스웨터 앞자락을 내려다본다. 거기에 검붉은 진흙물 같은 게 들어 있었다.

소녀가 가만히 보조개를 떠올리며,

"이게 무슨 물 같니?"

소년은 스웨터 앞자락만 바라다보고 있었다.

"내 생각해 냈다. 그날 도랑 건널 때 네게 업힌 일 있지? 그때 네 등에서 옮은 물이다."

ⓐ소년은 얼굴이 확 달아오름을 느꼈다.

나 "저 오늘 아침에 우리 집에서 대추를 땄다. 낼 제사 지내려구……."

대추 한 줌을 내어 준다. / 소년은 주춤한다.

"맛봐라. 우리 증조할아버지가 심었다는데, 아주 달다."

소년은 두 손을 오그려 내밀며, / "참 알두 굵다!"

"그리구 저, 우리 이번에 제사 지내구 나서 좀 있다 집을 내주게 됐다."

다 낮에 봐 두었던 나무로 올라갔다. 그리고 봐 두었던 가지를 향해 작대기를 내리쳤다. 호두 송이 떨어지는 소리가 별나게 크게 들렸다. 가슴이 선뜻했다. 그러나 다음 순간, 굵은 호두야 많이 떨어져라, 많이 떨어져라, 저도 모를 힘에 이끌려 마구 작대기를 내리치는 것이었다.

돌아오는 길에는 열이틀 달이 지우는 그늘만 골라 짚었다. 그늘의 고마움을 처음 느꼈다.

불룩한 주머니를 어루만졌다. 호두 송이를 맨손으로 깠다가는 옴이 오르기 쉽다는 말 같은 건 아무렇지도 않았다. 그저 근동에서 제일가는 이 덕쇠 할아버지네 호두를 어서 소녀에게 맛보여야 한다는 생각만이 앞섰다.

라 "저, 서당골 윤 초시 댁에 가신다. 제상에라도 놓으시라구……."

"그럼 큰 놈으루 하나 가져가지. 저 얼룩 수탉으루……."

이 말에 아버지는 허허 웃고 나서,

"인마, 그래두 이게 실속이 있다."

소년은 공연히 열적어, 책보를 집어 던지고는 외양간으로 가, ㉠쇠잔등을 한 번 철썩 갈겼다. 쇠파리라도 잡는 척.

13 (가)~(라)를 통해 알 수 있는 내용이 <u>아닌</u> 것은?

① 소년은 남몰래 다른 사람의 밭에서 호두를 따 왔다.

② 소년의 아버지는 소녀네 집에 가져다주기 위해 닭을 골랐다.

③ 소녀가 소년에게 건넨 대추는 소녀의 가족이 심어 기른 것이다.

④ 소녀는 소년에게 대추를 건네며 자신의 집안일에 관해 이야기했다.

⑤ 소년은 그늘에 있는 호두 송이만을 골라 따기 위해 작대기를 힘껏 내리쳤다.

학습 활동

14 (가)~(라)에서 소년이 소녀에게 호감을 가지고 있음을 드러내는 소재 두 가지를 찾아 쓰시오.

15 소년이 ㉠과 같이 행동한 이유로 알맞은 것은?

① 이날따라 소가 말을 안 들어서

② 아버지의 잔소리가 짜증스러워서

③ 아버지와 같이 가고 싶었는데 혼자만 가서

④ 아버지가 자신의 의견을 받아들이지 않아 화가 나서

⑤ 아버지에게 소녀를 향한 자신의 마음을 들킨 것 같아서

서술형

16 ⓐ에 나타난 소년의 심리를 <조건>에 맞게 서술하시오.

── 조건 ──

• 그때에 해당하는 사건을 쓸 것

• '~(이)라는 사실을 알게 된 소년은 ~을/를 느끼고 있다.' 형태의 완결된 문장으로 쓸 것

[17~20] 다음 글을 읽고 물음에 답하시오.

가 ㉠개울물은 날로 여물어 갔다.

㉡소년은 갈림길에서 아래쪽으로 가 보았다. 갈밭머리에서 바라보는 서당골 마을은 쪽빛 하늘 아래 한결 가까워 보였다.

어른들의 말이, 내일 소녀네가 양평읍으로 이사 간다는 것이었다. 거기 가서는 조그마한 가겟방을 보게 되리라는 것이었다.

㉢소년은 저도 모르게 주머니 속 호두알을 만지작거리며, 한 손으로는 수없이 갈꽃을 휘어 꺾고 있었다.

나 그날 밤, 소년은 자리에 누워서도 같은 생각뿐이었다. 내일 소녀네가 이사하는 걸 가 보나 어쩌나. 가면 소녀를 보게 될까 어떨까.

그러다가 까무룩 잠이 들었는가 하는데,

"㉣허, 참, 세상일두……."

마을 갔던 아버지가 언제 돌아왔는지,

"윤 초시 댁두 ⓐ말이 아니여. 그 많던 전답을 다 팔아 버리구, 대대루 살아오던 집마저 남의 손에 넘기더니, 또 악상까지 당하는 걸 보면……."

다 남폿불 밑에서 바느질감을 안고 있던 어머니가,

"증손이라곤 계집애 그 애 하나뿐이었지요?"

"그렇지. 사내애 둘 있던 건 어려서 잃구……."

"어쩌믄 그렇게 자식 복이 없을까."

"글쎄 말이지. ㉤이번 앤 꽤 여러 날 앓는 걸 약두 변변히 못 써 봤다더군. 지금 같애서는 윤 초시네두 대가 끊긴 셈이지…… 그런데 참 이번 계집애는 어린것이 여간 잔망스럽지가 않어. 글쎄 죽기 전에 이런 말을 했다지 않어? 자기가 죽거든 자기 입던 옷을 꼭 그대루 입혀서 묻어 달라구……."

17 〈보기〉를 참고하여 이 글의 결말에 대해 이해한 것으로 알맞지 <u>않은</u> 것은?

┌─ 보기 ─────────────────
│ (가)~(다)는 소설 〈소나기〉의 결말에 해당한다.
└──────────────────────

① 독자에게 여운을 준다.
② 독자의 상상력을 자극한다.
③ 소년과 소녀의 안타까운 심정이 효과적으로 전달된다.
④ 소녀에 대한 마을 사람들의 부정적인 시각이 부각된다.
⑤ 인물 간 대화를 통해 소녀의 죽음을 간접적으로 제시한다.

18 (나)에 나타난 '윤 초시 댁'의 상황에 어울리는 사자성어로 알맞은 것은?

① 고진감래(苦盡甘來)　　② 반포지효(反哺之孝)
③ 설상가상(雪上加霜)　　④ 금시초문(今時初聞)
⑤ 전화위복(轉禍爲福)

19 ㉠~㉤에 대한 설명으로 알맞지 <u>않은</u> 것은?

① ㉠: 시간이 흘러가고 있음이 드러난다.
② ㉡: 소년이 소녀를 보고 싶어서 한 행동이다.
③ ㉢: 소년의 심란한 마음이 엿보인다.
④ ㉣: 윤 초시 댁의 사정을 안타까워하는 소년의 아버지의 모습이 나타난다.
⑤ ㉤: 소녀가 집안사람들에게 관심을 받지 못했음을 암시한다.

20 ⓐ의 의미로 알맞은 것은?

① 남을 낮추어 보듯이 굴다.
② 못마땅하게 여기어 불평을 품다.
③ 만만히 볼 수 없을 만큼 당돌하다.
④ 어떤 사실을 실제와 다르게 생각하다.
⑤ 사정, 형편 따위가 몹시 어렵거나 딱하다.

(3) 정서를 표현하는 글 쓰기

소단원 핵심 개념

중요 1 정서를 진솔하게 표현하는 글을 쓰는 과정

| ① 자신의 경험에서 글감 찾기 | 자신의 삶과 경험에서 감정이나 생각, 행동의 변화를 불러일으키는 등 의미 있었던 일을 떠올리며 글감 찾기 |

 가지고 있는 물건과 관련된 추억 떠올리기, 자신이 찍은 사진을 골라 당시의 경험 떠올리기 등

| ② 글감 구체화하기 | 시간의 흐름, 원인과 결과, 육하원칙 등에 따라 글감으로 정한 자신의 경험을 정리하고, 그때 느꼈던 감정이나 깨달은 점을 파악하기 |

| ③ 정서를 표현하는 글 쓰기 | 자신이 경험하고 느낀 바를 진솔하게 표현하여 글 쓰기 |

중요 2 정서를 진솔하게 표현하는 글 쓰기의 효과

- 글을 쓰는 과정에서 자신의 행동과 태도, 가치관을 더 깊이 있게 이해하며 건강한 자아를 형성할 수 있다. →필자가 얻을 수 있는 효과
- 글을 독자와 공유하고 독자의 반응을 확인하는 경험을 통해 글쓰기 능력을 향상시킬 수 있다. →필자가 얻을 수 있는 효과
- 글을 공유하는 과정에서 독자에게 감동과 즐거움을 줄 수 있다. →필자와 독자가 얻을 수 있는 효과

3 정서를 진솔하게 표현하는 글을 쓸 때의 유의점

- 독자가 공감할 수 있도록 자신의 삶에서 의미 있는 경험을 글감으로 정하기
- 글의 유형과 다양한 표현 방법을 고려하여 경험과 정서를 진솔하게 표현하기
- 경험과 그 경험에서 느낀 감정이나 생각을 구체적이고 생생하게 표현하기
- 비유와 상징 등을 활용하여 개성 있게 표현하기

(가운데: 정서를 진솔하게 표현하는 글을 쓸 때의 유의점)

개념 확인 문제

1 정서를 진솔하게 표현하는 글을 쓰는 과정을 순서대로 쓰시오.

> ▶ 보기
> ㄱ. 표현하기
> ㄴ. 글감 구체화하기
> ㄷ. 글감 찾기

(   ) → (   ) → (   )

2 정서를 진솔하게 표현하는 글 쓰기의 효과에 대한 설명으로 맞으면 ○표, 틀리면 ×표를 하시오.

(1) 글쓰기 능력이 저하될 수 있다. (   )

(2) 독자에게 감동과 즐거움을 줄 수 있다. (   )

(3) 자신의 행동, 태도, 가치관을 깊이 있게 이해할 수 있다. (   )

3 정서를 진솔하게 표현하는 글 쓰기를 할 때 유의할 점으로 알맞은 것은?

① 일상적인 경험을 다루면 안 된다.
② 실제 경험보다 과장해서 써야 한다.
③ 특별한 일만을 좋은 글감이라 여긴다.
④ 다양한 표현을 활용하여 개성 있게 표현한다.
⑤ 자신의 경험에서 어떤 점을 느꼈는지 밝히지 않는다.

4 〈보기〉의 빈칸에 들어갈 알맞은 말을 쓰시오.

> ▶ 보기
> 정서를 진솔하게 표현하는 글을 쓰면 자신의 가치관, 태도 등을 더 깊이 있게 이해하여 건강한 (   )를 형성할 수 있다.

나의 형벌 _ 이세라(학생)

가 마흔하나, 마흔둘, 숨이 턱 밑까지 차오른다는 표현이 이런 거구나. 이제 겨우 3층인데 12층까지 어떻게 올라가나. 한 개 층을 올라가는 데 9계단, 꺾어서 또 올라가는 데 7계단, 더해서 16계단. 1층부터 12층까지 11개 층을 올라가면, 16 곱하기 11이니 176계단! 나는 176개의 **형벌**을 하루에 두세 번씩 견뎌야 한다.

범죄에 대한 법률의 효과로서 국가 따위가 범죄자에게 제재를 가함. 또는 그 제재

　우리 아파트가 엘리베이터 교체 공사를 시작한 지 일주일째다. 이제 겨우! 그간 아주 당연하게 버튼 하나만 눌러 12층 우리 집에 올라가고, 심지어 3층 친구네 집에 놀러 가서도 나는 엘리베이터를 타고 1층으로 내려갔다. 하지만 이제 나는 당연하게 여기던 엘리베이터 대신 무거운 몸을 움직여 고통의 계단을 올라야 한다. 그것도 3주나 더!

→ '나'는 엘리베이터 공사로 계단을 오르내려야 함.

지문 콕콕

처음: 엘리베이터 공사로 하루에도 몇 번씩 176개의 계단을 오르내려야 함.

엘리베이터 교체 공사 전	엘리베이터 교체 공사 중
아파트 12층에 사는 '나'는 □□□□□를 타고 다녔음.	12층에 있는 집에 가기 위해 176개의 계단을 오름.

↓

계단을 오르내리는 것이 괴로워 '나'는 이를 □□로 여김.

나 오늘은 운이 없게도 4층 계단을 꺾어 올라가다가 **자전거** 손잡이에 체육복 소매가 걸려 밑단이 뜯어져 버렸다. 뭔가 불길한데…… 나는 징크스에 약하다. 나에게 우연히 마주친 불행은 꼬리를 물고 하루 종일 들러붙는다. 아침에는 가방 속 물통에 물이 새서 책이 다 젖었고, 오후에는 누군가 찬 축구공에 머리통을 맞았으며, 지금은 체육복이 뜯어졌다. 통행이 불편하니 미리 계단에 있는 것들을 치워 달라고 관리 사무소에서 몇 번씩이나 방송하고 게시판에도 붙여 놨는데, 이 자전거는 대체 왜 여기 있는 걸까. 나는 자전거 손잡이에 걸린 실밥을 풀어내다가 그만 짜증이 나 자전거를 넘어뜨리고 말았다. ㉠자전거가 와장창 비명을 지르는 소리가 요란하게 울려 퍼졌다.

재수 없는 일. 또는 불길한 징조의 사람이나 물건

　집에 도착하여 잠깐의 휴식을 맛본 뒤 학원 가방을 챙겨 다시 집을 나섰다. 4층에 도착하니 아까 넘어뜨린 자전거가 기절한 채 아직도 누워 있었다. 그냥 풀쩍 넘어갈까 하다 누워 있는 자전거에게 미안하다는 생각이 들었다. 그래서 자전거를 다시 세워 통행에 방해가 되지 않는 쪽으로 옮겨 주기로 했다.

→ '나'는 운이 없는 하루에 짜증을 느낌.

핵심 콕콕 & 문제로 확인

핵심 1   '형벌'로 비유한 대상

아파트 엘리베이터 교체 공사로 176개의 계단을 오르내려야 함.

↓

계단을 오르는 육체적 고통
= 형벌

1 〈보기〉의 빈칸에 들어갈 알맞은 말을 쓰시오.

▶ 보기

　글쓴이는 엘리베이터 교체 공사로 하루에도 몇 번씩 176개의 계단을 오르내려야 하는 일을 (　　　)에 빗대어 표현하였다.

핵심 2   '자전거'의 의인화

- '자전거가 와장창 비명을 지르는 소리'
- '자전거가 기절한 채 아직도 누워 있었다.'

↓

자전거가 넘어진 상황을 생생하게 표현함.

2 ㉠에 쓰인 것과 같은 비유적 표현이 드러나는 것은?

① 할머니는 외계인
② 쟁반같이 둥근 달
③ 구수한 청국장 냄새
④ 세차게 비가 쏟아진다.
⑤ 깃발이 손을 흔들어 마중한다.

핵심 3   시간의 흐름에 따라 경험 정리하기

아침: 가방 속 책이 다 젖음. → 오후: 축구공에 머리를 맞음. → 하교 후: 자전거 때문에 체육복이 뜯어짐.

↓

하루 동안 겪은 불행한 일을 시간의 흐름에 따라 제시함.

지문 콕콕

중간 1: '나'는 유난히 운이 없는 하루에 짜증을 느낌.

아침	오후	하교 후
가방 속 물통의 물이 새서 ☐이 다 젖음.	누군가 찬 ☐☐☐에 머리를 맞음.	4층 계단에 있던 ☐☐에 ☐에 걸려 체육복이 뜯어짐.

↓

'나'는 하루 동안 안 좋은 일들이 연달아 일어나자 불길함을 느끼며 자신이 ☐☐☐에 약하다고 생각함.

다 그때였다. 계단 아래에서 가쁜 한숨 소리가 올라왔다. 아휴우, 휴우, 휴우! 계단 벽면을 따라 하얀 머리카락이 한숨 소리에 맞춰 힘겹게 흔들거리며 둥둥 떠오르고 있었다. 한 걸음 옮기고 아휴우, 또 한 걸음 옮기고 휴우, 우리 옆집 할머니다. 할아버지와 두 분이 사시는데 평소에 밖에 잘 나오지 않으셔서 거의 인사를 나눈 적도 없지만 유난히 하얀 머리카락으로 알아볼 수 있었다. 할머니는 안 그래도 구부정한 허리로 한 손에는 지팡이를, 또 한 손에는 삐죽 튀어나온 대파 한 단을 넣은 장바구니를 쥐고 계단을 걸어, 아니 기어서 올라오고 계셨다. 도움이 필요해 보였다.

'너 설마 지금부터 12층까지 다시 올라가게? 학원 늦어도 돼? 어차피 할머니께서도 너를 모르잖아, 세라야.'

하지만 내 안의 이기적인 내가 이렇게 속삭이며 할머니를 향하려던 내 고개를 숙이게 만들었다. 아이고, 휴우, 으휴우! 가쁜 숨소리가 내 귓전을 지나갈 때 나는 자전거를 묶는 척하며 할머니가 어서 다음 계단을 오르시기를 기다렸다. 조금만 기다리면 돼, 조금만.

핵심 4 하지만 그 조금만이 ㉠시간 여행이라도 하듯이 무척 길게 내 가슴속에서 고동쳤다.

→ '나'는 할머니를 도와 계단을 다시 올라야 할지 갈등함.

지문 콕콕

중간 2: '나'는 짐을 들고 계단을 힘겹게 오르는 할머니를 외면하려고 함.

	'나'는 학원에 가기 위해 계단을 내려오다가 옆집에 사는 ☐☐☐가 장바구니를 들고 힘겹게 계단을 오르고 있는 것을 보게 됨.

↓

'나'의 태도	할머니를 돕느라 12층까지 다시 올라가면 학원에 ☐☐할 수 있기 때문에 할머니를 돕지 않으려고 ☐☐함.

---

3 (나)에 나타난 서술 방식에 대한 설명으로 알맞은 것은?

① 시간의 흐름에 따라 자신의 경험을 제시하고 있다.

② 징크스의 뜻을 정의하며 자신의 경험을 분석하고 있다.

③ 자신이 넘어진 상황을 묘사하며 경험을 제시하고 있다.

④ 다른 사람과 자신의 경험을 비교하며 자신의 경험을 강조하고 있다.

⑤ 경험한 바를 육하원칙에 따라 서술하며 자신의 경험을 분석하고 있다.

핵심 4 개성 있는 표현

'그 조금만이 시간 여행이라도 하듯이 무척 길게 내 가슴속에서 고동쳤다.'

↓

- 직유법으로 표현함.
- 옆집 할머니를 외면하는 시간이 길게 느껴지고, 글쓴이의 마음이 불편한 상태임을 개성 있게 효과적으로 표현함.

4 ㉠에 사용된 표현 방법으로 알맞은 것은?

① 의인법
② 은유법
③ 직유법
④ 활유법
⑤ 풍유법

라 '176계단의 형벌이라고? 아냐. 이렇게 너를 속이며 숨어 있는 게 너에게는 더 한 ㉠형벌이야.'

내 안의 또 다른 내가 이렇게 속삭였다. 그래, 맞아. 나는 고개를 들었다.

"할머니, 잠시만요. 저도 12층 살아요. 짐 들어 드릴 테니 같이 가요."

나는 막 다음 계단을 오르려는 할머니께 소리쳤다. 그리고 할머니를 뒤쫓아 올라 갔다. **핵심 5** 두 다리는 묵직했지만 마음은 엘리베이터를 타고 오르듯 가벼웠다.

어쩌면 나의 징크스는 수많은 계단이나, 그 계단에 세워져 있던 자전거와는 관련 **핵심 6** 없이 내 마음 안에서 시작되었는지도 모른다. 할머니의 손에 들려 있던 짐을 들어 드리는 순간, 오늘의 내 불행은 끝났다.

→ '나'는 할머니를 도와드리며 뿌듯함을 느낌.

지문 콕콕 ── 끝: '나'는 할머니를 도와드리며 마음이 가벼워지는 것을 느낌.

'나'의 생각 변화	할머니가 '나'를 잘 알지 못한다는 생각에 할머니를 외면하려 했지만, 할머니를 외면하는 것이 진정한 ▢▢이라는 생각을 함.
'나'의 태도 변화	할머니가 지나가길 기다리던 '나'는 할머니를 외면하지 않고 도움.
'나'의 깨달음	징크스는 자신의 ▢▢에서 시작됨.

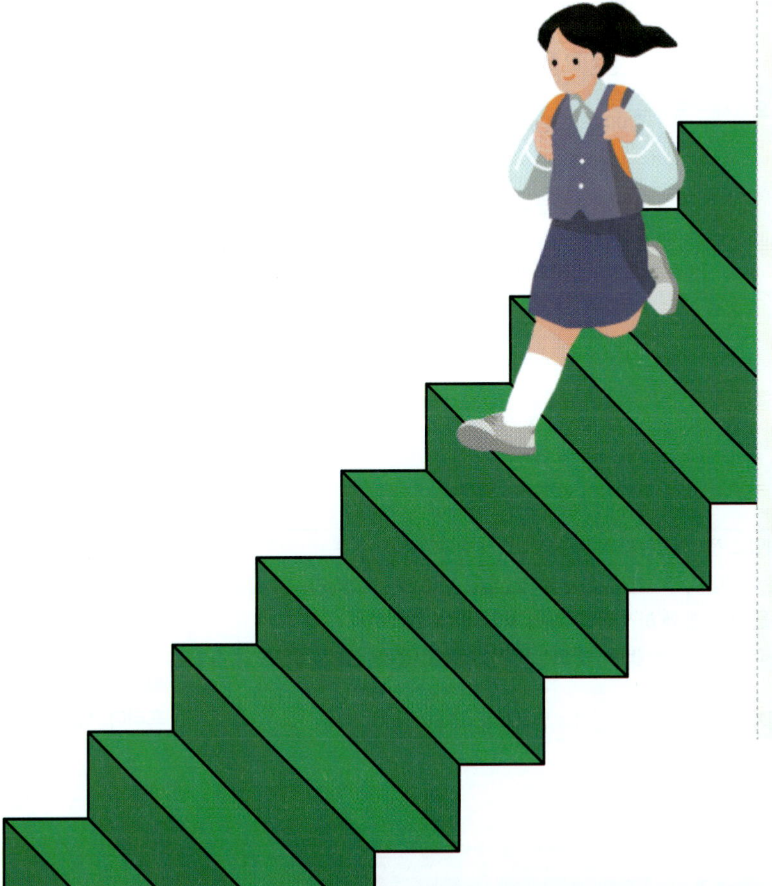

핵심 콕콕 & 문제로 확인

핵심 5 '나'의 심리 변화

내 안의 이기적인 나	내 안의 또 다른 나
'12층까지 다시 올라가게? 학원 늦어도 돼?'	→ '너를 속이며 숨어 있는 게 너에게는 더 한 형벌이야.'

↓

할머니를 외면할 때 무거웠던 마음이 할머니의 짐을 들어 드리면서 매우 가벼워짐.

5 (라)에 나타난 글쓴이의 생각을 바탕으로 할 때, ㉠의 의미로 알맞은 것은?

① 마음이 무거운 것
② 육체적으로 힘든 고통
③ 범죄를 저지르고 받는 제재
④ 다른 사람 때문에 받게 된 벌
⑤ 176개의 계단을 걸어 올라가는 것

핵심 6 경험으로 얻은 깨달음

경험 (시간의 흐름에 따라)	감정
12층까지 계단을 오르내림.	고통스러움.
계단에서 체육복 소매가 뜯어짐.	짜증이 남.
짐을 들고 계단을 오르는 할머니를 모르는 척함.	마음이 불편함.
할머니의 짐을 들고 계단을 오름.	뿌듯함.

↓

깨달음

행복과 불행은 모두 자신의 마음에 달려 있음.

6 '나'가 경험을 통해 깨달은 내용으로 알맞은 것은?

① 남 탓을 하지 말아야 한다.
② 모든 것은 내 마음에 달려 있다.
③ 약자는 언제 어디서나 도와야 한다.
④ 어른을 공경하는 사람이 되어야 한다.
⑤ 안 좋은 일이 반복되면 더욱 조심해야 한다.

과정 × 탐구  교과서 56~63쪽

1 자신의 경험과 글감

(1) 세라가 자신의 경험에서 글감을 찾은 방법 이해하기

내가 경험한 일 중에서 의미 있었던 일 떠올리기	⬜⬜⬜⬜⬜ 공사로 계단을 오르내리다 옆집 ⬜⬜⬜를 도운 일
그때 내가 느낀 감정 떠올리기	힘들지만 뿌듯함.

(2) 세라가 선택한 글감 파악하기

→ 계단을 오르는 것이 힘들고 짜증났지만, 옆집 할머니를 도와드리며 뿌듯함을 느꼈던 ⬜⬜을 글감으로 하였다.

2 글감의 구체화

(1) 세라가 자신의 경험을 정리한 방법 파악하기

→ ⬜⬜의 흐름에 따라 경험을 정리하였다.

(2) 세라의 경험과 감정을 시간의 흐름에 따라 정리하기

경험	감정
엘리베이터 교체 공사로 12층까지 계단을 오르내리게 됨.	고통스러움.
자전거에 체육복 소매가 걸려 밑단이 뜯어짐.	⬜⬜한 징조 같고 짜증이 남.
옆집 할머니께서 ⬜을 들고 힘들게 계단을 오르시는 모습을 봄.	할머니의 모습이 안타까움.
계단에 세워져 있는 ⬜⬜⬜를 묶는 척하며 할머니를 모르는 척함.	할머니를 모르는 척하는 것이 ⬜⬜함.
할머니의 짐을 들고 계단을 오름.	마음이 가벼워지고 자신의 결정에 뿌듯해함.

➕ 더 알아보기

내용을 구체화하는 방법

시간의 흐름	어떤 일이 어떻게 시작되었고 전개되었는지 시간 순서에 따라 정리하기
원인과 결과	어떤 일이 일어난 까닭은 무엇이고, 그 원인 때문에 벌어진 일은 무엇인지 정리하기
육하원칙	언제, 어디서, 누가, 무엇을, 어떻게, 왜 하게 되었는지에 따라 내용을 정리하기
생각 그물 만들기	중요한 일로부터 관련된 아이디어를 수레바퀴 형태로 시각적으로 표시하며 생각을 확장하기
자유 연상하기	어떤 일에 대하여 자유롭게 마음에 떠오르는 생각을 연상하여 나가기

---

01 세라가 자신에게 의미 있었던 경험으로 떠올린 것은?

① 실패를 딛고 다시 일어선 경험
② 가족 간의 갈등을 해소한 경험
③ 친구와의 관계를 되돌아본 경험
④ 목표를 향해 도전하고 노력한 경험
⑤ 다른 사람을 배려하거나 도와준 경험

02 세라가 선택한 글감의 성격으로 맞으면 ○표, 틀리면 ×표를 하시오.

(1) 사소하고 일상적인 글감　（　　）
(2) 비범하고 이색적인 글감　（　　）
(3) 추상적이고 고차원적인 글감
　　　　　　　　　　　（　　）

핵심 개념 콕

03 〈보기〉의 빈칸에 들어갈 알맞은 말을 쓰시오.

▶ 보기 ◀
　세라는 계단을 오르내리며 깨달음을 얻은 경험에 관해 일이 일어난 （　　　）의 흐름대로 글감을 정리하였다.

04 세라의 경험과 감정을 정리한 것으로 알맞지 **않은** 것은?

	경험	감정
①	엘리베이터 공사로 며칠째 12층까지 계단을 오르내리게 됨.	고통스러움
②	자전거에 체육복 소매가 걸려 찢어짐.	짜증이 남
③	옆집 할머니가 짐을 들고 계단을 오르는 모습을 봄.	안타까움
④	계단의 자전거를 묶는 척하며 할머니를 모르는 척함.	통쾌함
⑤	할머니의 짐을 들어다 드리며 계단을 오름.	뿌듯함

3 세라의 정서를 표현하는 글 쓰기

학습 활동 응용 >>>

나의 형벌

마흔하나, 마흔둘, 숨이 턱 밑까지 차오른다는 표현이 이런 거구나. 이제 겨우 3층인데 12층까지 어떻게 올라가나. 한 개 층을 올라가는 데 9계단, 꺾어서 또 올라가는 데 7계단, 더해서 16계단. 1층부터 12층까지 11개 층을 올라가면, 16 곱하기 11이니 176계단! 나는 176개의 형벌을 하루에 두세 번씩 견뎌야 한다.

➡ 계단을 오르내리는 게 힘들었던 당시의 마음을 담아 '176개의 ☐☐'이라고 표현했다.

⋮

'너 설마 지금부터 12층까지 다시 올라가게? 학원 늦어도 돼? 어차피 할머니께서도 너를 모르잖아, 세라야.'

하지만 내 안의 이기적인 내가 이렇게 속삭이며 할머니를 향하려던 내 고개를 숙이게 만들었다. 아이고, 휴우, 으휴우! 가쁜 숨소리가 내 귓전을 지나갈 때 나는 자전거를 묶는 척하며 할머니가 어서 다음 계단을 오르시기를 기다렸다. 조금만 기다리면 돼, 조금만. 하지만 그 조금만이 시간 여행이라도 하듯이 무척 길게 내 가슴속에서 고동쳤다.

➡ 할머니를 모른 척하던 시간이 불편했던 것을 '☐☐☐☐이라도 하듯이' ☐☐ 느껴졌다고 표현했다.

⋮

"할머니, 잠시만요. 저도 12층 살아요. 짐 들어 드릴 테니 같이 가요."

나는 막 다음 계단을 오르려는 할머니께 소리쳤다. 그리고 할머니를 뒤쫓아 올라갔다. 두 다리는 묵직했지만 마음은 엘리베이터를 타고 오르듯 가벼웠다. 어쩌면 나의 징크스는 수많은 계단이나, 그 계단에 세워져 있던 자전거와는 관련 없이 내 마음 안에서 시작되었는지도 모른다. 할머니의 손에 들려 있던 짐을 들어 드리는 순간, 오늘의 내 불행은 끝났다.

➡ 불편한 감정이 사라지고 ☐☐한 마음을 느낀 것을 '엘리베이터를 타고 오르듯 가벼웠다.'라고 표현했다.

➡ 다시 ☐☐을 올라가야 하는 상황이 ☐☐으로 느껴지지 않았던 마음을 '오늘의 내 불행은 끝났다.'라고 표현했다.

4 정서를 표현하는 글 쓰기의 효과

· 글을 공유하는 과정에서 읽는 사람에게 ☐☐과 즐거움을 줄 수 있다.
· 글을 쓰는 과정에서 자신의 행동과 태도, ☐☐☐을 더 깊이 있게 이해할 수 있다.

---

05 세라가 계단 오르기를 '형벌'이라고 표현한 것에 대한 설명으로 알맞은 것은?

① 경험을 지나치게 과장하였다.
② 경험을 사실과 다르게 왜곡하였다.
③ 자신이 겪지 않은 일을 표현하였다.
④ 자신의 감정을 비유적으로 나타냈다.
⑤ 자신의 마음을 솔직하게 쓰지 않았다.

핵심 개념 콕

06 세라가 할머니를 모르는 척한 시간을 '시간 여행이라도 하듯이'라고 표현한 이유로 알맞은 것은?

① 자전거를 묶는 게 생각처럼 쉽지 않아서
② 할머니가 계단을 일부러 천천히 올라가셔서
③ 죄책감으로 시간이 안 가는 것처럼 느껴져서
④ 할머니가 짐을 12층까지 옮겨 달라고 눈치를 줘서
⑤ 시간 여행을 하는 것처럼 낭만적인 기분이 들어서

07 〈보기〉의 빈칸에 들어갈 알맞은 말을 쓰시오.

┌ 보기 ┐
　　세라는 할머니를 도와 다시 계단을 오를 때, 불편한 마음이 사라지고 (　　　)한 마음이 든 것을 '엘리베이터를 타고 오르듯 가벼웠다.'라고 표현하였다.

핵심 개념 콕

08 정서를 표현하는 글을 쓰면서 얻을 수 있는 효과로 알맞지 <u>않은</u> 것은?

① 자신의 삶을 성찰할 수 있다.
② 독자에게 감동을 줄 수 있다.
③ 독자에게 즐거움을 줄 수 있다.
④ 자신의 행동과 태도, 가치관을 더 깊이 이해할 수 있다.
⑤ 여러 의견을 나눔으로써 문제를 효과적으로 해결할 수 있다.

(3) 정서를 표현하는 글 쓰기

★ 정서를 진솔하게 표현하는 글을 쓰는 과정은?

❶ [ ][ ] 찾기	—	자신의 삶에서 의미 있었던 경험 찾기
글감 구체화하기	—	자신이 겪은 경험을 구체적으로 정리하고, 그 경험에서 느끼거나 깨달은 점 파악하기
표현하기	—	자신이 경험하고 느낀 바를 ❷ [ ][ ] 하게 표현하여 글쓰기

★ 정서를 진솔하게 표현하는 글을 쓰면 어떤 효과가 있을까?

정서를 진솔하게 표현하는 글 쓰기의 효과

- 글을 공유하는 과정에서 읽는 사람에게 ❸ [ ][ ] 과 ❹ [ ][ ][ ] 을 줄 수 있음.
- 글을 쓰는 과정에서 자신의 행동과 태도, 가치관을 더 ❺ [ ][ ] 있게 이해할 수 있음.

★ 〈나의 형벌〉의 내용을 정리해 볼까?

- 글쓴이의 인식 변화

옆집 할머니를 도와드리기 전	옆집 할머니를 도와드린 후
• ❻ [ ][ ] 을 오르는 행위를 '고통'이라며 부정적으로 받아들임. • 오늘은 불운이 끊이지 않는 날이라고 생각함. • 자신은 징크스에 약하다고 생각함.	• ❼ [ ][ ][ ] 를 돕기 위해 계단을 오를 때, 엘리베이터를 타고 오르듯 마음이 가벼움. • 오늘의 ❽ [ ][ ] 은 끝났다고 생각함. • 징크스는 자신의 마음 안에서 시작된다는 것을 깨달음.

★ 〈나의 형벌〉의 주제는 무엇일까?

행복도 불행도 모두 내 마음에 달려 있다.

소단원 다잡기

기초가 튼튼해지는

[01~04] 다음 글을 읽고 물음에 답하시오.

가 마흔하나, 마흔둘, 숨이 턱 밑까지 차오른다는 표현이 이런 거구나. 이제 겨우 3층인데 12층까지 어떻게 올라가나. 한 개 층을 올라가는 데 9계단, 꺾어서 또 올라가는 데 7계단, 더해서 16계단. 1층부터 12층까지 11개 층을 올라가면, 16 곱하기 11이니 176계단! 나는 176개의 형벌을 하루에 두세 번씩 견뎌야 한다.

나 우리 아파트가 엘리베이터 교체 공사를 시작한 지 일주일째다. 이제 겨우! 그간 아주 당연하게 버튼 하나만 눌러 12층 우리 집에 올라가고, 심지어 3층 친구네 집에 놀러 가서도 나는 엘리베이터를 타고 1층으로 내려갔다. 하지만 이제 나는 당연하게 여기던 엘리베이터 대신 무거운 몸을 움직여 고통의 계단을 올라야 한다. 그것도 3주나 더!

다 오늘은 운이 없게도 4층 계단을 꺾어 올라가다가 자전거 손잡이에 체육복 소매가 걸려 밑단이 뜯어져 버렸다. 뭔가 불길한데……. 나는 징크스에 약하다. 나에게 우연히 마주친 불행은 꼬리를 물고 하루 종일 들러붙는다. 아침에는 가방 속 물통에 물이 새서 책이 다 젖었고, 오후에는 누군가 찬 축구공에 머리통을 맞았으며, 지금은 체육복이 뜯어졌다. 통행이 불편하니 미리 계단에 있는 것들을 치워 달라고 관리 사무소에서 몇 번씩이나 방송하고 게시판에도 붙여 놨는데, 이 자전거는 대체 왜 여기 있는 걸까. 나는 자전거 손잡이에 걸린 실밥을 풀어내다가 그만 짜증이 나 자전거를 넘어뜨리고 말았다. 자전거가 와장창 비명을 지르는 소리가 요란하게 울려 퍼졌다.

라 집에 도착하여 잠깐의 휴식을 맛본 뒤 학원 가방을 챙겨 다시 집을 나섰다. 4층에 도착하니 아까 넘어뜨린 자전거가 기절한 채 아직도 누워 있었다. 그냥 풀쩍 넘어갈까 하다 누워 있는 자전거에게 미안하다는 생각이 들었다. 그래서 자전거를 다시 세워 통행에 방해가 되지 않는 쪽으로 옮겨 주기로 했다.

01 (가)~(라)의 내용과 일치하지 <u>않는</u> 것은?

① 글쓴이는 계단을 오르는 것을 힘겨워한다.
② 글쓴이는 화가 나서 자전거를 넘어뜨렸다.
③ 글쓴이는 오후에 누군가 찬 축구공에 맞았다.
④ 글쓴이는 오늘 자전거 손잡이에 체육복 소매가 뜯겼다.
⑤ 글쓴이가 살고 있는 아파트는 엘리베이터 공사를 일주일간 진행한다.

학습 활동 응용

02 (가)~(라)에 나타난 글쓴이의 주된 심리로 알맞은 것은?

① 뿌듯함　　　② 즐거움　　　③ 두려움
④ 만족스러움　　⑤ 짜증스러움

03 〈보기〉의 빈칸에 들어갈 알맞은 단어를 (가)에서 찾아 쓰시오.

> ─ 보기 ─
> 　글쓴이는 집에 가기 위해 176개의 계단을 걸어 올라가야 하는 일을 (　　　　　)에 비유하여 그때 느끼는 고통을 효과적으로 표현하고 있다.

04 (다)를 통해 알 수 있는 글쓴이의 징크스로 알맞은 것은?

① 체육복을 입고 하교한 날은 체육복이 항상 찢어진다.
② 체육 과목을 배우는 날은 하루 종일 안 좋은 일이 일어난다.
③ 우연히 안 좋은 일을 겪고 나면 하루 종일 안 좋은 일이 일어난다.
④ 가방 속 물통에 물이 샌 날은 학원에 가서 안 좋은 일이 일어난다.
⑤ 계단에서 자전거가 쓰러져 있는 것을 본 날은 하루 종일 안 좋은 일이 일어난다.

[05~08] 다음 글을 읽고 물음에 답하시오.

가 나는 자전거 손잡이에 걸린 실밥을 풀어내다가 그만 짜증이 나 자전거를 넘어뜨리고 말았다. ㉠자전거가 와장창 비명을 지르는 소리가 요란하게 울려 퍼졌다.

집에 도착하여 잠깐의 휴식을 맛본 뒤 학원 가방을 챙겨 다시 집을 나섰다. 4층에 도착하니 아까 넘어뜨린 자전거가 기절한 채 아직도 누워 있었다. 그냥 풀쩍 넘어갈까 하다 누워 있는 자전거에게 미안하다는 생각이 들었다. 그래서 자전거를 다시 세워 통행에 방해가 되지 않는 쪽으로 옮겨 주기로 했다.

나 그때였다. 계단 아래에서 가쁜 한숨 소리가 올라왔다. ㉡아휴우, 휴우, 휴우! 계단 벽면을 따라 하얀 머리카락이 한숨 소리에 맞춰 힘겹게 흔들거리며 둥둥 떠오르고 있었다. 한 걸음 옮기고 아휴우, 또 한 걸음 옮기고 휴우, 우리 옆집 할머니다. 할아버지와 두 분이 사시는데 평소에 밖에 잘 나오지 않으셔서 거의 인사를 나눈 적도 없지만 유난히 하얀 머리카락으로 알아볼 수 있었다. 할머니는 안 그래도 구부정한 허리로 한 손에는 지팡이를, 또 한 손에는 삐죽 튀어나온 대파 한 단을 넣은 장바구니를 쥐고 계단을 걸어, ㉢아니 기어서 올라오고 계셨다. 도움이 필요해 보였다.

다 '㉣176계단의 형벌이라고? 아냐. 이렇게 너를 속이며 숨어 있는 게 너에게는 더한 형벌이야.'

내 안의 또 다른 내가 이렇게 속삭였다. 그래, 맞아. 나는 고개를 들었다.

"할머니, 잠시만요. 저도 12층 살아요. 짐 들어 드릴 테니 같이 가요."

나는 막 다음 계단을 오르려는 할머니께 소리쳤다. 그리고 할머니를 뒤쫓아 올라갔다. 두 다리는 묵직했지만 마음은 엘리베이터를 타고 오르듯 가벼웠다.

어쩌면 나의 징크스는 수많은 계단이나, 그 계단에 세워져 있던 자전거와는 관련 없이 내 마음 안에서 시작되었는지도 모른다. 할머니의 손에 들려 있던 짐을 들어 드리는 순간, ㉤오늘의 내 불행은 끝났다.

05 이와 같은 글을 쓸 때 고려할 점으로 알맞지 <u>않은</u> 것은?

① 경험을 진솔하게 표현하였는가?
② 말하고자 하는 바를 압축하여 간결하게 제시하였는가?
③ 경험에서 느낀 감정이나 생각을 구체적으로 표현하였는가?
④ 경험을 효과적으로 드러낼 수 있도록 내용을 조직하였는가?
⑤ 독자에게 감동이나 즐거움을 줄 수 있는 경험을 글감으로 정하였는가?

06 ㉠~㉤ 중, 〈보기〉와 같은 표현 방법이 나타난 것은?

> **보기**
> 바람이 나뭇가지를 부드럽게 쓰다듬었다.

① ㉠　　② ㉡　　③ ㉢　　④ ㉣　　⑤ ㉤

07 (다)에서 글쓴이의 심리를 비유적으로 표현한 구절을 찾아 쓰고, 그 표현 효과를 〈조건〉에 맞게 서술하시오.

> **조건**
> • 긍정적으로 변화한 글쓴이의 심리와 연관 지어 쓸 것
> • '~라는 표현으로 ~을 효과적으로 드러냈다.' 형태의 완결된 문장으로 쓸 것

08 (다)에 나타난 글쓴이의 깨달음에 어울리는 표현으로 알맞은 것은?

① 아니 땐 굴뚝에 연기 나랴.
② 먼 친척보다 가까운 이웃이 낫다.
③ 하늘이 무너져도 솟아날 구멍은 있다.
④ 행복과 불행은 마음먹기에 달려 있다.
⑤ 오늘 할 수 있는 일을 내일로 미루지 말라.

[09~12] 다음 글을 읽고 물음에 답하시오.

가 그때였다. 계단 아래에서 가쁜 한숨 소리가 올라왔다. 아휴우, 휴우, 휴우! 계단 벽면을 따라 하얀 머리카락이 한숨 소리에 맞춰 힘겹게 흔들거리며 둥둥 떠오르고 있었다. 한 걸음 옮기고 아휴우, 또 한 걸음 옮기고 휴우, 우리 옆집 할머니다. 할아버지와 두 분이 사시는데 평소에 밖에 잘 나오지 않으셔서 거의 인사를 나눈 적도 없지만 유난히 하얀 머리카락으로 알아볼 수 있었다. 할머니는 안 그래도 구부정한 허리로 한 손에는 지팡이를, 또 한 손에는 삐죽 튀어나온 대파 한 단을 넣은 장바구니를 쥐고 계단을 걸어, 아니 기어서 올라오고 계셨다. 도움이 필요해 보였다.

나 ㉠'너 설마 지금부터 12층까지 다시 올라가게? 학원 늦어도 돼? 어차피 할머니께서도 너를 모르잖아, 세라야.'
  하지만 내 안의 이기적인 내가 이렇게 속삭이며 할머니를 향하려던 내 고개를 숙이게 만들었다. 아이고, 휴우, 으휴우! 가쁜 숨소리가 내 귓전을 지나갈 때 나는 자전거를 묶는 척하며 할머니가 어서 다음 계단을 오르시기를 기다렸다. 조금만 기다리면 돼, 조금만. 하지만 그 조금만이 ⓐ시간 여행이라도 하듯이 무척 길게 내 가슴속에서 고동쳤다.

다 ㉡'176계단의 형벌이라고? 아냐. 이렇게 너를 속이며 숨어 있는 게 너에게는 더한 형벌이야.'
  내 안의 또 다른 내가 이렇게 속삭였다. 그래, 맞아. 나는 고개를 들었다.
  "할머니, 잠시만요. 저도 12층 살아요. 짐 들어 드릴 테니 같이 가요."
  나는 막 다음 계단을 오르려는 할머니께 소리쳤다. 그리고 할머니를 뒤쫓아 올라갔다. 두 다리는 묵직했지만 마음은 엘리베이터를 타고 오르듯 가벼웠다. 어쩌면 나의 징크스는 수많은 계단이나, 그 계단에 세워져 있던 자전거와는 관련 없이 내 마음 안에서 시작되었는지도 모른다. 할머니의 손에 들려 있던 짐을 들어 드리는 순간, 오늘의 내 불행은 끝났다.

---

09 (가)에 대한 설명으로 알맞지 <u>않은</u> 것은?

① 할머니의 모습을 구체적으로 묘사하고 있다.
② 글쓴이가 내적 갈등을 겪는 계기가 나타난다.
③ 할머니와 글쓴이는 자주 마주치지 않는 사이임이 드러난다.
④ 할머니의 한숨 소리로 할머니와 할아버지의 갈등을 짐작할 수 있게 한다.
⑤ 의성어를 반복적으로 사용하여 할머니가 처한 상황을 효과적으로 제시한다.

10 ㉠, ㉡에 드러난 갈등 양상에 대한 설명으로 알맞은 것은?

① 개인의 의지와 무관한 운명적인 사건들로 인해 나타난다.
② 인물들 사이에 서로 다른 가치관이나 행동이 대립하여 나타난다.
③ 사회 제도나 규범이 개인의 삶을 억압하거나 구속하면서 나타난다.
④ 개인의 내면에서 서로 다른 의지나 생각이 충돌을 일으키면서 나타난다.
⑤ 자연 현상으로 인하여 개인의 삶이 고통받거나 어려움을 겪는 과정에서 나타난다.

서술형 **학습 활동 응용**

11 글쓴이가 자신의 심리를 ⓐ와 같이 표현한 이유가 무엇인지 〈조건〉에 맞게 서술하시오.

> **조건**
> • 글쓴이의 상황과 그에 따른 심리가 드러나게 쓸 것
> • 완결된 한 문장으로 쓸 것

학습 활동 응용

12 이 글을 읽은 독자의 반응으로 알맞지 <u>않은</u> 것은?

① 글쓴이의 내적 갈등이 생생하게 느껴져.
② 할머니가 보인 반응도 다루었다면 더 좋았을 거야.
③ 글쓴이가 할머니를 도우며 뿌듯해하는 마음이 공감돼.
④ 할머니를 외면하려고 했던 그 마음이 진솔하게 드러났어.
⑤ 글쓴이는 이웃과 인사를 나누며 가까이 지낼 것을 당부하고 있어.

[01~07] 다음 글을 읽고 물음에 답하시오.

가 아가야
내 이름은 민들레야
지난겨울 너의 모자 끝에
달려 있던 털방울 같지

작은 입술 뽀뽀하듯 내밀고
㉠후후후 입김 부는 아가야

봄바람 같은 너의 숨결에
나는 세상에서 제일 작은
낙하산 되어 ㉡날아가지

멋지게 착륙하여 내년에 다시
널 만나러 올게

그때는 너의 숨결도 좀 더
힘차고 따뜻하게 자라 있을 테지

㉢내년 봄에는 후후
두 번만 불어도
나는 날아갈 테지

올해는 후후후
내년엔 후후

나 따사로운 봄빛에 사랑이 녹아요.
살랑대는 바람에 사랑이 불어요.
오늘 같은 바람이 불면 제일 먼저 떠올라요.
그대만 그대만 그대만
㉣팝콘 같은 꽃잎이 저 높이 날아요.
사랑한다 말하면 난 정말 녹아요.
오늘 같은 바람이 불면 하루 종일 미치겠어.
그대가 아른아른거려서
그대가 나의 봄이죠.

다 나무가 춤을 추면
바람이 불고,
㉤나무가 잠잠하면
바람이 자오.

라 ㉥가자, 가자, 가자.
숲으로 가자.
달 조각을 주우러
숲으로 가자

학습 활동 응용

01 (가)와 (나)의 공통점으로 알맞은 것은?

① 감탄사를 활용하여 음악적 리듬감을 조성한다.
② 말하는 이가 작품 밖에서 시적 대상을 관찰한다.
③ 자연물을 소재로 활용하여 중심 내용을 드러낸다.
④ 각 행의 글자 수를 일정하게 하여 운율을 형성한다.
⑤ 말하는 이가 과거를 회상하며 그리움의 정서를 노래
한다.

실력 UP 고난도

02 (가), (다), (라)에 대한 설명으로 알맞은 것은?

① (가)는 (다)와 달리 음성 상징어를 사용하였다.
② (가)는 (다)와 달리 평범한 일상어를 사용하였다.
③ (다)는 (가)와 달리 반복되는 표현을 사용하지 않았
다.
④ (다)는 (라)와 달리 동일한 문장 구조를 반복하였다.
⑤ (라)는 (가)와 달리 청자가 분명하게 드러난다.

03 (가)에서 말하는 이가 상대방에게 전하고자 하는 바로 알맞
은 것은?

① 나를 잊지 말아 주기를 바란다.
② 네가 빨리 커 가는 것이 아쉽다.
③ 건강하고 밝게 잘 자라기를 바란다.
④ 너와 함께한 추억을 잊지 못할 것이다.
⑤ 나는 내년에 더욱 성장해서 너를 찾아올 것이다.

04 〈보기〉의 밑줄 친 부분과 같은 표현 방법이 나타난 구절을 (가)의 3연에서 찾아 쓰시오.

> 보기
>
> 내 마음은 낙엽이요
> 잠깐 그대의 뜰에 머무르게 하오
>
> — 김동명, 〈내 마음은〉에서

학습 활동 연계

05 〈보기〉를 (가)의 3연과 같이 표현했을 때 달라지는 점으로 알맞지 않은 것은?

> 보기
>
> 아가의 숨결에 민들레 홀씨가 날아간다.

① 참신한 느낌을 준다.
② 더 재미있게 느껴진다.
③ 흘러가듯이 빠르게 읽힌다.
④ 호흡이 많아져 내용을 음미하게 된다.
⑤ 상황이 더 생생하고 구체적으로 그려진다.

학습 활동 연계

06 ㉠~㉤ 중, 시에서 운율을 형성하는 부분으로 보기 어려운 것은?

① ㉠　② ㉡　③ ㉢　④ ㉣　⑤ ㉤

서술형　학습 활동 연계

07 (나)의 ⓐ에서 원관념과 보조 관념을 찾아 쓰고, 그 공통점을 서술하시오.

학습 활동 연계

08 〈보기〉의 광고에 대한 반응으로 알맞은 것은?

> 보기

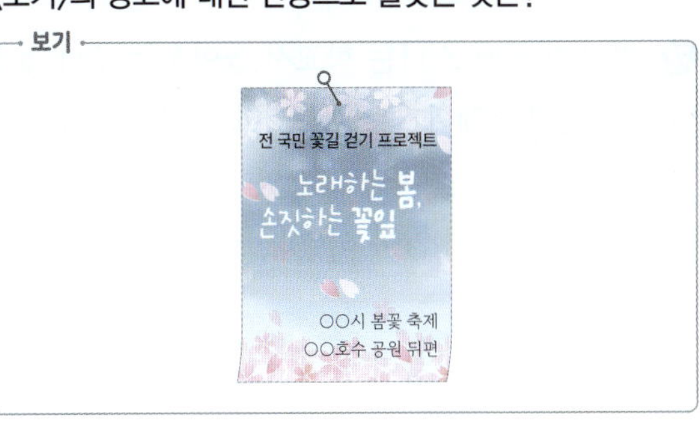

① 지혁: 이 광고를 통해서는 봄꽃 축제가 어디에서 열리는지 알 수 없어.
② 서현: '손짓하는 꽃잎'은 은유법을 사용하여 꽃잎의 아름다움을 부각한 거야.
③ 민아: '전 국민 꽃길 걷기'라는 표현에서 의인법이 드러나 광고가 재미있게 느껴져.
④ 세영: '노래하는 봄'은 직유법으로 광고의 핵심적인 내용을 효과적으로 보여 주고 있어.
⑤ 지우: '노래하는 봄'이라는 비유적 표현을 통해 봄꽃 축제의 즐거운 분위기가 생생하게 전달돼.

서술형　학습 활동 연계

09 〈보기〉의 광고에 나타난 표현 방법을 〈조건〉에 맞게 서술하시오.

> 보기

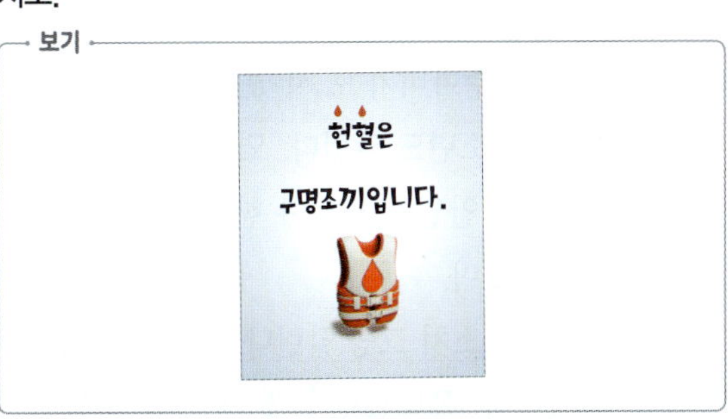

> 조건
>
> • 원관념과 보조 관념을 밝히고 공통점을 쓸 것
> • 완결된 한 문장으로 쓸 것

[10~13] 다음 글을 읽고 물음에 답하시오.

가 벌써 며칠째 소녀는 학교서 돌아오는 길에 물장난이었다. 그런데 어제까지는 개울 기슭에서 하더니 오늘은 징검다리 한가운데 앉아서 하고 있다.

소년은 개울둑에 앉아 버렸다. 소녀가 비키기를 기다리자는 것이다.

요행 지나가는 사람이 있어 소녀가 길을 비켜 주었다.

다음 날은 좀 늦게 ⓐ개울가로 나왔다. / 이날은 소녀가 ⓑ징검다리 한가운데 앉아 세수를 하고 있었다. 분홍 스웨터 소매를 걷어 올린 팔과 목덜미가 마냥 희었다.

나 그러다가 소녀가 물속에서 무엇을 하나 집어낸다. 하얀 조약돌이었다. 그러고는 벌떡 일어나 팔짝팔짝 징검다리를 뛰어 건너간다. / 다 건너가더니 휙 이리로 돌아서며, "이 바보." / 조약돌이 날아왔다.

소년은 저도 모르게 벌떡 일어섰다. / 단발머리를 나풀거리며 소녀가 막 달린다. ⓒ갈밭 사잇길로 들어섰다. 뒤에는 청량한 가을 햇살 아래 빛나는 갈꽃뿐.

다 다음 날부터 좀 더 늦게 개울가로 나왔다. 소녀의 그림자가 뵈지 않았다. 다행이었다. / 그러나 이상한 일이었다. 소녀의 ⓓ그림자가 뵈지 않는 날이 계속될수록 소년의 가슴 한구석에는 어딘가 허전함이 자리 잡는 것이었다. 주머니 속 조약돌을 주무르는 버릇이 생겼다.

그러한 어떤 날, 소년은 전에 소녀가 앉아 물장난을 하던 징검다리 한가운데에 앉아 보았다. 물속에 손을 잠갔다. 세수를 하였다. 물속을 들여다보았다. 검게 탄 얼굴이 그대로 비치었다. 싫었다.

라 저만치 ⓔ허수아비가 또 서 있다. 소녀가 그리로 달려간다. ㉠그 뒤를 소년도 달렸다. 오늘 같은 날은 일찌감치 집으로 돌아가 집안일을 도와야 한다는 생각을 잊어버리기라도 하려는 듯이.

㉡소녀의 곁을 스쳐 그냥 달린다. 메뚜기가 따끔따끔 얼굴에 와 부딪힌다. 쪽빛으로 한껏 갠 가을 하늘이 소년의 눈앞에서 맴을 돈다. 어지럽다. 저놈의 독수리, 저놈의 독수리, 저놈의 독수리가 맴을 돌고 있기 때문이다.

10 이 글에서 알 수 있는 내용으로 알맞은 것은?

① 소녀는 피부가 희고 소년은 검게 탄 편이다.
② 소년은 원래 자신의 집안일을 전혀 돕지 않는다.
③ 소녀는 징검다리에서 소년이 오지 않기를 바랐다.
④ 소년과 소녀는 학교에서부터 갈등을 빚기 시작했다.
⑤ 소녀는 소년이 물에 빠질 것을 염려하여 조약돌을 던졌다.

11 (다)에서 드러나는 소년의 심리 변화로 알맞은 것은?

① 야속함 → 허전함
② 당황함 → 수줍음
③ 답답함 → 기대감
④ 개운함 → 열등감
⑤ 허전함 → 못마땅함

12 ㉠과 ㉡을 비교할 때, 소년의 달라진 태도를 〈조건〉에 맞게 서술하시오.

> ── 조건 ──
> • ㉠과 ㉡에 나타난 행동을 비교하여 쓸 것
> • '~는 것을 보니 ~임을 알 수 있다.' 형태의 완결된 문장으로 쓸 것

13 ⓐ~ⓔ 중, 〈보기〉의 효과를 자아내는 소재로 보기 어려운 것은?

> ── 보기 ──
> • 향토적인 분위기를 조성함.
> • 등장인물의 순수한 면을 보다 효과적으로 드러냄.

① ⓐ ② ⓑ ③ ⓒ ④ ⓓ ⑤ ⓔ

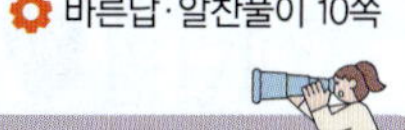

[14~17] 다음 글을 읽고 물음에 답하시오.

가 소년이 참외 그루에 심은 무밭으로 들어가, 무 두 밑을 뽑아 왔다. 아직 밑이 덜 들어 있었다. ㉠잎을 비틀어 팽개친 후 소녀에게 한 밑 건넨다. 그러고는 이렇게 먹어야 한다는 듯이 먼저 대강이를 한 입 베어 물어 낸 다음 손톱으로 한 돌이 껍질을 벗겨 우적 깨문다.

소녀도 따라 했다. 그러나 세 입도 못 먹고,

"아, 맵고 지려." / 하며 집어 던지고 만다.

㉡"참 맛없어 못 먹겠다." / 소년이 더 멀리 팽개쳐 버렸다.

나 "어서들 집으루 가거라. 소나기가 올라."

참 먹장구름 한 장이 머리 위에 와 있다. 갑자기 사면이 소란스러워진 것 같다. 바람이 우수수 소리를 내며 지나간다. 삽시간에 주위가 보랏빛으로 변했다.

산을 내려오는데 떡갈나무 잎에서 빗방울 듣는 소리가 난다. 굵은 빗방울이었다. ㉢목덜미가 선뜻선뜻했다. 그러자 대번에 눈앞을 가로막는 빗줄기. / 비안개 속에 원두막이 보였다. 그리로 가 비를 그을 수밖에.

다 "왜 그런지 난 이사 가는 게 싫어졌다. 어른들이 하는 일이니 어쩔 수 없지만……."

전에 없이 소녀의 까만 눈에 쓸쓸한 빛이 떠돌았다.

소녀와 헤어져 돌아오는 길에 소년은 혼자 속으로 소녀가 이사를 간다는 말을 수없이 되뇌어 보았다. 무어 그리 안타까울 것도 서러울 것도 없었다. 그렇건만 소년은 지금 자기가 씹고 있는 대추알의 단맛을 모르고 있었다.

라 돌아오는 길에는 열이틀 달이 지우는 그늘만 골라 짚었다. 그늘의 고마움을 처음 느꼈다.

불룩한 주머니를 어루만졌다. ㉣호두 송이를 맨손으로 깠다가는 옴이 오르기쉽다는 말 같은 건 아무렇지도 않았다. 그저 ㉤근동에서 제일가는 이 덕쇠 할아버지네 호두를 어서 소녀에게 맛보여야 한다는 생각만이 앞섰다.

그러다, 아차, 하는 생각이 들었다. 소녀더러 병이 좀 낫거들랑 이사 가기 전에 한번 개울가로 나와 달라는 말을 못 해 둔 것이었다. 바보 같은 것, 바보 같은 것.

14 (가)~(라)에 대한 이해로 알맞지 <u>않은</u> 것은?

① 소년은 무를 먹은 소녀의 반응에 무안함을 느꼈을 것이다.

② 소녀는 자신의 집이 이사 가게 된 것을 소년에게 숨기고 있다.

③ 소년은 소녀가 이사 가기 전 맛있는 호두를 선물해 주고 싶었을 것이다.

④ 소년은 소녀보다 먼저 무를 베어 먹을 때 자신감에 차 있었을 것이다.

⑤ 소년은 소녀가 이사 가기 전 소녀와 만날 약속을 잡지 않은 것을 후회하고 있다.

15 (나)에 대한 설명으로 알맞은 것은?

① 작가가 개입하여 인물의 행동을 평가하고 있다.

② 인물의 성격 변화로 작품의 분위기가 바뀌고 있다.

③ 인물에 대한 서술자의 부정적인 시각이 드러나고 있다.

④ 분위기가 바뀌면서 불길한 일이 생길 것을 암시하고 있다.

⑤ 현재와 과거가 교차하며 이야기가 입체적으로 전개되고 있다.

16 (다)에서 〈보기〉에 해당하는 문장을 찾아 쓰시오.

> **보기**
>
> 실제 현상이나 생각, 마음과 반대되는 뜻의 말을 함.

17 ㉠~㉤ 중, 〈보기〉와 관련 있는 부분으로 알맞지 <u>않은</u> 것은?

> **보기**
>
> 소년은 소녀에게 호감을 표현하고 싶어 한다.

① ㉠　　② ㉡　　③ ㉢　　④ ㉣　　⑤ ㉤

[18~21] 다음 글을 읽고 물음에 답하시오.

가 "허, 참, 세상일두……."

마을 갔던 아버지가 언제 돌아왔는지,

"윤 초시 댁두 말이 아니여. 그 많던 전답을 다 팔아 버리구, 대대루 살아오던 집마저 남의 손에 넘기더니, 또 악상까지 당하는 걸 보면……."

남폿불 밑에서 바느질감을 안고 있던 어머니가,

"증손이라곤 계집애 그 애 하나뿐이었지요?"

"그렇지. 사내애 둘 있던 건 어려서 잃구……."

"어쩌믄 그렇게 자식 복이 없을까."

"글쎄 말이지. 이번 앤 꽤 여러 날 앓는 걸 약두 변변히 못 써 봤다더군. 지금 같애서는 윤 초시네두 대가 끊긴 셈이지……. 그런데 참 이번 계집애는 어린것이 여간 잔망스럽지가 않어. 글쎄 죽기 전에 이런 말을 했다지 않어? 자기가 죽거든 자기 입던 옷을 꼭 그대루 입혀서 묻어 달라구……."

나 '너 설마 지금부터 12층까지 다시 올라가게? 학원 늦어도 돼? 어차피 할머니께서도 너를 모르잖아, 세라야.' 하지만 내 안의 이기적인 내가 이렇게 속삭이며 할머니를 향하려던 내 고개를 숙이게 만들었다. 아이고, 휴우, 으휴우! 가쁜 숨소리가 내 귓전을 지나갈 때 나는 자전거를 묶는 척하며 할머니가 어서 다음 계단을 오르시기를 기다렸다. 조금만 기다리면 돼, 조금만. 하지만 그 조금만이 시간 여행이라도 하듯이 무척 길게 내 가슴속에서 고동쳤다. '176계단의 ㉠형벌이라고? 아냐. 이렇게 너를 속이며 숨어 있는 게 너에게는 더한 ㉡형벌이야.'

내 안의 또 다른 내가 이렇게 속삭였다. 그래, 맞아. 나는 고개를 들었다.

"할머니, 잠시만요. 저도 12층 살아요. 짐 들어 드릴 테니 같이 가요."

나는 막 다음 계단을 오르려는 할머니께 소리쳤다. 그리고 할머니를 뒤쫓아 올라갔다. 두 다리는 묵직했지만 마음은 엘리베이터를 타고 오르듯 가벼웠다.

어쩌면 나의 징크스는 수많은 계단이나, 그 계단에 세워져 있던 자전거와는 관련 없이 내 마음 안에서 시작되었는

지도 모른다. 할머니의 손에 들려 있던 짐을 들어 드리는 순간, 오늘의 내 불행은 끝났다.

---

18 (가)와 (나)에 대한 설명으로 알맞지 <u>않은</u> 것은?

① (가)에서는 여운이 남는 결말을 그려 냈다.

② (가)에서는 특정 인물의 상황을 다른 인물의 말을 통해 전달하고 있다.

③ (나)에는 글쓴이의 깨달음이 나타난다.

④ (나)에는 글쓴이의 갈등이 해소되는 과정이 나타난다.

⑤ (가), (나)는 모두 작가가 상상력을 바탕으로 허구적으로 이야기를 꾸민 것이다.

19 '소나기'의 사전적 의미가 〈보기〉와 같을 때, (가)의 제목인 '소나기'의 상징적 의미와 그렇게 생각한 이유를 서술하시오.

보기

갑자기 세차게 쏟아지다가 곧 그치는 비.

20 (나)에서 글쓴이가 얻은 깨달음을 바탕으로 하여 (가)의 '윤 초시네'에게 건넬 만한 말로 알맞은 것은?

① 실패를 두려워하면 그 무엇도 이룰 수 없습니다.

② 때로는 다른 사람과 슬픔을 나누는 것도 큰 위로가 됩니다.

③ 자식도 언젠가는 부모의 마음을 헤아리기 마련이니 힘내시기 바랍니다.

④ 나의 슬픔을 알아주고 위로해 줄 이웃이 바로 옆에 있다는 것은 축복입니다.

⑤ 지금은 너무 마음 아프고 힘들겠지만 시련도 마음먹기에 따라 극복할 수 있다고 믿고 기운 내시기 바랍니다.

21 (나)에서 ㉠과 ㉡이 각각 의미하는 바로 알맞은 것은?

	㉠	㉡
①	마음이 무거움.	육체적으로 힘듦.
②	육체적으로 힘듦.	마음이 무거움.
③	육체적으로 힘듦.	경제적으로 힘듦.
④	경제적으로 힘듦.	마음이 무거움.
⑤	양심의 가책이 느껴짐.	마음이 무거움.

[22~25] 다음 글을 읽고 물음에 답하시오.

(가) 아가야 / ⓐ내 이름은 민들레야
지난겨울 너의 모자 끝에
달려 있던 ⓑ털방울 같지

ⓒ작은 입술 뽀뽀하듯 내밀고
후후후 입김 부는 아가야

ⓓ봄바람 같은 너의 숨결에
나는 세상에서 제일 작은
낙하산 되어 날아가지

멋지게 착륙하여 내년에 다시 / 널 만나러 올게

그때는 너의 숨결도 좀 더
힘차고 따뜻하게 자라 있을 테지

ⓔ내년 봄에는 후후 / 두 번만 불어도
나는 날아갈 테지

올해는 후후후 ⎤
내년엔 후후 ⎦ [A]

(나) 나는 징크스에 약하다. 나에게 우연히 마주친 불행은 꼬리를 물고 하루 종일 들러붙는다. 아침에는 가방 속 물통에 물이 새서 책이 다 젖었고, 오후에는 누군가 찬 축구공에 머리통을 맞았으며, 지금은 체육복이 뜯어졌다. 통행이 불편하니 미리 계단에 있는 것들을 치워 달라고 관리 사무소에서 몇 번씩이나 방송하고 게시판에도 붙여 놨는데, 이 자전거는 대체 왜 여기 있는 걸까. 나는 자전거 손잡이에 걸린 실밥을 풀어내다가 그만 짜증이 나 자전거를 넘어뜨리고 말았다. 자전거가 와장창 비명을 지르는 소리가 요란하게 울려 퍼졌다.
집에 도착하여 잠깐의 휴식을 맛본 뒤 학원 가방을 챙겨

다시 집을 나섰다. 4층에 도착하니 아까 넘어뜨린 ⓐ자전거가 기절한 채 아직도 누워 있었다. 그냥 풀쩍 넘어갈까 하다 누워 있는 자전거에게 미안하다는 생각이 들었다. 그래서 자전거를 다시 세워 통행에 방해가 되지 않는 쪽으로 옮겨 주기로 했다.

22 **(가)와 (나)의 표현상 공통점으로 알맞은 것은?**

① 공간의 이동에 따라 전개한다.
② 문장의 구조를 바꿔 변화를 준다.
③ 소재의 이중성을 살려서 표현한다.
④ 누군가를 다정하게 부르는 말을 한다.
⑤ 소리나 모양을 흉내 내는 말을 사용한다.

23 **ⓐ~ⓔ 중, ⓐ와 같은 표현 방법이 나타난 것은?**

① ⓐ   ② ⓑ   ③ ⓒ   ④ ⓓ   ⑤ ⓔ

24 **(나)와 같은 글을 쓸 때 유의할 점으로 알맞은 것은?**

① 특별한 경험에서만 글감을 찾아야 한다.
② 최대한 감정을 배제하고 객관적으로 쓴다.
③ 느낀 점이나 깨달은 점이 잘 드러나게 쓴다.
④ 재미를 위해서 약간의 과장과 거짓을 섞어도 된다.
⑤ 의미 있는 경험과 관련한 긍정적인 감정만을 써야 한다.

25 **(가)에서 [A]에 담긴 의미가 무엇인지 〈조건〉에 맞게 서술하시오.**

> **─ 조건 ─**
> - '내년, 올해, 숨결'이라는 말을 포함하여 쓸 것
> - '~을/를 함축적으로 표현하였다.' 형태의 완결된 문장으로 쓸 것

 목표

- 독자의 배경지식과 글에 나타난 정보 등을 활용하여 글에 드러나지 않은 의도나 관점을 추론할 수 있다.
- 화자의 의도와 관점을 추론하며 들을 수 있다.

소단원별 핵심 Point

(1) 추론하며 읽기

- 추론하며 읽기의 개념 알기
- 글에 드러나지 않은 의도나 관점을 추론하는 방법 알기
- 광고에 담긴 의도나 관점 파악하기

(2) 추론하며 듣기

- 추론하며 듣기의 개념 알기
- 화자의 말에 담긴 의도와 관점을 추론하는 방법 알기

(1) 추론하며 읽기

(2) 추론하며 듣기

(1) 추론하며 읽기

소단원 핵심 개념

1 추론하며 읽기의 뜻

글을 읽을 때 독자의 배경지식과 글에 나타난 정보를 활용하여 글에 드러나지 않은 내용을 미루어 생각하며 읽는 것을 말한다.

2 추론하며 읽기의 방법

독자의 배경지식을 활용하여 읽기	독자의 경험과 지식 등을 활용하여 글쓴이의 의도나 관점을 추론하기
글에 나타난 정보를 활용하여 읽기	단어나 문장, 제목·부제, 시각 자료 등을 활용하여 글쓴이의 의도나 관점을 추론하기

- **글쓴이의 의도**: 글쓴이가 글에서 전하고자 하는 중심 생각, 글을 쓴 목적 등을 말한다.
- **글쓴이의 관점**: 글쓴이가 글에서 다루는 화제에 관한 태도나 방향 등을 말한다.
  긍정적 관점, 중립적 관점, 부정적 관점 등

3 추론하며 읽기의 효과

- 글쓴이가 글에서 전달하려는 내용이 무엇인지 분명하게 알 수 있다.
- 글의 내용을 더 깊이 있게 이해할 수 있다.
- 독자의 배경지식과 글에 나타난 정보를 활용하여 글을 능동적으로 읽을 수 있다.
- 글의 내용을 좀 더 쉽게 파악할 수 있다.
- 글의 내용을 오래 기억할 수 있다.

광고는 의도나 관점을 직접적으로 드러내기보다는 함축적인 표현과 상징을 통해 간접적으로 표현할 때가 많음.

4 광고에 담긴 의도나 관점 파악하기

① 광고에 나타난 다양한 정보, 독자의 배경지식 등을 활용하여 광고 제작자의 의도나 관점을 추론하며 읽는 것을 말한다.

② 광고에 담긴 의도나 관점을 파악하는 방법

- 언어 표현이 어떤 대상 또는 현상을 나타내고 있는지 파악하고, 이와 같은 언어 표현을 사용한 이유를 파악한다.
- 이미지가 가리키는 대상 또는 현상을 파악하고, 이와 같은 이미지를 활용한 이유를 파악한다.

개념 확인 문제

1 추론하며 읽기에 대한 설명으로 맞으면 ○표, 틀리면 ×표를 하시오.

(1) 추론하며 읽기란 글에 드러나지 않은 내용을 미루어 생각하며 읽는 것을 말한다. ( )

(2) 추론하며 읽기를 할 때에는 글에 나타난 정보를 활용해서는 안 된다. ( )

2 추론하며 읽기의 방법으로 보기 어려운 것은?

① 글에 나타난 사진을 활용하여 글쓴이의 관점 생각하며 읽기

② 독자의 지식을 활용하여 글쓴이가 글을 쓴 목적 생각하며 읽기

③ 자신의 흥미와 관심, 수준에 맞는 책을 선정하여 친구와 함께 읽기

④ 글에 나타난 단어나 문장을 활용하여 글쓴이의 의도 생각하며 읽기

⑤ 독자의 경험을 활용하여 글쓴이가 말하고자 하는 바를 생각하며 읽기

3 추론하며 읽기의 효과로 알맞지 <u>않은</u> 것은?

① 글을 좀 더 빨리 읽을 수 있다.

② 글을 능동적으로 읽을 수 있다.

③ 글의 내용을 깊이 있게 이해할 수 있다.

④ 글에 드러나지 않은 글쓴이의 의도나 관점을 파악할 수 있다.

⑤ 글쓴이가 전달하려는 내용이 무엇인지를 분명하게 알 수 있다.

4 〈보기〉의 빈칸에 들어갈 알맞은 말을 쓰시오.

> **보기**
>
> 광고에 담긴 의도를 파악하기 위해서는 광고에 사용된 언어 표현과 (   )에 담긴 의미를 추론해야 한다.

인공지능(AI) 기술의 도입
– 우리가 경계해야 하는 것은 무엇일까요?

제재 개관

갈래	주장하는 글	제재	인공지능(AI) 기술의 도입
성격	논리적, 체계적		
주제	인공지능(AI) 기술을 도입하는 일에는 신중해야 한다.		
특징	• 부제를 통해 화제에 대한 글쓴이의 관점이 강조됨. • 독자에게 질문을 제시함으로써 독자의 호기심을 유발하고 집중력을 높임. • 인공지능(AI) 기술의 도입에 따른 문제점을 그 근거와 함께 체계적으로 제시하여 설득력을 높임.		

가 요즘 다양한 곳에서 '인공지능 기술'이라는 말을 들을 수 있습니다. 인공지능이란 무엇일까요? 인공지능은 사람의 지능이 가지는 학습, 추리, 적응, 논증 따위의 기능을 갖춘 컴퓨터 시스템을 말합니다. 이러한 인공지능을 활용하는 것이 '인공지능 기술'입니다. 인공지능 기술을 이용하면 사람처럼 글을 쓰거나 그림을 그리는 것도 가능하고, 짧은 시간 안에 많은 양의 정보를 요약할 수도 있습니다.

옳고 그름을 이유를 들어 밝힘. 또는 그 근거나 이유

→ 인공지능 기술의 뜻을 제시함.

지문 콕콕 — 처음: 인공지능 기술의 뜻

인공지능 기술의 뜻	사람의 [ ][ ]이 가지는 학습, 추리 등의 기능을 갖춘 컴퓨터 시스템을 활용하는 기술
인공지능 기술 활용의 예	글쓰기, 그림 그리기와 같은 [ ][ ] 활동, 짧은 시간 안에 많은 양의 정보 [ ][ ]하기 등이 가능함.

나 인공지능 기술은 우리의 생활을 더욱 편리하게 만들어 주고 있습니다. 의료 분야에서는 인공지능 기술을 이용해서 다양한 질병을 이전보다 훨씬 빠르게 진단하고 있습니다. 또 자동차 분야에서도 인공지능이 운전자 역할을 대신하는 자율 주행 기술이 상당히 발전했다고 합니다. 이 외에도 다양한 분야에서 인공지능 기술을 도입하려는 시도가 이어지고 있습니다.

　[㉠] 인공지능 기술을 이용하면 편리한 점만 있을까요? 최근 ㉡인공지능 기술의 섣부른 도입을 반대하는 목소리도 나오고 있습니다. 인공지능 기술의 도입을 반대하는 까닭은 무엇일까요?

　먼저 인공지능 기술을 도입하면 사람들의 일자리가 감소할 수 있습니다. 인공지능 기술은 원래 사람이 하던 일을 자동화하여 많은 일을 보다 정확하고 효율적으로 할 수 있게 해 줍니다. 이에 따라 현재 존재하는 많은 직업 가운데 상당수가 사라지게 될지도 모릅니다.

　인공지능 기술을 개발하는 과정에서 사생활 침해가 발생할 수 있다는 점도 문제입니다. 고객 맞춤형 서비스를 제공하는 인공지능 프로그램을 만들려면 인공지능

문제로 확인

1 〈보기〉의 빈칸에 들어갈 알맞은 말을 쓰시오.

> **보기**
>
> 　글쓴이가 부제에 '경계'라는 단어를 쓴 까닭은 인공지능 기술의 도입을 조심스럽게 바라보는 글쓴이의 ( )을 드러내기 위해서이다.

2 (나)에서 알 수 있는 내용으로 맞으면 ○표, 틀리면 ×표를 하시오.

(1) 인공지능 기술의 무분별한 도입을 반대하는 입장이 있다. (　　)

(2) 인공지능 기술의 도입으로 사람들의 일자리가 늘어날 전망이다. (　　)

3 ㉠에 들어갈 단어로 알맞은 것은?

① 특히
② 첫째
③ 하지만
④ 따라서
⑤ 그러므로

4 글쓴이가 ㉡과 같은 의견을 제시한 이유로 알맞은 것은?

① 인공지능 기술의 도입을 반대하는 사람들을 설득하기 위해
② 인공지능 기술의 도입을 서둘러야 하는 이유를 소개하기 위해
③ 인공지능 기술의 개발로 사생활을 보호할 수 있음을 주장하기 위해
④ 인공지능 기술의 섣부른 도입을 우려하는 글쓴이의 생각을 뒷받침하기 위해
⑤ 인공지능 기술의 발달로 사람들이 위험한 일을 하지 않게 되었음을 알리기 위해

바른답·알찬풀이 11쪽

에게 고객의 정보를 학습시켜야 합니다. 그 과정에서 고객의 개인 정보, 즉 내가 자주 다니는 장소나 나의 사소한 습관까지 학습 데이터로 활용될 수 있습니다. 실제로 어느 기업은 자사의 휴대 전화를 사용하는 고객들의 위치 정보를 동의 없이 수집하여 논란이 되기도 하였습니다.

인공지능 기술이 문제를 일으켰을 때 법적 책임이 누구에게 있느냐도 해결되지 않은 숙제입니다. 인공지능의 오작동으로 의료용 로봇이 오진을 하거나 자율 주행 자동차가 사람을 다치게 한다면 그 책임은 누구에게 물어야 하는 걸까요? ㉠만일 인공지능 기술이 테러 등에 악용된다면 인공지능 기술을 개발한 사람과 악용한 사람 중 누가 책임을 져야 할까요?

오진: 병을 그릇되게 진단하는 일. 또는 그런 진단
악용: 알맞지 않게 쓰이거나 나쁜 일에 쓰인다면

→ 인공지능 기술 도입에 관한 다양한 입장과 도입 시 발생할 수 있는 문제점을 설명함.

지문콕콕 중간: 인공지능 기술 도입에 관한 입장과 인공지능 기술 도입으로 생길 수 있는 문제

인공지능 기술 도입의 장점	우리의 삶을 더욱 편리하게 만들어 줌. **사례 1** 의료 분야: 인공지능 기술을 이용해서 다양한 □□을 이전보다 빠르게 진단함. **사례 2** 자동차 분야: 인공지능이 운전자 역할을 대신하는 □□□□ 기술이 발전함.
인공지능 기술 도입으로 발생하는 문제점	• 사람들의 □□□가 감소할 수 있음. • □□□ 침해가 발생할 수 있음. • 인공지능 기술이 문제를 일으켰을 때 법적 책임이 누구에게 있는지 해결되지 않음.

다 인공지능 기술은 분명 다양한 면에서 우리의 삶을 더 편리하게 만들 것입니다. 하지만 인공지능 기술을 도입할 때 생기는 문제를 해결할 방법도 함께 고민해야 합니다. 그렇지 않으면 인공지능 기술은 오히려 우리에게 위협이 될지도 모릅니다. 인공지능 기술을 섣불리 우리의 삶 속에 들여오는 것은 신중하게 고민해 보아야 할 문제입니다.

→ 인공지능 기술 도입에 신중해야 함을 주장함.

지문콕콕 끝: 인공지능 기술의 도입에 관한 글쓴이의 생각

글쓴이의 생각
인공지능 기술은 우리의 삶을 □□하게 만들 것이지만, 인공지능 기술 도입으로 생기는 □□도 있어 이를 해결할 방법도 함께 고민해야 함.

↓

글쓴이가 이 글을 쓴 이유
인공지능 기술을 도입하는 것을 신중하게 결정해야 한다고 독자를 □□하기 위해 이 글을 씀.

문제로 확인

5 인공지능 기술의 섣부른 도입을 반대하는 사람들이 우려하는 상황으로 볼 수 없는 것은?

① 인공지능 기술을 이용하여 테러가 일어난 경우
② 인공지능 기술을 활용하여 많은 양의 정보를 요약한 경우
③ 인공지능 기술이 범죄에 이용되어 피해자가 발생한 경우
④ 자율 주행 자동차가 교통사고를 일으켜 사람이 다친 경우
⑤ 인공지능이 진단을 잘못하여 환자의 치료가 늦어진 경우

6 〈보기〉는 독자가 추론하며 읽기를 하는 과정에서 ㉠을 읽고 떠올린 생각이다. 독자가 활용한 요소로 알맞은 것은?

→ 보기
나도 영화에서 인공지능 로봇이 인간을 위협하는 장면을 보고 무서웠어. 글쓴이도 이러한 문제를 걱정하고 있는 것 같아.

① 단어의 뜻
② 시각 자료
③ 책의 차례
④ 독자의 배경지식
⑤ 문장과 문장을 연결하는 말

7 (다)의 내용으로 맞으면 ○표, 틀리면 ×표를 하시오.

(1) 인공지능 기술은 인간에게 위협이 될 수도 있다. ( )
(2) 인공지능 기술을 도입할 때 문제가 생길 수 있다. ( )
(3) 인공지능 기술로 생기는 문제는 그로 인한 편리함보다 크지 않다. ( )
(4) 인공지능 기술을 인간의 삶에 도입할 때에는 신중하게 결정해야 한다. ( )

8 〈보기〉의 빈칸에 들어갈 알맞은 말을 쓰시오.

→ 보기
글쓴이가 이 글을 쓴 이유는 인공지능 기술을 도입하는 것에 신중해야 한다고 독자를 ( )하기 위해서이다.

과정 × 탐구 교과서 80~83쪽

1 이 글의 주요 내용 정리

(1) 이 글의 화제 찾아보기

→ □□□□□□의 도입

(2) 주요 내용 정리하기

1문단

인공지능 기술의 뜻

사람의 지능이 가지는 학습, 추리, 적응, 논증 따위의 기능을 갖춘 □□□□□□을 활용하는 기술

2, 3문단

인공지능 기술 도입에 관한 다양한 입장

- 인공지능 기술은 우리의 삶을 □□하게 해 줌.
- 최근 인공지능 기술 도입에 □□하는 목소리가 나오고 있음.

4, 5, 6문단

인공지능 기술의 도입으로 발생할 수 있는 문제점

- 사람들의 일자리가 감소할 수 있음.
- 인공지능 기술을 개발하는 과정에서 □□□ □□가 발생할 수 있음.
- 인공지능 기술이 문제를 일으켰을 때 법적 □□을 묻기가 어려움.

7문단

인공지능 기술의 도입에 관한 글쓴이의 생각

인공지능 기술을 섣불리 도입하는 것은 □□하게 □□해 보아야 할 문제임.

---

01 인공지능 기술에 대한 설명으로 알맞지 **않은** 것은?

① 우리의 삶을 편리하게 해 준다.
② 의료, 자동차 등 다양한 분야에 활용되고 있다.
③ 현대인들은 인공지능 기술 도입을 모두 찬성한다.
④ 인공지능 기술로 짧은 시간 안에 많은 양의 정보를 요약할 수 있다.
⑤ 사람의 지능이 가지는 학습, 추리 따위의 기능을 갖춘 컴퓨터 시스템을 활용하는 기술을 말한다.

핵심 개념 콕

02 이 글의 화제에 대한 관점이 글쓴이의 의견과 일치하는 것은?

① 지수: 인공지능이 운전자 역할을 대신할 수 있다.
② 선호: 인공지능 기술의 섣부른 도입을 경계해야 한다.
③ 윤정: 인공지능 기술로 다양한 질병을 빠르게 진단할 수 있다.
④ 동완: 인공지능 기술을 활용해 효율적으로 정보를 요약할 수 있다.
⑤ 서우: 인공지능 기술을 이용해 글쓰기, 그림 그리기 활동을 할 수 있다.

03 인공지능 기술의 도입에 따른 문제점으로 알맞지 **않은** 것은?

① 업무의 효율성 증가
② 사람들의 일자리 감소
③ 개발 과정에서 사생활 침해
④ 오작동으로 인한 사고의 책임 소재
⑤ 인공지능 기술을 이용한 테러 발생

04 글쓴이의 생각을 추론한 것으로 알맞지 **않은** 것은?

① 인공지능 기술을 거부해야 한다.
② 인공지능 기술이 위협이 될 수 있다.
③ 인공지능 기술을 섣불리 들여오면 안 된다.
④ 인공지능 기술 도입에 대한 신중한 고민이 필요하다.
⑤ 인공지능 기술로 생기는 문제에 대한 대비가 필요하다.

2 지우가 이 글을 읽으며 추론한 내용과 추론에 활용한 단서

글	추론한 내용	추론에 활용한 단서
인공지능(AI) 기술의 도입 – 우리가 경계해야 하는 것은 무엇일까요?	글쓴이는 인공지능 기술의 도입을 조심스럽게 바라보는 것 같아.	단어
하지만 인공지능 기술을 이용하면 편리한 점만 있을까요?	'하지만'이라는 말을 보니, 인공지능 기술이 여러 [　][　]를 일으킬 수 있다는 내용이 이어질 것 같아.	[　][　]
먼저 인공지능 기술을 도입하면 사람들의 일자리가 감소할 수 있습니다.	인공지능 기술의 도입을 [　][　]하는 사람들의 의견을 제시하여 인공지능 기술의 섣부른 도입을 우려하는 글쓴이의 생각을 뒷받침하는 것 같아.	문장
만일 인공지능 기술이 테러 등에 악용된다면 인공지능 기술을 개발한 사람과 악용한 사람 중 누가 책임을 져야 할까요?	나도 영화에서 인공지능 로봇이 인간을 위협하는 장면을 보고 무서웠어. 글쓴이도 이러한 문제를 걱정하고 있는 것 같아.	[　][　][　][　]
인공지능 기술을 섣불리 우리의 삶 속에 들여오는 것은 신중하게 고민해 보아야 할 문제입니다.	글쓴이는 인공지능 기술을 섣부르게 도입해서는 안 된다고 생각하고 있어.	문장

3 이 글에 담긴 글쓴이의 의도와 관점

(1) 이 글의 마지막 문단을 중심으로 글쓴이의 의도 파악하기

> '인공지능 기술을 도입할 때 생기는 문제를 해결할 방법도 함께 고민해야 합니다. 그렇지 않으면 인공지능 기술은 오히려 우리에게 위협이 될지도 모릅니다. 인공지능 기술을 섣불리 우리의 삶 속에 들여오는 것은 신중하게 고민해 보아야 할 문제입니다.'

➡ 글쓴이는 인공지능 기술을 도입하기 이전에 인공지능 기술의 도입으로 발생하는 문제를 [　][　]할 방법을 마련하는 것이 필요하다는 점을 독자에게 [　][　]하기 위해 이 글을 썼다.

(2) 이 글의 글쓴이의 관점 정리하기

➡ 글쓴이는 인공지능 기술의 도입에 [　][　][　]인 관점을 가지고 있다는 것을 알 수 있다.

4 글쓴이의 의도나 관점을 추론하며 읽으면 좋은 점

➡ 글쓴이가 글을 통해 전달하려는 내용이 무엇인지 분명하게 알 수 있다.
➡ 글의 내용을 더 [　][　] 있게 이해할 수 있다.

---

05 〈보기〉의 빈칸에 들어갈 알맞은 말을 쓰시오.

> **➡ 보기)**
> 글의 (　　　　)이나 부제에 쓰인 단어는 추론하며 읽기를 할 때 활용할 수 있는 단서가 된다.

06 〈보기〉 뒤에 이어질 내용으로 알맞은 것은?

> **➡ 보기)**
> 하지만 인공지능 기술을 이용하면 편리한 점만 있을까요?

① 인공지능 기술의 또 다른 장점에 대한 내용이 이어질 것이다.
② 인공지능 기술 이용의 편리성을 뒷받침하는 내용이 이어질 것이다.
③ 인공지능 기술의 편리성이 가져올 결과에 대한 내용이 이어질 것이다.
④ 인공지능 기술의 도입으로 발생할 수 있는 문제에 대한 내용이 이어질 것이다.
⑤ 인공지능 기술의 편리성으로 인해 예상되는 변화를 다룬 내용이 이어질 것이다.

07 글쓴이가 인공지능 기술 도입에 대한 문제점을 제시한 까닭으로 알맞은 것은?

① 자신의 생각을 뒷받침하기 위해서
② 자신의 입장과 다른 다양한 의견을 소개하기 위해서
③ 독자에게 자신의 경험을 바탕으로 문제점을 알리기 위해서
④ 인공지능 기술 도입을 반대하는 사람들에게 반박하기 위해서
⑤ 인공지능 기술로 생기는 문제의 해결 방안을 제시하기 위해서

적용 × 실천 교과서 84~85쪽

1 광고에 담긴 의도와 관점

(1) 이 광고의 화제 파악하기

→ ☐☐☐☐☐☐☐

(2) 이 광고를 보면서 추론한 내용 정리하기

→ ☐☐☐☐로 맹수의 얼굴을 표현한 것은 플라스틱 쓰레기가 생태계를 위협한다는 것을 강조하기 위해서이다.

→ '인간이 만든 새로운 ☐☐☐ 교란종'은 인간이 만들고 버리는 비닐봉지와 같은 플라스틱 쓰레기를 가리키는 것이다.

→ 한국의 연간 플라스틱 소비량과 플라스틱을 먹고 죽은 ☐☐☐☐☐ ☐☐☐의 수를 함께 제시한 것은 플라스틱 쓰레기가 생태계에 미치는 악영향을 강조하기 위해서이다.

(3) 이 광고에 담긴 의도와 관점 추론하기

광고의 의도	플라스틱 쓰레기를 줄여야 한다고 독자를 ☐☐하려는 의도를 지니고 있음.
'플라스틱 쓰레기'를 바라보는 관점	광고 제작자는 플라스틱 쓰레기가 환경에 ☐☐☐ 영향을 미친다고 생각하고 있음.

➕ 더 알아보기

광고의 기능

긍정적 기능	• 공익 광고: 대중이 올바른 가치관을 형성하도록 설득함. • 상업 광고: 다양한 정보의 제공, 상품 소개 등을 통해 삶의 질을 향상시킴.
부정적 기능	• 물질이나 외모 중심의 왜곡된 가치관을 형성할 우려가 있음. • 상품 판매를 위해 정보를 의도적으로 빠트리거나 과장 또는 거짓으로 포장해서 전달하기도 함.

핵심 개념 콕

08 이 광고의 내용과 의도를 추론하기 위한 질문으로 알맞지 <u>않은</u> 것은?

① 비닐봉지로 맹수의 얼굴을 표현한 까닭은 무엇일까?

② '새로운 생태계 교란종'이 가리키는 대상은 무엇일까?

③ '인간이 만든'이라는 표현을 넣은 까닭은 무엇일까?

④ 야생에서 코끼리의 생명을 위협하는 동물은 무엇일까?

⑤ 비닐봉지와 코끼리 이미지를 함께 제시한 까닭은 무엇일까?

핵심 개념 콕

09 이 광고에서 활용한 이미지의 내용과 의도로 알맞은 것은?

① 비닐봉지: 이미지를 크게 제시하여 인간의 삶에 필수적임을 드러냄.

② 비닐봉지: 검은색으로 제시하여 새끼 코끼리에게 겁을 주는 야생 동물의 그림자를 표현함.

③ 코끼리: 작은 이미지로 제시하여 플라스틱 쓰레기 때문에 희생되는 코끼리의 상황을 드러냄.

④ 코끼리: 맹수의 얼굴처럼 보이도록 표현하여 생태계를 파괴하고 위협하는 존재로 느껴지도록 함.

⑤ 코끼리: 비닐봉지와 대비되도록 표현하여 환경을 보호하는 데 도움이 되지 못하는 존재임을 표현함.

10 이 광고에 담긴 의도를 추론한 것으로 알맞지 <u>않은</u> 것은?

① 플라스틱 쓰레기 발생을 줄여야 한다.

② 플라스틱 쓰레기가 생태계를 위협하고 있다.

③ 우리는 플라스틱을 과도하게 소비하고 있다.

④ 플라스틱을 코끼리에게 먹이로 주면 처벌해야 한다.

⑤ 인간이 만들어 낸 플라스틱 쓰레기가 생태계를 파괴하고 있다.

(1) 추론하며 읽기

★ 추론하며 읽기란 무엇일까?

• 글에 드러나지 않은 내용을 미루어 생각하며 읽는 것

추론하며 읽기 방법

① 독자의 지식이나 경험 등의 ❶ □□□□□을 활용함.
② 단어나 문장, 시각 자료 등 글에 나타난 정보를 활용함.

추론하며 읽기의 효과

① 글쓴이가 글에서 전달하려는 ❷ □□이 무엇인지 분명하게 알 수 있음.
② 글의 내용을 더 깊이 있게 이해할 수 있음.

★ <인공지능(AI) 기술의 도입>의 내용을 살펴볼까?

제목 → 인공지능(AI) 기술의 도입

부제 → 우리가 ❸ □□해야 하는 것은 무엇일까요?

인공지능(AI) 기술 도입의 장점

• 사람처럼 글을 쓰거나 그림을 그릴 수 있음.
• 짧은 시간 안에 많은 양의 정보를 요약할 수 있음.
• 의료 분야에서 다양한 ❹ □□을 빠르게 진단할 수 있음.
• 자동차 분야에서 자율 주행 기술이 발전함.

인공지능(AI) 기술 도입으로 생길 수 있는 문제점

• 사람들의 ❺ □□□가 감소할 수 있음.
• 사생활 침해 문제가 발생할 수 있음.
• 오작동으로 인한 의료용 로봇의 오진, 자율 주행 자동차의 사고 발생 시 법적 책임을 누구에게 물을 것인지가 해결되지 않음.
• 테러 등의 범죄에 악용될 가능성이 있음.

★ 그래서 글쓴이의 관점은 무엇이지?

글쓴이는 인공지능 기술을 도입하기 전에 인공지능 기술로 발생하는 문제를 ❻ □□할 방법을 찾아야 한다는 것이구나!

[01~05] 다음 글을 읽고 물음에 답하시오.

㉮ 인공지능(AI) 기술의 도입

– 우리가 경계해야 하는 것은 무엇일까요?

요즘 다양한 곳에서 '인공지능 기술'이라는 말을 들을 수 있습니다. 인공지능이란 무엇일까요? 인공지능은 사람의 지능이 가지는 학습, 추리, 적응, 논증 따위의 기능을 갖춘 컴퓨터 시스템을 말합니다. 이러한 인공지능을 활용하는 것이 '인공지능 기술'입니다. 인공지능 기술을 이용하면 사람처럼 글을 쓰거나 그림을 그리는 것도 가능하고, 짧은 시간 안에 많은 양의 정보를 요약할 수도 있습니다.

㉯ 인공지능 기술은 우리의 생활을 더욱 편리하게 만들어 주고 있습니다. 의료 분야에서는 인공지능 기술을 이용해서 다양한 질병을 이전보다 훨씬 빠르게 진단하고 있습니다. 또 자동차 분야에서도 인공지능이 운전자 역할을 대신하는 자율 주행 기술이 상당히 발전했다고 합니다. 이외에도 다양한 분야에서 인공지능 기술을 도입하려는 시도가 이어지고 있습니다.

㉰ (㉠) 인공지능 기술을 이용하면 편리한 점만 있을까요? 최근 인공지능 기술의 섣부른 도입을 반대하는 목소리도 나오고 있습니다. 인공지능 기술의 도입을 반대하는 까닭은 무엇일까요?

먼저 인공지능 기술을 도입하면 사람들의 일자리가 감소할 수 있습니다. 인공지능 기술은 원래 사람이 하던 일을 자동화하여 많은 일을 보다 정확하고 효율적으로 할 수 있게 해 줍니다. 이에 따라 현재 존재하는 많은 직업 가운데 상당수가 사라지게 될지도 모릅니다.

01 이와 같은 글을 읽을 때 중점적으로 추론해야 할 내용으로 알맞은 것은?

① 글쓴이가 겪은 일이 무엇인지 추론한다.
② 글쓴이가 무엇을 주장하고자 하는지를 추론한다.
③ 글쓴이가 무엇을 묘사하고자 하는지를 추론한다.
④ 대상에 대한 글쓴이의 감정이 어떠한지를 추론한다.
⑤ 이야기 속에서 어떤 사건이 발생할 것인지를 추론한다.

02 이 글의 제목과 부제를 통해 글쓴이의 의도를 추론한 것으로 알맞지 **않은** 것은?

① '경계'라는 단어를 통해 글쓴이가 인공지능 기술의 문제점을 다룰 것임을 추론할 수 있어.
② '경계'라는 단어의 뜻을 고려할 때 글쓴이는 인공지능 기술 도입을 조심스럽게 생각하는 것 같아.
③ '우리'라는 표현을 통해 글쓴이는 많은 사람들이 인공지능 기술의 도입을 반대하고 있음을 강조하고 있는 것 같아.
④ '경계'라는 단어를 통해 글쓴이는 인공지능 기술을 도입할 때 조심해야 할 것들이 있음을 독자들에게 전하려는 것 같아.
⑤ 질문 형식을 활용한 부제를 통해 글쓴이는 독자로 하여금 인공지능 기술의 도입 문제에 대해 생각해 보게끔 하려는 것 같아.

03 (가)의 내용을 〈보기〉와 같이 정리할 때, 빈칸에 들어갈 알맞은 말을 쓰시오.

> **보기**
>
> 인공지능 기술을 활용하면 글쓰기, 그림 그리기처럼 창조적인 활동을 할 수 있고, 많은 정보를 효율적으로 (　　　)할 수도 있다.

04 (나)에서 인공지능 기술을 다양한 분야에서 도입하려는 이유를 〈조건〉에 맞게 서술하시오.

> **조건**
>
> • 인공지능 기술을 도입한 분야를 한 가지 이상 예로 들어 쓸 것
> • 완결된 한 문장으로 쓸 것

05 (다)의 ㉠에 들어갈 말로 알맞은 것은?

① 그리고 　　② 따라서
③ 하지만 　　④ 예컨대
⑤ 그러므로

[06~12] 다음 글을 읽고 물음에 답하시오.

가 ㉠인공지능 기술을 개발하는 과정에서 사생활 침해가 발생할 수 있다는 점도 문제입니다. 고객 맞춤형 서비스를 제공하는 인공지능 프로그램을 만들려면 인공지능에게 고객의 정보를 학습시켜야 합니다. 그 과정에서 고객의 개인 정보, 즉 내가 자주 다니는 장소나 나의 사소한 습관까지 학습 데이터로 활용될 수 있습니다. 실제로 어느 기업은 자사의 휴대 전화를 사용하는 고객들의 위치 정보를 동의 없이 수집하여 논란이 되기도 하였습니다.

나 인공지능 기술이 문제를 일으켰을 때 법적 책임이 누구에게 있느냐도 해결되지 않은 숙제입니다. 인공지능의 오작동으로 의료용 로봇이 오진을 하거나 자율 주행 자동차가 사람을 다치게 한다면 그 책임은 누구에게 물어야 하는 걸까요? ㉡만일 인공지능 기술이 테러 등에 악용된다면 인공지능 기술을 개발한 사람과 악용한 사람 중 누가 책임을 져야 할까요?

다 인공지능 기술은 분명 다양한 면에서 우리의 삶을 더 편리하게 만들 것입니다. 하지만 인공지능 기술을 도입할 때 생기는 문제를 해결할 방법도 함께 고민해야 합니다. 그렇지 않으면 인공지능 기술은 오히려 우리에게 위협이 될지도 모릅니다. 인공지능 기술을 섣불리 우리의 삶 속에 들여오는 것은 신중하게 고민해 보아야 할 문제입니다.

06 이 글에 대한 설명으로 알맞은 것은?

① 분야별로 다양한 예를 들어 인공지능 기술의 필요성을 강조하고 있다.

② 인공지능 기술이 지닌 장점과 단점을 비교하며 실용성을 따져 보고 있다.

③ 인공지능 기술이 사라진 미래를 가정하여 그로 인해 생길 수 있는 문제를 제시하고 있다.

④ 미래에 발전된 인공지능 기술로 얻게 될 이점을 전문가의 견해를 바탕으로 제시하고 있다.

⑤ 인공지능 기술과 관련하여 생길 수 있는 문제를 나열하여 글쓴이의 생각을 뒷받침하고 있다.

학습 활동 문제

07 이 글에 나타난 글쓴이의 관점과 일치하는 것은?

① 인공지능 기술의 발전에는 명과 암이 있다.

② 인공지능 기술의 발전은 우리의 삶을 피폐하게 만든다.

③ 인공지능 기술 발전의 이면에는 많은 사람의 희생이 따른다.

④ 인공지능 기술의 발전을 위해 정부가 적극적으로 나서야 한다.

⑤ 인공지능의 장점과 단점을 결합하여 새로운 형태의 기술을 개발해야 한다.

08 (가)의 내용으로 보아 ㉠에서 일어날 수 있는 문제로 알맞은 것은?

① 인공지능이 개인을 통제하는 문제가 발생한다.

② 개인 정보를 모으는 데 시간이 오래 걸리는 문제가 발생한다.

③ 고객의 개인 정보를 다른 사람에게 유출하여 사생활 침해 문제가 발생한다.

④ 기업이 고객의 동의 없이 고객의 정보를 수집하여 사생활 침해 문제가 발생한다.

⑤ 인공지능이 고객에게 허위 정보를 제공하여 기업이 이득을 챙기는 문제가 발생한다.

학습 활동 문제

09 (나)의 ㉡을 읽고 〈보기〉와 같이 추론할 때 빈칸에 들어갈 알맞은 말을 쓰시오.

> **보기**
>
> 나도 영화에서 인공지능 로봇이 인간을 위협하는 장면을 보고 무서웠어. 글쓴이도 인공지능 기술이 인간에 의해 (   )되어 사람들의 안전을 위협하는 일이 생기는 상황을 걱정하고 있어.

서술형

10 (다)의 내용을 고려하여 글쓴이가 이 글을 쓴 의도를 〈조건〉에 맞게 서술하시오.

> **조건**
> • 글쓴이가 이 글을 쓴 목적과 연관하여 쓸 것
> • 완결된 한 문장으로 쓸 것

11 글쓴이의 의도를 고려할 때, 이 글을 읽은 후의 반응으로 알맞지 <u>않은</u> 것은?

① 윤지: 인공지능 기술의 도입에 대해 비판적으로 접근해야겠어.
② 성원: 인공지능의 오작동으로 인해 피해를 입은 사례를 더 찾아봐야겠어.
③ 지훈: 인공지능을 활용할 때 뜻하지 않게 발생할 수 있는 문제들이 있어.
④ 진영: 인공지능 기술의 발전에 이바지한 인물에는 누가 있는지 찾아봐야겠어.
⑤ 연우: 인공지능 기술로 인해 생길 수 있는 문제들에 관심을 가지고 대비책을 마련해야겠네.

12 〈보기〉의 ⓐ~ⓒ에 들어갈 알맞은 말을 쓰시오.

> **보기**
>
> 이와 같은 글을 추론하며 읽으면 글쓴이의 (ⓐ)나 관점을 정확하게 파악할 수 있고, 글의 (ⓑ)을 더 깊이 있게 이해할 수 있다. 또한 독자는 배경지식과 글에 나타난 정보를 활용하여 글을 (ⓒ)으로 읽음으로써 사고의 폭을 넓힐 수 있다.

[13~15] 다음 광고를 보고 물음에 답하시오.

13 이 광고의 의미를 추론하기 위해 활용한 단서 중 성격이 <u>다른</u> 하나는?

① ‘인간이 만든’이라는 표현을 앞에 붙여서 인간에게 책임이 있다는 의미를 강조하는 것 같아.
② 코끼리의 이미지가 작게 들어간 것은 플라스틱 쓰레기로 인해 희생되는 동물의 상황을 표현한 것 같아.
③ 비닐봉지를 맹수로 표현한 것은 플라스틱 쓰레기가 생태계에 매우 위협적이라는 것을 표현한 것일 거야.
④ 플라스틱 쓰레기로 된 섬에 관해 다룬 다큐멘터리를 본 적이 있는데, 플라스틱 쓰레기는 정말 문제가 심각해.
⑤ 한국의 연간 플리스틱 소비량을 제시한 것은 많은 양의 플라스틱 쓰레기가 발생하고 있다는 사실을 알려 주기 위한 것 같아.

14 [A]가 의미하는 바로 알맞은 것은?

① 인간이 만들어 낸 인공지능 기술이 생태계를 위협하고 있다는 의미이다.
② 생물의 유전자 조작으로 생태계 교란종이 새롭게 만들어졌다는 의미이다.
③ 인간이 만든 플라스틱이 생태계를 어지럽히고 위협하고 있다는 의미이다.
④ 기후 변화로 생태계를 혼란스럽게 하는 돌연변이가 나타났다는 의미이다.
⑤ 인간의 욕심으로 특정 동물의 개체 수가 지나치게 늘어나고 있다는 의미이다.

15 이 광고를 제작한 의도를 〈조건〉에 맞게 서술하시오.

> **조건**
>
> • 광고의 목적과 주제를 고려하여 쓸 것
> • 완결된 한 문장으로 쓸 것

(2) 추론하며 듣기

소단원 핵심 개념

1 추론하며 듣기의 뜻

화자의 말에 드러나지 않은 내용을 미루어 생각하며 듣는 것을 말한다.

2 추론하며 듣기의 방법

상황 맥락을 고려하기	• 상황 맥락: 화자와 청자, 대화가 이루어지는 시간이나 장소 → 상황 맥락을 고려하여 화자의 의도나 관점을 추론하며 듣기
언어적 표현을 고려하기	• 언어적 표현: 화자가 사용하는 단어나 문장 → 언어적 표현을 고려하여 화자의 의도나 관점을 추론하며 듣기
준언어적·비언어적 표현을 고려하기	• 준언어적 표현: 목소리 크기, 말하는 속도, 말투 등 • 비언어적 표현: 손동작, 몸동작, 얼굴 표정, 자세 등 → 준언어적·비언어적 표현을 고려하여 화자의 의도나 관점을 추론하며 듣기

3 뉴스와 면담에서 추론하며 듣기

뉴스에서 기자의 관점과 의도 파악하기 뉴스에서는 언어적 표현 외에도 면담이나 통계 자료 등 여러 자료를 활용하여 보도함.	• 뉴스의 특징: 시사적인 사건에 대해 새로운 정보를 보도함. 여러 정보와 관점 가운데 기자가 특정 정보와 관점을 선택하여 전달하기도 함. → 기자가 자주 반복하는 단어나 강조하는 말, 면담, 실태 조사 결과 등 보도에서 활용한 자료를 살피기
면담에서 면담 대상자의 의도와 가치관 파악하기	• 면담의 특징: 면담 대상자와의 질의응답 형식으로 진행함. 대화와 달리 공적이며 목적과 상대에 맞게 질문을 준비해야 함. → 면담 대상자의 생각을 알 수 있는 말과 면담 대상자의 정보 살피기

즉흥적으로 이루어지는 대화가 아니라 사전에 일정과 담화의 목적이 정해진 대화로, 그 목적에 따라 말하기와 듣기를 준비할 수 있음.

4 추론하며 듣기의 효과

화자의 말에 담긴 의도, 관점, 가치관을 추론하며 들으면 내용을 더욱 깊이 있게 이해할 수 있다.

개념 확인 문제

1 〈보기〉의 빈칸에 들어갈 알맞은 말을 쓰시오.

> **보기**
>
> 화자의 말에 드러나지 않은 (　　　)을 미루어 생각하며 듣는 것을 (　　　)하며 듣기라고 한다.

2 상황 맥락을 구성하는 요소로 알맞지 **않은** 것은?

① 화자
② 청자
③ 화자가 사용하는 문장
④ 대화가 이루어지는 시간
⑤ 대화가 이루어지는 공간

3 준언어적 표현과 비언어적 표현에 대한 설명으로 맞으면 ○표, 틀리면 ×표를 하시오.

(1) 목소리 크기, 말하는 속도, 말투 등을 준언어적 표현이라고 한다.

(　　　)

(2) 언어적 표현 외의 손동작, 몸동작, 얼굴 표정, 자세 등을 비언어적 표현이라고 한다. (　　　)

(3) 준언어적 표현과 비언어적 표현은 화자의 의도에 영향을 끼치지 않는다. (　　　)

4 〈보기〉의 빈칸에 들어갈 알맞은 말을 각각 쓰시오.

> **보기**
>
> 면담에서는 면담 대상자의 생각을 알 수 있는 말과 면담 대상자의 (　　　)를 통해 면담 대상자의 의도와 (　　　)을 추론하면서 들어야 한다.

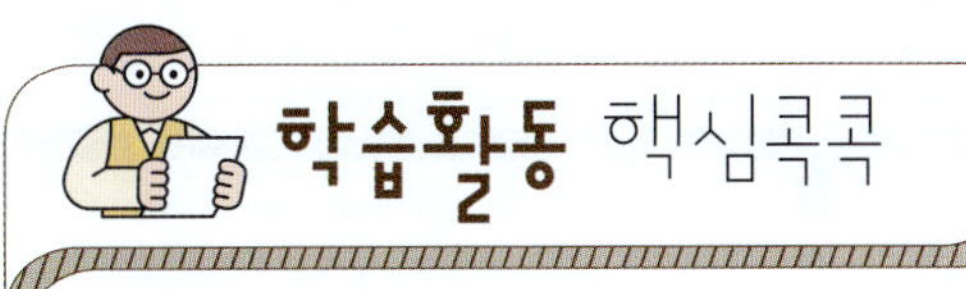
학습활동 핵심콕콕

과정 ✕ 탐구 교과서 90~97쪽

1 상황 맥락과 화자의 의도

	가			나		
	화자	청자	장소	화자	청자	장소
상황 맥락	☐☐☐☐	손님	구두 가게	의사	☐☐	☐☐
화자의 의도	신발의 착용감이 괜찮은지 ☐☐하려는 의도이다.			얼마나 ☐☐☐ 물어보려는 의도이다.		

→ 가와 나의 화자가 말을 하는 ☐☐☐☐이 다르기 때문에 '많이 불편하세요?'라는 말에 담긴 화자의 의도가 다르게 해석된다.

핵심콕콕 — 상황 맥락

• 상황 맥락은 ☐☐와 ☐☐, 대화가 이루어지는 ☐☐이나 장소 등을 포함한다.

2 언어적 표현과 화자의 의도

	다	라
화자의 의도	☐☐	☐☐

핵심콕콕 — 언어적 표현

• 언어적 표현은 화자가 사용하는 ☐☐나 ☐☐ 등을 말한다.

---

01 (가)와 (나)의 상황 맥락을 파악한 것으로 알맞은 것은?

① (가)의 화자의 직업은 의사이다.
② (나)의 화자의 직업은 가게 점원이다.
③ (가)의 청자는 의사의 입장에서 대화를 나누고 있다.
④ (나)의 청자는 환자의 입장에서 대화를 나누고 있다.
⑤ (가)와 (나)의 대화는 동일한 장소에서 이루어지고 있다.

2 단원

02 (가)와 (나)에서 화자의 의도를 추론한 것으로 알맞은 것은?

① (가)의 화자는 신발의 불량한 상태를 염려하고 있다.
② (가)의 화자는 손님이 걱정하는 바를 들어 주고 있다.
③ (가)의 화자는 청자가 신발의 착용감을 어떻게 느끼는지 살피고 있다.
④ (나)의 화자는 청자의 부주의함을 나무라고 있다.
⑤ (나)의 화자는 청자의 관심을 돌리려고 노력하고 있다.

핵심 개념 콕

03 (보기)의 빈칸에 들어갈 알맞은 말을 각각 쓰시오.

> **보기**
> '이심전심'이라는 것은 서로 (   )이 통했다는 뜻이니까 (다)의 화자는 건우의 제안을 (   )하는 것이다.

04 (라)에서 화자가 의도하는 바로 알맞은 것은?

① 책임감 없는 정현이에게 실망하였다.
② 정현이의 말을 그대로 믿는 건우가 안타깝다.
③ 정현이가 스스로 과제를 할 수 있게 도움을 주어야 한다.
④ 자신의 사정이 급해 여유가 없어 정현이를 도울 수 없다.
⑤ 정현이가 꾀병을 부리고 있는 것은 아닌지 확인해야 한다.

3 준언어적·비언어적 표현과 화자의 의도

(1) ㉠과 같이 말하는 엄마의 표정과 행동, 말투 정리하기

→ 표정: 인상을 찌푸리며 ☐☐ 표정
→ 행동: 손가락으로 ☐☐를 가리킴. ☐☐을 쉼.
→ 말투: ☐☐☐☐☐

(2) ㉠처럼 말한 엄마의 의도 파악하기

→ ☐☐을 지키지 않고 계속 게임을 하는 아들을 ☐☐☐☐ 의도이다.

핵심콕콕 — 준언어적·비언어적 표현

- 준언어적 표현: ☐☐☐☐☐, 말하는 속도, 말투 등
- 비언어적 표현: 손동작, 몸동작, ☐☐☐☐, 자세 등

4 화자의 의도 추론

→ 승주가 무거운 책을 들고 땀을 흘리며 난처한 표정을 지으면서 민호에게 시간이 있는지 묻는 것으로 보아 민호에게 도와달라는 ☐☐을 하려는 의도가 담겨 있음을 파악할 수 있다.

---

05 ㉠을 말할 때 화자의 준언어적·비언어적 표현으로 알맞지 <u>않은</u> 것은?

① 언짢은 말투
② 날카로운 목소리
③ 부끄러워하는 표정
④ 인상을 찌푸리는 표정
⑤ 시계를 가리키는 행동

06 화자가 ㉠과 같이 말한 의도로 알맞은 것은?

① 약속한 시간이 남아 있음을 알려 주려는 것이다.
② 화자와 아들이 외출해야 함을 알려 주려는 것이다.
③ 늦은 시간까지 깨어 있는 아들을 격려하려는 것이다.
④ 약속 시간을 알려 주지 않은 아들을 나무라려는 것이다.
⑤ 약속한 시간을 지키지 않는 아들을 나무라려는 것이다.

07 화자가 ㉡과 같이 말한 의도로 알맞은 것은?

① 시간적 여유가 없어서
② 친분을 표현하기 위해서
③ 몇 시인지 물어보기 위해서
④ 도와달라고 요청하기 위해서
⑤ 수업이 시작했는지 묻기 위해서

08 화자가 ㉡과 같이 말한 의도를 추론하기 위해 고려한 내용으로 알맞지 <u>않은</u> 것은?

① 승주가 땀을 흘리고 있다.
② 승주는 화자이고 민호는 청자이다.
③ 승주는 여러 권의 책을 양손에 들고 말하고 있다.
④ 승주가 짐이 무거워서 구부정한 자세로 말하고 있다.
⑤ 승주가 민호를 만나 반갑지 않다는 표정을 하고 있다.

5 뉴스의 의도와 관점

진행자: 코로나바이러스감염증이 길어지면서 사람을 직접 마주하는 일은 줄어들고 그 자리를 무인 시스템이 대신하고 있습니다. 그런데 변화 속도가 너무 빠르다 보니, 상대적으로 정보가 취약한 계층은 따라가기조차 힘든 상황입니다. ○○○ 기자입니다.

→ 무인 시스템이 도입되면서 정보 취약 계층이 겪는 어려움

기자: 한 패스트푸드점, ㉠어르신들은 식당에 들어서자마자 어색한 순간을 마주합니다. 비대면 주문을 하는 기계가 있지만 그대로 지나치고, 주문을 받는 직원도, 물어볼 사람도 없어 한참을 서 있다가 포기합니다.

어르신: 나는 불편하죠. 힘들어요. 하다가 안 돼서 '에이, 나가야겠다.' 하고 나온 거예요.

기자: ㉡코로나바이러스감염증의 장기화로 비대면이 일상화되면서 키오스크가 빠르게 보편화되고 있습니다. 터치스크린 방식으로 글씨는 작고 속도는 빨라서, ㉢고령층에게는 어렵고 점자를 써야 하거나 휠체어를 이용해야 하는 장애인들에게는 접근성이 떨어질 수밖에 없습니다.

→ 정보 취약 계층이 겪는 키오스크 사용의 어려움과 디지털 정보 격차 실태

기자: 정부가 '디지털 정보 격차' 정도를 조사해 보니, 정보 취약 계층의 디지털 기기 접근 정도는 일반 국민 대비 91.7%로 나타났지만 활용 역량 수준은 60.2%에 불과했습니다. ㉣컴퓨터나 스마트폰 등의 기기는 열에 아홉이 가지고 있지만, 이용 능력은 크게 떨어진다는 뜻입니다.

기자: 금융 서비스의 비대면화는 더 빠르게 진행되는데, 이를 활용하지 못해 우대 금리 등 ㉤실질적인 혜택에서 소외되는 문제도 있습니다.

→ 금융 서비스의 비대면화로 인한 정보 취약 계층의 혜택 소외

(1) 기자가 면담과 실태 조사 결과를 제시한 이유 파악하기

- 키오스크 사용을 어려워하는 사람과의 면담
- 정보 취약 계층의 디지털 활용 역량 수준이 낮다는 실태 조사 결과

→ 디지털 정보 격차가 심각하다는 기자의 생각을 ☐☐☐☐☐ 위해서 제시하였다.

(2) 이 뉴스에 담긴 기자의 의도와 관점 정리하기

기자의 의도	☐☐☐☐☐☐☐가 심각하다는 문제 상황에 관한 인식을 공유하고 관심을 촉구하기 위해서임.
기자의 관점	디지털 정보 격차에 대해 ☐☐☐ 관점을 가지고 있음.

09 이 뉴스에서 다루고 있는 주요 내용으로 알맞은 것은?

① 디지털 정보 격차
② 서비스의 비대면화
③ 무인 시스템의 다양화
④ 키오스크의 빠른 발전
⑤ 코로나바이러스감염증

10 이 뉴스에서 다루는 화제를 바라보는 기자의 관점으로 적절한 것은?

① 뉴스의 화제를 긍정적으로 바라본다.
② 뉴스의 화제를 부정적으로 바라본다.
③ 뉴스의 화제에 대해 중립적 입장을 지닌다.
④ 뉴스의 화제를 심각한 문제로 여기지 않는다.
⑤ 뉴스의 화제가 해외에 널리 알려져야 한다고 여긴다.

핵심 개념 콕

11 ㉠~㉤ 중 디지털 정보 격차에 관한 기자의 생각과 관점을 강조한 표현이 아닌 것은?

① ㉠　　② ㉡　　③ ㉢
④ ㉣　　⑤ ㉤

12 이 뉴스에서 기자가 〈보기〉를 제시한 이유로 알맞은 것은?

→ **보기** ♩

어르신: 나는 불편하죠. 힘들어요. 하다가 안 돼서 '에이 나가야겠다.' 하고 나온 거예요.

① 키오스크 사용을 홍보하기 위해
② 키오스크 사용법을 안내하기 위해
③ 키오스크 사용으로 변한 사람들의 심리를 비판하기 위해
④ 키오스크 사용을 어려워하는 계층이 있음을 보여 주기 위해
⑤ 키오스크 사용을 거부하는 사람들의 문제를 제보하기 위해

적용 × 실천 교과서 98~101쪽

1 면담 대상자의 말에 담긴 의도와 가치관

질문자: 아쿠아리움 측에서는 벨루가가 살 수 있는 최적의 환경을 조성했다고 주장합니다. 최재천 대표의 생각은 어떠신가요?

최재천: ㉠말도 안 되는 거죠. ㉡있을 수 없는 일이라고 생각해요. 벨루가(흰고래)는 좀 ㉢천천히 움직이고 수영하는 고래이긴 하지만, 극지방에 살면서 철 따라 이동하는 고래거든요. 몇 킬로미터 정도를 이동하는 게 아니라 북극해에서부터 일본 앞바다까지 갈 정도로 어마하게 먼 거리를 이동하는 동물이에요. 그런 동물을 작은 곳에 놓아 두고는 자격을 갖추었다, ㉣그건 말도 안 되는 얘기죠.

수조 속 벨루가가 속도를 내려고 하면 바로 코앞에 벽이 있겠죠. 그러니까 돌아야죠. 속도 내려고 하면 또 닿으니까 돌아야죠. 뱅글뱅글 도는 거예요. 그런 정형화한 행동을 자꾸 보이는 것은 그런 환경에 훈련이 된 거죠. 게다가 초음파를 내보내고 그것이 물체에 반사되어 돌아오는 것을 감지해서 물체를 피해 다니고 먹이도 잡아먹는 동물인데, 콘크리트로 만들어 놓은 수조에서 한 번 초음파를 내보내면 그것이 벽에 부딪혔다가 다시 돌아오거든요. 그래서 귀에서 계속 소리가 나는 병에 걸려요.

➜ 아쿠아리움의 수조 환경이 벨루가에게 적합하지 않아 문제가 발생함.

질문자: 그러면 다른 동물들도 풀어 줘야 하나요?

최재천: 올챙이를 퍼다가 어항에 옮겨 놓았다고 해서 올챙이의 삶의 질이 갑자기 더 떨어진 것도 아니고, 내가 어딘가에, 인간에게 억류됐다, 이것을 인식하는 동물도 아니에요. 돌고래는 두뇌가 굉장히 발달한 동물이라서 자기가 잡혀서 갇혔다는 것을 너무나 잘 압니다. 지금은 '동물 행동학'이라는 학문도 많이 발달했고, 동물들의 인지 능력과 상태에 관한 연구를 많이 했어요. 행동반경이 넓은 동물이나 갇힌 공간에서는 정신적으로 살아남기 힘든 동물들에 관한 정보가 우리에게 이제는 얼마큼 있어요. ㉤그것에 따라서 결정을 내릴 수 있는 거죠.

➜ 동물에 관한 축적된 연구를 바탕으로 동물의 방사를 결정해야 함.

---

13 '질문 1'에 관한 대답을 정리한 내용으로 알맞은 것은?

① 벨루가가 살기에 아쿠아리움의 환경은 적합하지 않다.
② 먼 거리를 이동하는 벨루가에게 수조 환경은 적합하다.
③ 벨루가는 아쿠아리움의 환경에 적응하도록 훈련을 받았다.
④ 수조는 벨루가의 귀에서 계속 소리가 나는 병이 생기는 것을 막아 준다.
⑤ 아쿠아리움의 수조는 벨루가가 초음파로 물체를 감지하는 데 도움을 준다.

핵심 개념 콕 

14 ㉠~㉤ 중, 면담 대상자의 가치관을 드러내는 표현이 <u>아닌</u> 것은?

① ㉠   ② ㉡   ③ ㉢
④ ㉣   ⑤ ㉤

15 '질문 2'의 답변을 바탕으로 할 때, 방사해야 하는 동물을 판단하는 기준으로 알맞은 것은?

① 동물의 크기
② 동물의 수명
③ 동물의 개체 수
④ 동물의 인지 능력
⑤ 동물의 번식 능력

16 면담 대상자가 자신의 생각을 뒷받침하기 위해 활용한 방법으로 알맞은 것은?

① 돌고래의 종류를 분류하고 있다.
② 돌고래의 종에 따라 특성을 비교하고 있다.
③ 돌고래의 생태적인 특성을 근거로 들고 있다.
④ 돌고래와 관련된 사건을 순서대로 제시하고 있다.
⑤ 동물의 모습과 상반된 인간 사회의 모습을 돌아보고 있다.

질문 3

질문자: ㉠돌고래 자연 방사, 최재천 대표의 생각은 어떠신가요?

최재천: 동물원에 불법으로 잡혀서 돌고래 쇼를 하던 돌고래를 바다에 풀어 준 적이 있어요. 저는 세상 사람들이 다 저처럼 생각하는 줄 알았어요. 그래서 '돌고래를 풀어 주는 것을 어떻게 생각하십니까?'라는 설문 조사를 한 거예요. 압도적으로 사람들이 좋아할 줄 알았는데 반대가 더 많았어요. 그래서 그때 제가 '아, 이게 아니구나, 사람들은 이런 문제에 관해서 지금까지 별로 생각해 본 적이 없구나.'라고 생각했어요. 돌고래에게 "너 지금 나갈래? 나갔다가 배에 부딪혀 죽을지도 모르고 먹을 거 못 먹고 굶을지도 몰라. 잘 생각해 봐."라고 물어본다면, 과연 일 초라도 머뭇거릴까, 저는 절대로 안 그럴 거라고 생각합니다. 그냥 나가는 거죠.

→ 면담 대상자는 돌고래를 자연 방사해야 한다고 생각함.

질문 4

질문자: 돌고래가 보고 싶다면 어떻게 해야 하나요?

최재천: 돌고래가 보고 싶다면 그들의 고향으로 찾아가셔야 합니다. 그들이 사는 곳으로 직접 가서 만나셔야 합니다. 마지막으로 정보가 넘쳐 나는 시대에 조금 더 현명해지면 좋겠다고 말씀드리고 싶어요. 동물들이 어떻게 해서 거기에 잡혀 와 있고, 그 동물들이 그런 시설에서 어떤 삶을 살고 있는지 알아야 합니다. 무관심하면서 그냥 멋모르고 즐기는 것, 그거 용서받을 일 아니라고 생각해요. 도대체 누가 우리에게 그런 권한을 부여했나요? 돌고래를 가둔다는 것은 인간으로서 할 수 있는 일이 아니라고 생각합니다.

→ 돌고래를 보고 싶다면 돌고래가 사는 곳으로 직접 찾아가야 함.

(1) 면담 대상자가 질문에 대답한 내용 정리하기

질문	답변
질문 1	☐☐☐☐☐의 수조 환경이 벨루가에게 적합하지 않음.
질문 2	☐☐☐는 ☐☐가 굉장히 발달한 동물이라서 자기가 잡혀서 갇혔다는 것을 알고 있음.
질문 3	돌고래는 ☐☐☐☐해야 한다고 생각함.
질문 4	돌고래가 보고 싶다면 돌고래가 ☐☐ 곳으로 직접 가서 만나야 함.

(2) 면담 대상자의 말에 담긴 의도와 가치관 추론하기

면담 대상자의 의도	사람들이 동물 친화적이지 않은 수족관에 가지 않도록 ☐☐하려는 의도임.
면담 대상자의 가치관	동물의 본래 생태 유지와 ☐☐할 수 있는 권리를 중요하게 여김.

17 ㉠과 관련한 면담 대상자의 생각과 일치하지 <u>않는</u> 것은?

① 돌고래에게도 행복할 권리가 있다.
② 돌고래를 바다로 돌려보내야 한다.
③ 돌고래는 그들의 고향에서 살아야 한다.
④ 돌고래를 배에 부딪히게 두어서는 안 된다.
⑤ 돌고래를 가두는 것은 비인간적인 행동이다.

18 〈보기〉의 빈칸에 들어갈 알맞은 말을 쓰시오.

> **┌ 보기 ⊃**
> 면담 대상자는 돌고래가 보고 싶다면 인간이 직접 그들의 (　　　)으로 가서 만나야 한다고 주장한다.

핵심 개념 콕

19 면담 대상자의 가치관을 추론한 내용으로 알맞은 것은?

① 동물의 다양성을 보존해야 한다.
② 동물들을 안전하게 보호해야 한다.
③ 동물의 입장에서 행복권을 지켜 줘야 한다.
④ 동물 행동에 관한 연구가 활발히 이루어져야 한다.
⑤ 동물이 살아가기에 적합한 환경이 인간이 살아가기에도 적합하다.

20 질문에 대한 면담 대상자의 답변에 담긴 의도로 알맞은 것은?

① 자신의 업적을 사람들에게 알리는 것
② 동물을 구출하는 사람들을 칭찬하는 것
③ 돌고래의 두뇌가 발달한 이유를 설명하는 것
④ 방사할 수 있는 동물의 종류를 구체적으로 알려 주는 것
⑤ 동물을 잡아 시설에 가두어서는 안 된다고 설득하는 것

(2) 추론하며 듣기

★ 추론하며 듣기의 뜻과 효과는 무엇일까?

뜻
화자의 말에 드러나지 않은 내용을 미루어 생각하며 듣는 것

효과
화자의 말에 담긴 의도, 관점, 가치관을 ❶ □□하며 들으면 ❷ □□을 더욱 깊이 있게 이해할 수 있음.

★ 추론하며 듣기 방법에는 어떤 것이 있을까?

화자의 의도를 파악하며 듣기

- ❸ □□□□ 고려하기
  ↳ 화자, 청자, 대화가 이루어지는 시간, 대화가 이루어지는 장소 등
- 언어적 표현 고려하기
  ↳ 화자가 사용하는 단어나 문장
- 준언어적 · 비언어적 표현 고려하기
  ↳ • 준언어적 표현: 목소리 크기, 말하는 속도, 말투 등
  　 • 비언어적 표현: 손동작, 몸동작, 얼굴 표정, 자세 등

뉴스에서 기자의 의도와 관점을 파악하며 듣기

- 기자가 자주 ❹ □□하는 단어나 강조하는 말을 살피기
  ↳ 기자의 의도나 관점이 드러나는 표현
- ❺ □□, 실태 조사 결과 등 보도에서 활용한 자료 살피기
  ↳ 기자의 의도나 관점을 뒷받침함.

면담에서 면담 대상자의 의도와 가치관을 파악하며 듣기

- 질의응답에서 면담 대상자가 반복하는 단어나 강조하는 말을 살피기
  ↳ 면담 대상자의 의도나 관점이 드러나는 표현
- 면담 대상자에 대한 ❻ □□를 살피기
  ↳ 면담 대상자의 직업, 전공, 집필 활동 등을 통해 면담 대상자의 가치관 추론이 가능함.

소단원 다잡기

[01~05] 다음 글을 읽고 물음에 답하시오.

(1)

(2)

가

나

다

라

학습 활동

01 (가)의 화자와 청자의 관계를 각각 바르게 파악한 것은?

	(1)	(2)
①	의사와 환자	친구
②	의사와 환자	가게 점원과 손님
③	보호자와 환자	가게 점원과 손님
④	가게 점원과 손님	의사와 환자
⑤	가게 점원과 손님	가게 점원과 손님

02 ㉠과 ㉡의 의미가 서로 다른 이유로 알맞지 <u>않은</u> 것은?

① 화자의 의도가 다르기 때문이다.
② 화자와 청자의 성별이 다르기 때문이다.
③ 화자와 청자의 관계가 다르기 때문이다.
④ 대화가 이루어지는 상황 맥락이 다르기 때문이다.
⑤ 화자와 청자가 대화를 나누는 장소가 다르기 때문이다.

03 ㉢과 ㉣에 대한 설명으로 알맞지 <u>않은</u> 것은?

① ㉢은 건우의 권유를 수락하는 입장이다.
② ㉢에서 '이심전심'의 뜻을 고려할 때 화자는 정현이를 도와주려고 하고 있다.
③ ㉣은 정현이를 도와주자는 건우의 권유를 거절하는 입장이다.
④ ㉣에서 '내 코가 석 자'의 뜻을 고려할 때 화자에게는 정현이를 도와줄 여유가 없다.
⑤ ㉣에서 '내 코가 석 자'의 뜻을 고려할 때 화자는 정현이가 자신의 도움을 거절할 것이라고 생각하고 있다.

04 ㉤과 ㉥에 대한 설명으로 알맞은 것은?

① ㉤은 화자가 아들의 제안을 거절하려는 의도이다.
② ㉤에는 화자의 표정과 말투를 살펴볼 때 아들에게 실망하고 화난 감정이 담겨 있다.
③ ㉥은 아들과 약속한 시간이 지나기 전에 화자가 한 말이다.
④ ㉥에는 약속을 지키지 않고 게임을 계속하는 아들을 나무라는 화자의 의도가 담겨 있다.
⑤ ㉤과 ㉥을 말하는 화자의 표정과 말투를 고려할 때 화자가 아들에게 전하고자 하는 의미는 동일하다.

서술형

05 ㉦에 대한 민호의 대답을 〈조건〉에 맞게 서술하시오.

<u>조건</u>
• 승주가 말한 의도를 추론한 것을 바탕으로 쓸 것
• 승주의 말에 긍정적인 반응을 담은 대답을 쓸 것

2 단원

[06~09] 다음 글을 읽고 물음에 답하시오.

㉮ 진행자: 코로나바이러스감염증이 길어지면서 사람을 직접 마주하는 일은 줄어들고 그 자리를 무인 시스템이 대신하고 있습니다. 그런데 변화 속도가 너무 빠르다 보니, 상대적으로 정보가 취약한 계층은 따라가기조차 힘든 상황입니다. ○○○ 기자입니다.

㉯ 기자: 한 패스트푸드점, 어르신들은 식당에 들어서자마자 어색한 순간을 마주합니다. 비대면 주문을 하는 기계가 있지만 그대로 지나치고, 주문을 받는 직원도, 물어볼 사람도 없어 한참을 서 있다가 포기합니다.
어르신: 나는 불편하죠. 힘들어요. 하다가 안 돼서 '에이, 나가야겠다.' 하고 나온 거예요.

㉰ 기자: 코로나바이러스감염증의 장기화로 비대면이 일상화되면서 키오스크가 빠르게 보편화되고 있습니다. 터치스크린 방식으로 글씨는 작고 속도는 빨라서, 고령층에게는 어렵고 점자를 써야 하거나 휠체어를 이용해야 하는 장애인들에게는 접근성이 떨어질 수밖에 없습니다.

㉱ 기자: 정부가 '디지털 정보 격차' 정도를 조사해 보니, 정보 취약 계층의 디지털 기기 접근 정도는 일반 국민 대비 91.7%로 나타났지만 활용 역량 수준은 60.2%에 불과했습니다. 컴퓨터나 스마트폰 등의 기기는 열에 아홉이 가지고 있지만, 이용 능력은 크게 떨어진다는 뜻입니다.

㉲ 기자: 금융 서비스의 비대면화는 더 빠르게 진행되는데, 이를 활용하지 못해 우대 금리 등 실질적인 혜택에서 소외되는 문제도 있습니다.

학습 활동

06 이 뉴스의 내용을 정리한 것으로 알맞지 <u>않은</u> 것은?
① 고령층과 장애인은 정보 취약 계층에 속한다.
② 키오스크 사용이 늘어난 것은 비대면화와 관련이 있다.
③ 정보 취약 계층은 디지털 기기 접근 정도가 매우 낮다.
④ 정보 취약 계층은 디지털 기기를 다루는 능력이 부족하다.
⑤ 코로나바이러스감염증 이후 비대면화가 빠르게 진행되었다.

07 (나)에 대한 이해로 알맞지 <u>않은</u> 것은?
① 고령층을 면담한 내용은 기자의 관점을 뒷받침한다.
② 주문받는 직원이 불친절하여 고령층은 식당에 가지 않고 있다.
③ 패스트푸드점에서는 고령층이 주문을 포기하고 나오는 상황이 생기기도 한다.
④ 고령층은 비대면으로 주문하는 기계로 인해 일상에서 어려움을 겪기도 한다.
⑤ 기자는 고령층이 식당에서 어려움을 겪는 것을 '어색한 순간'이라고 표현하고 있다.

08 〈보기〉의 빈칸에 들어갈 알맞은 말을 (다), (라)에서 각각 찾아 쓰시오.

> **보기**
> 키오스크는 터치스크린 방식으로 글씨가 작고 속도는 빠르기 때문에, 고령층에게는 어렵고 장애인들에게는 (   )이 떨어지는 등 (   )에게 불편함을 주고 있다.

서술형  **학습 활동**

09 기자가 이 뉴스를 보도한 의도를 〈조건〉에 맞게 서술하시오.

> **조건**
> • 디지털 정보 격차에 대한 기자의 관점을 쓸 것
> • 완결된 한 문장으로 쓸 것

[10~13] 다음 글을 읽고 물음에 답하시오.

가 **질문자:** 아쿠아리움 측에서는 벨루가가 살 수 있는 최적의 환경을 조성했다고 주장합니다. 최재천 대표의 생각은 어떠신가요?

최재천: ㉠말도 안 되는 거죠. 있을 수 없는 일이라고 생각해요. 벨루가(흰고래)는 좀 천천히 움직이고 수영하는 고래이긴 하지만, 극지방에 살면서 철 따라 이동하는 고래거든요. 몇 킬로미터 정도를 이동하는 게 아니라 북극해에서부터 일본 앞바다까지 갈 정도로 어마하게 먼 거리를 이동하는 동물이에요. ㉡그런 동물을 작은 곳에 놓아 두고는 자격을 갖추었다, 그건 말도 안 되는 얘기죠.

수조 속 벨루가가 속도를 내려고 하면 바로 코앞에 벽이 있겠죠. 그러니까 돌아야죠. 속도 내려고 하면 또 닿으니까 돌아야죠. 뱅글뱅글 도는 거예요. 그런 정형화한 행동을 자꾸 보이는 것은 그런 환경에 훈련이 된 거죠. 게다가 초음파를 내보내고 그것이 물체에 반사되어 돌아오는 것을 감지해서 물체를 피해 다니고 먹이도 잡아먹는 동물인데, 콘크리트로 만들어 놓은 수조에서 한 번 초음파를 내보내면 그것이 벽에 부딪혔다가 다시 돌아오거든요. 그래서 귀에서 계속 소리가 나는 병에 걸려요.

나 **질문자:** 그러면 다른 동물들도 풀어 줘야 하나요?

최재천: 올챙이를 퍼다가 어항에 옮겨 놓았다고 해서 올챙이의 삶의 질이 갑자기 더 떨어진 것도 아니고, ㉢내가 어딘가에, 인간에게 억류됐다, 이것을 인식하는 동물도 아니에요. ㉣돌고래는 두뇌가 굉장히 발달한 동물이라서 자기가 잡혀서 갇혔다는 것을 너무나 잘 압니다. 지금은 '동물 행동학'이라는 학문도 많이 발달했고, 동물들의 인지 능력과 상태에 관한 연구를 많이 했어요. 행동반경이 넓은 동물이나 갇힌 공간에서는 정신적으로 살아남기 힘든 동물들에 관한 정보가 우리에게 이제는 얼마큼 있어요. ㉤그것에 따라서 결정을 내릴 수 있는 거죠.

---

10 면담 대상자가 설명한 '벨루가'의 특성으로 알맞지 <u>않은</u> 것은?

① 두뇌가 발달한 동물이다.
② 천천히 움직이고 수영한다.
③ 먼 거리를 이동하는 동물이다.
④ 초음파를 감지하여 물체를 피해 다닌다.
⑤ 정형화한 행동을 훈련하여 먹이를 찾는다.

11 면담 내용을 〈보기〉와 같이 정리할 때, 빈칸에 들어갈 알맞은 말을 각각 쓰시오.

┌─ 보기 ─────────────────────────┐
　　돌고래에게 아쿠아리움은 살아가기에 적합한 환경이 아니다. 왜냐하면 돌고래는 (　　　　)이 넓고, 갇힌 공간에서 (　　　　) 피해를 입을 수 있는 동물이기 때문이다.
└──────────────────────────────┘

학습 활동 쑥쑥

12 ㉠~㉤ 중, 돌고래에 대한 면담 대상자의 생각이 드러난 표현이 <u>아닌</u> 것은?

① ㉠　　　② ㉡　　　③ ㉢
④ ㉣　　　⑤ ㉤

서술형

13 (나)에 드러난 면담 대상자의 말에 담긴 의도를 서술하시오.

┌─ 조건 ─────────────────────────┐
• '돌고래는 ~이기 때문에 ~야 한다.' 형태의 완결된 문장으로 쓸 것
└──────────────────────────────┘

[01~06] 다음 글을 읽고 물음에 답하시오.

가 요즘 다양한 곳에서 '인공지능 기술'이라는 말을 들을 수 있습니다. 인공지능이란 무엇일까요? 인공지능은 사람의 지능이 가지는 학습, 추리, 적응, 논증 따위의 기능을 갖춘 컴퓨터 시스템을 말합니다. 이러한 인공지능을 활용하는 것이 '인공지능 기술'입니다. ㉠인공지능 기술을 이용하면 사람처럼 글을 쓰거나 그림을 그리는 것도 가능하고, 짧은 시간 안에 많은 양의 정보를 요약할 수도 있습니다.

나 인공지능 기술은 우리의 생활을 더욱 편리하게 만들어 주고 있습니다. 의료 분야에서는 인공지능 기술을 이용해서 다양한 질병을 이전보다 훨씬 빠르게 진단하고 있습니다. 또 자동차 분야에서도 ㉡인공지능이 운전자 역할을 대신하는 자율 주행 기술이 상당히 발전했다고 합니다. 이 외에도 다양한 분야에서 인공지능 기술을 도입하려는 시도가 이어지고 있습니다.

다 하지만 인공지능 기술을 이용하면 편리한 점만 있을까요? 최근 ㉢인공지능 기술의 섣부른 도입을 반대하는 목소리도 나오고 있습니다. 인공지능 기술의 도입을 반대하는 까닭은 무엇일까요?

㉣먼저 인공지능 기술을 도입하면 사람들의 일자리가 감소할 수 있습니다. 인공지능 기술은 원래 사람이 하던 일을 자동화하여 많은 일을 보다 정확하고 효율적으로 할 수 있게 해 줍니다. ㉤이에 따라 현재 존재하는 많은 직업 가운데 상당수가 사라지게 될지도 모릅니다.

라 인공지능 기술을 개발하는 과정에서 사생활 침해가 발생할 수 있다는 점도 문제입니다. 고객 맞춤형 서비스를 제공하는 인공지능 프로그램을 만들려면 인공지능에게 고객의 정보를 학습시켜야 합니다. 그 과정에서 고객의 개인 정보, 즉 내가 자주 다니는 장소나 나의 사소한 습관까지 학습 데이터로 활용될 수 있습니다. 실제로 어느 기업은 자사의 휴대 전화를 사용하는 고객들의 위치 정보를 동의 없이 수집하여 논란이 되기도 하였습니다.

마 인공지능 기술이 문제를 일으켰을 때 법적 책임이 누구에게 있느냐도 해결되지 않은 숙제입니다. 인공지능의 오작동으로 의료용 로봇이 오진을 하거나 자율 주행 자동차가 사람을 다치게 한다면 그 책임은 누구에게 물어야 하는 걸까요? 만일 인공지능 기술이 테러 등에 악용된다면 인공지능 기술을 개발한 사람과 악용한 사람 중 누가 책임을 져야 할까요?

바 인공지능 기술은 분명 다양한 면에서 우리의 삶을 더 편리하게 만들 것입니다. 하지만 인공지능 기술을 도입할 때 생기는 문제를 해결할 방법도 함께 고민해야 합니다. 그렇지 않으면 인공지능 기술은 오히려 우리에게 위협이 될지도 모릅니다. ⓐ인공지능 기술을 섣불리 우리의 삶 속에 들여오는 것은 신중하게 고민해 보아야 할 문제입니다.

---

01 (가)~(마)의 중심 내용으로 알맞지 <u>않은</u> 것은?

① (가): 인공지능 기술의 개념
② (나): 인공지능 기술의 이점
③ (다): 인공지능 기술 도입을 반대하는 입장과 그 이유
④ (라): 인공지능 기술의 발전 과정
⑤ (마): 인공지능 기술의 법적 책임 문제

실력 **UP** 고난도

02 ㉠~㉤에서 추론한 내용으로 알맞지 <u>않은</u> 것은?

① ㉠: 인공지능 기술을 이용하면 예술 작품 창작이 가능하구나.
② ㉡: 사람이 직접 운전하지 않고 인공지능이 차를 주행하는 시대가 되었구나.
③ ㉢: 준비 없이 인공지능 기술을 도입해서는 안 된다고 생각하는 사람들이 존재하는구나.
④ ㉣: 인공지능 기술이 사람들의 일자리를 대신할 수도 있구나.
⑤ ㉤: '이에 따라'라는 말을 보니 정확하고 효율적으로 해야 하는 일이 사라지게 되겠구나.

실력 UP 고난도

03 (마), (바)에서 추론할 수 있는 내용으로 알맞지 <u>않은</u> 것은?

① 글쓴이는 인공지능 기술이 오작동을 일으킬 수도 있다고 보고 있어.

② 인공지능 기술과 관련한 법이 아직 분명하게 마련되지 않은 점이 문제구나.

③ 글쓴이는 인공지능 기술로 생기는 문제는 기술 발전 과정에서 풀어 나갈 수 있다고 보고 있어.

④ 인공지능 기술이 문제를 일으켰을 때 책임을 누구에게 물어야 할지 정해지지 않았다면 억울한 피해자가 생길 거야.

⑤ 법적 책임이 누구에게 있느냐가 해결되지 않았다는 것은 문제가 생겼을 때 법적 책임을 누가 질 것인지가 불분명하다는 뜻이야.

04 〈보기〉에 제시된 배경지식을 바탕으로 하여 이 글의 내용을 추론한 것으로 알맞은 것은?

> **보기**
>
> 나도 영화에서 인공지능 로봇이 인간을 위협하는 장면을 보고 무서웠어.

① 글쓴이는 인공지능 기술이 악용될 것을 걱정하고 있어.

② 글쓴이는 인공지능 기술의 빠른 발전에 감탄하고 있어.

③ 글쓴이는 인공지능 기술의 저작권 문제를 지적하고 있어.

④ 글쓴이는 인공지능이 테러를 일으킬 것이라고 주장하고 있어.

⑤ 글쓴이는 인공지능이 인간을 제어하지 못할 것이라고 생각하고 있어.

서술형

05 사람들이 인공지능 기술의 도입을 반대하는 이유를 〈조건〉에 맞게 서술하시오.

> **조건**
>
> • 인공지능 기술이 도입되면 생기는 문제점 세 가지를 들어 쓸 것
> • 완결된 한 문장으로 쓸 것

서술형

06 ⓐ의 이유를 〈조건〉에 맞게 서술하시오.

> **조건**
>
> • 글쓴이가 인공지능 기술을 도입할 때 고민해야 한다고 생각하는 점을 쓸 것
> • 완결된 한 문장으로 쓸 것

[07~09] 다음 광고를 보고 물음에 답하시오.

07 이 광고의 내용과 의도를 추론하기 위한 질문으로 알맞은 것은?

① 스리랑카에서 플라스틱 소비량이 많은 이유는 무엇일까?

② 코끼리가 맹수에게 걸어가는 모습으로 구성한 이유는 무엇일까?

③ 비닐봉지를 크게, 코끼리 이미지를 작게 제시한 이유는 무엇일까?

④ 코끼리를 인간이 만든 새로운 생태계 교란종이라고 한 이유는 무엇일까?

⑤ 코끼리를 사육하느라 사용하는 플라스틱 소비량을 제시한 이유는 무엇일까?

08 ㉠을 제시한 이유로 알맞은 것은?

① 플라스틱이 코끼리의 먹이로 사용되고 있는 현실을 고발하기 위해
② 객관적 자료를 보여 줌으로써 멸종 동물 문제가 심각함을 강조하기 위해
③ 스리랑카에서 사용한 플라스틱이 한국에까지 피해를 주고 있음을 알리기 위해
④ 우리가 플라스틱을 무분별하게 사용하여 생태계를 위협하고 있음을 알리기 위해
⑤ 스리랑카의 코끼리가 맹수의 공격을 받아 멸종 위기에 처해 있음을 알리기 위해

09 이 광고가 독자에게 전달하고자 하는 바를 〈조건〉에 맞게 서술하시오.

┌─ 조건 ─
• 광고가 의도하는 독자의 태도 및 행동 변화를 포함하여 쓸 것
• 완결된 한 문장으로 쓸 것
└─

10 〈보기〉의 상황 맥락으로 알맞은 것은?

① 화자와 청자는 친구 사이이다.
② 화자와 청자가 대화를 나누는 장소는 식당이다.
③ 화자는 청자가 불편해하는 모습에 안심하고 있다.
④ 화자는 늦은 시간에 청자와 대화하게 되어 힘들어하고 있다.
⑤ 화자는 청자에게 신발의 착용감을 확인하려는 의도로 말을 걸고 있다.

11 〈보기〉의 (가)와 (나)를 화자의 의도가 보다 직접적으로 드러나도록 바꾸어 쓰시오.

| (가) | |
| (나) | |

12 〈보기〉의 화자가 ㉠과 같이 말한 의도를 〈조건〉에 맞게 서술하시오.

┌─ 조건 ─
• 대화의 상황 맥락, 준언어적·비언어적 표현을 근거로 하여 쓸 것
• 완결된 한 문장으로 쓸 것
└─

[13~17] 다음 글을 읽고 물음에 답하시오.

가 기자: 코로나바이러스감염증의 장기화로 비대면이 일상화되면서 키오스크가 빠르게 보편화되고 있습니다. 터치스크린 방식으로 글씨는 작고 속도는 빨라서, 고령층에게는 어렵고 점자를 써야 하거나 휠체어를 이용해야 하는 장애인들에게는 접근성이 떨어질 수밖에 없습니다.

나 기자: 정부가 '디지털 정보 격차' 정도를 조사해 보니, 정보 취약 계층의 디지털 기기 접근 정도는 일반 국민 대비 91.7%로 나타났지만 활용 역량 수준은 60.2%에

불과했습니다. ㉠컴퓨터나 스마트폰 등의 기기는 열에 아홉이 가지고 있지만, 이용 능력은 크게 떨어진다는 뜻입니다.

다 질문자: 돌고래 자연 방사, 최재천 대표의 생각은 어떠신가요?

최재천: 동물원에 불법으로 잡혀서 돌고래 쇼를 하던 돌고래를 바다에 풀어 준 적이 있어요. 저는 세상 사람들이 다 저처럼 생각하는 줄 알았어요. 그래서 '돌고래를 풀어 주는 것을 어떻게 생각하십니까?'라는 설문 조사를 한 거예요. 압도적으로 사람들이 좋아할 줄 알았는데 반대가 더 많았어요. 그래서 그때 제가 '아, 이게 아니구나, 사람들은 이런 문제에 관해서 지금까지 별로 생각해 본 적이 없구나.'라고 생각했어요. 돌고래에게 "너 지금 나갈래? 나갔다가 배에 부딪혀 죽을지도 모르고 먹을 거 못 먹고 굶을지도 몰라. 잘 생각해 봐."라고 물어본다면, 과연 일 초라도 머뭇거릴까, ㉡저는 절대로 안 그럴 거라고 생각합니다. 그냥 나가는 거죠.

라 질문자: 돌고래가 보고 싶다면 어떻게 해야 하나요?

최재천: ㉢돌고래가 보고 싶다면 그들의 고향으로 찾아가셔야 합니다. 그들이 사는 곳으로 직접 가서 만나셔야 합니다. 마지막으로 정보가 넘쳐 나는 시대에 조금 더 현명해지면 좋겠다고 말씀드리고 싶어요. 동물들이 어떻게 해서 거기에 잡혀 와 있고, 그 동물들이 그런 시설에서 어떤 삶을 살고 있는지 알아야 합니다. 무관심하면서 그냥 멋모르고 즐기는 것, 그거 용서받을 일 아니라고 생각해요. 도대체 누가 우리에게 그런 권한을 부여했나요? 돌고래를 가둔다는 것은 인간으로서 할 수 있는 일이 아니라고 생각합니다.

---

13 (가)와 (나)에서 제시한 디지털 정보 격차로 발생할 수 있는 문제점으로 적절한 것은?

① 디지털 기기를 활용한 소통이 줄어든다.
② 사람들이 최첨단의 디지털 기기만 찾게 된다.
③ 누군가는 디지털 기기 활용에서 소외될 수 있다.
④ 디지털 정보를 비판적으로 바라보지 못하게 된다.
⑤ 디지털 정보를 많이 확보한 사람만을 선호하게 된다.

14 (나)에서 기자가 디지털 정보 격차에 대한 통계 자료를 활용한 이유를 〈조건〉에 맞게 서술하시오.

┌─ 조건 ─────────────
• 통계 자료가 가지는 특징을 쓸 것
• 완결된 한 문장으로 쓸 것
└──────────────────

15 ㉠의 이유를 추론한 것으로 알맞은 것은?

① 정보 취약 계층이 디지털 정보를 거부하기 때문에
② 정보 취약 계층이 디지털 기기를 대부분 가지고 있지 않기 때문에
③ 정보 취약 계층이 디지털 기기는 대부분 가지고 있지만 활용할 시간이 부족하기 때문에
④ 정보 취약 계층이 디지털 기기는 대부분 가지고 있지만 디지털 기기를 비판적으로 바라보기 때문에
⑤ 정보 취약 계층이 디지털 기기는 대부분 가지고 있지만 활용 방법에 대해 제대로 알지 못하기 때문에

16 ㉡의 의미를 추론한 것으로 적절하지 <u>않은</u> 것은?

① 돌고래가 머뭇거리지 않을 것이다.
② 돌고래가 자유를 찾아가는 선택을 할 것이다.
③ 돌고래가 바다를 향해 나가는 선택을 할 것이다.
④ 돌고래가 수조에 남는 선택을 하지 않을 것이다.
⑤ 돌고래가 배에 부딪히게 되는 위험한 상황은 선택하지 않을 것이다.

17 면담 대상자가 ㉢과 같이 말한 이유를 〈조건〉에 맞게 서술하시오.

┌─ 조건 ─────────────
• (라)에서 면담 대상자가 이야기한 내용을 근거로 제시할 것
• 완결된 한 문장으로 쓸 것
└──────────────────

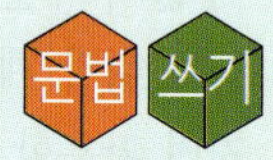

학습 목표

- 품사의 종류와 특성을 이해하고 다양한 국어 자료를 분석할 수 있다.
- 여러 자료를 활용하여 다양한 형식으로 정보를 전달하는 글을 쓸 수 있다.

소단원별 핵심 Point

(1) 단어의 갈래

- 품사의 개념 알기
- 품사를 나누는 세 가지 기준 알기
- 우리말의 아홉 가지 품사와 그 특성 알기

(2) 자료를 활용하여 글 쓰기

- 자료를 활용하여 정보를 전달하는 글 쓰기 과정 알기
- 중요도를 분석하여 자료 선정하는 방법 알기
- 쓰기 윤리를 지키는 방법 알기

연계 성취기준

✔ 초등

- 단어를 분류하고 국어사전을 활용하여 능동적인 국어 활동을 한다. 3~4학년
- 알맞은 내용을 선정하여 대상의 특성이 나타나게 설명하는 글을 쓴다. 5~6학년

✔ 고등

- 품사와 문장 구조에 대한 지식을 활용하여 언어 자료를 분석하고 설명한다.
- 신뢰할 수 있는 정보를 종합하여 복합 양식 자료가 포함된 공동 보고서를 쓴다.

(1) 단어의 갈래

소단원 핵심 개념

중요 1 품사의 개념과 분류 기준

개념	공통된 성질을 가진 것끼리 묶은 단어의 갈래 홀로 쓰일 수 있는 가장 작은 말. '낱말'이라고도 함.	
분류 기준	형태	문장에서 쓰일 때 단어의 형태가 변하는가에 따라 분류함.
	기능	문장에서 단어가 어떤 기능을 하는가에 따라 분류함.
	의미	단어가 나타내는 공통적 의미가 무엇인가에 따라 분류함.

국어의 단어는 형태에 따라 두 가지, 기능에 따라 다섯 가지, 의미에 따라 아홉 가지의 품사로 나뉨.

중요 2 품사의 분류

형태	기능	의미	
형태가 변하지 않는 단어 (불변어)	체언 문장에서 주어, 목적어 등의 기능	명사	대상의 이름을 나타냄.
		대명사	대상의 이름을 대신 나타냄.
		수사	수량이나 순서를 나타냄.
	수식언 문장에서 다른 말을 꾸며 주는 기능	관형사	체언을 꾸며 줌.
		부사	주로 용언을 꾸며 줌.
	관계언 단어 사이의 관계를 나타내는 기능	조사	주로 체언 뒤에 붙어서 단어들 사이의 문법적 관계를 나타내거나 특별한 뜻을 더해 줌. ※서술격 조사 '이다': 서술격 조사 '이다'는 예외적으로 활용을 하므로 가변어에 속함.
	독립언 문장에서 독립적으로 기능	감탄사	느낌, 부름, 대답 등을 나타냄.
형태가 변하는 단어 (가변어)	용언 문장에서 주로 서술어의 기능	동사	대상의 움직임을 나타냄.
		형용사	대상의 상태나 성질을 나타냄.

3 품사 분류의 효과

- 단어가 문장에서 하는 역할을 알 수 있다.
- 분류를 통해 품사를 이해하고 기억하기 쉽다.
- 말을 하거나 글을 쓸 때 적절한 단어를 쉽게 찾을 수 있다.
- 잘못된 문장을 고칠 때 품사에 관한 지식을 활용할 수 있다.

1 품사에 대한 설명으로 맞으면 ○표, 틀리면 ×표를 하시오.

(1) 품사는 공통된 성질을 가진 것끼리 묶은 단어의 갈래이다. (　　)

(2) 품사의 분류 기준 중 '형태'는 단어가 문장 속에서 어떤 역할이나 기능을 하느냐에 따른 것이다. (　　)

2 〈보기〉의 빈칸에 들어갈 알맞은 말을 각각 쓰시오.

> **보기**
>
> 품사는 문장에서 쓰일 때 단어의 (　　　)가 변하는가, 문장에서 단어가 어떤 (　　　)을 하는가, 단어가 나타내는 공통적 (　　　)가 무엇인가 하는 일정한 기준에 따라 분류할 수 있다.

3 〈보기〉에서 설명하는 품사의 종류는 무엇인지 쓰시오.

> **보기**
>
> • 문장에서 독립적으로 기능한다.
> • 느낌, 부름, 대답 등을 나타낸다.

4 〈보기〉에서 설명하는 품사로 알맞은 것은?

> **보기**
>
> • 문장에서 주로 서술어의 기능을 한다.
> • 대상의 움직임을 나타낸다.
> 예 달리다, 먹다

① 명사　② 동사　③ 조사
④ 형용사　⑤ 대명사

 바른답·알찬풀이 17쪽

이해 × 탐구 교과서 112~125쪽

1 품사의 분류 기준

핵심콕콕 <탐구 1~탐구 3> 품사의 분류 기준

• 품사: 단어를 문법적으로 공통된 [ ][ ]을 가진 것끼리 나누어 묶은 갈래를 말한다.
• 품사의 분류 기준
  – [ ][ ] : 문장에서 쓰일 때 단어의 형태가 변하는지 변하지 않는지에 따라 나눌 수 있다.
  – [ ][ ] : 단어가 문장에서 어떤 기능을 하는지에 따라 나눌 수 있다.
  – [ ][ ] : 단어가 나타내는 공통적 의미가 무엇인지에 따라 나눌 수 있다.

1 형태 변화 여부에 따른 분류

탐구 1 '사과'와 '먹다'가 문장에서 쓰일 때의 차이점 파악하기

가 사과를 먹다.

나 사과를 먹고 이를 닦았다.

다 사과를 먹으니 배가 부르다.

→ 가, 나, 다 세 문장에서 '사과'는 형태가 변하지 않지만, '먹다'는 '먹고', '먹으니'처럼 형태가 다양하게 변한다.
→ 단어는 문장에서 쓰일 때 [ ][ ]가 변하는지 변하지 않는지에 따라 분류할 수 있다.

확인 1 단어를 형태 변화 여부에 따라 분류하기

학교	높다	가다	바로	노래하다	모든

형태가 변하는 단어	형태가 변하지 않는 단어

더 알아보기

• 조사는 홀로 쓰일 수 없지만, 홀로 쓰일 수 있는 말에 붙어 쉽게 분리되는 말이므로 단어로 분류한다.
• 조사의 품사 분류

형태	의미
형태가 변하지 않는 단어	명사, 대명사, 수사, 관형사, 부사, 감탄사
	조사
형태가 변하는 단어	서술격 조사(이다)
	동사, 형용사

→ 서술격 조사 '이다'는 활용을 하므로 형태가 변하는 단어에 속한다.

핵심 개념 콕

01 <보기>의 ㉠과 ㉡에 들어갈 말을 알맞게 짝 지은 것은?

보기
　품사는 단어를 (㉠)적으로 공통된 성질을 가진 것끼리 묶은 갈래이며, 형태, 기능, (㉡)을/를 기준으로 하여 분류된다.

㉠ ㉡	㉠ ㉡
① 문법-의미	② 성분-역할
③ 문법-특성	④ 성분-의미
⑤ 문법-역할	

3 단원

02 형태가 변하지 않는 단어끼리 알맞게 묶은 것은?

① 달리다, 뛰다, 자다
② 고구마, 다섯, 새로
③ 아름답다, 쉬다, 양파
④ 여덟, 자동차, 느리다
⑤ 졸다, 햄버거, 일어나다

03 밑줄 친 단어 중, 형태가 변하는 단어가 아닌 것은?

① 영희가 집에 간다.
② 철수가 밥을 먹는다.
③ 내가 끓인 라면이 맛있다.
④ 화병에 예쁜 꽃이 꽂혀 있다.
⑤ 미연이가 교실에서 잠들었다.

핵심 개념 콕

04 다음 중 형태가 변하는 단어를 모두 고르면? (정답 2개)

① 산　　② 크다　　③ 앉다
④ 우리　　⑤ 어머나

---

2 문장 속 기능에 따른 분류

탐구 2 단어가 쓰이는 자리를 서로 바꿀 수 있는지 파악하기

> 떡볶이 가 아주 맛있다.

→ '떡볶이'라는 단어와 '아주'라는 단어는 문장에서의 기능이 다르기 때문에 서로 바꾸어 쓸 수 없다.
→ 단어에는 '떡볶이'처럼 문장의 □□ 역할을 주로 하는 단어가 있고, '아주'처럼 뒤에 오는 다른 단어를 □□ 주는 역할을 하는 단어가 있다.
→ 단어는 문장에서 어떤 □□을 하는지에 따라 분류할 수 있다.

확인 2 ㉠과 ㉡에 들어갈 수 있는 단어 찾기

> ㉠ 이/가 ㉡ 좋다.

| 무척 | 날씨 | 꽤 | 교실 | 매우 |

· ㉠에 들어갈 수 있는 단어:
· ㉡에 들어갈 수 있는 단어:

3 의미에 따른 분류

탐구 3 단어가 나타내는 의미를 바탕으로 분류하기

> 이순신   책상   달리다   먹다   공원

→ '이순신', '책상', '공원'은 사람이나 사물, 장소의 □□을 나타낸다는 공통점이 있고, '달리다', '먹다'는 사람이나 사물의 □□□을 나타낸다는 공통점이 있다.
→ 단어는 단어가 나타내는 공통적 □□가 무엇인지에 따라 분류할 수 있다.

확인 3 단어가 나타내는 공통적 의미에 따라 분류하기

> 유관순   걷다   연필   날다   흐르다   복도

| 사람이나 사물, 장소의 이름을 나타내는 단어 | |
| 사람이나 사물의 움직임을 나타내는 단어 | |

핵심 개념 콕

05 밑줄 친 부분의 기능이 <u>다른</u> 것은?

① 가방이 <u>꽤</u> 무겁다.
② 친구가 <u>활짝</u> 웃었다.
③ 실내화가 더러워졌다.
④ 떡볶이가 <u>아주</u> 맛있다.
⑤ 국어 문제가 <u>무척</u> 어렵다.

06 〈보기〉의 밑줄 친 단어의 기능에 대한 설명으로 알맞은 것은?

> **보기**
> 나는 친구들과 운동장에서 <u>놀았</u>
다.

① 다른 말을 꾸며 준다.
② 독립적으로 기능한다.
③ 서술어의 역할을 한다.
④ 단어들의 관계를 나타낸다.
⑤ 주어나 목적어의 역할을 한다.

07 사람이나 사물, 장소의 이름을 나타내는 단어끼리 알맞게 묶은 것은?

① 남산, 식당, 해바라기
② 곧바로, 일곱, 주차장
③ 두루미, 매우, 고추장
④ 뛰다, 계단, 두근두근
⑤ 바람, 비구름, 파랗다

핵심 개념 콕

08 〈보기〉의 밑줄 친 부분에 대신 넣을 수 없는 단어는?

> **보기**
> 설렁탕이 <u>맛있다</u>.

① 싱겁다   ② 뜨겁다
③ 식었다   ④ 달린다
⑤ 담백하다

2 품사의 종류와 특성

1 명사, 대명사, 수사의 특성

핵심콕콕 〈탐구 1〉 **명사, 대명사, 수사의 특성**

- 명사는 대상의 [ ][ ]을, 대명사는 대상의 이름을 [ ][ ]해서, 수사는 수량이나 [ ][ ]를 나타내는 단어이다.
- 명사, 대명사, 수사는 문장에서 주로 [ ][ ]나 [ ][ ][ ]로 쓰여 문장의 몸통 역할을 한다.
- 명사, 대명사, 수사는 [ ][ ]가 변하지 않는다.

탐구 1 명사, 대명사, 수사 분류하기

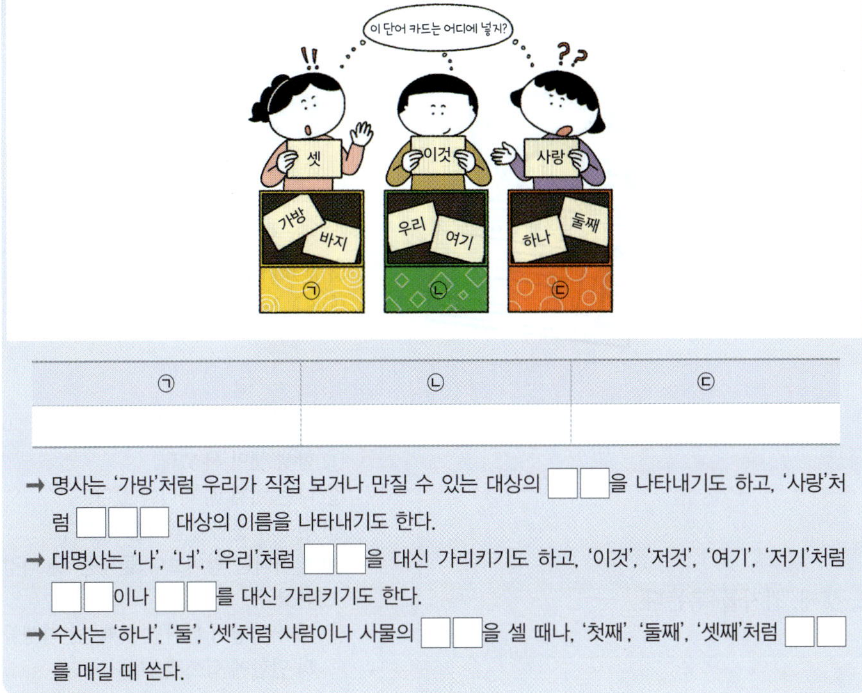

㉠	㉡	㉢

→ 명사는 '가방'처럼 우리가 직접 보거나 만질 수 있는 대상의 [ ][ ]을 나타내기도 하고, '사랑'처럼 [ ][ ][ ] 대상의 이름을 나타내기도 한다.

→ 대명사는 '나', '너', '우리'처럼 [ ][ ]을 대신 가리키기도 하고, '이것', '저것', '여기', '저기'처럼 [ ][ ]이나 [ ][ ]를 대신 가리키기도 한다.

→ 수사는 '하나', '둘', '셋'처럼 사람이나 사물의 [ ][ ]을 셀 때나, '첫째', '둘째', '셋째'처럼 [ ][ ]를 매길 때 쓴다.

확인 1-1 명사 알아보기

- 대화에 쓰인 명사 찾기

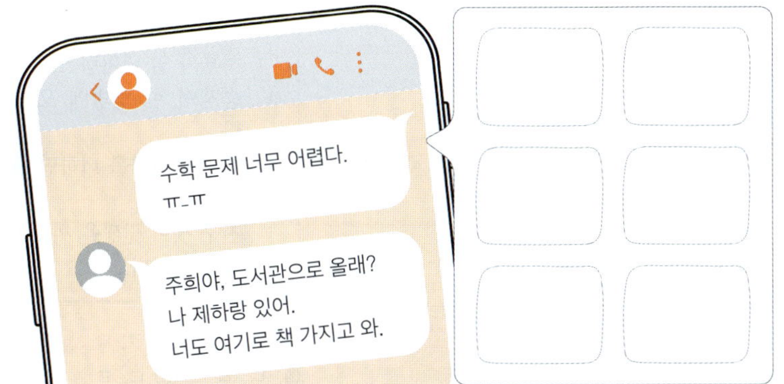

---

09 〈보기〉의 빈칸에 들어갈 알맞은 말을 각각 쓰시오.

보기
> 명사, 대명사, 수사는 ( )에서 주로 주어나 목적어의 역할을 하며, ( )가 변하지 않는다.

10 〈보기〉의 ㉠~㉤에 해당하는 품사를 짝 지은 것으로 알맞지 <u>않은</u> 것은?

보기
> ㉠나와 정희는 친구이다. 우리 ㉡둘은 ㉢독서실에서 함께 ㉣공부를 하면서 이번 ㉤시험을 잘 보자고 다짐했다.

① ㉠: 대명사 ② ㉡: 수사
③ ㉢: 명사 ④ ㉣: 명사
⑤ ㉤: 대명사

11 다음 중 명사에 대한 설명으로 알맞은 것은? (정답 2개)

① 형태가 변하지 않는다.
② 주로 서술어의 기능을 한다.
③ 문장에서 독립적으로 쓰인다.
④ 사람이나 사물의 이름을 나타낸다.
⑤ 단어들 사이의 문법적 관계를 나타낸다.

12 다음 중 명사에 해당하지 <u>않는</u> 것은?

① 여기 ② 보리밥 ③ 핫도그
④ 배드민턴 ⑤ 구슬치기

3
단원

확인 1-2 대명사 알아보기

• 밑줄 친 부분 대명사로 바꾸기

선아의 일기

20○○년 ○○월 ○○일 날씨: 맑음.

나는 오늘 현우와 함께 공연장에 갔다.

현우와 나는 공연장에서 멋진 노래를 들

으며 행복한 시간을 보냈다. 오늘 공연의 입장권

도 잊지 않고 챙겨 왔다. **입장권**을 보면서 오늘

을 오래오래 기억해야지!

현우와 나 ➡

공연장 ➡

입장권 ➡

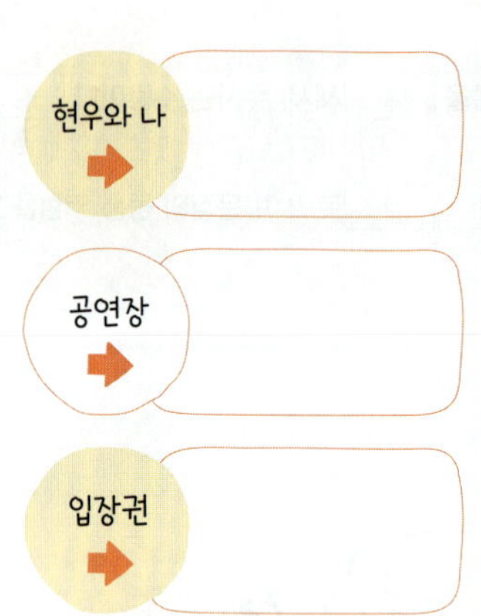

확인 1-3 수사 알아보기

• 문장에 쓰인 수사 찾기

① 삼과 사를 더하면 칠이다.

② 필통에서 연필을 하나 꺼냈다.

③ 첫째, 감자를 깎고, 둘째, 감자를 썰고, 셋째, 감자를 볶는다.

①	
②	
③	

확인 1-4 명사, 대명사, 수사의 기능 파악하기

➡ 명사, 대명사, 수사는 주로 문장의 주어나 목적어 등으로 쓰여 문장의 몸통 역할을 한다. 그래서 명사, 대명사, 수사를 묶어 □□이라고 한다.

핵심 개념 콕

13 〈보기〉의 빈칸에 들어갈 알맞은 말을 쓰시오.

보기
대명사는 사람이나 사물, 장소를 (　　　) 가리킬 때 쓰는 말이다.

14 〈보기〉에서 ㉠~㉢이 가리키는 대상을 알맞게 짝 지은 것은?

보기
어제 현우와 나는 유명 가수의 공연장에서 멋진 노래를 들었다. 지금은 ㉠그곳의 추억을 담은 입장권을 보고 있다. ㉡이것을 볼 때마다 나는 ㉢그가 열창하던 모습을 떠올릴 것 같다.

① ㉠: 입장권　　② ㉠: 공연장
③ ㉡: 가수　　　④ ㉡: 현우
⑤ ㉢: 노래

15 다음 중 수사가 <u>없는</u> 문장은?

① 학생 셋이 서 있다.
② 나는 어제 배 하나를 샀다.
③ 친구와 둘이서 과자를 먹었다.
④ 할머니는 맏이보다 둘째를 더 걱정하셨다.
⑤ 제가 반장이 된다면 첫째, 반 학생들의 단합에 힘쓰겠습니다.

16 〈보기〉에서 수량이나 순서를 나타내는 품사가 있는 문장끼리 알맞게 묶은 것은?

보기
ㄱ. 하루가 일 년처럼 느껴진다.
ㄴ. 승객이 한 명밖에 오지 않았다.
ㄷ. 하나에 하나를 더하면 둘이 된다.
ㄹ. 친구 셋이 팔짱을 끼고 바닷가를 걸어간다.

① ㄱ, ㄴ　　② ㄱ, ㄷ　　③ ㄴ, ㄷ
④ ㄴ, ㄹ　　⑤ ㄷ, ㄹ

2 동사, 형용사의 특성

〈탐구 2〉 동사, 형용사의 특성

- 동사는 사람이나 사물의 □□□을, 형용사는 사람이나 사물의 □□나 □□을 나타내는 단어이다.
- 동사와 형용사는 문장에서 주로 주어의 움직임, 상태나 성질을 설명해 주는 □□□의 역할을 한다.
- 동사, 형용사는 문장에서 쓰일 때 그 □□가 변한다. 문장에서의 쓰임에 따라 용언의 형태가 바뀌는 것을 □□이라고 한다.

탐구 2 밑줄 친 단어가 나타내는 것 파악하기

날아간다	풍선의 □□□을 나타냄.
예쁘다	풍선의 상태나 성질을 나타냄.

➡ '날아가다'처럼 사람이나 사물의 움직임을 나타내는 단어를 □□라고 한다.
➡ '예쁘다'처럼 사람이나 사물의 상태나 성질을 나타내는 단어를 □□□라고 한다.

확인 2-1 동사 알아보기

- 동사를 찾고, 기본형 쓰기

① 나는 꽃씨를 심었다.
② 민재는 주말마다 산에 오른다.
③ 얘들아, 다음 주에 같이 영화를 보자!

	동사		기본형
①	심었다	➡	심다
②		➡	
③		➡	

핵심 개념 콕

17 다음 중 동사나 형용사에 대한 설명으로 알맞지 <u>않은</u> 것은?

① 동사와 형용사는 형태가 변할 수 있다.
② 동사는 문장에서 서술어의 역할을 한다.
③ 동사는 사람이나 사물의 움직임을 나타낸다.
④ 형용사는 문장에서 주어나 목적어의 역할을 한다.
⑤ 형용사는 사람이나 사물의 상태나 성질을 나타낸다.

18 〈보기〉의 빈칸에 들어갈 알맞은 말을 쓰시오.

보기
동사나 형용사는 문장에서의 쓰임에 따라 형태가 바뀌는데, '먹다'가 '먹어서, 먹으니, 먹고'와 같이 형태가 바뀌는 것을 (   )이라고 한다.

19 다음 밑줄 친 부분이 동사에 해당하는 것은?

① 들에 핀 꽃이 <u>아름답다</u>.
② 밥솥의 밥 냄새가 <u>구수하다</u>.
③ 봄나물 향이 매우 <u>풋풋하다</u>.
④ 운동장에서 아이들이 <u>뛰논다</u>.
⑤ 점심시간에 복도가 <u>소란스럽다</u>.

핵심 개념 콕

20 〈보기〉의 단어 중, 대상의 상태나 성질을 나타내는 단어를 모두 고르시오.

보기
맛있다 먹다 흐리다
달리다 아름답다

✓ 확인 2-2 형용사 알아보기

• 단어에서 형용사를 모두 찾아 ○표 하기

알다　　　편하다

푸르다　　말하다

아름답다

✓ 확인 2-3 동사, 형용사의 기능 파악하기

→ 동사, 형용사는 문장에서 주어의 움직임, 상태나 성질을 설명해 주는 서술어의 역할을 주로 한다.
이러한 동사와 형용사를 묶어 [　][　]이라고 한다.

더 알아보기

동사와 형용사의 차이

동사와 달리 형용사는 무엇을 하라고 시키는 명령형이나 어떤 행동을 함께하자고 하는 청유형을 쓸 수 없다.

동사	형용사
• 재우야, 밥 먹어라! (○)	• 주아야, 예뻐라! (✕)
• 재우야, 밥 먹자! (○)	• 주아야, 예쁘자! (✕)

동사의 종류

자동사	주어에만 동사의 동작이나 작용이 영향을 미쳐 목적어가 필요 없는 동사	• 화단에 꽃이 활짝 피었다. • 빗물이 강으로 흘러간다.
타동사	동사의 동작이나 작용이 다른 사물에 영향을 미쳐 목적어가 필요한 동사	• 동생이 간식을 먹는다. • 유진이가 노래를 부른다.

형용사의 종류

성상 형용사	사물의 성질이나 상태를 나타내는 형용사	• [성질] 차갑다, 쓰다, 곱다, 착하다 • [상태] 좋다, 기쁘다, 바쁘다, 아프다
지시 형용사	사물의 성질, 시간, 수량 따위가 어떠하다는 것을 형식적으로 나타내는 형용사	이러하다(이렇다), 저러하다(저렇다), 그러하다(그렇다), 어떠하다, 아무러하다

핵심 개념 콕

21 동사와 형용사의 공통점으로 알맞은 것은? (정답 2개)

① 형태가 변한다.
② 대상의 이름을 대신 나타낸다.
③ 문장에서 서술어의 역할을 한다.
④ 다른 말을 꾸며 주는 역할을 한다.
⑤ 문장에서 주어나 목적어의 역할을 한다.

22 〈보기〉에 제시된 단어들의 공통점으로 알맞은 것은?

→ 보기

굵다　　안타깝다　　짧다

① 다른 단어를 꾸며 준다.
② 대상의 움직임을 나타낸다.
③ 느낌이나 대답을 나타낸다.
④ 단어 사이의 관계를 나타낸다.
⑤ 대상의 상태나 성질을 나타낸다.

23 〈보기〉의 빈칸에 '자다'라는 단어를 문맥에 맞게 형태를 바꾸어 쓰시오.

→ 보기

• 진수는 지금 잠을 (　　　).
• 지윤아, 너 벌써 (　　　)?
• 성은이는 학교에서는 (　　　), 학원에서는 노는구나.

24 〈보기〉의 빈칸에 공통으로 들어갈 단어의 기본형으로 알맞은 것은?

→ 보기

• 나는 매일 떡을 (　　　).
• 약을 못 (　　　) 감기가 낫지 않는다.
• (　　　) 음식이 없어서 하루 종일 굶었다.

① 먹다　　② 짓다　　③ 마시다
④ 버리다　　⑤ 가지다

3 관형사, 부사의 특성

 **핵심콕콕** ─ <탐구 3> 관형사, 부사의 특성

- 관형사는 [ ][ ]을 꾸며 주고, 부사는 주로 [ ][ ]을 꾸며 주는 단어이다.
- 관형사와 부사는 문장에서 다른 단어를 [ ][ ] 주는 역할을 한다는 공통점이 있다.
- 관형사, 부사는 문장에서 쓰일 때 [ ][ ]가 변하지 않는다.

탐구 3 밑줄 친 단어들이 문장에서 하는 역할 파악하기

새	'[ ][ ]'을 꾸며 주어 그것이 어떠한지를 더욱 분명하게 함.
이	'[ ][ ]'을 꾸며 주어 그것이 어떠한지를 더욱 분명하게 함.
정말	'[ ][ ][ ]'를 꾸며 주어 그 정도를 분명하게 함.

→ '새'와 '이'처럼 문장에서 체언 앞에 놓여 그 체언을 꾸며 주는 단어를 [ ][ ][ ]라고 한다.
→ '정말'처럼 주로 용언을 꾸며 주는 단어를 [ ][ ]라고 한다.

확인 3-1 관형사 알아보기

- 문장에서 관형사를 찾고, 관형사가 꾸며 주는 단어와 그 품사 쓰기

① 모든 사람은 귀하다.

② 옷을 재활용하여 저 모자를 만들었다.

	관형사	관형사가 꾸며 주는 단어	단어의 품사
①			➡
②			➡

핵심 개념 콕

25 〈보기〉의 빈칸에 들어갈 알맞은 말을 각각 쓰시오.

─ 보기 ）

관형사는 ( )을, 부사는 주로 ( )을 꾸며 준다. 이와 같이 관형사와 부사는 문장에서 다른 단어를 꾸며 주는 역할을 하는데, 이들을 묶어서 ( )이라고 한다.

26 〈보기〉를 분류한 기준으로 알맞은 것은?

─ 보기 ）

ㄱ. 모든, 이, 새
ㄴ. 빨리, 무척, 정말

① ㄱ은 체언을, ㄴ은 주로 용언을 꾸며 준다.
② ㄱ은 용언을, ㄴ은 주로 체언을 꾸며 준다.
③ ㄱ은 용언을, ㄴ은 주로 독립언을 꾸며 준다.
④ ㄱ은 체언을, ㄴ은 주로 관계언을 꾸며 준다.
⑤ ㄱ은 관계언을, ㄴ은 주로 독립언을 꾸며 준다.

27 밑줄 친 단어 중, 체언을 꾸며 주는 단어가 아닌 것은?

① 이 사람
② 옛 자취
③ 모든 사람
④ 순 살코기다.
⑤ 매우 답답하다.

28 다음 중 관형사가 쓰인 문장은?

① 나는 아빠를 정말 사랑한다.
② 주사가 무서워서 엉엉 울었다.
③ 헌 옷도 깨끗하게 빨아서 입자.
④ 당신은 밥을 너무 급하게 먹어.
⑤ 요즘 주변에 희한한 일들이 많아.

3 단원

✅ 확인 3-2 부사 알아보기

• 문장에서 부사를 찾고, 부사가 꾸며 주는 단어와 그 품사 쓰기

> ① 축구 선수가 빨리 달린다.
> ② 어제는 노을이 무척 아름다웠다.

	부사	부사가 꾸며 주는 단어	단어의 품사
①		➡	
②		➡	

✅ 확인 3-3 관형사, 부사의 기능 파악하기

→ 관형사는 체언을 꾸며 주고, 부사는 주로 용언을 꾸며 준다. 관형사와 부사는 문장에서 다른 단어를 꾸며 주는 역할을 한다는 공통점이 있어, 이들을 묶어 ☐☐☐이라고 한다.

➕ 더 알아보기

관형사의 종류

성상 관형사	대상의 모양, 성질, 상태를 나타내는 관형사	새 신발, 헌 옷, 옛 이야기, 순 살코기
지시 관형사	특정한 대상을 지시하여 가리키는 관형사	이 학교, 저 운동장, 그 사람, 어느 곳
수 관형사	대상의 수나 양을 나타내는 관형사	한 사람, 두 명, 세 개, 여러 명

부사의 종류

성분 부사	성상 부사	모양, 상태, 성질, 정도를 한정해서 수식하는 부사	• 빨리 뛰다. • 매우 착하다.
	지시 부사	장소나 시간을 가리켜 한정하거나 이미 나온 사실을 가리키는 부사	내일 저리 가거라.
	부정 부사	용언의 내용을 부정하는 부사	• 숙제를 안 했다. • 수업을 못 들었다.
문장 부사	양태 부사	심리적 태도를 나타내는 부사	과연 그가 범인일까?
	접속 부사	체언과 체언, 문장과 문장을 이으며 꾸며 주는 부사	• 딸기 또는 키위 • 나는 학교에 갔다. 그리고 수업을 들었다.

---

29 〈보기〉의 ㉠~㉤ 중, 부사에 해당하는 것은?

> ▶ 보기 ◀
> ㉠새 축구화를 ㉡신은 ㉢선수가 기분이 ㉣좋은지 ㉤빨리 달린다.

① ㉠　　② ㉡　　③ ㉢
④ ㉣　　⑤ ㉤

핵심 개념 콕

30 수식언에 해당하는 품사만을 알맞게 묶은 것은?

① 관형사, 조사　　② 동사, 부사
③ 부사, 관형사　　④ 감탄사, 형용사
⑤ 명사, 수사, 동사

핵심 개념 콕

31 부사를 포함한 문장으로 알맞은 것은?

① 집에 가는 시간은 즐거워.
② 난 보고 싶다, 너를 보고 싶다.
③ 오늘 저녁 식사는 정말 기대돼.
④ 해가 지고 바람이 부는 언덕에 서다.
⑤ 게으른 송아지가 풀밭에서 졸고 있다.

32 〈보기〉의 단어 중, 용언을 꾸며 주는 단어를 모두 고르시오.

> ▶ 보기 ◀
> 저녁 무척 무엇
> 마늘 덥석 활짝

33 〈보기〉의 ㉠~㉤ 중, 다른 말을 꾸며 주는 단어로 알맞은 것은?

> ▶ 보기 ◀
> 백설 공주와 일곱 난쟁이가 호수로 ㉠소풍을 갔다. 호수에 ㉡도착하자 백설 공주는 난쟁이의 수를 셌다.
> "하나, 둘, ㉢셋…… 여섯? 난쟁이 ㉣한 명이 ㉤어디 갔지?"

① ㉠　　② ㉡　　③ ㉢
④ ㉣　　⑤ ㉤

4 조사의 특성

핵심콕콕 〈탐구 4〉 **조사의 특성**

- 조사는 주로 〔 〕〔 〕 뒤에 붙어서 단어들 사이의 〔 〕〔 〕〔 〕〔 〕를 나타내거나 문장에 특별한 뜻을 더해 주는 단어이다. 그래서 조사를 관계언이라고도 한다.
- 조사는 문장에서 쓰일 때 형태가 〔 〕〔 〕〔 〕 않는다.
- 체언을 문장의 서술어로 만들어 주는 서술격 조사 '〔 〕〔 〕'는 문장에서 쓰일 때 '이고', '입니다'처럼 형태가 변할 수 있다.
- 조사는 홀로 쓰일 수 없지만, 홀로 쓰일 수 있는 말에 붙어 쉽게 분리되는 말이므로 단어로 분류한다.

탐구 4 **두 문장의 의미가 달라진 까닭 파악하기**

→ 가와 나의 의미가 달라진 것은 '〔 〕'와 '〔 〕' 때문이다. 이 두 단어는 '강아지'와 '지우'가 각 문장에서 '누가/무엇이', '누구를/무엇을'과 같은 역할을 할 수 있도록 도와준다. 이처럼 '이/가'와 '을/를'처럼 주로 〔 〕〔 〕 뒤에 붙어서 단어와 단어 사이의 문법적 관계를 나타내는 단어를 〔 〕〔 〕라고 한다.

→ 가의 '를'을 다에서처럼 '만'으로 바꾸면 문장에 〔 〕〔 〕〔 〕〔 〕〔 〕를 더할 수 있다.
→ 가에서는 강아지가 좋아하는 대상이 지우 외에도 여럿일 수 있지만, 다에서는 강아지가 좋아하는 대상이 지우 하나이다.

핵심 개념 콕

34 〈보기〉의 빈칸에 들어갈 알맞은 말을 각각 쓰시오.

┌ 보기 ┐
조사는 주로 ( ) 뒤에 붙어서 단어들 사이의 문법적 ( )를 나타내거나 특별한 ( )을 더해 준다.

35 조사의 특성에 해당하지 <u>않는</u> 것은?
① 조사는 특별한 뜻을 더해 준다.
② 조사는 주로 체언 뒤에 붙는다.
③ 조사는 문장에서 홀로 쓰일 수 있다.
④ 조사는 문장에서 단어들 사이의 관계를 나타낸다.
⑤ 조사는 서술격 조사 외에는 형태가 변하지 않는다.

36 〈보기〉에서 홀로 쓰이지 못하고 다른 단어에 붙어서만 쓰이는 단어를 모두 찾아 쓰시오.

┌ 보기 ┐
• 그녀가 저기에서 나왔다.
• 연우는 그 빵을 좋아한다.

37 다음 문장의 빈칸에 들어갈 알맞은 조사를 〈보기〉에서 각각 찾아 쓰시오.

┌ 보기 ┐
이/가   을/를   에서   이다

㉠ 성수는 학생( ).
㉡ 자동차( ) 도로( ) 넘어졌다.
㉢ 여기( ) 모자( ) 쓴 사람은 나쁘다.

3 단원

✅ 확인 4-1 조사 알아보기

• 문장에서 조사 모두 찾기

> ① 혜수가 방을 치웠다.
> ② 게임만 하지 말고, 운동도 좀 해라.
> ③ 나는 중학생이고, 동생은 초등학생이다.

① 조사 ____________________

② 조사 ____________________

③ 조사 ____________________

✅ 확인 4-2 조사의 기능 파악하기

→ 조사는 문장에서 주로 체언 뒤에 붙어서 다른 말과의 문법적 관계를 나타내거나 특별한 의미를 더해 준다. 그래서 조사는 □□□이라고도 한다.

➕ 더 알아보기

격 조사의 종류

주격 조사	앞의 체언이 행위나 현상의 주체가 되게 함.	이/가, 께서, 에서
목적격 조사	앞의 체언이 행위의 대상이 되게 함.	을/를
보격 조사	주어 이외에 '되다 / 아니다' 앞에 오는 필수 성분에 붙음.	이/가
서술격 조사	체언을 문장의 서술어로 만드는 기능을 함.	이다
관형격 조사	체언을 관형어로 만드는 기능을 함.	의
부사격 조사	체언을 부사어로 만드는 기능을 함.	에게, 께, 에서, 으로 등
호격 조사	체언을 부름의 자리에 오게 하여 독립어로 만드는 기능을 함.	아/야, 이여

핵심 개념 콕

38 〈보기〉의 문장에서 조사를 모두 찾아 쓰시오.

> **보기**
> 나는 너에게 맛있는 음식을 대접하고 싶어.

39 〈보기〉의 ㉠~㉢에 들어갈 조사를 알맞게 짝 지은 것은?

> **보기**
> 아기(㉠) 엄마 손(㉡) 꼭 잡고 장난감 가게(㉢) 놀러 왔다.

	㉠	㉡	㉢
①	가	을	에
②	를	이	에서
③	이	에	를
④	가	이	를
⑤	에게	만	처럼

40 〈보기〉의 의미를 갖는 조사가 포함된 문장으로 알맞은 것은?

> **보기**
> 이미 어떤 것이 포함되고 그 위에 더함.

① 나는 노래가 좋다.
② 나는 노래만 부른다.
③ 나는 노래에 빠졌다.
④ 나는 노래도 부른다.
⑤ 나는 노래를 부른다.

41 〈보기〉에서 밑줄 친 말 중, 조사가 아닌 것은?

> **보기**
> 친구 집에 가려고 나서다가 친구가 무엇인가를 가져다 달라고 부탁한 것이 생각났다. 그런데 그게 무엇이었는지 생각이 나지 않아 결국 친구에게 전화를 했다.

① 에   ② 를   ③ 이
④ 지   ⑤ 에게

5 감탄사의 특성

<탐구 5> 감탄사의 특성

- 감탄사는 말하는 이의 느낌이나 부름, ☐☐ 등을 나타내는 단어이다.
- 감탄사는 문장에서 ☐☐☐으로 쓰인다.
- 감탄사는 형태가 변하지 않는다.

탐구 5 상황에 어울리는 단어 떠올리기

→ ☐은 말하는 이의 느낌을 나타내고, ☐는 부름, ☐은 대답을 나타낸다.
→ 말하는 이의 느낌이나 부름, 대답 등을 나타내는 단어를 ☐☐☐ 라고 한다.

확인 5-1 감탄사를 모두 찾아 ○표 하기

야! 잘 지냈어? 우아, 너 못 본 사이에 키가 많이 컸다!

확인 5-2 감탄사의 기능 파악하기

→ 말하는 이의 느낌이나 부름, 대답 등을 나타내는 감탄사는 문장에서 독립적으로 쓰여 ☐☐☐ 이라고도 한다.

➕ 더 알아보기

감탄사의 종류

감정 감탄사	듣는 이를 의식하지 않고 감정을 나타내는 감탄사	어머, 아하, 저런
의지 감탄사	상대를 의식하면서 자기 생각을 드러내는 감탄사	네, 여보세요, 아서라
무의미 감탄사	의미 없이 입버릇처럼 하는 말이나 더듬거리는 소리	어, 흠, 에헴

핵심 개념 콕

42 〈보기〉의 빈칸에 들어갈 알맞은 말을 각각 쓰시오.

→ 보기
( )는 말하는 이의 느낌이나 ( ), 대답을 나타낸다.

43 감탄사의 특성으로 알맞은 것은?
(정답 2개)

① 형태가 변하지 않는다.
② 다른 단어를 꾸며 준다.
③ 문장에서 독립적으로 쓰인다.
④ 다른 말에 특별한 뜻을 더해 주는 역할을 한다.
⑤ 단어들 사이의 문법적 관계를 나타내는 역할을 한다.

44 〈보기〉의 문장에서 감탄사를 모두 찾아 쓰시오.

→ 보기
- 맙소사, 그게 사실이니?
- 이크, 그걸 어떻게 알았지?

45 다음 중 느낌을 나타내는 감탄사가 포함된 문장은?

① 야, 같이 가자.
② 네, 알겠습니다.
③ 우아, 정말 대단하네.
④ 배가 아파 굶어야겠다.
⑤ 집에 가는 길이 너무 멀어.

46 빈칸에 들어갈 알맞은 감탄사를 〈보기〉에서 각각 찾아 쓰시오.

→ 보기
이봐   에구머니나   여보세요

(1) ( ), 이리로 가자니까.
(2) ( ), 깜짝 놀랐네.
(3) ( ), 거기가 김 선생님 댁이 맞나요?

적용 × 실천   교과서 128~131쪽

1 국어 자료에 쓰인 단어의 품사

가 석류

　석류나무의 열매. 둥근 모양이며 광택이 난다. ㉠단단하고 노르스름한 껍질이 ㉡감싸고 있으며, 5~6월에 꽃이 핀 뒤 열매가 ㉢열린다. 10월쯤 열매가 익으면 껍질이 ㉣갈라진다. 열매 속에는 분홍빛의 씨가 들어 있다. 나무껍질과 뿌리, 열매의 껍질은 ㉤말려서 약으로 쓴다.
→ 석류의 뜻과 특성, 쓰임 등을 설명함.

나 석류 이야기 _ 이문자

살랑살랑 봄바람

ⓐ잎이 돋고 꽃이 피고

꽃 속에 숨죽인 / 아기 별님들

갈바람이 / 똑똑
'가을바람'의 준말

긴 여름 꿈꾸며 / 잘 자랐네
→ 1~3연: 석류나무에 꽃이 피고, 열매가 맺힘.

살며시 문 열고 / 수줍음쟁이

갈볕이 / 소곤소곤
'가을볕'의 준말

빼꼼 내다보네 / 부끄럼쟁이
→ 4~7연: 석류 열매가 익으며 껍질이 갈라짐.

(1) 밑줄 친 단어를 중심으로 가와 나에 주로 쓰인 단어의 품사 정리하기

가 5~6월에 꽃이 핀 뒤 열매가 열린다. 10월쯤 열매가 익으면 껍질이 갈라진다. 열매 속에는 분홍빛의 씨가 들어 있다.

→ 명사와 ▢▢가 주로 쓰였다.

나 갈볕이 / 소곤소곤

갈바람이 / 똑똑

살며시 문 열고 / 수줍음쟁이

빼꼼 내다보네 / 부끄럼쟁이

→ ▢▢가 주로 쓰였다.

---

47 (가)의 ㉠~㉤ 중, 상태나 성질을 나타내는 말은?

① ㉠　　② ㉡　　③ ㉢
④ ㉣　　⑤ ㉤

핵심 개념 콕

48 〈보기〉의 밑줄 친 단어 중, 조사에 해당하지 <u>않는</u> 것은?

● 보기 ●
　단단하고 노르스름한 껍질이 감싸고 있으며, 5~6월에 꽃이 핀 뒤 열매가 열린다.

① 이　　② 고　　③ 에
④ 이　　⑤ 가

49 〈보기〉의 빈칸에 들어갈 알맞은 말을 쓰시오.

● 보기 ●
　관형사와 부사는 문장에서 다른 말을 (　　　　　) 기능을 한다.

핵심 개념 콕

50 ⓐ에 대한 설명으로 알맞지 <u>않은</u> 것은?

① '잎'의 품사는 명사이다.
② '이'는 '잎'을 주어로 만들어 준다.
③ '돋고'의 기본형은 '돋다'이다.
④ '꽃'은 사물의 이름을 나타낸다.
⑤ '피고'의 품사는 형용사이다.

51 (나)에 쓰인 시어의 품사를 파악한 것으로 알맞지 <u>않은</u> 것은?

① 숨죽인: 동사
② 꿈꾸며: 형용사
③ 살며시: 부사
④ 빼꼼: 부사
⑤ 내다보네: 동사

(2) 국어 자료의 특성을 고려하여 ㉠보다 ㉡에 많이 쓰인 품사와 그 까닭 파악하기

설명문	읽는 사람들이 어떠한 사항을 이해할 수 있도록 정확한 사실을 논리적으로 쓴 글.
시	함축적이고 운율이 느껴지는 언어로 정서를 표현하고 대상을 아름답게 표현하는 글.

→ ㉠보다 ㉡에 더 많이 쓰인 품사는 ☐☐이다. ㉠는 ☐☐☐이므로 설명 대상을 나타내는 명사와 설명 대상의 움직임을 나타내는 동사가 많이 쓰였을 것이다. 반면에 ㉡는 ☐이므로 대상을 아름답게 표현하기 위해 ㉠에 비해 다른 단어를 ☐☐ 주는 부사가 많이 쓰인 것이다.

(3) 국어 자료에서 특정한 품사의 단어를 주로 사용했을 때의 효과 이해하기

→ 시에서 부사나 관형사와 같은 ☐☐☐을 사용하면 대상을 더 아름답고 섬세하게 표현할 수 있고, 말하는 이의 감정을 더 자세하게 전달할 수 있다.
→ 설명문에서 ☐☐와 동사, 형용사를 사용하면 설명하고 싶은 대상의 특징을 자세하게 나타낼 수 있다.

2 일상생활에서 잘못 사용하는 국어 표현

(1) ㉠와 ㉡에서 잘못된 부분 바르게 고치기

㉠
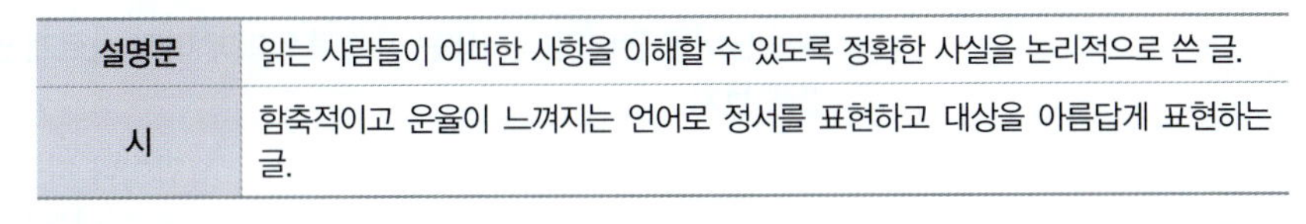

잘못된 부분	☐☐☐☐
잘못된 까닭	형용사는 '–하자'와 같은 ☐☐☐ 표현을 쓸 수 없기 때문이다.
바르게 고친 것	오늘도 교실을 깨끗이 하자! / 깨끗하게 하자! 등

㉡
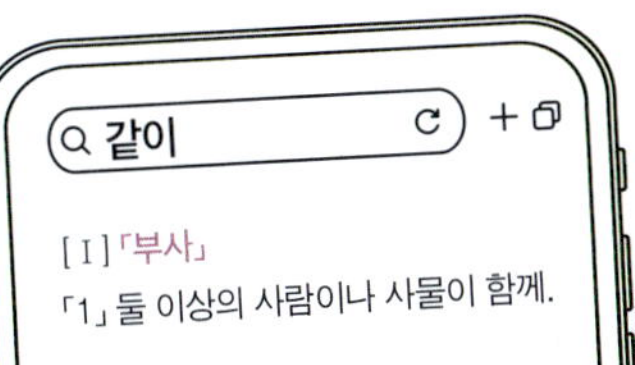

잘못된 부분	'깃털'과 '같이' 사이의 ☐☐☐☐
잘못된 까닭	'같이'와 같은 조사는 앞말에 붙여서 써야 하기 때문이다.
바르게 고친 것	☐☐☐☐

<hr>

핵심 개념 콕

52 〈보기〉에서 잘못된 부분을 찾아 바르게 고쳐 쓰시오.

> **보기**
> 얘야, 올해도 건강해라.

53 다음 중 바르게 표현된 문장은?
① 얘들아, 좀 조용하자.
② 나도 오빠 만큼 빠르다.
③ 일할 사람이 나 밖에 없다.
④ 그 사람은 꽃같이 어여쁘다.
⑤ 지희는 상우 보다 키가 크다.

핵심 개념 콕

54 〈보기〉에서 잘못된 부분을 찾아 바르게 고쳐 쓰시오.

> **보기**
> 나는 너의 선생님 이다.

55 〈보기〉에서 잘못된 부분을 찾아 바르게 고쳐 쓴 것은?

> **보기**
> 사회자: 오늘 무대를 마지막으로 ○○ 씨께서 긴 휴식에 들어간다고 합니다. 팬분들께 영상 편지를 남겨 주시겠어요?
> 아이돌 ○○: 그동안 저를 사랑해 주셔서 감사합니다. 제가 다시 돌아올 때까지 여러분 모두 행복하세요.

① 마지막으로 → 마지막 으로
② 긴 휴식 → 기나긴 휴식에
③ 그동안 → 그 동안
④ 돌아올 때까지 → 돌아오실 때까지
⑤ 행복하세요 → 행복하시기를 바랍니다

문법 다잡기

교과서 115, 126, 127쪽

1 품사의 분류 기준

품사의 분류 기준: 형태

01 밑줄 친 단어를 다음 기준에 따라 분류해 보자.

> 고양이가 정말 작고 귀엽다.

(1) 형태가 변하는 단어	(2) 형태가 변하지 않는 단어

plus 문제 01

다음 ㉠~㉤ 중, 형태가 변하지 않는 것을 골라 알맞게 묶은 것은?

> 처음 올 때처럼 공원을 깨끗하게 정리하자.
> ㉠   ㉡   ㉢   ㉣   ㉤

① ㉠, ㉡, ㉢ ② ㉠, ㉢, ㉣ ③ ㉡, ㉢, ㉣
④ ㉡, ㉢, ㉤ ⑤ ㉢, ㉣, ㉤

품사의 분류 기준: 기능

02 밑줄 친 단어를 다음 기준에 따라 분류해 보자.

> 그 배우는 꽤 유명하다.

(1) 문장의 몸통 역할	
(2) 다른 단어를 꾸며 주는 역할	

plus 문제 02

다음 문장의 밑줄 친 부분에 대한 설명으로 알맞지 않은 것은?

> 지유가 헌 옷을 그냥 입고 나가서 엄마는 몹시 속상했다.

① '헌'은 뒤에 오는 체언을 꾸며 준다.
② '그냥'은 뒤에 오는 용언을 꾸며 준다.
③ '입고'는 뒤에 오는 동사를 꾸며 준다.
④ '몹시'는 뒤에 오는 용언을 꾸며 준다.
⑤ '속상했다'는 문장에서 서술어 역할을 한다.

품사의 분류 기준: 의미

03 다음 단어를 단어가 나타내는 공통적 의미에 따라 바르게 연결해 보자.

(1) 꽃, 바다, 윤동주 · · ㉠ 사람이나 사물, 장소의 이름을 나타내는 단어

(2) 그래, 아이고, 여보게 · · ㉡ 사람이나 사물의 상태나 성질을 나타내는 단어

(3) 작다, 빠르다, 예쁘다 · · ㉢ 말하는 이의 느낌이나 부름, 대답 등을 나타내는 단어

plus 문제 03

다음 중 밑줄 친 부분이 체언에 해당하지 않는 것은?

① 그는 이기적인 사람이 아니다.
② 주훈이는 계단을 조심스레 내려갔다.
③ 도서관에 가면 조용히 공부해야 한다.
④ 이런 경우에 어떻게 말해야 할지 고민되었다.
⑤ 첫째도 안전, 둘째도 안전, 안전이 가장 중요하다.

plus 문제 04

다음 중 사람이나 사물의 움직임을 나타내는 단어를 포함하지 않는 문장은?

① 날이 더워서 목이 말랐다.
② 아침 햇살이 매우 싱그럽다.
③ 점심 때가 되자 식당에 갔다.
④ 보랏빛 꽃들이 예쁘게 피었다.
⑤ 새가 날아가고 하늘은 파랗다.

2 ▶ 품사의 종류와 특성

📖 우리말의 품사: 명사, 대명사, 수사

01 밑줄 친 단어의 품사를 써 보자.

> 나는 현규와 옥수수 하나를 나누어 먹었다. 그것은 정말 맛있었다.

(1) 나		(4) 하나	
(2) 현규		(5) 그것	
(3) 옥수수			

plus 문제 01

다음 ㉠~㉤의 품사로 알맞지 <u>않은</u> 것은?

> 혁수: 은행잎이 노랗게 물들었네. 지은아 ㉠이것 좀 봐.
> 지은: 와, 예쁘다. 학교 ㉡근처 공원에 ㉢단풍나무가 많던데. ㉣너도 거기 가 봤어?
> 혁수: 응, 친구들이랑 ㉤셋이서 가 봤어.

① ㉠: 대명사 ② ㉡: 대명사 ③ ㉢: 명사
④ ㉣: 대명사 ⑤ ㉤: 수사

📖 우리말의 품사: 동사, 형용사

02 밑줄 친 단어의 품사가 무엇인지 골라 ○표 해 보자.

(1) 바람이 시원하다. (동사 / 형용사)
(2) 얼음이 빨리 녹았다. (동사 / 형용사)
(3) 나는 너를 믿는다. (동사 / 형용사)

📖 우리말의 품사: 관형사, 부사

03 다음 문장에서 수식언을 모두 찾아 관형사와 부사로 나누어 보자.

> 나는 옛 친구 윤하를 자주 생각한다. 그 친구도 나를 생각해 주면 참 좋겠다.

(1) 관형사	
(2) 부사	

📖 우리말의 품사: 조사

04 다음 문장에서 조사를 모두 찾고, 제시한 기준에 따라 나누어 보자.

> 재우가 과자를 하나만 사 왔다.

(1) 다른 말과의 문법적 관계를 나타내는 조사
(2) 문장에 특별한 의미를 더해 주는 조사

plus 문제 02

다음 밑줄 친 조사 중, 특별한 뜻을 더해 주는 조사로 알맞은 것은?

> 허수아비가 서 있는 들판의 곡식이 여물어 가고, 밤에는 벌레의 노랫소리만 들려온다.

① 가 ② 의 ③ 이
④ 의 ⑤ 만

📖 우리말의 품사: 감탄사

05 다음 문장에서 감탄사를 찾아 ○표를 하고, 말하는 이의 느낌, 부름, 대답 가운데 무엇을 나타내는지 표시해 보자.

(1) 네, 알겠습니다.
　　□ 느낌　□ 부름　□ 대답

(2) 오, 이 책 정말 재밌네.
　　□ 느낌　□ 부름　□ 대답

(3) 여보세요, 진우네 집이죠?
　　□ 느낌　□ 부름　□ 대답

plus 문제 03

다음 대화에서 대답을 나타내는 감탄사를 모두 찾아 쓰시오.

> 민주: 혹시 급식 식단표 가지고 있어?
> 주희: 응, 여기 있어.
> 민주: 우아, 오늘 점심 맛있겠다.
> 주희: 아! 갑자기 배가 엄청 고프다. 야, 이따 우리 급식 먹으러 빨리 가자.
> 민주: 그래, 오늘 점심은 많이 먹어야지.

(1) 단어의 갈래

★ 품사란?

단어를 문법적으로 **①**☐☐된 성질을 가진 것끼리 나누어 묶은 갈래

★ 품사의 분류 기준은 무엇일까?

- **②**☐☐ : 문장에서 쓰일 때 단어의 형태가 변하는지 변하지 않는지에 따라
- **③**☐☐ : 단어가 문장에서 어떤 기능을 하는지에 따라
- **④**☐☐ : 단어가 나타내는 공통적 의미가 무엇인지에 따라

★ 품사의 종류와 특성을 알아보자!

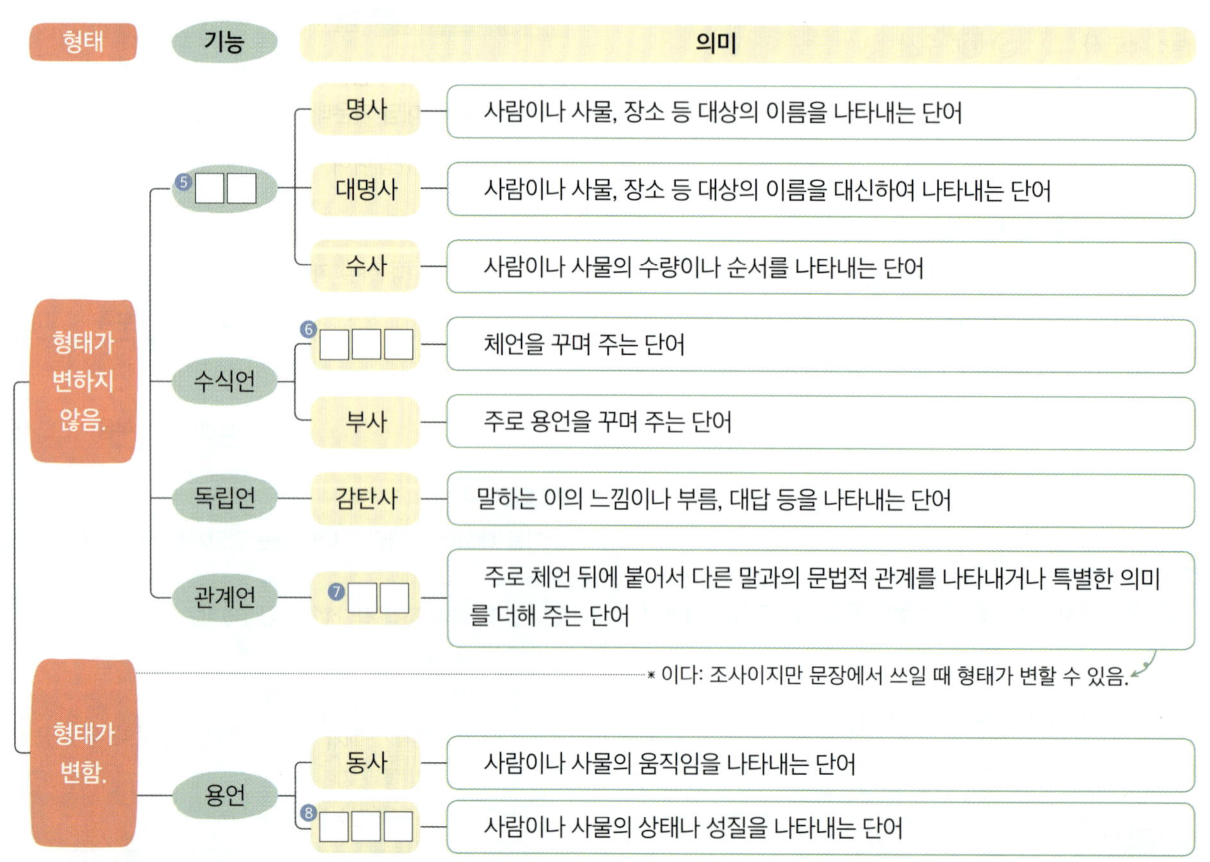

소단원 다잡기

01 품사에 대한 설명으로 알맞지 않은 것은?

① 품사는 형태, 기능, 의미에 따라 다르게 분류된다.
② 문장에서 쓰일 때 단어의 형태가 변하는 것은 관형사, 부사이다.
③ 우리말 단어는 단어가 나타내는 의미에 따라 아홉 개의 품사로 나눌 수 있다.
④ 품사란 문법적으로 공통된 성질을 가진 것끼리 나누어 묶은 단어의 갈래이다.
⑤ 문장에서 단어가 어떤 기능을 하는가에 따라 품사를 체언, 수식언, 용언, 관계언, 독립언으로 나눌 수 있다.

02 〈보기〉의 밑줄 친 단어에 대한 설명으로 알맞은 것은?

> ─ 보기 ─
> • <u>사과</u>를 먹다.
> • <u>사과</u>를 먹었다.
> • <u>사과</u>를 먹으니 배가 부르다.

① '사과'는 홀로 쓰일 수 없는 말이다.
② '사과'는 문장에 쓰일 때 형태가 바뀌지 않는다.
③ '먹다', '먹었다', '먹으니'의 기본형은 '먹었다'이다.
④ '먹다'는 뒤에 오는 단어를 꾸며 주는 기능을 한다.
⑤ '사과'는 대상의 이름을 대신해서 가리키는 단어이다.

03 〈보기〉의 밑줄 친 단어들을 제시된 기준에 따라 분류하시오.

> ─ 보기 ─
> • <u>동생</u>이 <u>방</u>에 <u>있다</u>.
> • <u>이</u> <u>영화</u>는 <u>정말</u> <u>재미있다</u>.
> • <u>그것</u>은 <u>매우</u> <u>아름다운</u> <u>그림</u>이다.

(1) 형태가 변하지 않는 단어
____

(2) 형태가 변하는 단어
____

(3) 다른 말을 꾸며 주는 기능을 하는 단어
____

(4) 단어들 사이의 문법적 관계를 나타내거나 특별한 뜻을 더해 주는 단어
____

04 다음 중 단어가 나타내는 공통적 의미가 다른 하나는?

① 그네   ② 그대   ③ 도서관
④ 윤봉길   ⑤ 급식실

05 대명사에 대한 설명으로 알맞은 것은?

① 문장에 쓰일 때 형태가 바뀐다.
② 대상의 상태나 성질을 나타내는 단어이다.
③ 홀로 쓰일 수 없어 다른 단어와 함께 쓰인다.
④ 사람이나 사물, 장소 등 대상의 이름을 나타낸다.
⑤ 문장에서 주로 주어나 목적어 등으로 쓰여 문장의 몸통 역할을 한다.

06 〈보기〉의 ㉠, ㉡에 들어갈 대명사가 알맞게 짝 지어진 것은?

> ─ 보기 ─
> 어제 나는 세준, 은수와 함께 분식집에 갔다. 오늘도 나는 (㉠)와/과 함께 (㉡)에 갔다.

	㉠	㉡		㉠	㉡
①	그녀	그	②	그들	거기
③	누구	저기	④	그	그곳
⑤	저들	여기			

07 〈보기〉를 통해 알 수 있는 명사, 대명사, 수사의 공통적인 기능을 〈조건〉에 맞게 서술하시오.

> ─ 보기 ─
> • (선생님 / 나 / 셋)은/는 노래를 불렀다.
> • 주희는 등굣길에 (선생님 / 나 / 셋)을/를 만났다.

> ─ 조건 ─
> • '문장에서 ~ 쓰인다.' 형태의 완결된 문장으로 쓸 것

학습 활동 정복

08 〈보기〉의 대화에서 ㉠이 가리키는 대상을 쓰시오.

> ─ 보기 ─
> 건우: 지연이랑 동휘랑 남산에서 케이블카를 타고, 돈
> 가스를 먹으러 갈까?
> 도영: 그래. 걔들과 거기에 가서 ㉠그것을 먹도록 하
> 자.

09 다음 문장의 단어 중, 〈보기〉의 설명에 해당하는 것은?

> ─ 보기 ─
> 대상의 움직임을 나타내며 주로 문장에서 서술어로
> 쓰이는 단어

> 지호는 산에 올라갔더니 다리가 아팠다.
> ①　　②　　③　　④　　⑤

서술형

10 〈보기〉의 밑줄 친 단어에 해당하는 품사를 〈조건〉에 맞게 서술하시오.

> ─ 보기 ─
> 등굣길에 자전거를 탄 친구들을 만났다.

> ─ 조건 ─
> • 의미를 기준으로 하여 품사를 분류할 것
> • "자전거'는 ~기 때문에 ~이다.' 형태의 완결된 문장으로 쓸 것

11 〈보기〉의 ㉠, ㉡에 들어갈 말로 알맞은 것은?

> ─ 보기 ─
> 명사는 사람이나 사물의 (　㉠　)을/를 나
> 타낸다. 형태가 변하지 않으며, 문장 내에서 주로
> (　㉡　)나 목적어의 역할을 한다.

	㉠	㉡		㉠	㉡
①	이름	주어	②	상태	서술어
③	성질	주어	④	성질	서술어
⑤	이름	서술어			

12 밑줄 친 부분이 대명사에 해당하지 <u>않는</u> 것은?

① <u>너</u>는 나를 항상 기쁘게 해 줘.
② <u>이것</u>을 이안이에게 전해 주렴.
③ 가방을 <u>거기</u>에 올려 두면 안 돼.
④ 내 <u>동생</u>이 지금 여기로 오고 있다.
⑤ 내가 기다려도 <u>그</u>는 나타나지 않았다.

13 〈보기〉의 문장에서 포함하고 있지 <u>않은</u> 품사는?

> ─ 보기 ─
> 아, 내가 집에 휴대 전화를 두고 왔구나.

① 명사　　　② 수사　　　③ 동사
④ 감탄사　　⑤ 대명사

14 다음 문장에 쓰인 수사 중 성격이 <u>다른</u> 것은?

① 하나에 하나를 더하면 둘이 된다.
② 열에 아홉은 이것을 싫어할 것이다.
③ 이 둘이 셋이 되고, 넷이 되기도 한다.
④ 인원이 다섯은 되어야 출발할 수 있다.
⑤ 공부를 잘하기 위해서는 첫째, 수업에 집중해야 하고, 둘째, 복습해야 한다.

15 다음 중 동사를 포함하지 <u>않은</u> 문장은?

① 어제 비를 맞았다.
② 길이 많이 막혔다.
③ 밥을 많이 주세요.
④ 어제는 졸려서 혼났어.
⑤ 너무 황당하고 답답하다.

16 〈보기〉의 용언에 대해 탐구한 내용으로 알맞지 <u>않은</u> 것은?

─ 보기 ─
ㄱ. 토끼가 뛴다. / 토끼가 뛰었다. / 토끼야, 뛰어라.
ㄴ. 미래는 예쁘다. / 미래는 예쁘니? / 미래는 예뻐.
ㄷ. 대한이는 건강하다. / *대한아, (건강해라 / 건강하
   자).
ㄹ. 하늘이가 빙그레 웃는다. / 빙그레 웃는 하늘이
                                   *는 비문임.

① ㄱ과 ㄴ을 통해 용언은 형태가 변한다는 것을 알 수
   있다.
② ㄴ을 통해 형용사는 '-다'가 결합한 형태가 기본형임
   을 알 수 있다.
③ ㄷ을 통해 형용사는 명령형과 청유형으로 활용할 수
   없음을 알 수 있다.
④ ㄹ을 통해 동사는 부사의 꾸밈을 받을 수 있음을 알
   수 있다.
⑤ ㄱ~ㄹ을 통해 용언은 형태가 변해도 서술어로만 쓰
   일 수 있음을 알 수 있다.

서술형   학습 활동 꼼꼼

17 〈보기〉의 문장이 잘못된 이유를 〈조건〉에 맞게 서술하시오.

─ 보기 ─
주아야, 예쁘자!

─ 조건 ─
• '~ 쓸 수 없기 때문이다.' 형태의 완결된 문장으로 쓸
  것

18 다음 중 밑줄 친 단어의 성격이 <u>다른</u> 하나는?

① 나는 옷을 <u>빨리</u> 사야 한다.
② 그는 <u>굉장히</u> 좋은 사람이다.
③ 나는 <u>매우</u> 힘든 하루를 보냈다.
④ <u>저</u> 집에는 사람이 살지 않는다.
⑤ 그 말을 들으니 기분이 <u>확</u> 나빠졌다.

학습 활동 꼼꼼

19 〈보기〉의 ㉠에 대한 이해로 알맞은 것은?

─ 보기 ─
(현성이와 성희는 국어 시간에 모둠별로 창작한 소설의
문장을 함께 다듬고 있다.)
현성: '나는 학교를 향해 걸어갔다. 그 순간 가슴이 뛰
   기 시작했다.'라고 하는 것은 너무 밋밋한 것 같
   아.
성희: 그러면 ㉠'나는 학교를 향해 성큼성큼 걸어갔다.
   그 순간 가슴이 쿵쿵 뛰기 시작했다.'라고 하면
   어때?

① 표현하려는 대상을 보다 객관적이고 논리적으로 설
   명하고 있다.
② 관계언을 수식하는 단어가 주어의 정서를 효과적으
   로 보여 주고 있다.
③ 수량이나 순서를 나타내는 단어를 통해 주어의 생각
   을 강조하고 있다.
④ 사물의 움직임을 나타내는 단어를 나열하여 주어의
   심리를 묘사하고 있다.
⑤ 소리나 모양을 나타내는 부사를 통해 주어가 처한 상
   황을 보다 자세히 전달하고 있다.

서술형   학습 활동 꼼꼼

20 〈보기〉의 밑줄 친 단어들이 문장에서 수행하는 공통적인 기
능을 〈조건〉에 맞게 서술하시오.

─ 보기 ─
• 꽃이 <u>활짝</u> 피었다.
• <u>모든</u> 학생이 운동장에 나왔다.
• <u>새</u> 신발을 신으니 기분이 좋다.
• 그가 들려준 이야기는 <u>매우</u> 흥미로웠다.

─ 조건 ─
• '문장에서 ~다.' 형태의 완결된 문장으로 쓸 것

소단원 다잡기

21 다음 문장의 단어 중, 〈보기〉의 설명에 해당하는 것은?

> **보기**
> • 느낌, 부름, 대답 등을 나타내는 단어
> • 문장에서 독립적으로 사용되는 단어

> 그래, 나는 이제 준비가 됐어.
>   ① ②   ③   ④   ⑤

22 조사의 특성에 대한 설명으로 알맞지 <u>않은</u> 것은?

① 주로 체언 뒤에 붙는다.
② 문장에 특별한 의미를 더해 준다.
③ 문장에서 다른 단어를 꾸며 준다.
④ 서술격 조사 외에는 형태가 변하지 않는다.
⑤ 문장에서 단어 사이의 문법적 관계를 나타내는 역할을 한다.

23 〈보기〉의 문장에 쓰인 단어들의 품사를 각각 쓰시오.

> **보기**
> 여보게, 사람이 하나만 알고 둘은 어찌 모르는가?

[24~25] 다음 글을 읽고 물음에 답하시오.

㉮ 석류: 석류나무의 열매. 둥근 모양이며 광택이 난다. 단단하고 노르스름한 껍질이 감싸고 있으며, 5~6월에 꽃이 핀 뒤 <u>열매가 열린다</u>. 10월쯤 열매가 익으면 껍질이 갈라진다. 열매 속에는 분홍빛의 씨가 들어 있다. 나무껍질과 뿌리, 열매의 껍질은 말려서 약으로 쓴다.

㉯ <u>살랑살랑</u> 봄바람 / 잎이 돋고 꽃이 피고

꽃 속에 숨죽인 / 아기 별님들

긴 여름 꿈꾸며 / 잘 자랐네

갈볕이 / <u>소곤소곤</u>

갈바람이 / <u>똑똑</u>

<u>살며시</u> 문 열고 / 수줍음쟁이

<u>빼꼼</u> 내다보네 / 부끄럼쟁이

---

24  밑줄 친 단어를 중심으로 하여 (가)와 (나)를 이해한 내용으로 알맞은 것은?

① (가)는 (나)보다 수식언을 많이 사용하여 대상을 섬세하게 표현하였다.
② (가)는 (나)보다 형용사를 많이 사용하여 말하는 이의 감정을 자세히 전달하고 있다.
③ (나)는 (가)보다 수식언을 많이 사용하여 대상을 더 아름답게 표현하였다.
④ (나)는 (가)보다 동사를 많이 사용하여 대상의 특징을 자세히 서술하였다.
⑤ (가)와 (나)는 모두 동사를 많이 사용하여 사람들이 궁금해하는 사실을 전달하고 있다.

25  (가)에서 특정한 품사를 사용했을 때의 효과를 〈보기〉를 참고하여 〈조건〉에 맞게 서술하시오.

> **보기**
> 설명문: 읽는 사람들이 어떠한 사항을 이해할 수 있도록 정확한 사실을 논리적으로 쓴 글.

> **조건**
> • (가)의 글 종류를 포함하여 쓸 것
> • (가)에 쓰인 특정한 품사를 2개 이상 제시할 것

(2) 자료를 활용하여 글 쓰기

소단원 핵심 개념

중요 1 자료의 중요도 판단 기준

- 글의 주제와 관련이 있는 내용인지 판단해야 한다.
- 저자와 출처가 분명하고 믿을 만한지 판단해야 한다.
- 독자들이 이해하기 쉬운 내용인지 판단해야 한다.

2 정보를 전달하는 글의 유형

설명문	어떤 지식이나 대상에 관한 정보를 독자에게 알려 주기 위하여 풀어 쓴 글
보고문	조사하거나 연구한 것의 내용이나 결과를 알리는 글
안내문	어떤 내용을 소개하여 알려 주는 글
기사문	보고 들은 사실이나 정보를 객관적으로 전달하는 글

중요 3 자료를 활용하여 정보를 전달하는 글을 쓰는 과정

계획하기	• 글의 주제, 글을 쓰는 목적, 글의 유형, 예상 독자를 고려하여 글쓰기 계획 세우기
자료 수집하기	• 글의 주제와 관련 있는 자료 수집하기 • 책, 신문, 인터넷 등 다양한 매체의 특성을 고려하여 자료 수집하기
자료 선정하기	• 자료의 중요도에 따라 글에 활용할 자료 선정하기 → 판단 기준 활용 자료가 부족하거나 새로운 자료가 필요할 경우, 자료 수집 단계로 돌아가기
개요 작성하기	• 선정한 자료 활용 계획 세우기 • 글의 짜임에 맞게 각 부분의 중심 내용 정하기
정보를 전달하는 글 쓰기	• 자료를 효과적으로 활용하여 정보를 전달하는 글 쓰기 • 쓰기 윤리를 지키며 자료의 내용을 인용하고 자료의 출처 밝히기

중요 4 자료를 활용하여 정보를 전달하는 글을 쓸 때 유의할 점

- 글, 그림, 사진 등 다양한 자료를 수집한 뒤 중요한 자료를 선정해야 한다.
- 선정한 자료를 글에서 잘 활용할 수 있도록 적절히 통합하고 배치해야 한다.

5 자료를 활용하여 글을 쓸 때 지켜야 할 쓰기 윤리

- 자료의 출처를 모두 정확히 밝혀야 한다.
- 자료의 내용을 마음대로 바꾸거나 왜곡하지 않아야 한다.

개념 확인 문제

1 자료의 중요도를 판단하는 기준으로 알맞지 <u>않은</u> 것은?

① 저자가 분명한가?
② 자료의 출처가 분명한가?
③ 자료의 출처가 믿을 만한가?
④ 글쓴이가 알고 있는 내용인가?
⑤ 글의 주제와 관련이 있는 내용인가?

2 글쓰기 과정 중, 〈보기〉에 해당하는 단계로 알맞은 것은?

> **보기**
> • 선정한 자료를 어떻게 활용할지 계획을 세우는 단계
> • 글의 짜임을 고려하여 내용을 조직하는 단계

① 계획하기　　② 자료 수집하기
③ 자료 선정하기　④ 개요 작성하기
⑤ 쓰기 윤리를 지키며 글 쓰기

3 글을 쓰기 위해 자료를 수집할 때, 활용할 수 있는 매체를 세 가지 쓰시오.

4 글을 쓰기 위해 자료를 활용할 때, 유의해야 할 점으로 알맞지 <u>않은</u> 것은?

① 자료의 출처를 정확하게 밝혀야 한다.
② 선정한 자료는 글에 적절히 배치해야 한다.
③ 글을 쓸 때는 선정한 자료의 내용을 과장해야 한다.
④ 다양한 자료를 수집한 뒤 중요한 자료를 선정해야 한다.
⑤ 선정한 자료를 글에서 잘 활용할 수 있도록 통합하고 배치해야 한다.

3 단원

과정 × 탐구　교과서 136~149쪽

1 계획하기

> 윤성이는 환경의 달을 맞아 학교 신문에 글을 투고하려고 한다. 글을 쓰기 전에 윤성이는 먼저 글의 주제와 글쓰기 목적, 글의 유형을 정하고 예상 독자를 고려하여 글쓰기 계획을 세웠다.

• 윤성이의 글쓰기 계획

글의 주제	□□□□□□□□ 방법
글의 목적	정보 전달
글의 유형	설명문
예상 독자	친구들

핵심콕콕 　계획하기

> • 글을 쓰기 전에 글의 □□, 글의 목적, 글의 유형, □□□□를 정하고 이를 고려하여 글쓰기 계획을 세운다.

01 윤성이의 글쓰기 계획에 대한 이해로 알맞지 **않은** 것은?

① 정보 전달을 목적으로 하는 글을 쓸 것이다.
② 친구들이 관심을 가질 만한 자료를 활용할 것이다.
③ '무색 페트병을 분리배출하는 방법'을 주제로 할 것이다.
④ 주변 친구들이 많이 읽는 학교 신문에 글을 투고할 것이다.
⑤ 어려운 전문 용어를 사용하여 문제의 심각성을 알릴 것이다.

핵심 개념 콕

02 글쓰기를 계획하는 단계에서 고려해야 할 것이 아닌 것은?

① 글의 주제　② 글의 목적
③ 예상 독자　④ 글의 유형
⑤ 사진 자료

03 〈보기〉의 주제들에 어울리는 글의 유형으로 알맞은 것은?

> 보기)
> • 자전거의 구조
> • 라면을 끓이는 방법
> • 기후 위기의 발생 원인

① 편지　② 일기　③ 논설문
④ 설명문　⑤ 기행문

04 계획하기 단계에서 예상 독자를 정하는 이유로 알맞은 것은?

① 글쓴이의 지적 수준을 뽐내려고
② 독자의 수준과 흥미를 고려하려고
③ 독자가 이해하기 어려운 글을 쓰려고
④ 독서를 즐기는 사람이 얼마나 되는지 파악하려고
⑤ 자신이 쓴 글을 비판할 대상이 있는지 알아보려고

2 자료 수집하기

윤성이는 글의 주제와 관련 있는 자료를 여러 매체에서 수집해 보았다.

책, 신문 등에서 자료 수집하기

도서관에서 주제에 관한 내용을 다루는 책과 신문을 찾고, 그중 독자가 이해하기 쉬운 자료 고르기

인터넷에서 자료 수집하기

- 글의 주제와 관련 있는 핵심어를 활용하여 자료 찾기
- 출처가 정확하고 믿을 만한 내용을 다루는지 확인하기

기타

- 설문 조사하기
- 면담하기
- 사진 찍기, 그림 그리기

자료 수집 방법

• 윤성이가 선택한 자료 수집 방법

☑ 책, 신문 등 찾아보기   ☑ 인터넷 검색
☐ 설문 조사 또는 면담   ☑ 그 외: ______________

핵심 콕콕 ⟨ 자료 수집하기

- 글의 ☐☐에 관한 내용을 다룬 책, 신문에서 자료를 찾는다.
- 인터넷에서 ☐☐☐를 활용하여 ☐☐가 정확하고 믿을 만한 내용을 다룬 자료를 찾는다.
- 설문 조사, 면담, 사진 찍기, 그림 그리기 등을 통해 필요한 자료를 수집한다.

학습 활동 응용 ⟩⟩⟩

05 윤성이의 자료 수집 과정에 대한 설명으로 알맞지 **않은** 것은?

① 주제에 관해 다룬 책과 신문을 찾을 것이다.
② 친구들이 이해하기 쉬운 자료를 고를 것이다.
③ 전문가와의 질의응답으로 얻은 자료를 사용할 것이다.
④ 주제와 관련한 사진을 직접 찍어 자료로 사용할 것이다.
⑤ 인터넷에서 주제와 관련 있는 핵심어를 활용하여 자료를 찾을 것이다.

06 글의 주제와 관련 있는 자료를 수집하는 방법에 대한 설명으로 맞으면 ○표, 틀리면 ×표를 하시오.

(1) 도서관에서 주제에 관한 내용을 다루는 책과 신문을 찾는다. (　　　)
(2) 설문 조사는 쉽게 조작이 가능하므로 자료 수집 방법으로는 적절하지 않다. (　　　)

핵심 개념 콕

07 인터넷에서 자료를 수집할 때 유의할 점으로 알맞지 **않은** 것은?

① 주제와 직접 연관이 있는가?
② 예상 독자의 수준에 적합한가?
③ 글의 목적과 유형에 적합한가?
④ 출처가 정확하고 신뢰할 만한가?
⑤ 글쓴이가 평소에 잘 알고 있는 내용인가?

08 〈보기〉의 빈칸에 들어갈 알맞은 말을 쓰시오.

보기

　자료를 활용하여 글 쓰기를 할 때, 책, 신문, 인터넷 등과 같은 여러 (　　　)에서 필요한 정보를 수집할 수 있다.

3 자료 선정하기

윤성이는 수집한 자료의 중요도를 '중요도 판단 기준'에 따라 분석하고, 글에 활용할 자료를 선정해 보았다.

중요도 판단 기준

○ 글의 주제와 관련 있는 내용인가?
○ 저자와 출처가 분명하고 믿을 만한가?
○ 독자들이 이해하기 쉬운 내용인가?

자료 1

우리나라의 페트병 재활용률은 80%이지만 재생 원료의 품질이 좋지 않아 재활용해도 잘 팔리지 않아요. 깨끗한 페트병으로 품질을 높여야 제대로 재활용됩니다.

- 홍수열, 《그건 쓰레기가 아니라고요》에서

환경 전문가가 일반 독자를 위해 쉽게 쓴 책의 내용

- 글의 주제와 관련 있는 내용인가?
  → , ×
- 저자와 출처가 분명하고 믿을 만한가? → , ×
- 독자들이 이해하기 쉬운 내용인가?
  → ○, ×

자료 선정 ○ ×

자료 2

칫솔이나 장난감 등 하나의 물건에 여러 가지 재질이 섞인 경우는 재활용이 어렵습니다. 일반 쓰레기로 버려 주세요.

- 기획재정부 누리집에서

공공 기관 누리집 자료

- 글의 주제와 관련 있는 내용인가?
  → , ×

자료 선정 ○ ×

자료 3

분리배출된 무색 페트병은 분쇄와 세척을 거쳐 재가공한 뒤 의류, 잡화 등을 만들 때 쓰이는 고급 원사의 원료가 된다.

- 《한국일보》, 2021년 3월 15일 자에서

신문 기사 자료

- 글의 주제와 관련 있는 내용인가?
  → 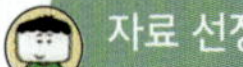, ×
- 저자와 출처가 분명하고 믿을 만한가? → , ×

자료 선정 ○ ×

---

09 윤성이가 수집한 자료 1~ 자료 3에 대한 이해로 알맞지 <u>않은</u> 것은?

① 자료 1은 믿을 만한 저자가 쓴 것이다.
② 자료 1은 독자들이 이해하기 어렵게 쓰였다.
③ 자료 1은 글의 주제와 관련이 있으므로 활용할 계획이다.
④ 자료 2는 글의 주제와 관련이 없으므로 활용하기 어렵다.
⑤ 자료 3은 믿을 만한 출처의 자료이다.

핵심 개념 콕

10 〈보기〉의 빈칸에 들어갈 말로 알맞은 것은?

> **보기**
> 수집한 자료의 중요도는 글의 (　　　)와/과 관련이 있는지를 바탕으로 하여 판단할 수 있다.

① 주제　② 흥미　③ 출처
④ 분량　⑤ 저자

11 〈보기〉의 빈칸에 공통으로 들어갈 알맞은 말을 쓰시오.

> **보기**
> 수집한 자료의 (　　　)가 분명하고 믿을 만한지 판단할 때에는 (　　　)가 그 분야의 전문가인지, 혹은 그의 설명이나 주장이 정확하고 신뢰할 만한지를 파악해야 한다.

12 다음 중 글을 쓰기 위해 수집한 자료의 중요도를 판단하는 기준으로 알맞은 것은?

① 예상 독자에게 친숙한 내용인가?
② 글쓴이의 삶과 관련이 있는 내용인가?
③ 자료의 출처가 분명하고 믿을 만한가?
④ 사람들에게 새로운 깨달음을 줄 수 있는 내용인가?
⑤ 예상 독자와 글쓴이가 함께 공유할 수 있는 경험인가?

자료 4

무색 페트병이라면 씻지 않고 버려도 된다고 한다. 그래서 오늘 집에 있던 무색 페트병을 그냥 버렸다.

- 개인 블로그에서

사실이 아닌 내용의 개인 블로그 자료

• 저자와 출처가 분명하고 믿을 만한가? → ○, ✕

 자료 선정　○　✕

자료 5

무색 페트병 분리배출 순서를 알려 주는 동영상 자료

• 글의 주제와 관련 있는 내용인가?
→ ○, ✕

 자료 선정　○　✕

자료 6

무색 페트병이 잘 분리배출되지 않은 교실의 모습을 직접 찍은 사진 자료

• 글의 주제와 관련 있는 내용인가?
→ ○, ✕

• 독자들이 이해하기 쉬운 내용인가?
→ ○, ✕

 자료 선정　○　✕

• 윤성이의 자료 선정 결과

선정한 자료	자료 1, ______________________
선정하지 않은 자료	______________________

핵심콕콕　자료 선정하기

• 글의 주제와 관련 있는 자료를 고른다.
• 저자와 □□가 분명하고 믿을 만한 자료를 고른다.
• □□들이 이해하기 쉬운 내용을 고른다.

---

13 윤성이가 수집한 자료 4~자료 6에 대한 이해로 알맞은 것은?

① 자료 4의 내용은 사실에 부합한다.
② 자료 4의 저자와 출처는 믿을 만하다.
③ 자료 5의 출처는 분명하고 믿을 만하다.
④ 자료 5는 글의 주제와 관련이 적어 활용하기 어렵다.
⑤ 자료 6은 독자들이 이해하기 어려워 보다 쉬운 내용으로 재구성해야 한다.

14 다음 중 믿을 만한 출처로 알맞지 <u>않은</u> 것은?

① 전문가가 쓴 책
② 공공 기관의 누리집
③ 텔레비전 뉴스 보도 내용
④ 언론사의 기자가 쓴 기사문
⑤ 비전문가가 쓴 사회 관계망 서비스(SNS) 게시 글

15 독자들이 주제를 쉽게 이해할 수 있도록 돕는 성격의 자료로 알맞은 것을 〈보기〉에서 모두 고른 것은?

> **보기**
> ㄱ. 주제와 밀접한 사진 자료
> ㄴ. 복잡한 절차를 그림으로 만든 자료
> ㄷ. 어려운 전문 용어를 많이 사용한 논문
> ㄹ. 한눈에 내용을 파악하기 어려운 그래프

① ㄱ, ㄴ　　② ㄱ, ㄴ, ㄷ
③ ㄱ, ㄹ　　④ ㄴ, ㄷ
⑤ ㄷ, ㄹ

핵심 개념 콕

16 글을 쓸 때, 자료의 중요도를 판단하여 활용 여부를 정하는 단계로 알맞은 것은?

① 계획하기　　② 자료 수집하기
③ 자료 선정하기　④ 개요 작성하기
⑤ 글 완성하기

4 개요 작성하기

윤성이는 글로 쓸 내용을 정리하며 글의 개요를 작성했다. 그리고 앞서 선정한 자료를 글에서 어떻게 활용하면 좋을지 자료 활용 계획도 세워 보았다.

처음
중심 내용: 무색 페트병을 올바르게 분리배출해야 하는 까닭

자료 활용 계획

자료 6
분리배출이 올바르게 되지 않은 모습을 □□으로 보여 줘야지.

자료 3
재활용된 무색 페트병이 어떻게 사용되는지에 관한 □□ □□의 내용을 가져와서 무색 페트병 분리배출의 필요성을 알려 주겠어.

중간
중심 내용 ①: 무색 페트병을 분리하는 방법
○ 색을 기준으로 분리
○ 재질을 기준으로 분리

중심 내용 ②: 무색 페트병을 배출하는 방법
○ 무색 페트병을 배출하는 순서
○ 무색 페트병을 배출할 때 주의할 점

자료 활용 계획

새로운 자료
무색 페트병 재활용 마크를 함께 알려 줘야겠다.

자료 5
자료에 쓰인 그림을 덧붙여 무색 페트병을 배출하는 □□을/를 알기 쉽게 보여 줘야지.

끝
중심 내용: 무색 페트병을 올바르게 분리배출하는 것의 중요성

자료 활용 계획

자료 1
무색 페트병을 올바르게 분리배출해야 하는 것을 강조하기 위해 □의 내용을 인용해야겠어.

---

17 윤성이가 작성한 개요에 대한 이해로 알맞지 **않은** 것은?

① 글의 짜임은 '처음-중간-끝'으로 구성하였다.
② 무색 페트병을 분리하는 방법을 설명하는 부분에서 새로운 자료를 사용할 계획이다.
③ 무색 페트병을 올바르게 분리배출하는 것의 중요성을 강조하며 글을 마무리하려고 한다.
④ 무색 페트병을 배출할 때의 주의점을 설명하는 부분에서는 신문 기사 내용을 인용하려고 한다.
⑤ 무색 페트병 분리배출이 제대로 이루어지지 않는 상황을 글의 처음 부분에 사진 자료로 제시할 계획이다.

18 <보기>에서 글의 개요를 작성할 때 다루어야 할 요소를 모두 고른 것은?

─ 보기 〕
ㄱ. 글의 구성 단계
ㄴ. 각 부분의 중심 내용
ㄷ. 완성된 글에 대한 평가
ㄹ. 각 부분에 들어갈 자료 활용 계획

① ㄱ, ㄴ 　② ㄴ, ㄷ
③ ㄱ, ㄴ, ㄹ 　④ ㄴ, ㄷ, ㄹ
⑤ ㄱ, ㄷ, ㄹ

핵심 개념 콕

19 개요를 작성할 때 고려해야 할 점으로 알맞지 **않은** 것은?

① 글의 짜임에 맞게 각 부분의 중심 내용을 정한다.
② 글의 짜임에 들어갈 내용을 최대한 자세하게 쓴다.
③ 수집한 자료 중에서 글에 활용할 자료를 배치한다.
④ 선정한 자료를 글에서 어떻게 활용할지 정한다.
⑤ 부족한 자료나 새로운 자료가 더 필요한지 살펴본다.

핵심콕콕 — 개요 작성하기

- 글의 짜임에 맞게 각 부분의 ☐☐ 내용을 정한다.
- 개요를 바탕으로 하여 선정한 자료의 활용 ☐☐을 세운다.
- 선정한 자료를 글에서 잘 활용할 수 있도록 적절히 ☐☐하고 배치한다.
- 새로운 자료가 필요하다면 자료 수집 단계로 돌아가 자료를 추가하고, 중요도를 분석한다.

5 쓰기 윤리를 지키며 정보를 전달하는 글 쓰기

윤성이는 개요와 자료 활용 계획을 바탕으로 하여 정보를 전달하는 글을 썼다.

올바른 무색 페트병 분리배출 방법

청소를 끝낸 교실의 모습이다. 얼핏 보면 잘 정리한 것처럼 보이지만, 알고 보면 ㉠문제가 있다. 무색 페트병이 플라스틱 분리수거함 안에 들어가 있기 때문이다. 무색 페트병은 무색 페트병끼리만 모아 버려야 한다. **무색 페트병은 옷, 가방 등으로 재활용할 수 있는 고급 재료이기 때문이다.** 그런데 이러한 사실을 잘 모르는 사람들이 무색 페트병을 아무렇게나 버릴 때가 많다. 지금부터 올바르게 무색 페트병을 분리배출하는 방법을 알아보자.

→ ☐☐들이 어려워할 만한 기사의 표현을 이해하기 쉽게 바꾸어 썼다.

잘 분리하는 법 – 플라스틱 속에서 무색 페트병 골라내기

가장 확실한 것은 '무색 페트'라고 적힌 삼각형 마크를 확인하는 것이다. 그런데 마크가 잘 안 보일 때에는 어떻게 해야 할까? 우선 초록색, 갈색 등 색이 있는 페트병은 모두 제외해야 한다. 유색 페트병은 재생 원료를 오염시키기 때문이다. 또 확인할 것은 재질이다. 플라스틱 중에서도 페트 재질인 것만 골라내야 한다. 커피 컵 같은 경우 색이 없는 플라스틱이지만 페트병과는 재질이 다르다. 재활용할 수 있는 페트 재질 플라스틱에는 생수병, 우유병, 음료수병 등이 있다.

→ ☐☐☐을 붙여서 중심 내용이 더 잘 드러나게 했다.

학습 활동 응용 >>>

핵심 개념 콕

20 윤성이가 이 글을 쓰면서 했을 생각으로 알맞지 <u>않은</u> 것은?

① 처음에 사진 자료를 제시하여 독자들의 관심을 끌어야지.
② '무색 페트' 마크를 시각 자료로 제시하여 독자의 이해를 도와야지.
③ 소제목을 제시하여 각 부분의 중심 내용이 더 잘 드러나게 해야지.
④ 재활용할 수 있는 페트 재질 플라스틱의 예를 몇 가지 제시해 주어야지.
⑤ 무색 페트병이 환경 오염에 미치는 영향을 그래프 자료로 제시해 주어야지.

21 ㉠에 대한 이해로 알맞은 것은?

① 학생들이 무색 페트병끼리만 모아서 버리고 있는 상황
② 학생들이 청소 도구를 제대로 정리하지 않고 있는 상황
③ 무색 페트병의 분리배출이 제대로 이루어지지 않고 있는 상황
④ 플라스틱 분리수거함이 부족하여 교실이 더럽혀지고 있는 상황
⑤ 학생들이 일반 쓰레기를 플라스틱 분리수거함에 버리고 있는 상황

22 〈보기〉의 빈칸에 들어갈 알맞은 말을 쓰시오.

> **보기**
>
> 글을 쓸 때, 소제목을 활용하면 글의 (　　　　)이 더 잘 드러난다.

23 이 글의 주제를 20자 이내의 한 문장으로 쓰시오.

바른답·알찬풀이 20쪽

잘 배출하는 법 – 무색 페트병 깨끗하게 만들기

무색 페트병을 따로 모은다고 끝이 아니다. 무색 페트병을 버릴 때에는 깨끗하게 만드는 것이 중요하다. 오염 물질이 남아 있으면 같이 배출한 다른 페트병도 못 쓰게 되어 버린다. 그러므로 내용물이 남지 않도록 잘 씻고, 라벨을 떼어야 한다. 그다음 운반하기 쉽게 압축하고, 뚜껑을 닫아 배출한다. <u>무색 페트병을 버릴 때 뚜껑을 닫아야 하는 까닭은 무엇일까?</u> 뚜껑을 닫아야 페트병을 운반하는 과정에서 병 속에 이물질이 들어가는 것을 막을 수 있기 때문이다.

→ 독자의 관심을 끌기 위해 [][]을 활용하였다.

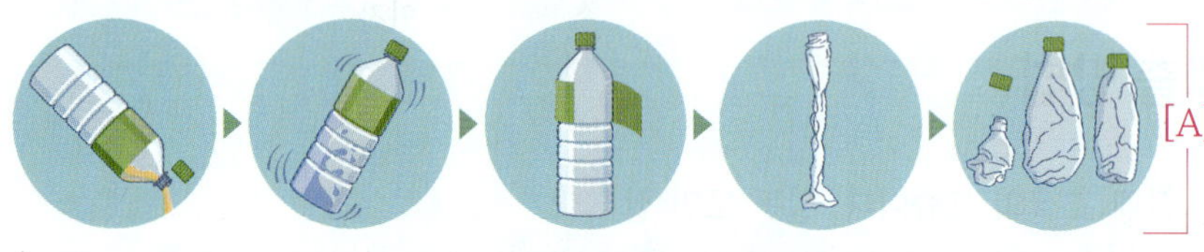

▲ 무색 페트병 배출 순서

→ 글의 내용을 [][]으로도 제시하여 내용을 더 쉽게 전달하였다.

무색 페트병을 재활용하는 것도 중요하지만 그에 못지않게 중요한 것은 재활용의 질이다. 《그건 쓰레기가 아니라고요》라는 책에서도 우리나라 페트병 재생 원료는 "재생 원료의 품질이 좋지 않아 재활용해도 잘 팔리지 않아요."라고 지적한다. 그래서 분리배출은 '잘'하는 것이 중요하다. 한순간의 귀찮음 때문에 페트병을 땅속에 백 년 넘게 가둬 둘지, 아니면 페트병으로 멋진 옷을 만들어 입고 다닐지는 우리 손에 달렸다.

→ 책에 적힌 문구를 그대로 옮겨 온 부분은 큰따옴표를 사용해서 [][]했다.

참고 자료 출처
- 홍수열, 《그건 쓰레기가 아니라고요》, 슬로비, 2020.
- 〈투명 페트병의 재발견…… 군인·경찰, 재활용한 운동복 입는다〉, 《한국일보》, 2021년 3월 15일 자
- 〈분리배출 표시 도안〉, 한국환경공단
- 〈일상 속 분리배출: 투명 페트병 올바른 분리배출 방법 꼭 기억해 주세요〉, 환경부, 2022년 2월 3일 자

핵심콕콕 ┃ 자료를 활용하여 글을 쓸 때 지켜야 할 쓰기 윤리

- 자료의 [][]는 모두 정확히 밝혀야 함.
- 자료의 내용을 마음대로 바꾸거나 [][]하지 않아야 함.

학습 활동 응용 >>>

24 윤성이가 자신의 글에 질문 형식을 활용한 이유로 알맞은 것은?

① 자신이 아는 것을 독자에게 효과적으로 전하려고
② 독자의 관심을 끌어 독자가 적극적으로 글을 읽게 하려고
③ 해답이 없는 질문을 활용하여 독자의 사고력을 극대화하려고
④ 자신이 궁금해하는 것에 관한 답을 독자의 생각을 통해 얻으려고
⑤ 모호하게 질문을 제시하여 독자 스스로 다양한 답을 찾도록 유도하려고

25 [A]에 대한 이해로 알맞은 것은?

① 배출 순서를 그림으로 제시하여 독자가 좀 더 쉽게 내용을 이해할 수 있도록 돕고 있다.
② 페트병의 분해 과정을 그림으로 제시하여 독자가 내용을 이해할 수 있도록 하고 있다.
③ 무색 페트병을 배출하는 방법이 일부 생략된 그림을 제시하여 잘못된 정보를 전달하고 있다.
④ 페트병의 재활용이 어려운 이유를 그림으로 제시하여 사람들의 관심이 필요함을 강조하고 있다.
⑤ 재활용된 페트병이 새로운 제품으로 탄생하는 과정을 그림으로 제시하여 글의 주제를 드러내고 있다.

핵심 개념 콕

26 글을 쓰면서 자료를 인용할 때 유의할 점으로 알맞지 <u>않은</u> 것은?

① 인용하는 부분의 출처를 명확하게 밝힌다.
② 글의 하단 부분에 출처를 정리하여 제시할 수 있다.
③ 인용할 내용의 원래 취지나 목적을 임의로 왜곡하지 않는다.
④ 글쓴이의 의도에 따라 인용할 내용을 축소하여 제시할 수 있다.
⑤ 자료의 내용을 그대로 인용할 때에는 큰따옴표를 활용하여 제시한다.

(2) 자료를 활용하여 글 쓰기

⭐ 자료의 중요도를 판단하는 기준은?

• 글의 ❶☐☐와 관련 있는 내용인가?
• 저자와 ❷☐☐가 분명하고 믿을 만한가?
• ❸☐☐들이 이해하기 쉬운 내용인가?

⭐ 자료를 활용하여 정보를 전달하는 글 쓰기 과정을 살펴볼까?

3
단원

계획하기
　글을 쓰기 전에 글의 주제, 글의 ❹☐☐, 글의 유형, 예상 독자를 정하고 이를 고려하여 글 쓰기 계획을 세움.

❺☐☐
수집하기
• 글의 주제에 관한 내용을 다룬 책, 신문에서 자료 찾기
• 인터넷에서 핵심어를 활용하여 출처가 정확하고 믿을 만한 내용을 다룬 자료 찾기
• 설문 조사, 면담, 사진 찍기, 그림 그리기 등을 통해 필요한 자료 수집하기

자료 선정하기
• 글의 주제와 관련 있는 자료 고르기
• ❻☐☐와 출처가 분명하고 믿을 만한 자료 고르기
• 독자들이 이해하기 쉬운 내용 고르기

❼☐☐
작성하기
• 글의 짜임에 맞게 각 부분의 중심 내용 정하기
• 개요를 바탕으로 하여 글에서 선정한 자료의 활용 계획 세우기
• 선정한 자료를 글에서 잘 활용할 수 있도록 적절히 통합하고 ❽☐☐하기
• 개요를 바탕으로 하여 글에 ❾☐☐☐ 자료가 필요하다면 자료 수집 단계로 돌아가 자료를 추가하고, 중요도 분석하기

정보를 전달하는 글 쓰기
• 전달하려는 정보가 분명하게 드러나도록 글쓰기
• 독자들이 이해하기 쉽게 표현하기
• 자료의 ❿☐☐는 모두 정확히 밝히기
• 자료의 내용을 마음대로 바꾸거나 왜곡하지 않기

[01~04] 다음 글을 읽고 물음에 답하시오.

가 윤성이는 환경의 달을 맞아 학교 신문에 글을 투고하려고 한다. 글을 쓰기 전에 윤성이는 먼저 글의 주제와 글쓰기 목적, 글의 유형을 정하고 예상 독자를 고려하여 다음과 같이 글쓰기 계획을 세워 정리했다.

글의 주제	무색 페트병을 분리배출하는 방법
글의 목적	정보 전달
글의 유형	㉠
예상 독자	학교 친구들

나 책, 신문 등에서의 자료 수집 방법

책이나 신문 등에 실린 자료는 아무래도 더 믿을 만하지. 도서관에서 주제에 관한 내용을 다루는 책이나 신문이 있는지 찾고, 그 가운데에서 친구들이 이해하기 쉬운 자료를 골라 보겠어.

다 인터넷에서의 자료 수집 방법

인터넷 검색을 이용하면 많은 자료를 빠르게 찾을 수 있어서 좋아. 하지만 자료가 너무 많으니까 내 글의 주제와 관련 있는 자료를 찾을 수 있게 핵심어를 활용해야겠어.

특히 인터넷의 자료를 수집할 때에는 출처가 정확하고 믿을 만한 내용을 다루는지를 확인하는 것이 중요해.

라 자료를 수집하는 또 다른 방법

직접 설문 조사를 하거나 면담을 할 수도 있지. 필요하다면 사진을 찍거나 그림을 그릴 수도 있고 말이야.

나는 무색 페트병 분리배출이 잘되지 않은 모습을 사진으로 찍어 자료로 사용할 거야.

---

01 (가)에서 글의 주제와 목적을 고려할 때 ㉠에 어울리는 글의 유형으로 알맞은 것은?

① 평론   ② 수필   ③ 논설문
④ 건의문   ⑤ 설명문

02 (나)에 대한 이해로 알맞은 것은?

① 책의 내용은 신뢰할 만한 자료가 될 수 있다.
② 예상 독자가 이해하기 쉬운 자료는 배제해야 한다.
③ 신문에 실린 내용은 신뢰할 만한 자료가 되기 어렵다.
④ 도서관에서 찾는 자료는 최신 자료가 아니기 때문에 사용하기 어렵다.
⑤ 신문의 내용은 주제와 관련된 것보다 독자와의 관련성이 높은 것을 자료로 수집해야 한다.

03 (다)~(라)에 대한 설명으로 알맞지 <u>않은</u> 것은?

① (다): 인터넷에는 많은 자료가 존재한다.
② (다): 인터넷 검색을 통해 자료를 빠르게 찾을 수 있다.
③ (다): 핵심어를 활용하여 인터넷에서 독자의 관심사를 파악할 수 있다.
④ (라): 설문 조사와 면담을 통해 필요한 자료를 얻을 수 있다.
⑤ (라): 자료 수집 방법에는 사진 찍기와 그림 그리기가 포함된다.

04 인터넷에서 자료를 수집할 때 유의할 점을 〈조건〉에 맞게 서술하시오.

┌ **조건** ┐
- (다)에서 찾아 쓸 것
- 출처와 자료의 내용에 관한 유의점을 쓸 것
- '~를 확인해야 한다.' 형태의 완결된 문장으로 쓸 것

[05~08] 다음 글을 읽고 물음에 답하시오.

가 윤성이가 수집한 자료

자료 1 
　　우리나라의 페트병 재활용률은 80%이지만 재생 원료의 품질이 좋지 않아 재활용해도 잘 팔리지 않아요. 깨끗한 페트병으로 품질을 높여야 제대로 재활용됩니다.

－ 홍수열, 《그건 쓰레기가 아니라고요》에서

자료 2 
　　칫솔이나 장난감 등 하나의 물건에 여러 가지 재질이 섞인 경우는 재활용이 어렵습니다. 일반 쓰레기로 버려 주세요.

－ 기획재정부 누리집에서

자료 3 
　　분리배출된 무색 페트병은 분쇄와 세척을 거쳐 재가공한 뒤 의류, 잡화 등을 만들 때 쓰이는 고급 원사의 원료가 된다.

－ 《한국일보》, 2021년 3월 15일 자에서

자료 4 
　　무색 페트병이라면 씻지 않고 버려도 된다고 한다. 그래서 오늘 집에 있던 무색 페트병을 그냥 버렸다.

－ 개인 블로그에서

나 그림 자료

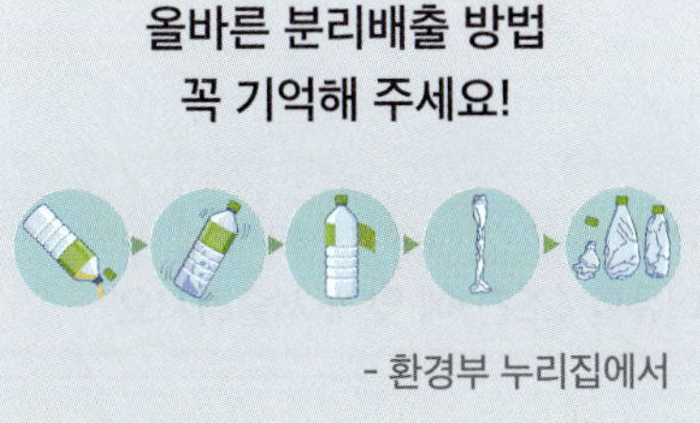

－ 환경부 누리집에서

05 윤성이는 (가)에서 자신이 수집한 자료의 중요도를 다음과 같은 기준에 따라 평가하려 한다. ㉠와 ㉡에 들어갈 알맞은 말을 각각 쓰시오.

- 글의 (㉠)와 관련 있는 내용인가?
- 저자와 (㉡)가 분명하고 믿을 만한가?
- 독자들이 이해하기 쉬운 내용인가?

06 윤성이가 (가)의 자료를 수집한 방법으로 알맞은 것을 〈보기〉에서 모두 고른 것은?

─ 보기 ─
ㄱ. 인터넷 검색을 이용함.
ㄴ. 공공 기관의 누리집을 확인함.
ㄷ. 주제에 대해 전문가와 면담함.
ㄹ. 주제와 관련하여 설문 조사를 함.
ㅁ. 도서관, 서점 등에서 책과 신문을 찾아봄.

① ㄱ, ㄴ, ㅁ　　② ㄱ, ㄷ　　③ ㄴ, ㄷ, ㄹ
④ ㄷ, ㄹ　　⑤ ㄷ, ㄹ, ㅁ

07 〈보기〉는 자신이 수집한 자료에 대한 윤성이의 평가이다. 이에 해당하는 자료를 (가)에서 찾아 쓰시오.

─ 보기 ─
　책 내용이 글의 주제와 관련 있고, 글쓴이도 환경 전문가로 믿을 만한 사람이야.

서술형

08 윤성이가 자신의 글에 (나)를 활용한다면 그 이유가 무엇일지 〈조건〉에 맞게 서술하시오.

─ 조건 ─
- 자료의 내용과 특징을 제시할 것
- 독자에게 주는 효과를 중심으로 쓸 것
- '~을/를 제시하여 ~기 위해서이다.' 형태의 완결된 문장으로 쓸 것

[09~12] 다음 글을 읽고 물음에 답하시오.

가

개요	중심 내용
처음	무색 페트병을 올바르게 분리배출해야 하는 까닭
중간	① 무색 페트병을 분리하는 방법 　– 색을 기준으로 분리 　– 재질을 기준으로 분리 ② 무색 페트병을 배출하는 방법 　– (　　　　　[A]　　　　　) 　– 무색 페트병을 배출할 때 주의할 점
끝	무색 페트병을 올바르게 분리배출하는 것의 중요성

나 청소를 끝낸 교실의 모습이다. 얼핏 보면 잘 정리한 것처럼 보이지만, 알고 보면 문제가 있다. ㉠무색 페트병이 플라스틱 분리수거함 안에 들어가 있기 때문이다. ㉡무색 페트병은 무색

페트병끼리만 모아 버려야 한다. ㉢무색 페트병은 옷, 가방 등으로 재활용할 수 있는 고급 재료이기 때문이다. 그런데 이러한 사실을 잘 모르는 사람들이 무색 페트병을 아무렇게나 버릴 때가 많다. 지금부터 올바르게 무색 페트병을 분리배출하는 방법을 알아보자.

다 무색 페트병을 따로 모은다고 끝이 아니다. ⓐ무색 페트병을 버릴 때에는 깨끗하게 만드는 것이 중요하다. 오염 물질이 남아 있으면 같이 배출한 다른 페트병도 못 쓰게 되어 버린다. 그러므로 ㉣내용물이 남지 않도록 잘 씻고, 라벨을 떼어야 한다. 그다음 운반하기 쉽게 압축하고, 뚜껑을 닫아 배출한다. 무색 페트병을 버릴 때 뚜껑을 닫아야 하는 까닭은 무엇일까? ㉤뚜껑을 닫아야 페트병을 운반하는 과정에서 병 속에 이물질이 들어가는 것을 막을 수 있기 때문이다.

09 (가)를 바탕으로 (다)를 썼을 때, (가)의 [A]에 들어갈 내용으로 알맞은 것은?

① 무색 페트병을 배출하는 순서
② 무색 페트병의 회수와 세척 과정
③ 무색 페트병과 다른 페트병의 차이
④ 이물질 유입으로 인한 무색 페트병의 오염
⑤ 무색 페트병 배출로 얻을 수 있는 사회적 이익

10 (나)에 대한 설명으로 알맞은 것은?

① 문제 상황을 사진으로 제시하여 독자의 관심을 유도하고 있다.
② 실생활 속에서 분리수거가 잘 이루어지고 있음을 예시를 통해 강조하고 있다.
③ 재활용이 안 되는 물건의 다양한 종류를 나열하여 분리수거의 필요성을 강조하고 있다.
④ 질문을 통해 독자들이 스스로 문제점을 생각해 보고, 해결 방안을 찾도록 유도하고 있다.
⑤ 미래에 일어날 일을 가정하여 우리 사회에 발생할 수 있는 문제에 대한 생각을 유도하고 있다.

학습 활동 쑥쑥

11 ㉠~㉤ 중, 〈보기〉의 자료를 활용하여 글쓴이가 내용을 생성한 부분으로 알맞은 것은?

> **보기**
>
> 　분리배출된 무색 페트병은 분쇄와 세척을 거쳐 재가공한 뒤 의류, 잡화 등을 만들 때 쓰이는 고급 원사의 원료가 된다.
>
> － 《한국일보》, 2021년 3월 15일 자에서

① ㉠　　　② ㉡　　　③ ㉢
④ ㉣　　　⑤ ㉤

서술형

12 ⓐ가 중요한 이유를 〈조건〉에 맞게 서술하시오.

> **보기**
>
> • (다)에서 찾아 쓸 것
> • '분리배출된 무색 페트병에 ~ 때문이다.' 형태의 완결된 문장으로 쓸 것

[13~15] 다음 글을 읽고 물음에 답하시오.

가 가장 확실한 것은 '무색 페트'라고 적힌 삼각형 마크를 확인하는 것이다. 그런데 마크가 잘 안 보일 때에는 어떻게 해야 할까? 우선 초록색, 갈색 등 색이 있는 페트병은 모두 제외해야 한다. 유색 페트병은 재생 원료를 오염시키기 때문이다. 또 확인할 것은 재질이다. 플라스틱 중에서도 페트 재질인 것만 골라내야 한다. 커피 컵 같은 경우 색이 없는 플라스틱이지만 페트병과는 재질이 다르다. 재활용할 수 있는 페트 재질 플라스틱에는 생수병, 우유병, 음료수병 등이 있다.

나 무색 페트병을 버릴 때에는 깨끗하게 만드는 것이 중요하다. 오염 물질이 남아 있으면 같이 배출한 다른 페트병도 못 쓰게 되어 버린다. 그러므로 내용물이 남지 않도록 잘 씻고, 라벨을 떼어야 한다. 그다음 운반하기 쉽게 압축하고, 뚜껑을 닫아 배출한다. 무색 페트병을 버릴 때 뚜껑을 닫아야 하는 까닭은 무엇일까? 뚜껑을 닫아야 페트병을 운반하는 과정에서 병 속에 이물질이 들어가는 것을 막을 수 있기 때문이다.

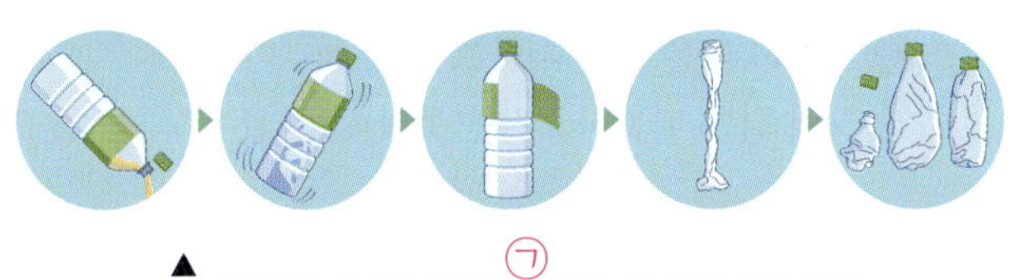

▲   ㉠

다 무색 페트병을 재활용하는 것도 중요하지만 그에 못지않게 중요한 것은 재활용의 질이다. 《그건 쓰레기가 아니라고요》라는 책에서도 우리나라 페트병 재생 원료는 "재생 원료의 품질이 좋지 않아 재활용해도 잘 팔리지 않아요."라고 지적한다. 그래서 분리배출은 '잘'하는 것이 중요하다. 한순간의 귀찮음 때문에 페트병을 땅속에 백 년 넘게 가둬 둘지, 아니면 페트병으로 멋진 옷을 만들어 입고 다닐지는 우리 손에 달렸다.

13 (가)~(다)를 읽고 보인 반응으로 알맞지 <u>않은</u> 것은?

① 우리가 사용하는 모든 페트병은 재생 원료가 될 수 있군.
② 커피 컵은 색이 없어도 무색 페트병으로 골라내서는 안 되겠군.
③ 무색 페트병을 버릴 때에는 오염 물질이 남아 있지 않게 하는 것이 중요하겠구나.
④ 우리나라의 페트병 재생 원료는 질이 좋지 않아 재활용을 해도 잘 팔리지 않는 실정이네.
⑤ 페트병을 분리배출할 때에는 무색 페트라고 적힌 삼각형 마크가 있는지 확인해서 분리배출해야겠군.

14 (나)의 ㉠에 들어갈 말로 알맞은 것은?

① 무색 페트병을 생성하는 과정
② 무색 페트병을 세척하는 순서
③ 무색 페트병을 배출하는 순서
④ 무색 페트병과 유색 페트병 구별 방법
⑤ 무색 페트병과 유색 페트병을 회수하는 과정

15 (다)에 대한 설명으로 알맞은 것은?

① 속담을 활용하여 글의 주제를 강조하고 있다.
② 인용을 통해 분리배출을 잘해야 함을 강조하고 있다.
③ 환경 오염의 심각성을 알리며 분리배출의 필요성을 강조하고 있다.
④ 분리배출 과정을 요약하여 글쓴이가 말하고자 하는 바를 드러내고 있다.
⑤ 재활용의 질보다 많은 양의 무색 페트병을 모으는 것이 중요하다는 글쓴이의 주장이 나타나 있다.

01 품사와 관련된 설명으로 알맞은 것은?

① 관계언은 문장에서 홀로 쓰이지 못한다.
② 기능에 따라 묶은 단어의 갈래를 품사라고 한다.
③ 독립언은 문장 전체를 독립적으로 수식하는 기능을 한다.
④ 문장에서 쓰일 때 형태가 변하는 품사는 조사와 부사이다.
⑤ 단어가 나타내는 공통적인 의미는 품사의 분류 기준이 될 수 없다.

02 〈보기〉의 밑줄 친 단어에 대한 설명으로 알맞지 **않은** 것은?

> **보기**
> <u>저</u> 사람은 무슨 <u>생각</u>을 <u>하는지</u> <u>도저히</u> 알 수가 <u>없다</u>.

① 용언을 수식하는 단어는 '도저히'이다.
② '생각'은 추상적인 대상을 나타내는 이름이다.
③ 대상의 상태나 성질을 나타내는 단어는 '하는지'이다.
④ '하는지'와 '없다'의 공통점은 형태가 변한다는 것이다.
⑤ 다른 말을 꾸며 주는 기능을 하는 단어는 '저'와 '도저히'이다.

03 〈보기〉의 빈칸에 들어갈 알맞은 말을 순서대로 나열한 것은?

> **보기**
> 명사, 대명사, 수사는 문장에서 주로 (　　　)나 (　　　)의 역할을 하며, 문장에서 몸통 역할을 하는 명사, 대명사, 수사를 묶어 (　　　)이라고 한다.

① 주어 – 서술어 – 체언
② 주어 – 목적어 – 체언
③ 주어 – 목적어 – 용언
④ 목적어 – 서술어 – 체언
⑤ 목적어 – 서술어 – 용언

04 밑줄 친 부분의 품사가 **다른** 하나는?

① 바람이 부는 언덕 <u>위</u>에 서다.
② 물가에 앉아 그 <u>속</u>을 들여다본다.
③ 내가 가고 싶은 <u>곳</u>은 언제나 붐빈다.
④ 불빛이 반짝이는 <u>집</u>을 향해 걸어간다.
⑤ 나는 이제 그가 있는 <u>데</u>는 가지 않으련다.

05 밑줄 친 부분이 동사인 것만을 모두 고른 것은?

> **보기**
> ㄱ. 산에 <u>올랐다</u>.　　　　ㄴ. 바람이 <u>분다</u>.
> ㄷ. 행동이 <u>느리다</u>.　　　　ㄹ. 친구를 <u>만나다</u>.

① ㄱ, ㄴ　　　② ㄴ, ㄷ　　　③ ㄱ, ㄴ, ㄹ
④ ㄱ, ㄷ, ㄹ　　　⑤ ㄴ, ㄷ, ㄹ

06 다음 중 동사가 쓰이지 **않은** 문장은?

① 들에 핀 꽃이 아름답다.
② 다른 이에게 관심을 받았다.
③ 잠만 자는 것은 몸에 나쁘다.
④ 가만히 높은 곳을 쳐다보았다.
⑤ 그의 말은 따뜻하고 달콤했다.

07 〈보기〉에서 밑줄 친 두 단어의 공통점과 차이점을 〈조건〉에 맞게 서술하시오.

> **보기**
> • 풍선이 <u>예쁘다</u>.
> • 풍선이 <u>날아간다</u>.

> **조건**
> • 공통점은 품사의 분류 기준 가운데 '형태'를 중심으로 쓸 것
> • 차이점은 품사의 분류 기준 가운데 '의미'를 중심으로 쓸 것
> • 공통점과 차이점을 각각 완결된 한 문장으로 쓸 것

• 공통점: ＿＿＿＿＿＿＿＿＿＿＿＿＿＿＿＿＿＿
• 차이점: ＿＿＿＿＿＿＿＿＿＿＿＿＿＿＿＿＿＿
＿＿＿＿＿＿＿＿＿＿＿＿＿＿＿＿＿＿

08 다음 중 수식언의 성격이 다른 문장은?

① 머리가 매우 아프다.
② 나는 모든 빵을 좋아한다.
③ 기분이 무척 좋은 아침이야.
④ 놀이터는 여기에서 너무 멀다.
⑤ 그건 전혀 예상하지 못한 문제이다.

09 실력 UP 고난도
〈보기〉에서 밑줄 친 단어가 문장에서 하는 기능에 대한 설명으로 알맞은 것은?

> 보기
> 나는 오늘 지환이와 함께 놀이터에 갔다.
> ⓐ ⓑ ⓒ

① ⓐ은 사람이나 사물의 이름을 나타낸다.
② ⓑ은 문장에서 서술어의 역할을 한다.
③ ⓑ은 주로 용언을 꾸며 주는 역할을 한다.
④ ⓒ은 문장에서 주로 체언을 꾸며 준다.
⑤ ⓒ은 문장에서 상태나 성질을 나타낸다.

10 다음 밑줄 친 단어 중, 〈보기〉의 ⓑ처럼 활용할 수 없는 것은?

> 보기

ⓐ	ⓑ
지우는 밥을 먹는다.	• 지우야, 밥을 먹어라. • 지우야, 밥을 먹자.

① 정하는 손이 깨끗하다.
② 동욱이는 영화를 본다.
③ 우진이는 뒷산에 오른다.
④ 수연이는 미래를 상상한다.
⑤ 성우는 바지를 갈아입는다.

11 문맥을 고려할 때 〈보기〉의 빈칸에 들어갈 품사로 알맞은 것은?

> 보기
> 준서는 (   ) 옷을 사서 기분이 매우 좋았다.

① 수사 ② 부사 ③ 조사
④ 관형사 ⑤ 감탄사

12 실력 UP 고난도
〈보기〉의 밑줄 친 말은 각각 품사 ⓐ과 ⓑ의 예이다. ⓐ과 ⓑ에 대한 설명으로 알맞지 않은 것은?

> 보기

ⓐ의 예	ⓑ의 예
• 지수는 열심히 달린다. • 혜령이는 아침을 먹었다.	• 바람이 몹시 차다. • 혜은이는 정말 착하다.

① ⓐ과 ⓑ은 모두 문장에서 주어를 서술한다.
② ⓐ은 움직임을, ⓑ은 상태나 성질을 나타낸다.
③ ⓐ은 명령형이 가능하지만, ⓑ은 명령형으로 표현할 수 없다.
④ ⓐ은 청유형이 가능하지만, ⓑ은 청유형으로 표현할 수 없다.
⑤ ⓐ은 형태 변화가 가능하지만, ⓑ은 형태 변화가 거의 불가능하다.

13 서술형
〈보기〉의 밑줄 친 단어들이 문장의 의미에 미치는 영향을 〈조건〉에 맞게 서술하시오.

> 보기
> ┌ 나는 과일을 좋아한다.
> └ 나는 과일을 매우 좋아한다.
> ┌ 옷이 마음에 든다.
> └ 새 옷이 마음에 든다.

> 조건
> • 밑줄 친 단어의 역할을 포함하여 쓸 것

14 ⓐ의 품사에 대한 설명으로 알맞은 것은?

> 나의 이마에서는 땀이 ⓐ삐질삐질 흐르고 손은 땀으로 축축해졌다.

① 홀로 쓰일 수 없다.
② 사물의 움직임을 나타낸다.
③ 동사나 형용사를 꾸며 준다.
④ 사물의 이름을 대신 나타낸다.
⑤ 체언을 꾸며 주는 역할을 한다.

15 〈보기〉에서 밑줄 친 단어들의 특성으로 알맞은 것은?

> ─ 보기 ─
> • 언니<u>가</u> 동생을 보고 있다.
> • 성수<u>와</u> 지혜<u>는</u> 매우 친한 친구<u>이다</u>.
> • 너<u>마저</u> 나에게 그런 말<u>을</u> 하면 어떡하니?

① 홀로 쓰이는 경우가 있다.
② 어떤 경우에도 생략되지 않는다.
③ 문장에 특별한 뜻을 더하기도 한다.
④ 주로 용언이나 수식언 뒤에 붙어 쓰인다.
⑤ 이 단어들이 없어도 단어들 사이의 관계를 알 수 있다.

16 〈보기〉의 문장에 대한 설명으로 적절하지 <u>않은</u> 것은?

> ─ 보기 ─
> ㄱ. 강아지가 지우를 좋아한다.
> ㄴ. 강아지를 지우가 좋아한다.
> ㄷ. 강아지가 지우만 좋아한다.

① ㄱ에서 강아지가 좋아하는 대상은 지우이다.
② ㄴ에서 지우가 좋아하는 대상은 강아지이다.
③ ㄷ에서 지우를 좋아하는 주체는 강아지이다.
④ ㄱ과 ㄴ의 의미가 달라진 것은 '가'와 '를' 때문이다.
⑤ ㄱ과 달리, ㄷ에서 강아지가 좋아하는 대상은 여러 사람이다.

17 다음 밑줄 친 단어 중, 품사가 <u>다른</u> 것은?

① <u>어이</u>, 거기서 뭐하는 거요?
② <u>여보</u>, 차 열쇠를 어디 뒀지요?
③ <u>앗</u>! 지갑을 버스에 두고 내렸어.
④ <u>물론</u> 그것은 제 잘못이 맞습니다.
⑤ <u>아니요</u>, 제가 직접 가져 오겠습니다.

18 〈보기〉의 문장에서 찾을 수 없는 품사는?

> ─ 보기 ─
> 그것을 여기로 가져오는 것은 거의 불가능하다.

① 부사   ② 동사   ③ 형용사
④ 대명사   ⑤ 관형사

19 다음 대화에서 감탄사를 모두 고른 것은?

> ─ 보기 ─
> 지환 : ㉠야! 잘 지냈어? ㉡우아, 너 못 본 사이에 키가 많이 컸다!
> 은수 : ㉢너도 잘 지냈어? 우리 얼굴 좀 자주 보자!
> 지환 : ㉣그래, 요즘 바빠서 얼굴 보기 힘들었지!

① ㉠, ㉡, ㉢   ② ㉠, ㉡, ㉣   ③ ㉠, ㉢, ㉣
④ ㉡, ㉢, ㉣   ⑤ ㉢, ㉣

20 다음 중 잘못된 부분을 바르게 고친 것은?

① 모두 행복하세요. → 모두 행복합시다.
② 바다는 항상 푸르다. → 바다는 항상 푸른다.
③ 나부터 일찍 일어나자. → 나 부터 일찍 일어나자.
④ 나 만큼 너도 힘들었구나. → 나만큼 너도 힘들었구나.
⑤ 모든 인간은 소중한 존재이다. → 모든 인간은 소중한 존재 이다.

21 단어의 품사 정보를 참고하여 '급훈'에서 잘못된 부분을 찾고, 잘못된 이유를 〈조건〉에 맞게 서술하시오.

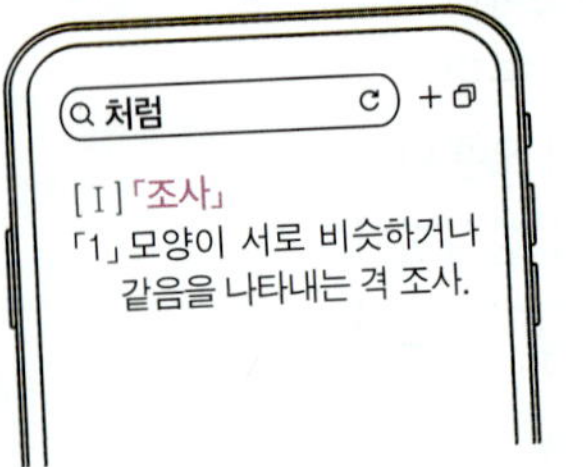

> ─ 조건 ─
> • 잘못된 이유는 '~ 때문에 잘못되었다.' 형태의 완결된 문장으로 쓸 것

• 잘못된 부분: ___________
• 잘못된 이유: ___________

[22~25] 다음 글을 읽고 물음에 답하시오.

가 윤성이는 환경의 달을 맞아 학교 신문에 글을 투고하려고 한다.

나

다

22 (가)에 대한 이해로 알맞지 **않은** 것은?

① 윤성이는 자신이 쓸 글의 유형으로 설명문을 선택하였다.
② 윤성이는 자신이 쓴 글을 학급 홈페이지에 게시하려고 한다.
③ 윤성이는 무색 페트병 분리배출 방법에 관한 글을 쓰려고 한다.
④ 윤성이는 예상 독자인 학교 친구들의 수준을 고려한 글쓰기를 하려고 한다.
⑤ 윤성이가 글을 쓰는 목적은 무색 페트병 분리배출 방법을 독자에게 알리기 위해서이다.

23 (가)와 (나)의 내용을 참고할 때, 윤성이가 인터넷에서 자료 수집을 하기 위해 활용할 핵심어로 알맞은 것은?

① 환경의 달
② 환경 파괴 문제
③ 무색 페트병 제작 과정
④ 무색 페트병 분리배출 방법
⑤ 무색 페트병 분리배출의 어려움

24 (나)와 (다)에서 알 수 있는 윤성이의 생각으로 알맞은 것은?

① 인터넷에서 찾는 자료는 흥미롭지 않다.
② 인터넷으로 찾을 수 있는 자료의 양은 충분하지 않다.
③ 책에 실린 자료가 신문에 실린 자료보다 신뢰할 만하다.
④ 인터넷에서 자료를 수집할 때에는 출처가 정확한지 확인해야 한다.
⑤ 도서관에서 자료를 찾을 때에는 예상 독자의 수준보다 높은 것 위주로 찾아야 한다.

25 윤성이가 인터넷에서 자료를 수집할 때 ㉠을 활용해야 하는 이유를 〈조건〉에 맞게 서술하시오.

---조건---
• (다)의 내용을 참고하여 쓸 것
• '핵심어를 활용하여야 ~을/를 빠르게 찾을 수 있기 때문이다.' 형태의 완결된 문장으로 쓸 것

[26~29] 다음 글을 읽고 물음에 답하시오.

윤성이는 무색 페트병을 올바르게 분리배출하는 방법을 알려 주는 설명문을 쓰기 위해 아래와 같은 과정을 거쳤다.

[자료 선정하기]

자료 1

우리나라의 페트병 재활용률은 80%이지만 재생 원료의 품질이 좋지 않아 재활용해도 잘 팔리지 않아요. 깨끗한 페트병으로 품질을 높여야 제대로 재활용됩니다.

- 홍수열, 《그건 쓰레기가 아니라고요》에서

자료 2

칫솔이나 장난감 등 하나의 물건에 여러 가지 재질이 섞인 경우는 재활용이 어렵습니다. 일반 쓰레기로 버려 주세요.

- 기획재정부 누리집에서

자료 3

분리배출된 무색 페트병은 분쇄와 세척을 거쳐 재가공한 뒤 의류, 잡화 등을 만들 때 쓰이는 고급 원사의 원료가 된다.

- 《한국일보》, 2021년 3월 15일 자에서

[개요 작성하기]

개요	중심 내용
처음	㉠무색 페트병을 올바르게 분리배출해야 하는 까닭
중간	① ㉡무색 페트병을 분리하는 방법 • 색을 기준으로 분리 • 재질을 기준으로 분리 ② ㉢무색 페트병을 배출하는 방법 [A] • ㉣무색 페트병을 배출하는 순서 • 무색 페트병 사용의 문제점 • 무색 페트병을 배출할 때 주의할 점
끝	㉤무색 페트병을 올바르게 분리배출하는 것의 중요성

---

26 윤성이의 자료 활용 계획으로 알맞은 것은? (정답 2개)

① '처음' 부분에 자료 3을 배치하여 무색 페트병 분리배출의 필요성을 알려 줘야지.

② '처음' 부분에 자료 1을 제시하여 무색 페트병을 배출하는 순서를 한눈에 알기 쉽게 보여 줘야지.

③ '중간' 부분에 자료 1을 제시하여 색을 기준으로 분리하는 방법을 알려 줘야지.

④ '끝' 부분에 자료 3을 제시하여 무색 페트병을 올바르게 분리배출하지 못한 예를 보여 줘야지.

⑤ 자료 2는 무색 페트병 분리배출과 관련이 없으므로 글을 쓸 때 활용하지 않아야겠어.

27 ㉠~㉤ 중, 〈보기〉의 자료를 배치하기에 알맞은 부분은?

> **보기**
>
> 윤성: 무색 페트병을 골라낼 때 가장 확실한 기준이 되는 무색 페트병 재활용 마크를 새로운 자료로 추가해야겠다.

① ㉠ ② ㉡ ③ ㉢ ④ ㉣ ⑤ ㉤

28 [A]에서 삭제해야 할 항목을 찾아 쓰고, 그 이유를 〈조건〉에 맞게 서술하시오.

> **조건**
>
> • 윤성이가 쓰려는 글의 주제와 관련하여 쓸 것
> • '~은/는 ~ 때문에 삭제해야 한다.' 형태의 완결된 문장으로 쓸 것

29 윤성이가 개요를 작성한 후 보였을 반응으로 알맞은 것은?

① 개요 작성을 마쳤으니 자료는 더 추가할 수 없어.

② '끝' 부분의 중심 내용은 무색 페트병의 종류로 수정해야겠어.

③ 설명문의 짜임으로 '처음-중간-끝'은 적절하지 않아 보이네.

④ '처음' 부분에 넣을 자료의 내용은 내 마음대로 바꾸어 써야지.

⑤ '중간' 부분에 무색 페트병을 배출하는 방법을 보여 주는 시각 자료를 추가하면 좋을 것 같아.

[30~33] 다음 글을 읽고 물음에 답하시오.

㉮ 잘 분리하는 법 – 플라스틱 속에서 무색 페트병 골라내기

가장 확실한 것은 '무색 페트'라고 적힌 삼각형 마크를 확인하는 것이다. ㉠그런데 마크가 잘 안 보일 때에는 어떻게 해야 할까? 우선 초록색, 갈색 등 색이 있는 페트병은 모두 제외해야 한다. 유색 페트병은 재생 원료를 오염시키기 때문이다. 또 확인할 것은 재질이다. 플라스틱 중에서도 페트 재질인 것만 골라내야 한다. 커피 컵 같은 경우 색이 없는 플라스틱이지만 페트병과는 재질이 다르다. 재활용할 수 있는 페트 재질 플라스틱에는 생수병, 우유병, 음료수병 등이 있다.

㉯ 무색 페트병을 따로 모은다고 끝이 아니다. 무색 페트병을 버릴 때에는 깨끗하게 만드는 것이 중요하다. 오염 물질이 남아 있으면 같이 배출한 다른 페트병도 못 쓰게 되어 버린다. 그러므로 내용물이 남지 않도록 잘 씻고, 라벨을 떼어야 한다. 그다음 운반하기 쉽게 압축하고, 뚜껑을 닫아 배출한다. 무색 페트병을 버릴 때 뚜껑을 닫아야 하는 까닭은 무엇일까? 뚜껑을 닫아야 페트병을 운반하는 과정에서 병 속에 이물질이 들어가는 것을 막을 수 있기 때문이다.

㉰ 무색 페트병을 재활용하는 것도 중요하지만 그에 못지않게 중요한 것은 재활용의 질이다. 《그건 쓰레기가 아니라고요》라는 책에서도 우리나라 페트병 재생 원료는 ⓐ"재생 원료의 품질이 좋지 않아 재활용해도 잘 팔리지 않아요."라고 지적한다. 그래서 분리배출은 '잘'하는 것이 중요하다. 한순간의 귀찮음 때문에 페트병을 땅속에 백 년 넘게 가둬 둘지, 아니면 페트병으로 멋진 옷을 만들어 입고 다닐지는 우리 손에 달렸다.

30 (가)의 내용을 바탕으로 할 때, 무색 페트병으로 볼 수 있는 것은?

① 커피 컵으로 쓰인 플라스틱
② 초록색, 갈색 등 색이 있는 것
③ 생수병, 우유병 등으로 쓰인 것
④ '무색 페트'라고 적힌 마크가 없는 것
⑤ '페트'라고 적힌 삼각형 마크가 있는 것

31 (나)에서 설명한 무색 페트병 분리 배출순서를 바르게 나열한 것은?

① 세척 – 배출 – 라벨 제거 – 운반 – 압축
② 세척 – 압축 – 뚜껑 닫기 – 라벨 제거 – 운반
③ 세척 – 라벨 제거 – 뚜껑 닫기 – 압축 – 배출
④ 세척 – 라벨 제거 – 압축 – 뚜껑 닫기 – 배출
⑤ 라벨 제거 – 세척 – 압축 – 뚜껑 닫기 – 운반

32 ㉠과 같은 표현 방법을 사용할 때의 효과로 알맞은 것은?

① 질문을 통해 독자의 관심을 끌 수 있다.
② 문제를 나열하여 글의 주제를 부각한다.
③ 반복을 통해 글쓴이의 생각을 보여 준다.
④ 비유적 표현을 통해 문제 상황을 제시한다.
⑤ 예시를 제시하여 글쓴이의 주장을 강조할 수 있다.

33 ⓐ를 큰따옴표를 사용하여 제시한 이유를 〈조건〉에 맞게 서술하시오.

┌ 조건 ┐
• 글쓴이가 활용한 자료의 출처를 포함하여 쓸 것
• 완결된 한 문장으로 쓸 것

학습 목표

- 인간의 성장을 다룬 작품을 읽으며 문학의 가치를 내면화할 수 있다.
- 대중 매체와 개인 인터넷 방송의 특성과 영향력을 비교할 수 있다.

소단원별 핵심 Point

(1) 문학과 성장
- 성장의 개념과 성장을 다룬 작품의 가치 알기
- 소설 작품 속에 드러난 인물의 성장 파악하기

(2) 생활 속의 다양한 매체
- 대중 매체와 개인 인터넷 방송의 개념 알기
- 대중 매체와 개인 인터넷 방송의 특성 알기
- 대중 매체와 개인 인터넷 방송의 영향력 파악하기

연계 성취기준

✔ 초등
- 작품을 읽고 자신의 삶과 연관 지어 성찰하는 태도를 지닌다. 5~6학년
- 자신의 매체 이용 양상에 대해 성찰한다. 5~6학년

✔ 고등
- 주체적인 관점에서 작품을 해석하고 평가하며 문학을 생활화하는 태도를 지닌다.
- 매체의 변화가 소통 문화에 끼치는 영향을 탐구한다.

(1) 문학과 성장

소단원 핵심 개념

문학의 주요한 소재

중요 1 성장을 다룬 소설

개념	• 주인공이 어른이 되기까지 겪는 여러 어려움과 고민을 형상화한 소설
특징	• 미성숙한 상태에 있는 주인공의 갈등이 중심을 이룸. • 미숙함을 딛고 자신의 인격을 완성하고 세계의 의미를 깨닫는 과정을 다룸.

중요 2 성장을 다룬 문학 작품의 가치

- 다양한 삶의 모습을 이해하게 된다.
- 어떻게 사는 것이 바람직하고 가치 있는 삶인지를 탐구할 수 있다.
- 인물이 성장하는 과정을 간접적으로 체험하면서 자신의 삶을 성찰할 수 있다.
- 인물이 성장하는 과정을 지켜보면서 인물에게 공감하고, 위로를 받을 수 있다.

3 소설의 갈등

인물의 성격과 작품의 주제를 드러내고 소설의 내용을 전개하는 역할을 함.

① **갈등의 개념**: 인물의 생각, 인물 간의 가치관이나 이해관계가 서로 대립하거나 복잡하게 얽혀 있는 상태

② **갈등의 종류**

내적 갈등		한 인물의 마음속에 일어나는 상반되거나 분열된 심리가 원인이 되는 갈등
외적 갈등	인물 ↔ 인물	인물 간의 이해관계에 따라 대립되어 겪는 갈등
	인물 ↔ 사회	인물과 사회적 관습, 제도, 권력 등이 충돌하여 발생하는 갈등
	인물 ↔ 운명	인물이 타고난 운명에 의해 겪게 되는 갈등
	인물 ↔ 자연	인물이 자연재해 등에 맞서 싸우며 겪는 갈등

4 소설의 시점

① **시점의 개념**: 서술자가 이야기를 서술하여 나가는 방식이나 관점

② **시점의 종류**

1인칭 주인공 시점	주인공 '나'가 자신의 이야기를 서술함.
1인칭 관찰자 시점	작품 속 인물인 '나'가 주인공을 관찰하는 입장에서 서술함.
3인칭 관찰자 시점	작품 밖 서술자가 관찰자의 위치에서 인물의 말과 행동을 서술함.
전지적 작가 시점	작품 밖의 서술자가 작품 속 인물의 내면, 사건의 모든 전말을 알고 서술함.

개념 확인 문제

1 〈보기〉의 빈칸에 들어갈 알맞은 말을 쓰시오.

> **보기**
> 주인공이 어른이 되기까지 겪는 여러 어려움과 (　　　)을 형상화한 소설을 (　　　)을 다룬 소설이라고 한다.

2 성장을 다룬 문학 작품의 가치에 대한 설명으로 맞으면 ○표, 틀리면 ×표를 하시오.

(1) 인간의 다양한 삶의 모습을 이해하는 데 도움을 준다. (　　　)

(2) 미성숙한 상태에 있는 주인공의 성장을 보며 독자는 자신의 삶을 성찰할 수 있다. (　　　)

3 〈보기〉의 설명에 해당하는 소설의 갈등으로 알맞은 것은?

> **보기**
> 인물의 마음속에 일어나는 상반되거나 분열된 심리가 원인이 되는 갈등을 말한다.

① 한 인물이 겪는 내적 갈등
② 인물이 자연재해에 맞서며 겪는 갈등
③ 인물 간의 이해관계에 따라 겪는 갈등
④ 인물이 타고난 운명에 의해 겪는 갈등
⑤ 인물과 사회 제도가 충돌하여 겪는 갈등

4 소설의 시점에 대한 설명으로 맞으면 ○표, 틀리면 ×표를 하시오.

(1) 1인칭 주인공 시점은 주인공인 '나'가 자신이 겪은 이야기를 전달한다. (　　　)

(2) 1인칭 관찰자 시점은 작품 밖의 서술자가 객관적인 입장에서 인물의 행동을 관찰하여 전달한다. (　　　)

내 이름은 백석 _유은실

작품 개관

갈래	단편 소설, 현대 소설	시점	1인칭 주인공 시점
제재	'나'의 이름을 둘러싸고 벌어지는 사건		
주제	이삐를 향한 넓은 이해와 마음의 성장		
특징	• 초등학생인 '나'가 아빠에 관한 일화를 소개하는 형식임. • 사건에 대한 '나'의 고민과 감정이 생생하게 드러남.		

빈출지문

가 내 이름은 백석이다. 우리 아빠가 지어 줬다. 아빠는 시장에서 닭집을 한다. 별명은 '닭대가리'다.

나는 아빠 별명이 싫다. '닭대가리'는 무식한 사람을 얕잡아 보는 말이기 때문이다. 하지만 아빠는 이 별명을 싫어하지 않는다. 시장 아저씨들이 "어이, 닭대가리." 하고 부르면 "꼬끼오." 하며 벙긋 웃는다.
이 글의 서술자, 1인칭 주인공 시점 / 남의 재주나 능력 따위를 실제보다 낮추어 보아 하찮게 대하여

아빠 별명이 그렇게 된 가장 큰 이유는 닭집 이름에 있다. 우리 가게 이름은 '대거리 닭집'이다. '큰거리 시장'에 있으니까 그냥 '큰거리 닭집' 하면 좋았을 텐데, 아빠가 큰 대(大) 자로 바꾸면 유식해 보일 것 같아서 바꿨다고 한다. 대거리 닭집, 대거리 닭집 하다 대가리 닭집이 되고, 결국 아빠는 '닭대가리'가 되었다.

별명이 닭대가리여서 아빠는 좋다고 한다.

"사람들이 나를 닭대가리라고 불러야 스트레스가 풀리지. 우리 가게가 시장에서 제일 장사가 잘되는데 내 별명이 '용머리'였어 봐. 괜히 우리 닭이 수입산이라고 헛소문 냈을 걸."

그렇게 말할 때 보면 아빠는 '용머리' 같다. 결코 닭대가리가 아니다.

→ '나'의 아빠가 '닭대가리'라는 별명을 얻게 된 이유를 설명함.

빈출지문

나 아빠의 '대거리 닭집'은 좋은 닭이랑 좋은 달걀을 팔기로 유명하다. 좋은 기름을 써서 맛있게 통닭을 만드는 걸로도 소문이 났다. 아빠는 내가 태어나던 해부터 '대거리 닭집'을 해서 집도 사고, 차도 사고, 시골 할머니 집도 지어 드렸다. 안방 금고에는 내 엄지발가락만 한 금덩어리도 들어 있다.

아빠는 자꾸 "석아, 우리 집에 금덩어리 있는 거 아무한테도 말하지 마." 하고 말한다. 아빠가 자꾸 그 말을 해서, 우리 집에 금덩어리가 있다는 걸 자꾸 말하고 싶어진다.

핵심 콕콕 & 문제로 확인

핵심 1 아빠의 별명 '닭대가리'

아빠의 가게 이름이 '대거리 닭집'임. → 대가리 닭집으로 불림. → 아빠의 별명이 '닭대가리'가 됨.

아빠의 생각	'나'의 생각
자신의 별명을 부르며 사람들이 스트레스를 풀고, 시샘을 하지 않으니 좋음.	무식한 사람을 얕잡아 보는 말이라서 싫음.

교과서 날개 아빠가 '닭대가리'라는 별명을 좋아하는 까닭은 무엇일까?

1 아빠가 자신의 별명을 좋아하는 이유로 알맞은 것은?

① 아빠의 별명 덕분에 시장이 큰 거리로 확장되었기 때문이다.
② 아빠가 바꾸고 싶은 가게 이름과 발음이 비슷하기 때문이다.
③ 아빠의 별명을 사람들이 불러 줄 때마다 스트레스가 풀리기 때문이다.
④ 좋은 닭과 좋은 달걀을 파는 느낌을 주는 별명이라고 생각하기 때문이다.
⑤ 사람들이 아빠의 별명을 부르며 스트레스를 풀어서, 장사가 잘되는 아빠를 시기하지 않는다고 생각하기 때문이다.

핵심 2 아빠에 대한 '나'의 인식

다른 사람이 '닭대가리'라고 불러도 긍정적인 아빠의 넉넉한 성품

↓

'나'는 아빠가 '닭대가리'가 아닌 '용머리' 같다고 생각하며 존경함.

2 〈보기〉에서 설명하는 소재를 (가)에서 찾아 쓰시오.

보기
• 사람들이 부르는 이삐의 별명과 대조되는 소재
• 아빠에 대한 '나'의 존경과 사랑이 드러나는 소재

"아빠, 왜 내 이름을 석이라고 지었어요?"

2학년이 되고 나서 내가 물었다. 학교에서 '내 이름의 뜻'을 발표하는 시간이 있었기 때문이다.

"나는 어릴 때 '이' 씨들이 부러웠어. 얼마나 쓰기 쉽냐. 동그라미에 작대기 하나. 그런데 '백' 자는 얼마나 복잡하냐? 니가 이름 쓰느라고 고생할 일을 생각하니까 두 글자 이름을 지을 수가 없더라. 성을 바꿔 줄 수도 없고. 이름이라도 쉽게 쓰라고 한 글자로 지은 거야."

나는 수업 시간에 아빠가 불러 준 대로 이야기했다. 선생님이랑 친구들이 웃었다. 내 이름만 특별한 뜻이 없는 것 같아서 좀 창피했다. 하지만 곧 잊어버렸다. 내 이름의 뜻을 발표하는 시간이 그다음에는 없었기 때문이다. 나는 이름에 대해 별 생각 없이 3학년이 되고, 얼마 전에 4학년이 되었다.

→ 아빠가 '나'의 이름을 한 글자로 지은 이유를 알려 줌.

지문 콕콕 · 발단: 아빠에 대한 '나'의 소개와 '나'의 이름이 백석인 사연

아빠의 별명이 '　　　　'인 까닭	나의 이름이 '석'인 까닭
아빠 가게의 이름은 '대거리 닭집'으로, 이와 발음이 비슷한 '대가리 닭집'으로 사람들에게 불리다 '닭대가리'라는 별명을 얻게 됨.	아빠는 백씨 성은 쓰기 복잡하니 이름이라도 쉽게 쓰라고 '나'의 이름을 한 글자로 지어 줌.
↓	↓
'나'는 아빠가 '　　　' 같다고 생각함.	친구들에게 자신의 이름에 대해 발표한 후 　　해하지만 곧 잊음.

다 하지만 요즘은 이름에 대해 생각하지 않을 수가 없다. 새로 만난 담임 선생님이 내 이름을 부르면서 "천재 시인하고 이름이 똑같네." 하고 말했기 때문이다. 선생님은 '천재 시인 백석'을 좋아한다고 했다.

"백석, 누가 이름을 지어 줬지?"

선생님이 물었다.

"아빠가요."

"정말 멋진 이름이다. 선생님도 백석을 좋아한다고 전해 드려. 얘들아, 우리 언제 백석 목소리로 백석 시 들어 보자."

선생님은 내 머리를 쓰다듬으며 말했다. 새 학년 초부터 선생님한테 '머리 쓰다듬'을 받기는 처음이었다.

'천재 시인 백석? 나는 천재도 아니고 시도 잘 못 쓰는데……'

기분이 이상했다. 좋은 건지 나쁜 건지 통 구별이 가지 않았다.

→ '나'는 자신의 이름 때문에 담임 선생님의 관심을 받게 되어 얼떨떨함.

핵심 콕콕 & 문제로 확인

핵심 3 '나'의 이름이 '백석'인 이유

> 아빠는 '백'이라는 성이 쓰기 복잡하다고 생각해 아들인 '나'가 이름을 쓸 때 고생하지 않도록 쓰기 쉽게 한 글자 이름으로 지음.

↓

> '나'에 대한 아빠의 사랑이 드러남.

교과서 날개 아빠가 '나'의 이름을 '석'이라고 지은 까닭은 무엇일까?

3 아빠가 '나'의 이름을 '석'이라고 지은 이유로 알맞은 것은?

① 돌처럼 우직한 사람이 되기를 바라서
② 훌륭한 시인을 따라 멋지게 살기를 바라서
③ 모두에게 주목받는 이름을 지어 주고 싶어서
④ 성이 쓰기 복잡하니 이름이라도 쉽게 쓰게 하려고
⑤ 어렸을 때 아빠가 한 글자 이름을 가지고 싶었기 때문에

핵심 4 '나'의 이름에 대한 인식 변화

2학년
자신의 이름에는 특별한 뜻이 없다고 발표한 뒤 창피함을 느낌.

↓

4학년
'나'의 이름을 시인 백석에서 따왔다고 생각한 담임 선생님이 '나'의 머리를 쓰다듬자, 시인과 같은 이름인 것이 좋은 건지 나쁜 건지 알 수 없어 기분이 이상함.

교과서 날개 선생님이 '나'의 이름을 칭찬하며 머리를 쓰다듬어 주었을 때 '나'의 마음은 어땠을까?

4 선생님이 '나'에게 관심을 보였을 때, '나'의 마음으로 알맞은 것은?

① 불쾌함.
② 부끄러움.
③ 수치스러움.
④ 기분이 좋음.
⑤ 기분이 이상함.

라 "아빠, 선생님이 백석을 좋아한다고 전하래."

나는 학교에서 오는 길에 가게에 들러서 말했다.

"아이고, 첫날부터 우리 석이가 선생님 눈에 들었구나."

"나 백석 말고, 시인 백석."

"시인 백석이 누구야?"

아빠가 생닭을 도마 위에 올려놓으며 물었다.

"나도 몰라, 천재 시인 백석이 있대."

아빠는 눈을 껌뻑거렸다. 시인 백석을 모르는 게 분명했다.

"도둑놈이 아니라 다행이다. 도둑놈보다 시인이 좋잖아."

"선생님은 아빠가 천재 시인 백석을 좋아해서 내 이름을 백석이라고 지은 줄 알아."

아빠는 또 눈을 껌뻑거렸다.

"그럼, 그냥 그렇다고 해."

"거짓말이잖아."

"괜찮아. 시인은 먹는 것도 아니잖아."

핵심 5

"㉠선생님이 나한테 백석 시 읽는 거 시킬 거래. 선생님이 '아버지는 백석 시 중에서 뭘 제일 좋아하시니?' '백석 시 한번 외워 볼래?' 이러면 어떡하지?"

아빠는 닭을 내려치려다 말고, 칼 쥔 오른손을 높이 치켜든 채 가만히 나를 보았다.

"외우지 뭐." / 아빠가 대답했다. 그러고는 던지듯 칼을 내려서 닭을 잘랐다.

"시집이 없잖아."

"하나 사지 뭐. 책방 가서 사 와."

아빠는 대수롭지 않게 말했다. 만 원짜리 한 장과 바삭바삭하고 따끈한 통닭 한 쪽을 주었다.

중요하게 여길 만하지

핵심 6

나는 통닭을 먹으며 책방으로 갔다. 아빠가 닭집을 하면 정말 좋은 게 있다. 언제나 통닭을 먹을 수 있는 거.

→ '나'는 선생님이 백석의 시를 외우게 할 것을 걱정하고, 이를 아빠에게 이야기함.

핵심 5 '나'의 걱정

담임 선생님이 '나'의 아빠가 시인 백석을 좋아해 내 이름을 백석이라고 지었다고 생각하고 언젠가 석이에게 시인 백석의 시를 읽게 하자고 말함.

↓

'나'는 담임 선생님이 시인 백석과 관련된 질문을 하거나 시를 외워 보라고 시킬까 봐 걱정함.

5 ㉠의 이유로 알맞은 것은?

① 아빠가 유명한 시인이기 때문에
② '나'가 백석의 시집을 가지고 있는 것을 보아서
③ '나'의 이름을 시인 백석에서 따왔다고 생각해서
④ '나'가 자신의 아빠가 시인 백석을 좋아한다고 발표했기 때문에
⑤ '나'가 평소에 시에 대해 관심이 많고 잘 알고 있다고 생각해서

핵심 6 주인공 '나'의 특성

· 아빠에게 학교에서 있었던 일이나 고민을 이야기함.
· 아빠가 닭집을 하면 언제나 통닭을 먹을 수 있다며 좋아함.

↓

순수하며 아빠를 좋아하고 의지함.

6 다음 빈칸에 들어갈 알맞은 말을 쓰시오.

아빠는 '나'의 (ⓐ)을 덜어 주고자 '나'에게 (ⓑ)을 사 오라고 한다.

ⓐ	
ⓑ	

지문 쿡쿡 | 전개: 선생님이 백석의 시 읽기를 자신에게 시킬까 봐 걱정하는 '나'

'나'의 걱정을 알게 된 아빠	'나'의 걱정	아빠의 반응
'나'의 걱정을 알게 된 아빠	☐☐의 시에 관해 모르는 '나'에게 선생님이 백석의 시를 읽으라고 하는 것 →	'나'에게 책방에서 백석의 ☐☐을 사 오라고 함.

마 나는 '큰거리 책방'에서 백석 시집을 샀다. 시집을 사서 아빠한테 다시 갔다. 아빠는 손을 닦고 앞치마를 벗고 가게 평상에 앉았다. 그리고 표지에 있는 백석 사진을 가만히 들여다보았다.

"야, 잘생겼다."

"그치 아빠?"

나는 시인 백석이 맘에 들었다. 머리 모양이 좀 촌스럽긴 하지만 얼굴이 멋졌다.

"이야, 분단에 의해 묻혀진…… 세계적인 천재 시인 백석, 나와 나타샤와 흰 당나귀. 야, 그냥 천재도 아니고 세계적인 천재란다."

아빠는 시집을 손으로 쓰다듬었다. 아빠는 바지에 물기를 한 번 더 닦고 책장을 하나하나 조심스럽게 넘겼다. 〔핵심 7〕

"가난한 내가, 아름다운 나타샤를 사랑해서, 오늘 밤은 푹푹 눈이 나린다……. 나린다? 내린다, 아닌가?"

아빠가 고개를 갸우뚱했다.

"아빠 맞아, 눈은 '내린다'야."

"무슨 천재 시인이 '내린다'도 모르냐."

→ '나'는 백석의 시집을 사서 아빠와 함께 읽음.

바 "혹시 책이 잘못된 거 아닐까?"

"그래, 그런가 보다. 그럼 '내린다'로 바꿔서. 자, 아빠 따라해 봐. 가난한 내가."

"가난한 내가."

"아름다운 나타샤를 사랑해서."

"아름다운 나타샤를 사랑해서."

"오늘 밤은 푹푹 눈이 나린다. 아니 내린다." 〔핵심 8〕

"오늘 밤은 푹푹 눈이 내린다……. 아빠, 근데 이게 무슨 뜻이야?"

㉠아빠는 《나와 나타샤와 흰 당나귀》를 얼굴 가까이 끌어당겼다. 하도 가까이 당겨서 세계적인 천재 시인 백석 사진이 아빠 얼굴을 가려 버렸다.

"아……."

아빠가 평상 위에 책을 툭 내려놓으면서 말했다.

핵심 7 '나'와 함께 백석의 시를 읽는 아빠

- 아빠는 '나'의 걱정을 덜어 주고자 함께 백석의 시를 낭송함.
- 백석이 쓴 시의 의미가 궁금한 아들을 위해 애써 시구들을 해석함.

↓

함께 시를 읽는 아빠의 모습에서 '나'를 향한 아빠의 애정이 드러남.

7 이 글에 등장하는 '아빠'에 대한 이해로 알맞은 것은?

① 아들과 함께 시간 보내는 것을 꺼린다.
② 맞춤법을 잘 알고 있어 아들에게 도움을 준다.
③ 다른 사람이 한 실수의 원인을 분석하는 인물이다.
④ 아들의 걱정을 덜어 주기 위해 노력하는 인물이다.
⑤ 시집을 아들에게 사 오라고 하며 무심한 모습을 보인다.

핵심 8 백석의 시 내용을 잘못 이해하는 아빠의 모습

- 아빠는 백석의 시를 읽으며 시인이 맞춤법도 모른다고 오해함.
- 시에 대한 배경지식 없이 '나타샤'를 자신의 생각대로 '나'에게 설명함.

↓

아빠도 모르는 것이 있음을 '나'가 알게 되는 계기

교과서 날개 아빠가 백석의 시집을 얼굴 가까이로 끌어당긴 까닭은 무엇일까?

8 다음 빈칸에 들어갈 알맞은 말을 쓰시오.

아빠는 '나'가 (   )한 시구의 의미를 골똘히 생각해 보기 위해서 ㉠과 같이 행동하고 있다.

"그러니까…… 가난한 내가 아름다운 나타샤를 사랑해서…… 음, 그러니까 세계적인 천재 시인 백석이 나타샤……. 음, 그러니까 미국 여자를 좋아한 거야. 백석이 나타샤랑 결혼을 하려고 하는데, 돈은 없고, 세계적인 천재지만 돈이 없었나봐. 거기다 할아버지들은 미국 여자랑 결혼을 못 하게 하거든. 집에서 나타샤랑 결혼을 반대하니까 슬픈 거지."

→ 아빠는 '나'에게 백석의 시 내용을 설명해 주려고 노력함.

지문 콕콕

위기: '나'에게 백석의 시집을 사 주면서 시 낭송을 돕는 아빠

시 낭송을 하던 '나'의 질문	시에 대한 아빠의 해석
백석의 시 '나와 나타샤와 흰 당나귀'를 낭송하며 시의 [ ][ ]에 담긴 의미를 아빠에게 물음.	• '나린다'는 '[ ][ ][ ]'를 잘못 쓴 것이라고 '나'에게 알려 줌. • '[ ][ ][ ]'를 미국 여자로 생각하고 백석이 가난한데 집안의 반대로 '나타샤'와 결혼을 못해서 슬퍼하는 내용의 시라고 말함.

빈출지문

사 "아니지, 나타샤는 미국 여자가 아니지."

닭을 튀기던 엄마가 끼어들었다.

"그럼, 어느 나라 여잔데?"

"소련 여자 같은데?"

> 유럽 동부와 아시아 북부에 있었던 연방 공화국. 1917년의 10월 혁명이 성공하여 생긴 최초의 사회주의 국가이다. 1991년 사회주의가 붕괴되고 연방이 해체되었다.

"아냐, 미국 여자야."

"미국 여자 아니라니까! 애한테 틀리게 가르쳐 주면 어떻게 해!"

"그럼, 소련 여자는 맞아?"

나타샤 때문에 엄마 아빠는 말다툼을 시작했다.

"왜들 그래?"

건너편 건어물집 아저씨가 뒷짐을 지고 가게로 들어왔다.

> 생선, 조개류 따위를 말린 식품

"형님 잘 왔네. 나타샤가 미국 여자야, 소련 여자야?"

아빠가 건어물집 아저씨에게 물었다.

"나타샤? 나타샤는 러시아 여자 이름인데."

"거봐. 소련 여자가 아니고 러시아 여자라잖아!"

아빠가 어깨를 쭉 펴고 엄마한테 큰소리를 쳤다. 그러자 갑자기 건어물집 아저씨가 웃기 시작했다.

"아이고, 이 사람아. 소련이 러시아잖아. 러시아로 이름을 바꾼 지 한참 됐어. 그러게 닭이나 치지, 왜 나타샤를 찾아. 어이, ㉠닭대가리."

건어물집 아저씨는 아빠를 툭툭 치며 계속 "어이, 닭대가리." 했다. 하지만 아빠는 "꼬끼오." 하고 대답하지 않았다. **아빠 얼굴은 발갛게 달아올랐다.**

→ 소련과 러시아를 구별하지 못해 놀림을 당하자 자존심이 상한 아빠

⚙ 바른답·알찬풀이 24쪽

핵심 콕콕 & 문제로 확인

핵심 9 별명을 들은 아빠의 반응 차이

평상시	'나타샤' 논쟁 후
'꼬끼오' 하고 벙긋 웃으며 여유를 보임.	아무 말 없이 얼굴이 발갛게 달아오름.

↓

아들 앞에서 자신의 무지로 망신을 당한 아빠는 무식한 사람을 놀리는 별명인 '닭대가리'를 듣고, 평상시와는 다르게 부끄러워함.

9 ㉠을 들은 아빠의 마음을 추측한 것으로 알맞은 것은?

① 별명을 바꿀 때가 됐어.
② 닭집이 잘되면 그만이지.
③ 아들 앞에서 이게 무슨 망신인가.
④ 이 사람이 또 나를 질투하고 있군.
⑤ 장사하다 보면 잘 모를 수도 있지.

핵심 10 시 읽기 사건 전후로 드러난 아빠의 모습

시 읽기 사건 전
• 자신의 별명을 부르는 이웃에게 관대함.
• 좋은 닭을 파는 것으로 유명함.
• 성실함.

↓

시 읽기 사건
• 백석과 그의 시에 관해 잘 알지 못함.
• 소련과 러시아에 관해 잘 알지 못해 창피를 당함.

10 나타샤에 대한 설명으로 알맞지 않은 것은?

① 백석의 시에 등장하는 인물이다.
② 아빠는 백석이 사랑한 미국 여자라고 생각한다.
③ 엄마는 소련에서 사용하는 여자 이름이라고 생각한다.
④ 건어물집 아저씨는 러시아에서 사용하는 여자 이름이라고 생각한다.
⑤ '나'는 집안의 반대로 백석과 결혼하지 못한 여자라고 생각한다.

아빠는 냉장실에서 닭을 꺼내다가 도마 가득 쌓아 놓고 툭툭 잘라 내기 시작했다. 엄마는 달걀 손님을 받으러 슬그머니 문밖으로 나가고, 건어물집 아저씨도 슬그머니 나갔다.

남이 알아차리지 못하게 슬며시

나는 가만히 아빠의 뒷모습을 보았다. 아빠가 칼을 높이 들었다 내리면 닭은 단번에 두 도막으로 갈라졌다. 아빠는 말없이 닭만 잘랐다.

단한번

아빠가 도막 낸 닭이 바구니에 가득 담겼다. 아빠는 칼질을 멈추고 숨을 길게 내쉬었다. 그러고는 뒤를 돌아 가만히 내 얼굴을 들여다보았다. 핵심 11 왠지 아빠 얼굴을 보는 게 쑥스러웠다. 나는 슬그머니 고개를 숙였다. 아빠의 장화가 보였다. 장화 위에 떨어진 핏방울이 조르륵 바닥으로 흘러갔다.

→ '나'는 창피를 당한 아빠의 의기소침한 모습에 복잡한 심경이 듦.

지문 콕콕

절정: 소련과 러시아를 잘 알지 못해 망신을 당하고 낙담한 아빠와 그런 아빠의 모습을 보는 '나'

'나타샤'에 관한 의견 차이	아빠와 엄마가 다툼.	건어물집 아저씨가 아빠를 놀림.
	'나타샤'는 ☐☐ 사람이라는 아빠와 ☐☐ 사람이라는 엄마가 말다툼을 함.	건어물집 아저씨는 '나타샤'가 ☐☐☐ 사람이라고 하고, 아빠가 소련과 러시아를 구별하지 못하자 아빠를 놀리며 '☐☐☐☐'라고 함.

↓

아빠는 건어물집 아저씨의 놀림에 의기소침해지고, '나'는 그런 아빠의 뒷모습을 바라봄.

자 "석아."

아빠가 나를 불렀다. 나는 고개를 들었다.

"네."

"집에 들어가서, 그 책에서 제일 짧은 시를 외워. 나타샤는 외우지 마. '내린다'가 맞는지 '나린다'가 맞는지…… 아빠는 잘 모르겠으니까."

"네."

"그리고 석아, 핵심 12 약속 하나 하자."

"뭘요?"

"나중에 아빠처럼 닭을 자르고 살아도 말이지……. 나라 이름이 바뀔 때는 잘 알아 둬."

"네."

"그리고…… 똑똑한 친구를 한 명은 꼭 사귀어라. 아빠는 '나린다'가 맞는지 '내린다'가 맞는지 물어볼 친구가 한 명도 없다. 내 친구들은 죄다 무식해서 말이지……."

아빠 목소리는 조금 떨렸다.

핵심 11 아빠를 보는 '나'의 심경

'나'는 아무 말 없이 닭만 손질하는 아빠의 뒷모습을 가만히 봄.	아빠가 '나'를 쳐다보았으나, '나'는 아빠 얼굴을 보는 게 쑥스러움.

↓ ↓

건어물집 아저씨의 놀림에 아무런 대응을 하지 못하는 아빠의 모습이 낯설고, 그런 모습에 속이 상함.	자신의 앞에서 의기소침해하는 아빠의 모습에 아빠를 어떻게 대해야 할지 몰라 마음이 복잡함.

교과서 날개 아빠의 뒷모습을 바라보는 '나'의 마음은 어땠을까?

교과서 날개 '나'의 아빠의 얼굴을 보는 것을 쑥스러워한 까닭은 무엇일까?

11 (아)에 드러난 '나'의 심경으로 알맞지 않은 것은?

① 슬픔 ② 속상함
③ 어색함 ④ 애처로움
⑤ 자랑스러움

핵심 12 아빠의 고백과 당부

- 아빠의 부족함을 고백하며 '나'에게 도움을 주지 못함을 이야기함.
- 중요한 정보는 잘 알아 두며 살아갈 것, 똑똑한 친구 한 명은 꼭 사귈 것, 자식의 이름을 지을 때 이름이 같은 유명한 사람이 있는지 알아볼 것을 당부함.

↓

아빠는 자신의 무지함과 부족함을 고백하며 '나'에게 부끄러움을 느낌.

교과서 날개 아빠의 목소리가 떨린 까닭은 무엇일까?

12 다음 빈칸에 들어갈 알맞은 말을 쓰시오.

아빠의 목소리가 떨린 것은 자식에게 자신의 무지함과 부족함을 드러내는 것을 (   ) 여겼기 때문이다.

"그리고 말이다. 나중에 니 자식 이름을 지을 때는 혹시 똑같은 이름을 가진 유명한 사람이 있는지 잘 알아봐. 백석이 세계적인 천재 시인이어서 정말 다행이다. 잘 모르긴 하지만……. 나타샤는 좋은 시 같다."

아빠 목소리는 점점 더 떨렸다. 내 고개는 다시 아래로 떨어졌다. 나는 터벅터벅 가게를 나섰다. 엄마가 통닭 한 쪽을 주었지만 고개를 저었다.

→ '나'는 자신의 무지함을 고백하는 아빠를 보며 안타까움과 좌절감을 느낌.

빈출지문

차 "석아, 백석!"

핵심 13 아빠가 갑자기 큰소리로 나를 불렀다. 나는 고개를 돌렸다.

"이거 봐. 여기 이 닭 보이지? 이렇게 목이 길게 달려 있는 게 신선한 거야. 닭은 내장보다 목이 먼저 상해. 그래서 외국에서 들어오는 건 다 목이 짧아. 목을 달고 들어오면 옮기다 썩을 수 있으니까. 아빠는 언제나 목이 달려 있는 닭만 팔아. 아빠는 닭을 잘 알아. 닭은 언제나 목이 길게 달려 있는 게 맞는 거야."

아빠는 두 손에 닭을 하나씩 잡고, 닭 모가지를 손아귀에 쥐고 흔들었다.
엄지손가락과 다른 네 손가락과의 사이

아빠 입은 무거운 닭 바구니를 들 때처럼 꽉 물려 있었지만, 모가지를 잡힌 닭들은 날아갈 듯 가뿐해 보였다. 고개를 치켜들고, 팔을 번쩍 들어 올린 아빠는 정말 컸다. 우리 대거리 닭집은 닭 모가지를 깃대처럼 쥐고 흔드는 우리 아빠로 가득 찼다.

핵심 14 나는 그 순간 천재 시인 백석의 시집을 흔들며 환하게 웃어야 한다는 생각이 들었다. 하지만 내 입도 내 손도 말을 듣지 않았다. 나는 그저 입을 다문 채 백석 시집을 손에 땀이 나도록 쥐고 있을 뿐이었다.

→ '나'는 자신에게 기운을 주는 아빠에게 자신도 용기를 주고 싶었지만 그렇게 하지 못함.

지문 콕콕

결말: 떨리는 목소리로 '나'에게 당부하는 아빠와 아빠에게 힘을 주고 싶은 '나'

'□□'에 관해서는 잘 아는 아빠의 □□	• 나라 □□이 바뀔 때 잘 알아 두기 • 똑똑한 친구 한 명은 사귀기 • 자식 이름을 지을 때 똑같은 이름을 가진 유명한 사람이 있는지 확인하기
'나'의 반응	'나'는 아빠를 향해 백석의 □□을 흔들며 환하게 웃어야 한다고 생각하지만 자신의 생각과 달리 그렇게 하지 못함.

핵심 콕콕 & 문제로 확인

핵심 13 아빠의 심리

아빠는 '나'를 큰소리로 부르며 신선한 닭을 고르는 방법을 알려 줌.

↓

자신의 무지를 부끄러워하고 의기소침한 아빠가 자신이 가장 잘 아는 것을 '나'에게 설명하며 이러한 자신의 모습을 털어 내고자 함.

교과서 날개 이 말을 하는 아빠의 마음은 어땠을까?

13 아빠가 '나'에게 닭에 대한 이야기를 꺼낸 이유는 무엇일까?

① '나'의 엄마와 화해하고 싶어서
② 의기소침했던 모습에서 벗어나려고
③ '나'가 궁금해하는 것을 해결해 주려고
④ 건어물집 아저씨에게 실수한 것을 만회하려고
⑤ 자신이 신선한 닭만 판매하는 이유를 설명하려고

핵심 14 '나'의 성장

아빠의 행동	'나'의 행동
'아빠는 두 손에 닭을 하나씩 잡고, 닭 모가지를 손아귀에 쥐고 흔들었다.'	'나는 그 순간 천재 시인 백석의 시집을 흔들며 환하게 웃어야 한다는 생각이 들었다. 하지만 내 입도 내 손도 말을 듣지 않았다.'

↓

• '나타샤'와 관련한 논쟁 후 '나'는 아빠도 모르는 것이 있음을 알게 됨.
• 아빠에게 힘을 주어야 한다고 생각하면서도 의기소침했던 아빠의 모습이 낯설어 그렇게 행동하지 못함.
• 아빠에 대한 인식 변화가 쉽게 이루어지는 것이 아니며 그만큼 '나'가 성장통을 앓고 있음을 보여 줌.

14 아빠에 대한 '나'의 생각으로 맞으면 ○표, 틀리면 ×표를 하시오.

(1) 아빠도 창피를 당하고 부끄러워할 때가 있다. ( )
(2) 닭에 대해서 더 공부하고 싶어 한다. ( )

4 단원

감상 × 탐구 교과서  176~179쪽

1 아빠의 말과 행동을 바탕으로 알 수 있는 아빠의 성격

- 시장 아저씨들이 아빠를 '닭대가리'라고 놀려도 아빠는 "꼬끼오."라고 대답하며 벙긋 웃는다.
- 아빠는 '나'가 이름을 쉽게 쓸 수 있게 이름을 한 글자로 지어 주었다.
- '나'가 백석의 시를 외우는 것을 걱정하자, 아빠는 '나'와 함께 백석 시집을 읽는다.

→ 백석의 아빠는 아들을 정말 ☐☐하고, 다른 사람에 ☐☐☐☐ 사람이다.

01 〈보기〉를 바탕으로 이 글의 아빠에 대해 이해한 것으로 알맞은 것은?

> **보기**
> 시장 아저씨들이 아빠를 '닭대가리'라고 놀려도 아빠는 '꼬끼오'라고 대답하며 벙긋 웃는다.

① 부끄러움이 많다.
② 속이 좁고 옹졸하다.
③ 이해타산이 빠르고 명석하다.
④ 타인에게 너그럽고 유쾌하다.
⑤ 자신의 일에 정직하고 우직하다.

2 아빠에 대한 '나'의 생각 변화

(1) 아빠에 대한 '나'의 평소 생각

- 아빠는 '용머리' 같다. 결코 닭대가리가 아니다.
- 아빠의 '대거리 닭집'은 좋은 닭이랑 좋은 달걀을 팔기로 유명하다. 좋은 기름을 써서 맛있게 통닭을 만드는 걸로도 소문이 났다.

→ 자기 일에 최선을 다하고 성실하게 사는 아빠는 ☐의 머리처럼 대단한 사람이라고 생각함.

02 아빠를 자랑스럽게 여기는 '나'의 생각이 드러나는 소재로 알맞은 것은?

① 용머리
② 닭대가리
③ 대거리 닭집
④ 큰거리 시장
⑤ 백석의 시집

(2) 시를 읽은 뒤 아빠에 대한 '나'의 생각 알아보기

아빠는 소련과 러시아를 구별하지 못해서 건어물집 아저씨에게 놀림을 받는다. '나'의 앞에서 놀림을 받은 아빠는 얼굴이 발갛게 달아오른 채 닭만 자른다.	아빠가 ☐☐과 ☐☐☐에 관해 잘 알지 못해 놀림을 받아서 마음이 아프다.
"똑똑한 친구를 한 명은 꼭 사귀어라." "나중에 니 자식 이름을 지을 때는 혹시 똑같은 이름을 가진 유명한 사람이 있는지 잘 알아봐."	아빠가 의기소침해하는 모습을 보니 속상하다.
아빠는 '나'에게 신선한 닭을 고르는 방법을 알려 주고, 고개를 치켜들며 닭을 쥔 두 손을 번쩍 들어 올린다.	아빠가 ☐☐☐☐한 마음을 이겨 내려는 모습을 보니 나도 아빠에게 ☐을 주고 싶다.

03 아빠에 대한 '나'의 생각이 달라진 이유로 적절한 것은?

① 엄마와 아빠가 심하게 다투는 모습을 보고
③ '나'의 이름을 시인 백석을 따서 지었다는 것을 알고
④ '나'가 시집을 사서 읽는 것을 도와주려는 모습을 보고
② 닭집 사장님으로서 전문 지식을 지니고 있는 모습을 보고
⑤ 무지함으로 인해 놀림을 받아 풀이 죽고 기운 없는 모습을 보고

04 아빠에게 시집을 흔들며 웃어야 한다고 생각했던 당시 '나'의 마음으로 알맞은 것은?

① 아빠 기운 내세요.
② 시인 백석이랑 저는 달라요.
③ 혼자서도 시를 외울 수 있어요.
④ 공부는 하나도 중요하지 않아요.
⑤ 건어물집 아저씨에게 화 푸세요.

(3) 아빠에 대한 '나'의 생각 변화 파악하기

→ '나'는 평소에 아빠가 훌륭한 사람이라고 생각했는데, ☐☐☐ 사건을 겪으며 아빠가 잘 모르는 것도 있다는 것을 알게 되었다. 하지만 자신이 하는 일에 관해 누구보다 잘 알고 ☐☐☐을 가진 사람이라는 것도 함께 느끼게 되었다.

3 '나'가 겪은 성장의 모습

마지막 장면

나는 그 순간 천재 시인 백석의 시집을 흔들며 환하게 웃어야 한다는 생각이 들었다. 하지만 내 입도 내 손도 말을 듣지 않았다. 나는 그저 입을 다문 채 백석 시집을 손에 땀이 나도록 쥐고 있을 뿐이었다.

→ 아빠를 향해 웃어 주지 못하는 '나'

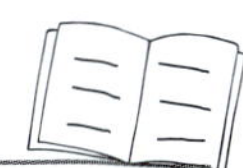

글을 쓰면서 마지막 단락을 붙일 것인가를 두고 오래 고민했어요. 하지만 아버지의 성실한 삶과 서글픈 모습을 '나'가 자각하는 순간에서 작품을 마무리한 까닭은, 원하지 않은 모습이라고 해도 그것을 자각하는 순간 우리는 성장한다는 믿음 때문입니다.

→ 인생의 다양한 면을 깨달으며 성장할 수 있다는 작가의 생각

→ '나'는 시 읽기 사건을 통해 평소에 자신이 생각했던 것과는 다른 아빠의 모습을 보고 낯설어했지만, 아빠를 더 잘 ☐☐하게 되었다는 점에서 '나'가 ☐☐했다고 볼 수 있다.

➕ 더 알아보기

인물의 성장을 다룬 소설들

〈장마〉, 윤흥길	전쟁으로 인한 가족 간의 이념 대립과 갈등을 민족적 정서와 가족애로 극복하는 과정을 어린아이의 눈으로 전달하는 작품
〈데미안〉, 헤르만 헤세	열 살 소년이 스무 살 청년이 되기까지 겪은 불안과 좌절을 통해 인물의 성장을 그린 작품

학습 활동 응용 ▶▶▶

05 〈보기〉의 빈칸에 들어갈 말로 알맞은 것은?

→ 보기 ❱

'나'는 아빠에게 백석의 시집을 흔들며 기운을 주고 싶었지만 (　　　　　　　) 마음대로 몸이 움직이지 않았다.

① 아빠가 잘못을 모르실 것이란 생각에
② 건어물 아저씨가 보고 있을 것이란 생각에
③ 아빠는 이미 충격에서 벗어난 것처럼 보여서
④ 아빠가 '나'에게 보인 서글픈 모습이 낯설어서
⑤ '나'가 웃으면 아빠를 놀리는 것으로 오해할까 봐

핵심 개념 콕

06 이와 같은 글이 지닌 가치로 알맞지 않은 것은?

① 인생에 대해서 좀 더 잘 이해할 수 있다.
② 주인공의 상황과 감정에 공감해 볼 수 있다.
③ 누구든 겪을 법한 일을 간접적으로 체험할 수 있다.
④ 타인의 미성숙함을 통해 자신의 잘못을 합리화할 수 있다.
⑤ 삶을 어떻게 살아야 할지 고민하는 기회를 얻을 수 있다.

07 이 글을 감상한 내용으로 알맞지 않은 것은?

① 이 글은 '나'의 성장을 다루고 있어.
② 나도 어릴 때 비슷한 일을 겪었던 것이 생각나.
③ '나'는 시 읽기 사건으로 좀 더 성숙한 아이가 될 거야.
④ 이 글의 '나'는 상처를 받았으니 성장했다고 보기는 어려워.
⑤ 나도 큰 산 같던 부모님에게 부족한 면이 있다는 걸 알았을 때 슬펐어.

적용 × 실천 교과서 180~185쪽

 제희 _ 이주혜

작품 개관

갈래	시나리오	제재	수영 배우기
주제	타인의 도움과 홀로서기를 통한 성장		
특징	• 일상생활에서 사소하게 보이지만 가치 있는 일화를 포착하여 극화함. • 성장 서사의 구조로 어려움을 극복해 나가는 인물의 모습이 나타나며, 그 과정에서 내면의 변화가 인물의 표정과 행동을 통해 잘 드러남.		

| 앞부분 줄거리 |

중학생인 제희는 평소 허리가 아파 물리 치료를 받는다. 제희는 허리를 치료하려면 수영을 해 보라는 물리 치료사 선생님의 말을 듣고 수영장에 가지만, 수영하는 방법을 몰라 우물쭈물한다. 그때 수영이 제희에게 말을 건다.

#3 수영장

수영: 무서우면 중간에 되돌아와도 돼.

뒤돌아보는 제희. 수영이 서 있다.

수영: 그리고 뭐 하나 알려 줘도 돼? 팔을 이렇게 던지면 잘 안 나갈 거야. 물을 밀어 준다는 느낌으로. 다른 팔도.

제희: 어······. 이렇게요?

수영: 응. 이때 킥판을 너무 누르지 말고. 대 준다는 느낌으로. 어깨는 똑바로. 한 번 해 볼래?

제희는 수영장 레인을 바라본다.

제희: ㉠여기서부터 물이 깊어지던데요······.

수영: 그러면 내가 여기를 받쳐 줄게.

제희는 팔을 돌리고, 수영이 옆에서 제희를 받쳐 준다.

(중략)

→ 수영 언니는 물을 두려워하는 제희에게 수영을 가르쳐 줌.

---

08 이 글에서 제희가 처한 상황으로 알맞은 것은?

① 수영 시합에서 수영 언니에게 졌다.
② 무서운 선배인 수영 언니와 갈등한다.
③ 키가 작아 깊은 물에서 수영할 수가 없다.
④ 하기 싫은 것을 시키는 물리 치료사와 갈등을 겪고 있다.
⑤ 허리 치료를 위해 수영장에 왔으나 수영을 할 줄 모른다.

핵심 개념 콕

09 제희의 상황과 비슷한 경험으로 볼 수 없는 것은?

① 무언가를 처음 시작할 때 두려웠던 경험
② 어려움 없이 무언가를 단번에 성공한 경험
③ 새로운 친구를 만나서 의지하며 지낸 경험
④ 새로운 것을 배울 때의 어려움과 실패한 경험
⑤ 곤란한 상황에 처했을 때 누군가에게 도움을 받은 경험

10 ㉠에 드러난 제희의 마음을 짐작한 것으로 알맞은 것은?

① 물이 깊은데 가라앉으면 어떡하지.
② 이제는 좀 더 깊은 데서 도전해 보고 싶어.
③ 내가 여기서도 수영할 수 있다니 뿌듯하군.
④ 깊어지는 구간에서 수영을 제대로 배워야 할 것 같아.
⑤ 수영장에 대한 정확한 정보를 수영 언니에게 알려 줘야지.

11 이 글에 드러난 수영 언니의 특성으로 가장 알맞은 것은?

① 친절하다. ② 비판적이다.
③ 감정적이다. ④ 경쟁적이다.
⑤ 절제력이 있다.

5 수영장

레인 중간에 있는 제희는 수영이 들어오는 것을 먼저 발견한다. 손을 흔들어 인사하는 제희. 수영도 제희를 발견하고 손을 흔든다. 제희는 수영이 있는 쪽으로 헤엄쳐 되돌아간다.

제희: (올려다보며) ㉠언니, 저 한 바퀴 돌았어요. 이거 별로 안 누르고요.
수영: 오, 그럼 이번엔 이거 잡고 해 보자.

수영은 풀 부이를 제희에게 건넨다.
수영에서, 킥을 하지 않고 팔동작으로만 수영할 때 사용하는 보조 기구

제희: 이게 뭔데요? / **수영:** 땅콩.

제희는 수영이 건네준 풀 부이를 살펴본다.

제희: 저 바로 빠져 죽을 것 같은데요.
수영: 처음엔 내가 잡아 줄게.

수영이 물 안으로 들어와 제희를 받쳐 준다.

제희: 언니, 진짜 놓으면 안 돼요.
수영: 진짜 안 놓을게. 몸에 힘을 빼야 뜬다.

수영이 네 발자국 정도까지 제희를 잡아 주다가 몰래 손을 놓는다. 제희는 혼자서도 잘 나아가고, 물에 뜨는 느낌을 알게 된다.

제희: 저 하는 거 봤죠!
수영: 그거 놔도 할 수 있을 것 같은데?

자신 없는 표정으로 아무 말도 하지 않는 제희.

수영: 놓고 싶을 때 놔.

제희를 뒤로한 채 헤엄치는 수영. 제희는 금세 반대쪽 벽에 다다르는 수영의 모습을 넋을 놓고 본다.

→ 제희는 수영 언니의 도움을 받으며 수영 실력을 키움.

학습 활동 응용 >>>

12 이 글의 대한 이해로 알맞은 것은?

① 제희는 수영장에서 미끄러진 경험이 있다.
② 제희는 수영 언니에게 자신의 수영 실력을 부풀려 말했다.
③ 풀 부이는 제희가 예전에 수영을 배울 때 즐겨 사용한 도구이다.
④ 수영 언니는 제희의 수준에 맞게 조금씩 단계를 높이며 제희를 가르치고 있다.
⑤ 제희는 수영장에 올 때부터 자신이 혼자 수영할 수 있을 것이라고 굳게 믿었다.

13 이 글을 통해 알 수 있는 제희의 상황에 대한 설명으로 알맞은 것은?

① 실력은 늘지 않지만 혼자 수영해 보려고 한다.
② 자신이 잘하고 있다고 생각해 노력할 마음이 없다.
③ 조금씩 실력이 늘고 있으나 수영 언니에게 의지하고 있다.
④ 혼자 수영하는 법을 배워 보조 도구를 필요로 하지 않는다.
⑤ 수영 언니에게 지나치게 의지해서 수영 실력이 전혀 늘지 않고 있다.

14 ㉠에 드러나는 제희의 마음으로 가장 알맞은 것은?

① 실력이 향상되어 자만하고 있다.
② 수영 언니를 시기하여 더 잘하고자 한다.
③ 노력한 만큼 안 된 것에 실망감을 느끼고 있다.
④ 실력이 조금씩 늘고 있다는 뿌듯함을 느끼고 있다.
⑤ 목표를 이루지 못해 민망하여 수영 언니에게 변명하고 있다.

6 수영장 자판기 앞

수영: 나도 수영장이 있는 학교 다녔다?

제희: 진짜요?

수영: 응. 근데 나도 그때는 물에 들어가는 게 너무 싫어서 수영복 일부러 안 가져가고 그냥 앞에 앉아 있었어. 애들이 하는 거 구경하고.

제희: 근데 지금 이렇게 잘해요?

수영: 음, 물은 좀 정직한 게 있거든.

제희: 물이 정직, 물이 직각이에요?

수영: 아니, 그런 게 아니라. ㉠수영은 매일매일 하면 조금씩 조금씩 늘거든? 근데 어떤 건 아무리, 아무리 노력해도 잘 안돼.

제희: 물도 배신할 수 있는데.

→ 수영은 자신도 수영을 못하던 시절이 있었음을 말하며 제희에게 용기를 줌.

| 중략 부분 줄거리 |

　다음 주에도 수영장에 올 거냐고 묻는 제희에게 그렇다고 답하는 수영. 하지만 수영은 수영장에 다시 나타나지 않는다. 제희는 그런 수영을 기다린다.

#10 수영장

관리인: 여기 누워 있지 마세요.

　주위를 둘러보며 수영장에 혼자만 남아 있음을 확인하는 제희. 관리인마저 사라진 수영장은 제희의 숨소리가 들릴 정도로 무섭게 고요하다. 수영장 레인 안으로 들어가는 제희. 물로 얼굴을 닦아 낸 뒤 풀 부이를 잡고 천천히 헤엄치기 시작한다.

　그때, 옆 레인에 수영이 지나간다. 놀란 제희는 수영을 따라잡으려 정신없이 팔과 다리를 움직인다. 급한 마음에 잡고 있던 풀 부이도 내팽개친 채 전속력으로 나아가는 제희, 마침내 반대편 수영장 벽에 손을 댄다.

　㉡물에서 일어선 제희는 숨을 몰아쉬면서 옆 레인을 본다. 수영은 없다.

　뒤를 돌아본 제희에게는 새로운 시야가 펼쳐져 있다. 레인 중간에는 내팽개쳐진 풀 부이가 둥둥 떠다니고, 제희는 자신이 혼자 힘으로 반대편에 왔음을 깨닫는다.

→ 혼자 수영하는 것에 성공한 제희

---

15 ㉠과 의미가 통하는 속담으로 알맞은 것은?

① 공든 탑이 무너지랴.

② 바늘 도둑이 소도둑 된다.

③ 돌다리도 두들겨 보고 건너라.

④ 개구리 올챙이 적 생각 못 한다.

⑤ 감나무 밑에 누워 홍시 떨어지기를 기다린다.

16 〈보기〉에서 설명하는 것을 이 글에서 찾아 3어절로 쓰시오.

　• 보기)

　　제희가 혼자 힘으로 수영해서 처음 다다른 장소

17 ㉡에 대한 설명으로 알맞은 것은?

① 수영은 하게 되었지만 마음가짐은 성장하지 못했다.

② 사람을 믿지 못하던 제희가 사람에게 의지하게 되었다.

③ 스스로 하고자 하는 의지는 생겼으나 혼자 수영을 하지는 못했다.

④ 타인과 소통하지 못했던 제희가 수영 언니의 마음에 공감하게 되었다.

⑤ 물에 못 뜨고 머뭇거리던 제희가 혼자 수영하게 되면서 외적 차원에서 성장하게 되었다.

18 〈보기〉의 빈칸에 들어갈 알맞은 말을 쓰시오.

　• 보기)

　　이 작품은 타인의 도움과 홀로서기를 통한 (　　　　)에 관해 이야기하고 있다.

1 제희의 성장 과정

(1) 제희가 수영을 배우면서 한 행동과 제희의 마음가짐 파악하기

장면	제희의 행동	제희의 마음가짐
#3: 제희는 수영 언니의 도움을 받아 수영을 배우기 시작한다.	수영 언니의 □□을 받아 처음으로 수영하는 법을 배운다.	혼자서 □□하는 것을 두려워한다.
#5: 제희는 수영을 연습하며 수영 실력을 늘려 가지만 여전히 혼자 힘으로 수영하기를 망설인다.	수영 연습을 통해 실력이 늘지만 아직 □□ 힘으로 수영할 수 없다.	수영 실력을 늘리기 위해 수영 언니에게 □□ 하며, 보조 도구 없이 수영하는 것을 자신 없어 한다.
#6: 제희는 매일매일 수영하는 것이 수영 실력을 늘리는 비결이라는 수영 언니의 말에 선뜻 동의하지 못한다.		
#10: 제희는 수영 언니의 도움 없이 수영을 시작하고, 혼자 힘으로 반대편에 도착한다.	누구의 도움도 받지 않고 혼자 힘으로 수영장 □□에 도착한다.	수영 언니나 □□□□에 의지하지 않고 혼자 힘으로 수영할 것을 결심한다.

(2) 가 와 나 가 제희의 성장에 준 도움 알아보기

가 수영 언니

나 제희의 노력과 용기

→ 제희는 수영 언니의 □□을 받아 □□에 어느 정도 익숙해졌고, 결국 자기 혼자의 노력과 □□로 수영장 반대편에 도착할 만큼 실력이 늘었다.

(3) 제희가 성장할 수 있었던 까닭 파악하기

→ 제희가 성장할 수 있었던 것은 다른 사람의 도움과 함께 □□□ 수영을 하고자 하는 제희의 용기와 노력이 있었기 때문이다.

2 성장을 다룬 작품을 감상하는 것이 지니는 가치

→ 성장을 다룬 작품을 감상하면 성장하는 인물에게 □□하고, 위로도 받을 수 있다.
→ 성장을 다룬 작품을 감상하면 인물이 성장하는 모습을 지켜보면서 자신의 삶을 □□할 수 있다.

핵심 개념 콕

19 제희가 혼자 수영할 수 있게 된 이유로 알맞지 **않은** 것은?

① 수영 언니의 응원이 있었다.
② 그만두지 않고 연습한 제희의 노력 때문이다.
③ 혼자 힘으로 수영하는 것을 시도한 용기가 있었다.
④ 남에게 의존하지 않고 스스로 수영하기로 한 결심 때문이다.
⑤ 모든 기술을 알려 주고 성공하는 순간까지 관찰해 준 수영 언니의 도움이 있었다.

20 제희가 먼 훗날 수영장에서의 경험을 회상하며 할 말로 알맞지 **않은** 것은?

① 스스로 홀로서기를 한 덕분에 좀 더 성숙한 내가 될 수 있었어.
② 그때 수영 언니의 도움이 없었다면 수영을 배울 때 어려움이 많았을 거야.
③ 포기하지 않고 노력해서 성공을 이룬 기억이 힘든 일이 있을 때마다 도움이 됐어.
④ 무엇이든 처음부터 스스로 해야 성장할 수 있기에 다른 이를 도와주는 것은 그 사람을 위한 일이 아니야.
⑤ 물에 대한 두려움을 이겨 낸 기억이 어떤 일을 시작할 때마다 고난이 와도 이겨 낼 수 있다는 용기를 주었어.

핵심 개념 콕

21 인물의 성장을 다룬 작품이 가지는 가치에 관한 이해로 알맞지 **않은** 것은?

① 삶을 어떻게 살아야 할지 생각해 볼 수 있다.
② 주인공의 경험을 바탕으로 자신의 삶을 돌아볼 수 있다.
③ 모든 갈등 상황에 적용할 수 있는 완벽한 해결 방안을 얻을 수 있다.
④ 다양한 사람들의 삶의 모습을 들여다보고 간접적으로 겪어 볼 수 있다.
⑤ 성장하기까지 주인공의 갈등과 고난의 과정을 보며 공감하고 위로받을 수 있다.

4 단원

바른답·알찬풀이 26쪽

(1) 문학과 성장

★ 〈내 이름은 백석〉의 사건 전개 과정은?

발단	아빠에 대한 '나'의 소개와 '나'의 이름이 ❶□□인 사연
전개	선생님이 백석의 시 읽기를 자신에게 시킬까 봐 걱정하는 '나'
위기	'나'에게 백석의 시집을 사 주면서 시 낭송을 돕는 아빠
절정	❷□□과 ❸□□□를 잘 알지 못해 망신을 당하고 낙담한 아빠와 그런 아빠의 모습을 보는 '나'
결말	떨리는 목소리로 '나'에게 ❹□□하는 아빠와 아빠에게 힘을 주고 싶은 '나'

★ 〈내 이름은 백석〉에서 '나'의 성장은 어떻게 이루어지고 있을까?

• 아빠에 대한 '나'의 인식 변화

시 읽기 사건 전	시 읽기 사건 발생	시 읽기 사건 후
• 아빠는 용머리처럼 대단한 사람임. • 아빠는 아빠의 ❺□□인 '닭대가리'처럼 무지한 사람이 아님.	아빠가 소련과 러시아를 구별하지 못해 '나'의 앞에서 창피를 당함.	• 아빠도 모르는 것들이 있음. • 평소와 다르게 부끄러워하는 아빠의 모습에 마음이 아프고 낯섦. • 나에게 힘을 주는 아빠에게 '나'도 힘을 주고 싶어 함.

• '나'의 성장

'나'는 자신의 앞에서 망신을 당한 아빠에게 힘을 주어야 한다고 생각하면서도 그렇게 행동하지 못함.

→ 아빠에 대한 인식 변화가 쉽게 이루어지는 것이 아니며 그만큼 '나'가 ❻□□□을 앓고 있음을 보여 줌.

★ 성장을 다룬 문학 작품의 가치는 무엇일까?

다양한 삶의 모습을 이해하게 됨.

인물이 성장하는 과정을 간접적으로 체험하면서 자신의 삶을 성찰할 수 있음.

성장을 다룬 문학 작품의 가치

어떻게 사는 것이 ❼□□□하고 가치 있는 삶인지를 탐구할 수 있음.

인물이 성장하는 과정을 지켜보면서 인물에게 공감하고, ❽□□를 받을 수 있음.

소단원 다잡기

[01~04] 다음 글을 읽고 물음에 답하시오.

가 나는 아빠 별명이 싫다. '닭대가리'는 무식한 사람을 얕잡아 보는 말이기 때문이다. 하지만 아빠는 이 별명을 싫어하지 않는다. 시장 아저씨들이 "어이, 닭대가리." 하고 부르면 "꼬끼오." 하며 벙긋 웃는다.

아빠 별명이 그렇게 된 가장 큰 이유는 닭집 이름에 있다. 우리 가게 이름은 '대거리 닭집'이다. '큰거리 시장'에 있으니까 그냥 '큰거리 닭집' 하면 좋았을 텐데, 아빠가 큰 대(大) 자로 바꾸면 유식해 보일 것 같아서 바꿨다고 한다. 대거리 닭집, 대거리 닭집 하다 대가리 닭집이 되고, 결국 아빠는 '닭대가리'가 되었다.

별명이 닭대가리여서 아빠는 좋다고 한다.

"사람들이 나를 닭대가리라고 불러야 스트레스가 풀리지. 우리 가게가 시장에서 제일 장사가 잘되는데 내 별명이 '용머리'였어 봐. 괜히 우리 닭이 수입산이라고 헛소문 냈을 걸." / 그렇게 말할 때 보면 아빠는 '용머리' 같다. 결코 닭대가리가 아니다.

나 "아빠, 왜 내 이름을 석이라고 지었어요?"

2학년이 되고 나서 내가 물었다. 학교에서 '내 이름의 뜻'을 발표하는 시간이 있었기 때문이다.

"나는 어릴 때 '이' 씨들이 부러웠어. 얼마나 쓰기 쉽냐. 동그라미에 작대기 하나. 그런데 '백' 자는 얼마나 복잡하냐? 니가 이름 쓰느라고 고생할 일을 생각하니까 두 글자 이름을 지을 수가 없더라. 성을 바꿔 줄 수도 없고. 이름이라도 쉽게 쓰라고 한 글자로 지은 거야."

다 "선생님은 아빠가 천재 시인 백석을 좋아해서 내 이름을 백석이라고 지은 줄 알아."

아빠는 또 눈을 껌뻑거렸다. / "그럼, 그냥 그렇다고 해."

"거짓말이잖아."

"괜찮아. 시인은 먹는 것도 아니잖아."

"선생님이 나한테 백석 시 읽는 거 시킬 거래. 선생님이 '아버지는 백석 시 중에서 뭘 제일 좋아하시니?' '백석 시 한번 외워 볼래?' 이러면 어떡하지?"

---

01 이와 같은 글의 특성으로 알맞은 것은?

① 글쓴이의 경험을 진솔하게 전달하는 글이다.

② 실제로 있음 직한 일을 작가가 상상하여 꾸며 쓴 글이다.

③ 독자에게 체계적인 정보를 전달하려는 목적을 지닌 글이다.

④ 운율이 있는 말과 함축적인 표현을 통해 정서를 아름답게 표현한 글이다.

⑤ 글쓴이의 주장과 그에 대한 타당한 근거를 제시하여 독자를 설득하고자 하는 글이다.

학습 활동

02 (가)~(다)에 대한 이해로 알맞은 것은?

① '나'는 아빠가 시 읽기를 시킬까 봐 걱정하고 있다.

② 아빠는 '나'가 아빠의 별명을 알게 될 것을 걱정하고 있다.

③ 아빠는 타인의 장난을 여유 있게 받아들이는 너그러운 성향을 지니고 있다.

④ 아빠의 행동을 부정적으로 바라보는 '나'는 아빠에게 매우 비판적 태도를 보이고 있다.

⑤ 아빠가 '나'에게 거짓말을 하라고 하는 것을 통해 아빠는 다른 이웃에게 신뢰받지 못한다는 것을 드러내고 있다.

서술형

03 아빠가 '나'의 이름을 '석'으로 지은 이유를 〈조건〉에 맞게 서술하시오.

조건
- 백씨 성에 대한 아빠의 생각을 서술할 것
- 완결된 한 문장으로 쓸 것

학습 활동

04 〈보기〉를 드러내는 소재를 (가)에서 찾아 쓰시오.

보기
'나'는 아빠를 훌륭하고 멋진 사람이라고 여긴다.

[05~07] 다음 글을 읽고 물음에 답하시오.

가 "이야, 분단에 의해 묻혀진…… 세계적인 천재 시인 백석, 나와 나타샤와 흰 당나귀. 야, 그냥 천재도 아니고 세계적인 천재란다."

㉠아빠는 시집을 손으로 쓰다듬었다. 아빠는 바지에 물기를 한 번 더 닦고 책장을 하나하나 조심스럽게 넘겼다.

"가난한 내가, 아름다운 나타샤를 사랑해서, 오늘 밤은 푹푹 눈이 나린다……. 나린다? 내린다, 아닌가?"

㉡아빠가 고개를 갸우뚱했다.

"아빠 맞아, 눈은 '내린다'야."

"무슨 천재 시인이 '내린다'도 모르냐."

나 "미국 여자 아니라니까! 애한테 틀리게 가르쳐 주면 어떻게 해!"

"그럼, 소련 여자는 맞아?"

나타샤 때문에 엄마 아빠는 말다툼을 시작했다.

"왜들 그래?"

건너편 건어물집 아저씨가 뒷짐을 지고 가게로 들어왔다.

"형님 잘 왔네. 나타샤가 미국 여자야, 소련 여자야?"

아빠가 건어물집 아저씨에게 물었다.

"나타샤? 나타샤는 러시아 여자 이름인데."

"거봐. 소련 여자가 아니고 러시아 여자라잖아!"

㉢아빠가 어깨를 쭉 펴고 엄마한테 큰소리를 쳤다. 그러자 갑자기 건어물집 아저씨가 웃기 시작했다.

"아이고, 이 사람아. 소련이 러시아잖아. 러시아로 이름을 바꾼 지 한참 됐어. ㉣그러게 닭이나 치지, 왜 나타샤를 찾아. 어이, 닭대가리."

건어물집 아저씨는 아빠를 툭툭 치며 계속 "어이, 닭대가리." 했다. 하지만 아빠는 "꼬끼오." 하고 대답하지 않았다. ㉤아빠 얼굴은 발갛게 달아올랐다.

아빠는 냉장실에서 닭을 꺼내다가 도마 가득 쌓아 놓고 툭툭 잘라 내기 시작했다. ⓐ엄마는 달걀 손님을 받으러 슬그머니 문밖으로 나가고, 건어물집 아저씨도 슬그머니 나갔다.

05 이 글의 서술상 특징으로 알맞은 것은?

① 사투리를 사용하여 현장감을 주고 있다.

② 과장된 표현을 사용하여 독자의 웃음을 유발하고 있다.

③ 어른이 된 인물이 어린 시절의 이야기를 회상하는 형식이다.

④ 작품 속에 등장하는 인물의 시선에서 사건을 전달하고 있다.

⑤ 하나의 주제를 바탕으로 하여 독립된 몇 편의 이야기가 엮여 있다.

학습 활동 연동

06 ㉠~㉤에 드러난 인물의 심리를 짐작한 것으로 알맞지 **않은** 것은?

① ㉠ : 아들과 이름이 같은 시인이 세계적 천재라고 하니 시집이 더 귀하게 느껴짐.

② ㉡ : 똑똑한 사람이 간단한 맞춤법을 틀렸다는 것이 의아함.

③ ㉢ : 자존심이 상해서 더욱 큰소리를 내 지금의 상황을 무마하려고 함.

④ ㉣ : 아빠의 무지한 부분을 가지고 무시함.

⑤ ㉤ : '닭대가리'라는 별명이 이번만큼은 그냥 지나쳐지지 않고 창피함.

07 이 글의 인물들이 ⓐ와 같이 행동한 이유로 알맞은 것은?

① 갑자기 시장에 손님이 많이 몰려와서

② 아빠가 열심히 일하는 것을 방해하지 않으려고

③ '나타샤'에 대한 다른 사람의 생각을 더 들어 보려고

④ 평소와 달리 아빠의 기분이 매우 상한 것을 알고 눈치를 보느라

⑤ 자신들이 잘 모르는 것을 '나'가 또 질문할까 봐 자리를 피하느라

[08~10] 다음 글을 읽고 물음에 답하시오.

가 나는 가만히 아빠의 뒷모습을 보았다. 아빠가 칼을 높이 들었다 내리면 닭은 단번에 두 도막으로 갈라졌다. 아빠는 말없이 닭만 잘랐다.

아빠가 도막 낸 닭이 바구니에 가득 담겼다. 아빠는 칼질을 멈추고 숨을 길게 내쉬었다. 그러고는 뒤를 돌아 가만히 내 얼굴을 들여다보았다. 왠지 아빠 얼굴을 보는 게 쑥스러웠다. 나는 슬그머니 고개를 숙였다. 아빠의 장화가 보였다. 장화 위에 떨어진 핏방울이 조르륵 바닥으로 흘러갔다.

나 "집에 들어가서, 그 책에서 제일 짧은 시를 외워. 나타샤는 외우지 마. '내린다'가 맞는지 '나린다'가 맞는지…… 아빠는 잘 모르겠으니까." / "네."

"그리고 석아, 약속 하나 하자." / "뭘요?"

"나중에 아빠처럼 닭을 자르고 살아도 말이지……. 나라 이름이 바뀔 때는 잘 알아 둬." / "네."

"그리고…… 똑똑한 친구를 한 명은 꼭 사귀어라. 아빠는 '나린다'가 맞는지 '내린다'가 맞는지 물어볼 친구가 한 명도 없다. 내 친구들은 죄다 무식해서 말이지……." 아빠 목소리는 조금 떨렸다.

다 "이거 봐. 여기 이 닭 보이지? 이렇게 목이 길게 달려 있는 게 신선한 거야. 닭은 내장보다 목이 먼저 상해. 그래서 외국에서 들어오는 건 다 목이 짧아. 목을 달고 들어오면 옮기다 썩을 수 있으니까. 아빠는 언제나 목이 달려 있는 닭만 팔아. 아빠는 닭을 잘 알아. 닭은 언제나 목이 길게 달려 있는 게 맞는 거야."

ⓘ아빠는 두 손에 닭을 하나씩 잡고, 닭 모가지를 손아귀에 쥐고 흔들었다. / 아빠 입은 무거운 닭 바구니를 들 때처럼 꽉 물려 있었지만, 모가지를 잡힌 닭들은 날아갈 듯 가뿐해 보였다. 고개를 치켜들고, 팔을 번쩍 들어 올린 아빠는 정말 컸다. 우리 대거리 닭집은 닭 모가지를 깃대처럼 쥐고 흔드는 우리 아빠로 가득 찼다.

나는 그 순간 천재 시인 백석의 시집을 흔들며 환하게 웃어야 한다는 생각이 들었다. 하지만 내 입도 내 손도 말을 듣지 않았다. 나는 그저 입을 다문 채 백석 시집을 손에 땀이 나도록 쥐고 있을 뿐이었다.

08 (가)~(다)에 대한 이해로 알맞은 것은?

① '나'는 의기소침해진 아빠의 모습이 낯설게 느껴졌다.

② 아빠는 앞으로 어떻게 가게를 꾸려야 할지 걱정하고 있다.

③ 아빠에 대한 '나'의 생각은 시를 읽기 전과 크게 바뀌지 않았다.

④ 아빠는 '나'와 함께 시를 읽은 후 자신과 가장 친한 친구를 떠올렸다.

⑤ '나'는 권위적이라 생각했던 아빠의 부족한 면을 보고 친근감을 느끼게 되었다.

09 이 글의 독자가 보였을 반응으로 알맞지 **않은** 것은?

① '나'가 아빠에 대해 몰랐던 것을 알게 되면서 '나'가 성장했다고 생각해.

② 아빠는 자신이 하는 일에 관해서는 누구보다 잘 알고 자부심을 가진 사람인 것 같아.

③ '나'에게는 큰 산과 같던 아빠에게 모르는 것이 있다는 것은 '나'에게 충격이었을 것 같아.

④ 얼마나 성실하게 사느냐보다 남보다 똑똑하고 뛰어나게 살아가는 것이 중요하다는 '나'의 깨달음에 공감해.

⑤ 많은 지식을 가지고 있지는 않지만 자신이 일하는 분야의 전문 지식을 가지고 살아가는 아빠의 모습이 인상적이야.

10 아빠가 ⓘ과 같이 행동한 이유가 무엇인지 〈조건〉에 맞게 서술하시오.

> ─ 보기 ─
> • 아빠가 '나'에게 전달하고자 하는 의미와 스스로에게 가지는 의미를 서술할 것
> • 완결된 한 문장으로 쓸 것

[11~14] 다음 글을 읽고 물음에 답하시오.

가 **수영**: 그리고 뭐 하나 알려 줘도 돼? 팔을 이렇게 던지면 잘 안 나갈 거야. 물을 밀어 준다는 느낌으로. 다른 팔도.

제희: 어……. 이렇게요?

수영: 응. 이때 킥판을 너무 누르지 말고. 대 준다는 느낌으로. 어깨는 똑바로. 한번 해 볼래?

나 레인 중간에 있는 제희는 수영이 들어오는 것을 먼저 발견한다. 손을 흔들어 인사하는 제희. 수영도 제희를 발견하고 손을 흔든다. 제희는 수영이 있는 쪽으로 헤엄쳐 되돌아간다.

제희: ㉠(올려다보며) 언니, 저 한 바퀴 돌았어요. 이거 별로 안 누르고요.

수영: 오, 그럼 이번엔 이거 잡고 해 보자.

　수영은 풀 부이를 제희에게 건넨다.

제희: 이게 뭔데요? / **수영**: 땅콩.

　제희는 수영이 건네준 풀 부이를 살펴본다.

제희: ㉡저 바로 빠져 죽을 것 같은데요.

다 **수영**: 응. 근데 나도 그때는 물에 들어가는 게 너무 싫어서 수영복 일부러 안 가져가고 그냥 앞에 앉아 있었어. 애들이 하는 거 구경하고.

제희: 근데 지금 이렇게 잘해요?

수영: 음, 물은 좀 정직한 게 있거든.

라 주위를 둘러보며 수영장에 혼자만 남아 있음을 확인하는 제희. 관리인마저 사라진 수영장은 제희의 숨소리가 들릴 정도로 무섭게 고요하다. 수영장 레인 안으로 들어가는 제희. 물로 얼굴을 닦아 낸 뒤 풀 부이를 잡고 천천히 헤엄치기 시작한다.

　그때, 옆 레인에 수영이 지나간다. 놀란 제희는 수영을 따라잡으려 정신없이 팔과 다리를 움직인다. 급한 마음에 잡고 있던 풀 부이도 내팽개친 채 전속력으로 나아가는 제희, 마침내 반대편 수영장 벽에 손을 댄다. / 물에서 일어선 제희는 숨을 몰아쉬면서 옆 레인을 본다. 수영은 없다.

　뒤를 돌아본 제희에게는 새로운 시야가 펼쳐져 있다. 레인 중간에는 내팽개쳐진 풀 부이가 둥둥 떠다니고, ㉢제희는 자신이 혼자 힘으로 반대편에 왔음을 깨닫는다.

11 (가)~(라)에 대한 설명으로 알맞지 <u>않은</u> 것은?

① (가): 제희는 다른 사람의 도움을 받고 있다.
② (나): 제희와 수영 언니는 친분이 있는 사이이다.
③ (다): 제희는 수영 언니의 말을 의심하고 있다.
④ (라): 제희는 도구의 도움 없이 수영을 하게 된다.
⑤ (라): 제희는 홀로 있는 수영장에서 전속력으로 수영을 한다.

12 〈보기〉에서 설명하는 문장을 이 글에서 찾아 쓰시오.

> **보기**
>
> 　수영은 노력한 만큼 결과로 나타난다는 수영 언니의 생각이 담겨 있는 말이다.

서술형 **학습 활동 응용**

13 (라)에 드러난 제희의 변화를 〈조건〉에 맞게 서술하시오.

> **조건**
>
> • 제희의 외적, 심리적 변화를 각각 '성장'이라는 단어를 사용하여 쓸 것
> • 각각 완결된 한 문장으로 쓸 것

(1) 외적 변화:
(2) 심리적 변화:

14 ㉠~㉢에 나타난 인물의 심리로 알맞은 것은?

	㉠	㉡	㉢
①	두려움	놀라움	괴로움
②	자랑스러움	두려움	뿌듯함
③	놀라움	외로움	쓸쓸함
④	외로움	자랑스러움	놀라움
⑤	기쁨	자랑스러움	쓸쓸함

(2) 생활 속의 다양한 매체

소단원 **핵심 개념**

1 대중 매체와 개인 인터넷 방송의 개념

① **대중 매체**

책이나 신문, 라디오, 텔레비전 등과 같이 많은 사람에게 대량으로 정보를 전달하는 매체

② **개인 인터넷 방송**

주로 개인이 직접 방송을 제작하고, 인터넷을 통해 전달하는 매체

※매체와 매체 자료
매체란 넓은 의미로 소통을 매개하는 도구, 기술, 환경으로 TV, 스마트폰, 인터넷 등이 있다. 일반적으로 매체 자료란 매체에서 내용을 전달하기 위한 양식들로 그림, 사진, 표, 그래프 등을 말한다.

2 대중 매체와 개인 인터넷 방송의 특성

	대중 매체	개인 인터넷 방송
제작 과정	전문가 집단이 체계적으로 역할을 분담하여 제작함.	개인이 생산자가 되어 여러 역할을 전담하여 제작함.
다루는 소재	대중의 관심사를 고려한 소재를 주로 다룸.	개인의 관심사를 반영한 소재를 주로 다룸.
내용 및 표현의 규제	내용 및 표현에서 방송법과 사회적 규범 등을 고려해야 함.	규제를 적게 받아서 비교적 자유롭게 표현할 수 있음.
생산자와 수용자의 소통	수용자가 생산자와 소통하거나 내용을 만드는 과정에 참여하기가 비교적 어려움.	수용자가 생산자와 소통하거나 내용을 만드는 과정에 참여하기가 비교적 쉬움.

매체에서 정보를 얻는 사람
매체에서 전달하는 정보를 만드는 사람

└ 매체 이용자
(매체를 생산하고 사용하는 사람들을 모두 아울러 이용자라고 한다)

3 대중 매체와 개인 인터넷 방송의 영향력

	대중 매체	개인 인터넷 방송
영향력	• 많은 사람에게 필요한 정보를 한꺼번에 전달할 수 있음. • 세대와 지역 등을 가리지 않고 많은 사람에게 영향을 줌.	• 개개인의 취향, 가치관, 관심사 등에 따라 서로 다른 영향을 줌. • 최근 개인 인터넷 방송의 이용이 늘어나면서 영향력이 커지고 있음.

개념 확인 문제

1 대중 매체에 대한 설명으로 맞으면 ○표, 틀리면 ×표를 하시오.

(1) 주로 개인이 제작한 방송을 인터넷을 이용하여 전달하는 매체이다.
( )

(2) 주로 신문, 잡지, 영화, 텔레비전 등과 같은 수단을 사용해 대량으로 정보를 전달한다. ( )

2 〈보기〉에서 개인 인터넷 방송의 특성을 모두 골라 묶은 것은?

› 보기 〉
ㄱ. 다수의 전문가 집단이 참여함.
ㄴ. 주로 개인이 다양한 역할을 전담하여 제작함.
ㄷ. 비전문적인 일반 개인이 제작할 수 있음.
ㄹ. 주로 여러 명이 각각 역할을 분담하여 제작함.
ㅁ. 수용자가 내용을 만드는 데에 참여하기가 비교적 쉬움.

① ㄱ, ㄴ 　② ㄱ, ㄷ, ㅁ
③ ㄴ, ㄷ, ㅁ 　④ ㄷ, ㄹ
⑤ ㄹ, ㅁ

3 〈보기〉의 빈칸에 들어갈 알맞은 단어를 각각 쓰시오.

› 보기 〉
개인 인터넷 방송의 특성으로는 (　　)와 (　　)의 자유로운 소통을 들 수 있다.

4 〈보기〉에서 설명하는 영향력을 지닌 매체는 무엇인지 쓰시오.

› 보기 〉
세대와 지역 등을 가리지 않고 많은 사람에게 필요한 정보를 한꺼번에 전달하고 영향을 줌.

4 단원

과정 ✕ 탐구 교과서 190~197쪽

1 대중 매체와 개인 인터넷 방송의 특성 비교

1 대중 매체와 개인 인터넷 방송을 만드는 방식의 차이

가 대중 매체

→ 전문가 집단이 모여 각자의 역할을 분담하여 제작함.

나 개인 인터넷 방송

→ 개인이 생산자가 되어 여러 역할을 전담하여 제작함.

	가	나
생산자	방송 제작 분야 전문가	일반 [ ][ ]
생산자의 역할	기획, 촬영, 편집 등의 여러 역할을 많은 사람이 체계적으로 [ ][ ]함.	기획, 출연, 촬영, 편집 등 여러 역할을 한 개인이 담당함.

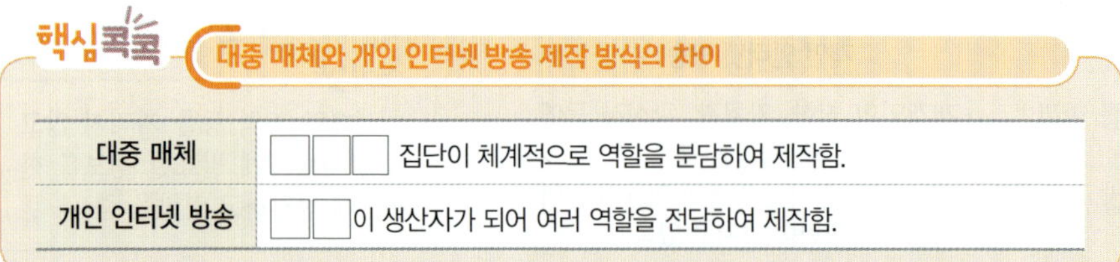

핵심콕콕 대중 매체와 개인 인터넷 방송 제작 방식의 차이

대중 매체	[ ][ ][ ] 집단이 체계적으로 역할을 분담하여 제작함.
개인 인터넷 방송	[ ][ ]이 생산자가 되어 여러 역할을 전담하여 제작함.

핵심 개념 콕

01 대중 매체의 생산자로 알맞지 <u>않은</u> 것은?

① 촬영 감독
② 편집 감독
③ 음향 감독
④ 일반 개인
⑤ 방송국 작가

02 〈보기〉에서 설명하는 매체는 무엇인지 쓰시오.

• 보기)

　개인이 생산자가 되어 기획, 출연, 촬영, 편집 등 여러 역할을 전담하여 제작하는 매체이다.

03 매체 제작에 대한 설명으로 알맞은 것은?

① 매체에서 정보를 얻는 사람을 생산자라고 한다.
② 최근에는 생산자와 수용자가 엄격하게 구분된다.
③ 대중 매체의 생산자는 방송 제작 분야의 전문가 집단이다.
④ 매체에서 전달하는 정보를 만드는 사람을 수용자라고 한다.
⑤ 사람들에게 정보, 지식 등을 전달하고 공유할 수 있도록 매개 역할을 하는 모든 것을 가리켜 개인 인터넷 방송이라고 한다.

2 대중 매체와 개인 인터넷 방송의 주요 소재

(1) **가**와 **나**에서 다루고 있는 소재

가	많은 사람이 좋아할 만한 소재
나	□□□ 자신이 좋아하고 관심이 있는 다양한 소재

(2) **가**와 **나**의 생산자가 소재를 정할 때 고려한 것

가	많은 사람이 두루 좋아할 만한 소재인가?
나	나의 □□□나 취미와 관련된 소재인가?

핵심 콕콕 대중 매체와 개인 인터넷 방송의 주요 소재

대중 매체	□□의 관심사를 고려한 소재를 주로 다룸.
개인 인터넷 방송	□□의 관심사를 반영한 소재를 주로 다룸.

핵심 개념 콕

04 대중 매체에서 주로 다루는 소재로 가장 알맞은 것은?

① 촬영하기에 편한 것
② 많은 대중이 좋아할 만한 것
③ 과거에 인기가 별로 없던 것
④ 편집자의 취미 생활과 관련된 것
⑤ 널리 퍼지지 않아 소수가 공유하는 것

05 개인 인터넷 방송의 생산자가 소재를 정할 때 주로 고려할 만한 내용으로 가장 알맞은 것은?

① 생산자의 관심사를 반영한 것을 소재로 선정한다.
② 다수 수용자의 의견을 바탕으로 소재를 선정한다.
③ 공공성과 공익성을 엄중하게 따져 소재로 선정한다.
④ 수용자가 많은 정보를 가지고 있는 것을 소재로 선정한다.
⑤ 많은 사람이 좋아할 만한 것은 무조건 피해서 소재를 선정한다.

06 대중 매체에 대한 설명으로 맞으면 ○표, 틀리면 ×표를 하시오.

(1) 누구나 좋아할 만한 볼거리를 소개하는 내용으로 방송을 구성할 수 있다.
( )

(2) 방송 소재를 정할 때 생산자 개인의 관심사가 가장 중요한 기준이 된다.
( )

(3) 전문가 집단이 체계적으로 역할을 분담하여 대중이 좋아할 만한 것을 방송 소재로 삼는 매체이다. ( )

(4) 비전문가인 개인이 직접 자신의 취미를 소개하는 영상을 촬영하여 인터넷을 통해 전달하는 매체이다.
( )

3 대중 매체와 개인 인터넷 방송의 표현

가 ㉠대중 매체

→ 내용 및 표현에서 방송법과 사회적 규범 등을 고려해야 함.

나 ㉡개인 인터넷 방송

→ 관련 규제를 적게 받아 비교적 자유롭게 표현할 수 있음.

(1) **가**와 **나**에서 사용할 수 있는 표현의 차이 파악하기

가	☐☐☐을 직접적으로 노출할 수 없고, 사용할 수 없는 표현이 많음.
나	상호명을 직접적으로 노출할 수 있고, 큰 제약 없이 표현을 자유롭게 사용할 수 있음.

(2) **가**와 **나**의 표현에 차이가 있는 까닭 알아보기

제46조(광고 효과)

… 방송은 상품 등에 부적절한 광고 효과를 주는 다음 각 호의 어느 하나에 해당하는 내용을 방송하여서는 아니 된다. 다만, 프로그램의 특성이나 내용 전개 또는 구성상 불가피한 경우에는 예외로 한다.

  1. 상품명 등을 자막 또는 음성을 통하여 구체적으로 노출·언급하는 내용 …

→ 대중 매체에 적용되는 광고 효과의 규제 – 〈방송 심의에 관한 규정(부칙 제55호)〉에서

→ **가**는 방송법 등 관련 규제를 고려하여 방송의 공정성과 공익성을 위해 사용해서는 안 되는 표현들이 많지만, **나**는 상대적으로 관련 규제가 강하지 않아 비교적 자유롭게 표현할 수 있다.

핵심콕콕 **대중 매체와 개인 인터넷 방송의 표현**

대중 매체	내용 및 표현에서 방송법과 ☐☐☐☐☐을 고려해야 함.
개인 인터넷 방송	☐☐를 적게 받아서 비교적 자유롭게 표현할 수 있음.

---

07 ㉠과 ㉡ 중 〈보기〉의 규정이 적용되는 것은 무엇인지 쓰시오.

→ 보기

제46조(광고 효과)
  … 방송은 상품 등에 부적절한 광고 효과를 주는 다음 각 호의 어느 하나에 해당하는 내용을 방송하여서는 아니 된다.

핵심 개념 콕

08 〈보기〉를 통해 알 수 있는 대중 매체와 개인 인터넷 방송의 특징으로 알맞은 것은?

→ 보기

• 대중 매체 아나운서: 어제 강릉의 모 대형 제과 업체에서 식품 위생법을 어겨 과태료를 무는 사건이 발생했습니다 .
• 개인 인터넷 방송 진행자: 얘들아, 나 어제 '맛나 제과점' 빵 먹고 배탈 났다. 근데 여기 식품 위생법 어겨서 과태료 물었대.

① 대중 매체는 상호를 노출할 수 있다.
② 대중 매체는 말투나 표현이 자유롭다.
③ 대중 매체에서는 주관적인 의견을 주로 방송한다.
④ 개인 인터넷 방송은 상호명을 직접적으로 노출할 수 있다.
⑤ 개인 인터넷 방송은 관련 규제 때문에 표현의 제약이 많다.

09 대중 매체와 개인 인터넷 방송의 표현 차이의 원인으로 알맞은 것은?

① 방송 시간대의 차이
② 수용자 연령대의 차이
③ 생산자의 사회적 지위 차이
④ 방송법에 따른 규제 정도의 차이
⑤ 수용자와의 소통 방식에 따른 차이

4 대중 매체와 개인 인터넷 방송의 소통 방식

(1) 다음 질문에 답하면서 가와 나에서 소통하는 방식의 차이 정리하기

질문	가 대중 매체	나 개인 인터넷 방송
수용자는 생산자에게 어떻게 의견을 전달하고 있는가?	온라인 ☐☐☐을 통해 의견을 전달함.	실시간 ☐☐을 통해 의견을 전달함.
생산자와 수용자가 사이에 실시간에 가까운 소통이 가능한가?	수용자와 생산자가 실시간으로 소통할 수 없음.	수용자와 생산자 간의 실시간에 가까운 소통이 가능함.
생산 과정에 수용자가 참여할 수 있는가?	수용자는 매체의 내용이 모두 생산된 이후에 매체 내용의 수정이나 재생산 과정에 ☐☐☐으로 참여할 수 있음.	수용자는 매체 내용의 생산 과정에 ☐☐☐으로 참여할 수 있음.

→ 가는 생산자와 수용자의 소통이 실시간으로 이루어지기 어려우며 내용을 만드는 과정에 수용자가 참여하는 것 또한 어렵다. 반면 나는 생산자와 수용자의 소통이 실시간으로 이루어지며 내용을 만드는 과정에 수용자가 참여할 수 있다.

핵심콕콕 — 대중 매체와 개인 인터넷 방송의 소통 방식

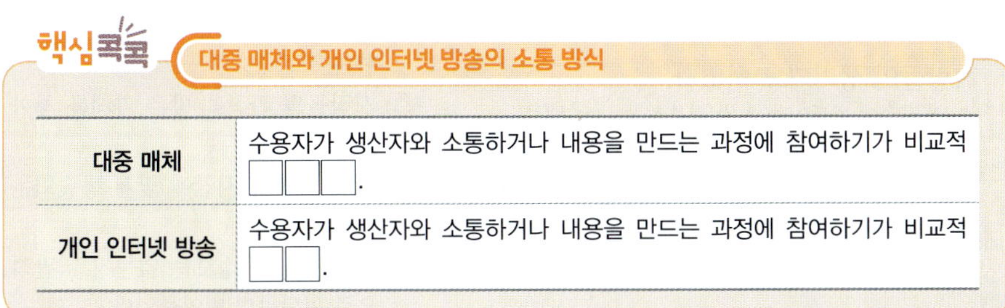

대중 매체	수용자가 생산자와 소통하거나 내용을 만드는 과정에 참여하기가 비교적 ☐☐☐.
개인 인터넷 방송	수용자가 생산자와 소통하거나 내용을 만드는 과정에 참여하기가 비교적 ☐☐.

핵심 개념 콕

10 〈보기〉에 드러난 개인 인터넷 방송의 소통 방식의 특성으로 알맞지 <u>않은</u> 것은?

→ 보기)
수용자: 먹자씨 실시간 방송 중이군요. 지금 먹는 샌드위치에 혹시 달걀이 들어가요? 그리고 마요네즈 들어가면 더 맛있을 것 같아요.
먹자씨: 샌드위치를 씹을 때 아삭아삭 씹히는 사과 맛이 일품이에요. 아! 시청자께서 질문을 주셨는데, 이 샌드위치에는 달걀이 안 들어가요. 오, 마요네즈도 뿌려서 먹어 볼게요!

① 방송 송출 중 소통이 가능하다.
② 실시간으로 소통이 이루어지는 경우가 많다.
③ 수용자가 채팅을 통해 의견을 전달하기도 한다.
④ 수용자가 내용 생산에 직접 참여하는 것이 가능하다.
⑤ 매체 내용이 모두 생산된 이후에 수용자가 매체 내용의 수정에 간접적으로만 참여할 수 있다.

핵심 개념 콕

11 대중 매체의 소통 방식에 대한 이해로 알맞은 것은?

① 수용자들의 의견이 실시간으로 반영되는 경우가 많다.
② 수용자가 실시간으로 댓글을 달아 자신의 의견을 낼 수 있다.
③ 방송을 시청하고 난 뒤 게시판에 수용자의 의견을 적을 수 있다.
④ 생산자와 수용자가 방송마다 실시간으로 적극적인 소통을 할 수 있다.
⑤ 수용자가 생산자와의 소통을 통해 매체의 생산과 수정에 직접적으로 참여할 수 있다.

4 단원

바른답·알찬풀이 27쪽

2 대중 매체와 개인 인터넷 방송의 영향력 이해

1 대중 매체가 우리에게 주는 영향

(1) 대중 매체가 우리에게 주는 영향 정리하기

→ 사회적으로 중요한 ☐☐를 얻기 쉽다.
→ 수용자들이 비슷한 경험을 ☐☐할 수 있다.

(2) 다음 기사를 참고하여 대중 매체가 올바른 영향력을 행사해야 하는 까닭 생각하기

드라마 속 학교 폭력 묘사가 현실을 반영한 것이라 하지만 그 폐해가 만만치 않다. 우선 모방 범죄를 부를 우려가 크다. 전문가들은 대중 매체의 장면이 청소년들의 행동에 영향을 줄 수 있다고 지적한다.

– 《한국일보》, 2021년 3월 10일 자에서
→ 대중 매체의 표현이 청소년에게 영향을 미침.

규모 5.8의 강진이 발생한 위급 상황에서 재난 보도를 제때 내보내지 않은 방송사들이 비판을 받고 있다. 대중 매체는 국민에게 정확하고 신속하게 재난 상황을 전달하고 위험 상황에 대처하는 방법 등을 적극적으로 알려야 하는 의무가 있다.

– 《경상일보》, 2016년 9월 13일 자에서
→ 대중 매체는 사회적 책임과 의무를 지님.

→ 대중 매체가 정보를 올바르게 전달하지 않으면 그로 인한 피해가 ☐☐ 전반에 미칠 수 있다.
→ 대중 매체가 객관적이지 않은 시각으로 현상이나 사건을 전달하면 대중들에게 잘못된 인식이나 가치관이 형성될 수 있으며, 필요한 ☐☐를 제대로 전달하지 않으면 사회에 위험한 상황을 초래할 수 있다.

2 개인 인터넷 방송이 우리에게 주는 영향

(1) 개인 인터넷 방송이 우리에게 주는 영향 정리하기

→ 개인적으로 ☐☐ 있거나 필요한 정보를 선택하여 얻기 쉽다.
→ 수용자가 개별적인 매체 이용 경험을 할 수 있다.

(2) 피해 사례를 참고하여 개인 인터넷 방송을 이용하는 바람직한 태도 생각하기

구독자가 백만 명이 넘는 개인 인터넷 방송에서 배달 음식과 관련한 허위 정보를 퍼뜨려서 가게에 피해를 주었다.

개인 인터넷 방송을 통해 대책 없이 퍼지는 허위 정보 때문에 사생활을 침해당하거나 누명을 쓰고 괴로워하는 사람들이 생기기도 하였다.

→ 개인 인터넷 방송이 퍼뜨리는 허위 정보로 피해가 생김.

→ 개인 인터넷 방송에서 전달하는 정보를 ☐☐☐☐☐☐ 받아들이지 않는다.
→ 사람들의 이목을 끌기 위한 거짓되거나 과장된 내용은 없는지 ☐☐☐으로 판단하며 받아들여야 한다.

12 〈보기〉의 빈칸에 들어갈 말을 순서대로 알맞게 짝지은 것은?

> ● 보기
> 대중 매체를 통해서는 (　　) 으로 중요하게 여겨지는 정보를 얻기 유용하다. 반면에 개인 인터넷 방송을 통해서는 (　　)으로 관심이 있거나 필요한 정보를 선택적으로 얻을 수 있다.

① 물리적 - 심리적
② 사회적 - 개인적
③ 사회적 - 학습적
④ 주관적 - 객관적
⑤ 윤리적 - 사회적

13 대중 매체가 사회적 의무를 가지는 이유로 알맞은 것은?

① 대규모 자본이 들어가기 때문에
② 최신의 정보를 전달하기 때문에
③ 대규모의 생산자가 참여하기 때문에
④ 수용자와 소통하는 방식이 쌍방향이기 때문에
⑤ 사회적으로 중요한 정보를 많은 수용자에게 전달하여 영향을 미치기 때문에

14 〈보기〉와 같은 사례를 바탕으로 할 때 개인 인터넷 방송을 이용하는 바람직한 태도로 알맞은 것은?

> ● 보기
> 인기가 많은 개인 인터넷 방송에서 특정 음식점과 관련된 허위 정보를 퍼뜨려서 해당 음식점이 문을 닫게 되었다.

① 가게 사장을 찾아가 인터뷰한다.
② 실제로 인기가 많은 방송인지 확인한다.
③ 사람들의 관심을 받은 가게를 찾아본다.
④ 정해진 편성 시간에 맞게 방송되는지 살펴본다.
⑤ 방송에 허위 정보는 없는지 비판적으로 판단하며 받아들인다.

(2) 생활 속의 다양한 매체

★ 대중 매체와 개인 인터넷 방송의 특성은?

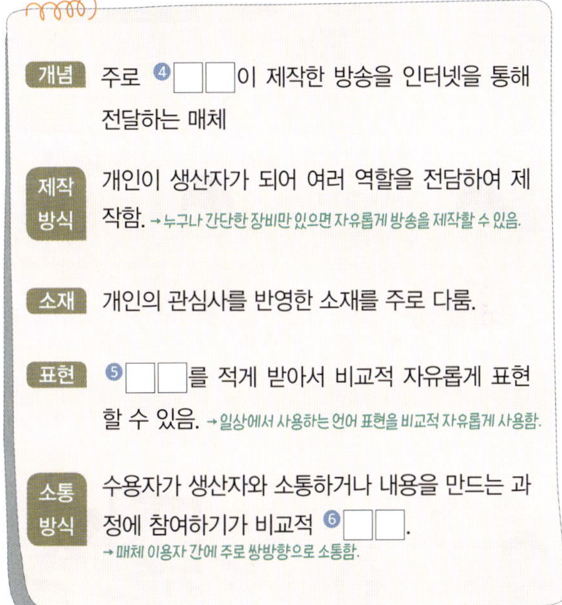

대중 매체

개념	책이나 신문, 라디오, 텔레비전 등과 같이 많은 사람에게 ❶☐☐으로 정보를 전달하는 매체
제작 방식	❷☐☐☐ 집단이 체계적으로 역할을 분담하여 제작함. →전문성을 갖춘 조직이 전문적인 장비를 사용함.
소재	대중의 관심사를 고려한 소재를 주로 다룸.
표현	내용 및 표현에서 방송법과 사회적 규범 등을 고려해야 함. →대중의 바른 언어생활에 도움이 되는 언어 표현을 사용해야 하는 등의 책임이 있음.
소통 방식	수용자가 생산자와 소통하거나 내용을 만드는 과정에 참여하기가 비교적 ❸☐☐☐. →매체 이용자 간에 주로 일방향으로 소통함.

개인 인터넷 방송

개념	주로 ❹☐☐이 제작한 방송을 인터넷을 통해 전달하는 매체
제작 방식	개인이 생산자가 되어 여러 역할을 전담하여 제작함. →누구나 간단한 장비만 있으면 자유롭게 방송을 제작할 수 있음.
소재	개인의 관심사를 반영한 소재를 주로 다룸.
표현	❺☐☐를 적게 받아서 비교적 자유롭게 표현할 수 있음. →일상에서 사용하는 언어 표현을 비교적 자유롭게 사용함.
소통 방식	수용자가 생산자와 소통하거나 내용을 만드는 과정에 참여하기가 비교적 ❻☐☐. →매체 이용자 간에 주로 쌍방향으로 소통함.

★ 대중 매체와 개인 인터넷 방송의 영향력은?

대중 매체
- 많은 사람에게 필요한 ❼☐☐를 한꺼번에 전달할 수 있음.
- 세대와 지역 등을 가리지 않고 많은 사람에게 영향을 줌.

개인 인터넷 방송
- 개개인의 취향, 가치관, 관심사 등에 따라 서로 다른 영향을 줌.
- 최근 개인 인터넷 방송의 이용이 늘어나면서 영향력이 커지고 있음.

★ 대중 매체와 개인 인터넷 방송을 이용하는 바람직한 태도는?

- 매체에서 다룬 내용이 거짓되거나 과장된 내용은 없는지 ❽☐☐☐으로 판단해야 함.
- 매체에서 전하는 정보가 어느 한쪽의 입장에 치우쳐 있는 것은 아닌지 따져 보며 주체적으로 이용해야 함.

[01~04] 다음을 보고 물음에 답하시오.

학습 활동 응용

01 (가)~(마) 중, 대중 매체의 특성이 드러난 것끼리 알맞게 묶은 것은?

① (가), (나)
② (가), (라)
③ (나), (다)
④ (가), (다), (라)
⑤ (다), (라), (마)

02 (나)의 방송에서 상호명 노출이 가능한 이유로 알맞은 것은?

① 일대일의 쌍방향 소통이 가능하기 때문이다.
② 불특정 다수의 사람에게 영향을 주기 때문이다.
③ 공공의 정보를 전달하는 성격이 강하기 때문이다.
④ 수용자들끼리 비슷한 문화와 경험을 공유하기 때문이다.
⑤ 비교적 방송법의 규제가 적어 표현이 자유롭기 때문이다.

서술형

03 (라)에 드러난 매체의 특성을 〈조건〉에 맞게 서술하시오.

> **조건**
> • (라)의 매체가 무엇인지 쓸 것
> • 소재의 선정 측면에서 쓸 것
> • 완결된 한 문장으로 쓸 것

04 (마)와 같은 방송의 제작 방식에 해당하지 <u>않는</u> 것은?

① 비전문가도 제작에 참여할 수 있다.
② 주로 개인이 전담해 제작에 참여한다.
③ 제작 방식이 온라인 환경에 특화되어 있다.
④ 카메라, 조명, 음향 등 분야별로 분업해 제작한다.
⑤ 제작의 장벽이 낮아 누구나 쉽게 생산자가 될 수 있다.

[05~08] 다음을 보고 물음에 답하시오.

가

나

다

_ □ ×

　　규모 5.8의 강진이 발생한 위급 상황에서 재난 보도를 제때 내보내지 않은 방송사들이 비판을 받고 있다. 대중 매체는 국민에게 정확하고 신속하게 재난 상황을 전달하고 위험 상황에 대처하는 방법 등을 적극적으로 알려야 하는 의무가 있다.

－《경상일보》, 2016년 9월 13일 자에서

라

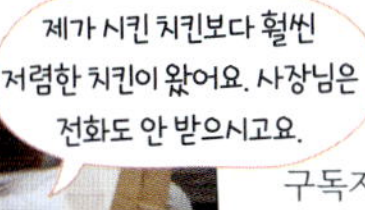

구독자가 백만 명이 넘는 개인 인터넷 방송에서 배달 음식과 관련한 허위 정보를 퍼뜨려서 가게에 피해를 주었다.

마

　　개인 인터넷 방송을 통해 대책 없이 퍼지는 허위 정보 때문에 사생활을 침해당하거나 누명을 쓰고 괴로워하는 사람들이 생기기도 하였다.

---

05 매체와 관련한 설명으로 알맞지 <u>않은</u> 것은?

① 매체에서 생산자는 정보를 만드는 사람이다.

② 매체에서 전달하는 정보를 얻는 사람을 수용자라 한다.

③ 개인 인터넷 방송은 방송법과 사회적 규범 등을 고려해야 한다.

④ 매체의 공통적인 특징은 시간, 공간을 넘어 다양한 정보를 전달할 수 있다는 점이다.

⑤ 대중 매체는 책이나 신문, 라디오, 텔레비전 등과 같이 많은 사람에게 대량으로 정보를 전달하는 매체를 뜻한다.

06 (가), (나)의 소통 방식에 대한 설명으로 알맞은 것은?

① (가)는 (나)에 비해 생산자와 실시간 소통이 가능하다.

② (가)는 (나)에 비해 생산 과정에 수용자가 참여하기 쉽다.

③ (나)는 (가)보다 내용 생성 이후의 간접적 참여가 많다.

④ (나)는 (가)보다 생산자와 수용자의 즉각적인 소통이 소극적이다.

⑤ (나)는 (가)보다 방송 중 방송 내용에 대한 수용자의 의견이 반영되기가 쉽다.

07 (다)의 기사를 참고하여 해당 매체가 가지는 의무와 그 이유를 〈조건〉에 맞게 서술하시오.

┌─ 조건 ─
•'~하지 않으면 ~를 초래할 수 있기 때문에 ~할 의무가 있다.' 형태의 완결된 문장으로 쓸 것

08 (라)와 (마)에 대한 이해로 알맞은 것은?

① (라): 개인 인터넷 방송의 영향력이 갈수록 커지고 있다.

② (라): 허위 정보가 퍼져 개인 인터넷 방송 생산자가 고통받고 있다.

③ (마): 개인 인터넷 방송 생산자가 누명을 쓰게 되는 경우가 있다.

④ (마): 개인 인터넷 방송으로 인해 사생활을 침해당하면 법적 대응을 검토해야 한다.

⑤ (마): 개인 인터넷 방송에서는 대개 허위 정보를 퍼뜨리므로 이에 대한 대책을 세워야 한다는 목소리가 생기고 있다.

[01~03] 다음 글을 읽고 물음에 답하시오.

가 나는 아빠 별명이 싫다. '닭대가리'는 무식한 사람을 얕잡아 보는 말이기 때문이다. 하지만 아빠는 이 별명을 싫어하지 않는다. 시장 아저씨들이 "어이, 닭대가리." 하고 부르면 "꼬끼오." 하며 벙긋 웃는다.

아빠 별명이 그렇게 된 가장 큰 이유는 닭집 이름에 있다. 우리 가게 이름은 '대거리 닭집'이다. '큰거리 시장'에 있으니까 그냥 '큰거리 닭집' 하면 좋았을 텐데, 아빠가 큰 대(大) 자로 바꾸면 유식해 보일 것 같아서 바꿨다고 한다. 대거리 닭집, 대거리 닭집 하다 대가리 닭집이 되고, 결국 아빠는 '닭대가리'가 되었다.

나 아빠의 '대거리 닭집'은 좋은 닭이랑 좋은 달걀을 팔기로 유명하다. 좋은 기름을 써서 맛있게 통닭을 만드는 걸로도 소문이 났다. 아빠는 내가 태어나던 해부터 '대거리 닭집'을 해서 집도 사고, 차도 사고, 시골 할머니 집도 지어 드렸다.

다 "그런데 '백' 자는 얼마나 복잡하냐? 니가 이름 쓰느라고 고생할 일을 생각하니까 두 글자 이름을 지을 수가 없더라. 성을 바꿔 줄 수도 없고. 이름이라도 쉽게 쓰라고 한 글자로 지은 거야."

라 "시인 백석이 누구야?"

아빠가 생닭을 도마 위에 올려놓으며 물었다.

"나도 몰라, 천재 시인 백석이 있대."

아빠는 눈을 껌뻑거렸다. 시인 백석을 모르는 게 분명했다.

"도둑놈이 아니라 다행이다. 도둑놈보다 시인이 좋잖아."

"선생님은 아빠가 천재 시인 백석을 좋아해서 내 이름을 백석이라고 지은 줄 알아."

마 "선생님이 나한테 백석 시 읽는 거 시킬 거래. 선생님이 '아버지는 백석 시 중에서 뭘 제일 좋아하시니?' '백석 시 한번 외워 볼래?' 이러면 어떡하지?"

아빠는 닭을 내려치려다 말고, 칼 쥔 오른손을 높이 치켜든 채 가만히 나를 보았다.

"외우지 뭐."

아빠가 대답했다.

---

01 (가)~(마)를 읽고 답을 찾을 수 있는 질문이 **아닌** 것은?

① 아빠 별명의 유래는 무엇인가?
② '나'는 아빠를 어떻게 바라보고 있는가?
③ 아빠는 시장에서 어떻게 장사해 왔는가?
④ 아빠가 내 이름을 '석'이라 지은 이유는 무엇인가?
⑤ 아빠가 오래전에 닭집을 하게 된 계기는 무엇인가?

02 아빠에 대한 이해로 알맞지 **않은** 것은?

① 성실하고 정직하게 장사를 한다.
② 사람들에게 유식해 보이는 것을 경계한다.
③ 다른 사람에게 여유 있고 너그럽게 대한다.
④ 아들에게 관심이 많고 아들의 이야기를 잘 들어 준다.
⑤ 아들이 겪을 어려움을 예상하여 이름을 지을 만큼 아들을 사랑한다.

03 (마)에서 '나'가 걱정하고 있는 이유를 〈조건〉에 맞게 서술하시오.

조건
• (라)~(마)의 내용을 참고하여 서술할 것
• '나'의 이름에 대한 선생님의 생각과 '나'의 걱정을 연결 지어 서술할 것

[04~06] 다음 글을 읽고 물음에 답하시오.

가 "오늘 밤은 푹푹 눈이 내린다……. 아빠, 근데 이게 무슨 뜻이야?"

아빠는 《나와 나타샤와 흰 당나귀》를 얼굴 가까이 끌어당겼다. 하도 가까이 당겨서 세계적인 천재 시인 백석 사진이 아빠 얼굴을 가려 버렸다.

"아…….."

아빠가 평상 위에 책을 툭 내려놓으면서 말했다.

"그러니까…… 가난한 내가 아름다운 나타샤를 사랑해서…… 음, 그러니까 세계적인 천재 시인 백석이 나타샤……. 음, 그러니까 미국 여자를 좋아한 거야. 백석이 나타샤랑 결혼을 하려고 하는데, 돈은 없고, 세계적인 천재지만 돈이 없었나 봐. 거기다 할아버지들은 미국 여자랑 결혼을 못 하게 하거든. 집에서 나타샤랑 결혼을 반대하니까 슬픈 거지."

나 "형님 잘 왔네. 나타샤가 미국 여자야, 소련 여자야?"

아빠가 건어물집 아저씨에게 물었다.

"나타샤? 나타샤는 러시아 여자 이름인데."

"거봐. 소련 여자가 아니고 러시아 여자라잖아!"

아빠가 어깨를 쭉 펴고 엄마한테 큰소리를 쳤다. 그러자 갑자기 건어물집 아저씨가 웃기 시작했다.

"아이고, 이 사람아. 소련이 러시아잖아. 러시아로 이름을 바꾼 지 한참 됐어. 그러게 닭이나 치지, 왜 나타샤를 찾아. 어이, 닭대가리."

건어물집 아저씨는 아빠를 툭툭 치며 계속 "어이, 닭대가리." 했다. ㉠하지만 아빠는 "꼬끼오." 하고 대답하지 않았다. 아빠 얼굴은 발갛게 달아올랐다.

다 나는 가만히 아빠의 뒷모습을 보았다. 아빠가 칼을 높이 들었다 내리면 닭은 단번에 두 도막으로 갈라졌다. 아빠는 말없이 닭만 잘랐다.

아빠가 도막 낸 닭이 바구니에 가득 담겼다. 아빠는 칼질을 멈추고 숨을 길게 내쉬었다. 그러고는 뒤를 돌아 가만히 내 얼굴을 들여다보았다. 왠지 아빠 얼굴을 보는 게 쑥스러웠다. 나는 슬그머니 고개를 숙였다.

04 이 글의 서술상 특징으로 알맞은 것은?

① 작품 속 인물인 '나'가 자신이 겪은 일을 서술하고 있다.

② 작품 속 인물인 아빠가 아들의 성장 과정을 묘사하고 있다.

③ 작품 속 인물인 '나'가 자신의 아빠가 성장하는 과정을 전달하고 있다.

④ 작품 밖의 서술자가 '나'와 아빠의 사건을 객관적으로 전달하고 있다.

⑤ 작품 밖의 서술자가 '나'와 아빠의 마음을 모두 알고 이를 전달하고 있다.

05  〈보기〉를 참고하여 이 글을 읽고 보인 반응으로 알맞은 것은?

> **보기**
>
> **작가의 말**: 저는 원하지 않은 모습이라고 해도 그것을 자각하는 순간 우리는 성장한다는 믿음을 가지고 있습니다.

① '나'가 아빠와 함께 다른 책을 읽으면서 성장하겠군.

② '나'가 아빠에게 자신의 비밀을 털어놓으면서 성장하겠군.

③ '나'가 가족을 향한 자신의 원망을 깨달으면서 성장하겠군.

④ '나'가 아빠도 모르는 것이 있다는 걸 깨달으면서 성장하겠군.

⑤ '나'가 남들에게 약해 보이면 안 되는 까닭을 깨달으면서 성장하겠군.

06  ㉠의 이유를 〈조건〉에 맞게 서술하시오.

> **조건**
>
> • (나)에서 아빠가 겪은 사건과 연관하여 서술할 것

[07~10] 다음 글을 읽고 물음에 답하시오.

가 "집에 들어가서, 그 책에서 제일 짧은 시를 외워. 나타샤는 외우지 마. '내린다'가 맞는지 '나린다'가 맞는지…… 아빠는 잘 모르겠으니까."

"네."

"그리고 석아, 약속 하나 하자."

"뭘요?"

ⓐ"나중에 아빠처럼 닭을 자르고 살아도 말이지……. 나라 이름이 바뀔 때는 잘 알아 둬."

나 아빠 목소리는 조금 떨렸다.

"그리고 말이다. 나중에 니 자식 이름을 지을 때는 혹시 똑같은 이름을 가진 유명한 사람이 있는지 잘 알아봐. ⓑ백석이 세계적인 천재 시인이어서 정말 다행이다. 잘 모르긴 하지만……. 나타샤는 좋은 시 같다."

아빠 목소리는 점점 더 떨렸다. 내 고개는 다시 아래로 떨어졌다. ㉠나는 터벅터벅 가게를 나섰다. 엄마가 통닭 한 쪽을 주었지만 고개를 저었다.

다 "이거 봐. 여기 이 닭 보이지? 이렇게 목이 길게 달려 있는 게 신선한 거야. 닭은 내장보다 목이 먼저 상해. 그래서 외국에서 들어오는 건 다 목이 짧아. 목을 달고 들어오면 옮기다 썩을 수 있으니까. 아빠는 언제나 목이 달려 있는 닭만 팔아. ⓒ아빠는 닭을 잘 알아. 닭은 언제나 목이 길게 달려 있는 게 맞는 거야."

ⓓ아빠는 두 손에 닭을 하나씩 잡고, 닭 모가지를 손아귀에 쥐고 흔들었다.

아빠 입은 무거운 닭 바구니를 들 때처럼 꽉 물려 있었지만, 모가지를 잡힌 닭들은 날아갈 듯 가뿐해 보였다. 고개를 치켜들고, 팔을 번쩍 들어 올린 아빠는 정말 컸다. ㉡우리 대거리 닭집은 닭 모가지를 깃대처럼 쥐고 흔드는 우리 아빠로 가득 찼다.

ⓔ나는 그 순간 천재 시인 백석의 시집을 흔들며 환하게 웃어야 한다는 생각이 들었다. 하지만 내 입도 내 손도 말을 듣지 않았다. 나는 그저 입을 다문 채 백석 시집을 손에 땀이 나도록 쥐고 있을 뿐이었다.

07 이와 같은 글을 읽는 방법으로 알맞은 것은?

① 주장과 그 근거를 파악하며 읽는다.

② 글을 읽을 때 생기는 운율을 통해 분위기를 느낀다.

③ 인물의 갈등과 사건 전개를 통해 주제를 이해하며 읽는다.

④ 설명 대상이 무엇인지 파악하고 새로 알게 된 내용을 정리하며 읽는다.

⑤ 객관적 사실과 주관적 의견을 구분하고 과장된 내용은 없는지 비판적으로 읽는다.

08 ㉠의 이유를 추측한 것으로 알맞은 것은?

① 배가 불러서 입맛이 없기 때문에

② 아빠와 관련된 것은 모두 싫었기 때문에

③ 목소리를 떠는 아빠의 모습에 당황했기 때문에

④ 이제 통닭은 질리도록 먹었다고 생각했기 때문에

⑤ 아빠가 시인을 잘 모르는 것이 부끄러웠기 때문에

서술형

09 ㉡이 의미하는 바가 무엇인지 〈조건〉에 맞게 서술하시오.

조건
- (다)에서 '나'가 아빠를 인식하는 모습을 드러낼 것
- 완결된 한 문장으로 쓸 것

실력 UP 고난도

10 이 글을 연극으로 표현할 때, ⓐ~ⓔ의 지시 사항으로 알맞은 것은?

① ⓐ: 화가 난 목소리로 크게 말한다.

② ⓑ: 즐거운 표정을 하고 감동한 듯한 말투로 말한다.

③ ⓒ: 축 처져서 슬픈 표정으로 자신 없게 이야기한다.

④ ⓓ: 굳은 표정이지만 힘 있고 씩씩한 몸짓으로 흔든다.

⑤ ⓔ: 활짝 웃으며 다행스럽다는 표정으로 아빠를 바라본다.

[11~13] 다음 글을 읽고 물음에 답하시오.

가 제희는 허리를 치료하려면 수영을 해 보라는 물리 치료사 선생님의 말을 듣고 수영장에 가지만, 수영하는 방법을 몰라 우물쭈물한다. 그때 수영이 제희에게 말을 건다.

나 **수영:** 무서우면 중간에 되돌아와도 돼.

뒤돌아보는 제희. 수영이 서 있다.

수영: 그리고 뭐 하나 알려 줘도 돼? 팔을 이렇게 던지면 잘 안 나갈 거야. 물을 밀어 준다는 느낌으로. 다른 팔도.

제희: 어……. 이렇게요?

수영: 응. 이때 킥판을 너무 누르지 말고. 대 준다는 느낌으로. 어깨는 똑바로. 한번 해 볼래?

제희는 수영장 레인을 바라본다.

제희: 여기서부터 물이 깊어지던데요…….

나 수영은 풀 부이를 제희에게 건넨다.

제희: 이게 뭔데요? / **수영:** 땅콩.

제희는 수영이 건네준 풀 부이를 살펴본다.

제희: 저 바로 빠져 죽을 것 같은데요.

수영: 처음엔 내가 잡아 줄게.

수영이 물 안으로 들어와 제희를 받쳐 준다.

제희: 언니, 진짜 놓으면 안 돼요.

수영: 진짜 안 놓을게. 몸에 힘을 빼야 뜬다.

수영이 네 발자국 정도까지 제희를 잡아 주다가 몰래 손을 놓는다. 제희는 혼자서도 잘 나아가고, 물에 뜨는 느낌을 알게 된다. / **제희:** 저 하는 거 봤죠!

라 주위를 둘러보며 수영장에 혼자만 남아 있음을 확인하는 제희. 관리인마저 사라진 수영장은 제희의 숨소리가 들릴 정도로 무섭게 고요하다. 수영장 레인 안으로 들어가는 제희. 물로 얼굴을 닦아 낸 뒤 풀 부이를 잡고 천천히 헤엄치기 시작한다. / 그때, 옆 레인에 수영이 지나간다. 놀란 제희는 수영을 따라잡으려 정신없이 팔과 다리를 움직인다. 급한 마음에 잡고 있던 풀 부이도 내팽개친 채 전속력으로 나아가는 제희, 마침내 반대편 수영장 벽에 손을 댄다.

물에서 일어선 제희는 숨을 몰아쉬면서 옆 레인을 본다. 수영은 없다. / 뒤를 돌아본 제희에게는 새로운 시야가 펼쳐져 있다. 레인 중간에는 내팽개쳐진 풀 부이가 둥둥 떠다니고, 제희는 자신이 혼자 힘으로 반대편에 왔음을 깨닫는다.

11 이 글의 내용과 일치하지 <u>않는</u> 것은?

① 제희는 혼자 수영할 수 있게 되었다.

② 제희는 수영하는 것을 포기하지 않았다.

③ 수영 언니가 제희에게 먼저 다가와 도움을 주었다.

④ 제희는 처음에 수영하는 방법을 모르고 물을 무서워했다.

⑤ 수영 언니는 제희가 수영을 포기하지 않도록 냉정하게 대했다.

실력 UP 고난도

12 이 글을 감상한 내용으로 알맞지 <u>않은</u> 것은?

① 제희처럼 내가 원하는 것을 얻기 위해 노력했던 경험을 떠올려 봤어.

② 제희처럼 낯선 사람과 상황을 경계하는 것은 개인이 성장하는 원동력이 될 수 있어.

③ 홀로서기를 하려면 어떠한 사람이 되어야 할지, 어떤 노력을 해야 할지 고민해 봤어.

④ 물을 무서워하는 내가 제희와 같은 상황이었다면 수영하기를 포기해 버렸을 것 같아.

⑤ 누군가가 준 작은 도움으로 조금씩 나아질 수도 있지만 언젠가는 홀로서기를 해야 진정 성장할 수 있음을 배웠어.

서술형

13 이 글에서 제희의 성장에 영향을 미친 요인이 무엇인지 〈조건〉에 맞게 서술하시오.

> **조건**
> • 외적 요인 한 가지를 완결된 한 문장으로 쓸 것
> • 내적 요인 두 가지를 완결된 한 문장으로 쓸 것

바른답·알찬풀이 28쪽

[14~17] 다음을 보고 물음에 답하시오.

가

나

다

라

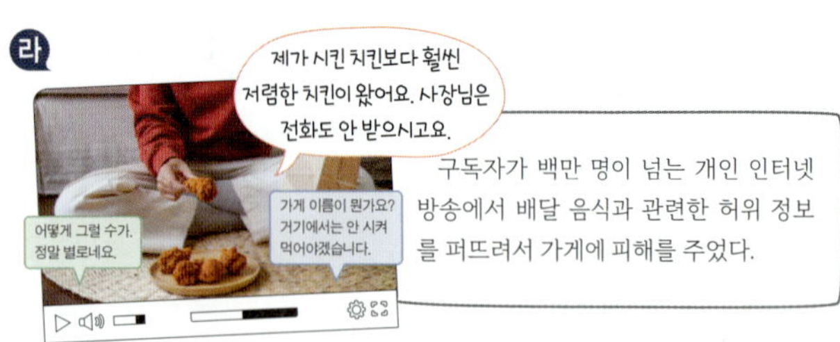

14 (가)와 같은 매체의 제작 방식에 대한 설명으로 알맞지 <u>않은</u> 것은?

① 다수의 사람이 제작에 참여한다.
② 누구나 쉽게 생산자가 될 수 있다.
③ 정해진 편성표에 맞게 미리 제작한다.
④ 제작하는 사람들은 각 분야의 전문가이다.
⑤ 기획, 촬영, 편집 등 분야별로 업무가 나누어져 있다.

15 (나), (다)를 통해 알 수 있는 매체의 특성을 이해한 것으로 알맞지 <u>않은</u> 것은?

① 방송법의 적용을 받지 않아 표현이 자유롭다.
② 실시간으로 생산자와 수용자가 소통할 수 있다.
③ 수용자가 방송 제작 과정에 참여하는 것도 가능하다.
④ 생산자가 관심 있는 소재가 방송 소재로 결정되는 경우가 많다.
⑤ 수용자는 매체 내용이 모두 생산된 이후에 내용의 수정이나 재생산 과정에 간접적으로 참여할 수 있다.

실력 UP 고난도

16 (다)를 참고할 때, 개인 인터넷 방송에 대해 알 수 있는 내용으로 알맞은 것은?

① 개인적인 관심 분야에 필요한 정보를 얻을 수 있다.
② 사회 전반에 일어나는 중요한 정보나 사실을 알 수 있다.
③ 세대나 성별, 지역 등을 가리지 않고 많은 사람에게 영향을 준다.
④ 대중에게 같은 내용을 공유하여 사회의 일원이라는 소속감을 형성시킨다.
⑤ 대중에게 사회 규범이나 문화 등을 알려 주고 가치관 형성에 영향을 끼친다.

서술형

17 (라)를 참고하여 개인 인터넷 방송을 이용하는 바람직한 태도를 〈조건〉에 맞게 서술하시오.

조건
• 개인 인터넷 방송이 전달하는 정보의 신뢰성과 관련하여 한 가지만 서술할 것

2022 개정
교육과정 반영

개념 잡고 성적 올리는 필수 개념서

올리드

중등 국어 1-1

시험대비편

미래엔 교과서

대표 저자 + 민병곤

중학
국어
1-1

Mirae N

올리드
100점 전략

오답을 꽉 잡아라
시험을 확 잡아라
문제를 쏙 잡아라
개념을 꽉 잡아라

Mirae N 에듀

시험 대비편
중등 국어 1-1

Contents
차례

시험에 꼭 나오는
지문 알맹이 분석
(1) 운율과 비유

🔹 바른답·알찬풀이 29쪽

핵심정리

갈래	현대시, 자유시, 서정시	성격	서정적, 낭만적
제재	민들레와 아가	주제	아가가 잘 자라기를 바라는 민들레의 마음
특징	• 민들레를 의인화하여 민들레가 아가에게 말을 거는 방식을 활용함. • 비슷한 소리나 특정 종결 어미의 반복 등을 통해 운율을 형성함. • 직유법, 은유법, 의인법 등 다양한 비유법이 사용됨.		

짜임	1연	아가에게 자신을 소개하는 민들레
	2~3연	입김을 부는 아가와 날아가는 민들레 홀씨
	4~5연	내년에 아가를 다시 만나러 오겠다는 민들레의 약속
	6~7연	올해와 다르게 내년에는 아가가 두 번만 불어도 날아갈 것이라고 생각하는 민들레

교재 21쪽

아가야
　화자: '나'(민들레)
내 이름은 민들레야
　민들레가 마치 사람인 것처럼 표현함.(의인법)
지난겨울 너의 모자 끝에

달려 있던 털방울 같지
　민들레를 털방울에 직접적으로 빗대어 표현함.(직유법)
　→ 1연: 아가에게 자신을 소개하는 민들레

　입김을 불며 내밀고 있는 입술 모양을 뽀뽀하는
　입술 모양에 직접적으로 빗대어 표현함.(직유법)
작은 입술 뽀뽀하듯 내밀고

후후후 입김 부는 아가야
　음성 상징어 '후'를 반복하여 운율을 형성함.

봄바람 같은 너의 숨결에
　'숨결'을 '봄바람'에 직접적으로 빗대어 표현함.(직유법)
나는 세상에서 제일 작은

낙하산 되어 날아가지
　민들레를 '낙하산'에 빗대어 표현함.(은유법)
　→ 2~3연: 입김을 부는 아가와 날아가는
　　　　　민들레 홀씨

멋지게 착륙하여 내년에 다시

널 만나러 올게

그때는 너의 숨결도 좀 더
　4연의 '내년'
힘차고 따뜻하게 자라 있을 테지
　민들레가 아가의 성장을 긍정적으로 바라보고 있음.
　→ 4~5연: 내년에 아가를 다시 만나러
　　　　　오겠다는 민들레의 약속

내년 봄에는 후후

두 번만 불어도
　아가가 숨결이 세지고 자라 있을 것이라는
나는 날아갈 테지　민들레의 생각이
　　　　　　　　　드러남.

올해는 후후후

내년엔 후후
　아가가 성장해 있을 것이라는 것을 함축적으로 표현함.
　→ 6~7연: 올해와 다르게 내년에는 아가가
　　　　　두 번만 불어도 날아갈 것이라
　　　　　고 생각하는 민들레

🔹 내용 분석

화자	'나'(민들레)
상황	'나'가 '아가'의 □□을 긍정적으로 바라봄.
정서	따뜻함, 정겨움

🔹 운율

시를 읽을 때 말의 □□□을 느끼게 하는 것

↓

• '후후후, 후후' 음성 상징어의 반복
• '-지' 어미의 반복

🔹 비유적 표현 ① – 

'~처럼/같이/인 듯' 등을 활용하여 직접적으로 빗대어 표현함.

↓

• '털방울 같지'
• '작은 입술 뽀뽀하듯'

🔹 비유적 표현 ② – □□□

'~은/는 ~이다.'의 형태로 간접적으로 빗대어 표현함.

↓

'나는 세상에서 제일 작은 낙하산'

🔹 비유적 표현 ③ – 

사람이 아닌 대상을 사람인 것처럼 표현함.

↓

'내 이름은 민들레야'

필수 문제로
소단원 완전 정복

(1) 운율과 비유

바른답·알찬풀이 29쪽

[01~05] 다음 글을 읽고 물음에 답하시오.

아가야
㉠내 이름은 민들레야
지난겨울 너의 모자 끝에
달려 있던 털방울 같지 [A]

㉡작은 입술 뽀뽀하듯 내밀고
후후후 입김 부는 아가야

㉢봄바람 같은 너의 숨결에
㉣나는 세상에서 제일 작은
낙하산 되어 날아가지

멋지게 착륙하여 내년에 다시
널 만나러 올게

그때는 너의 숨결도 좀 더
㉤힘차고 따뜻하게 자라 있을 테지

내년 봄에는 후후
두 번만 불어도
나는 날아갈 테지

올해는 후후후
내년엔 후후

01 이 시에 대한 설명으로 알맞은 것은?

① 색채를 나타내는 시어가 나타나 있다.
② 시에 말하는 이가 직접 등장하지 않는다.
③ 말하고자 하는 바와 표현된 내용이 반대이다.
④ 대립하는 시어를 사용하여 시적 긴장감을 주고 있다.
⑤ 말하는 이가 누군가에게 말을 건네며 시상이 전개된다.

02 이 시의 운율을 형성하는 방법을 모두 고른 것은?

┌ 보기 ┐
ㄱ. 동일한 어미 '-지'를 반복한다.
ㄴ. 일정한 음성 상징어를 반복한다.
ㄷ. 'ㅂ' 받침이 들어간 단어를 반복한다.
ㄹ. 흘러가듯이 빠르게 읽기를 반복한다.
└───┘

① ㄱ, ㄴ　　　② ㄴ, ㄷ
③ ㄱ, ㄷ　　　④ ㄴ, ㄹ
⑤ ㄱ, ㄹ

03 [A]에 대한 설명으로 알맞지 <u>않은</u> 것은?

① '털방울'을 의인화하여 표현하였다.
② '민들레'를 '털방울'에 빗대어 표현하였다.
③ '민들레'는 '아가'를 향해 말을 건네고 있다.
④ 원관념은 '민들레'이고, 보조 관념은 '털방울'이다.
⑤ '민들레'와 '털방울'은 동그랗고 보송보송하다는 공통점이 있다.

04 ㉠~㉤ 중, 〈보기〉와 같은 표현법이 쓰인 것은?

┌ 보기 ┐
• 그대의 눈은 샛별이다.
• 아빠는 나의 등불이다.
└───┘

① ㉠　　　② ㉡　　　③ ㉢
④ ㉣　　　⑤ ㉤

서술형
05 이 시에서 〈보기〉의 설명에 해당하는 시구를 찾고, 이러한 표현이 주는 효과를 쓰시오.

┌ 보기 ┐
사람이 아닌 대상을 사람인 것처럼 표현함.
└───┘

• 시구: ______________________

• 효과: ______________________
　　　　______________________

시험에 꼭 나오는
지문 알맹이 분석 　(2) 상징

핵심 정리

갈래	현대 소설, 단편 소설, 순수 소설	성격	서정적, 향토적, 비극적
시점	작가 관찰자 시점(부분적으로 전지적 작가 시점)	주제	소년과 소녀의 순수한 사랑

특징	• 소설의 배경인 가을 농촌의 모습을 감각적으로 묘사함. • 시간의 흐름에 따라 사건이 전개됨. • 여운을 남기는 결말로 끝남.

짜임	발단	개울가에서 소년과 소녀가 만남.
	전개	소년과 소녀가 함께 산 너머에 놀러 감.
	위기	소년과 소녀가 소나기를 만나 비를 피함.
	절정	소녀네가 이사를 가게 되어 소년과 소녀가 이별을 앞두게 됨.
	결말	소녀의 죽음을 소년이 알게 됨.

교재 29~30쪽

다 건너가더니 홱 이리로 돌아서며, / "이 바보."
소년의 소극적인 태도에 대한 소녀의 답답함과 서운함이 담겨 있음.
조약돌이 날아왔다.
소년의 관심을 끌기 위해서
소년은 저도 모르게 벌떡 일어섰다.

단발머리를 나풀거리며 소녀가 막 달린다. 갈밭 사잇길로 들어섰다. 뒤에는 청량한 가을 햇살 아래 빛나는 갈꽃뿐.

이제 저쯤 갈밭머리로 소녀가 나타나리라. 꽤 오랜 시간이 지났다고 생각했다. 그런데도 소녀는 나타나지 않는다. 발돋움을 했다. 그러고도 상당한 시간이
소년이 소녀에게 관심이 있음을 짐작할 수 있음.
지났다고 생각됐다.

→ 소년과 소녀가 서로에게 관심을 보임.

▶ '조약돌'의 의미

"이 바보" 하며 소녀가 던진 □□□

↓

소년이 답답한 소녀가 소년의 □□을 끌어내기 위해 던진 것임.

▶ '발돋움'의 의미

소년은 갈밭 속으로 들어간 소녀가 다시 나타나기를 오랜 시간 기다리다 발돋움을 함.

↓

소년이 소녀에게 □□이 있음.

교재 33~34쪽

산을 내려오는데 떡갈나무 잎에서 빗방울 듣는 소리가 난다. 굵은 빗방울이었
작품의 분위기가 전환됨.
다. 목덜미가 선뜻선뜻했다. 그러자 대번에 눈앞을 가로막는 빗줄기.

비안개 속에 원두막이 보였다. 그리로 가 비를 그을 수밖에.

그러나 원두막은 기둥이 기울고 지붕도 갈래갈래 찢어져 있었다. 그런대로 비가 덜 새는 곳을 가려 소녀를 들어서게 했다. 소녀는 입술이 파랗게 질려 있었
소녀에게 안 좋은 일이 생길 것이라는 짐작을 하게 함.
다. 어깨를 자꾸 떨었다.

무명 겹저고리를 벗어 소녀의 어깨를 싸 주었다. 소녀는 비에 젖은 눈을 들어
비를 맞아 추위에 떠는 소녀를 배려한 소년의 행동
한 번 쳐다보았을 뿐, 소년이 하는 대로 잠자코 있었다. 그러면서 안고 온 꽃묶음 속에서 가지가 꺾이고 꽃이 일그러진 송이를 골라 발밑에 버린다.

→ 소년과 소녀가 함께 소나기를 피함.

▶ 일그러진 '꽃'의 상징성

'그러면서 안고 온 꽃묶음 속에서 가지가 꺾이고 꽃이 일그러진 송이를 골라 발밑에 버린다.'

↓

꽃 = 아름답고 연약함 = □□

↓

소녀의 □□을 암시함.

1 단원

교재 **35** 쪽

"너무 갑갑해서 나왔다. …… 그날 참 재밌었어. …… 근데 그날 어디서 이런 물이 들었는지 잘 지지 않는다."

소녀가 분홍 스웨터 앞자락을 내려다본다. 거기에 검붉은 진흙물 같은 게 들어 있었다.
소년과 소녀의 추억을 떠오르게 함.

소녀가 가만히 보조개를 떠올리며,

"이게 무슨 물 같니?"

소년은 스웨터 앞자락만 바라다보고 있었다.

"내 생각해 냈다. 그날 도랑 건널 때 네게 업힌 일 있지? 그때 네 등에서 옮은 물이다."
소년과 소녀가 친밀해지는 계기가 되었음.

소년은 얼굴이 확 달아오름을 느꼈다.
소년의 마음-부끄러움, 수줍음, 쑥스러움

→ 소년은 소녀가 도랑에서 소년에게 업혔던 일을 이야기하자 부끄러워함.

▶ '분홍 스웨터'의 의미

소녀가 소년의 등에 업혀 도랑을 건널 때 검붉은 진흙물이 든 소녀의 분홍 스웨터

↓

소년과 소녀의 □□

▶ 소년의 심리

'소년은 얼굴이 확 달아오름을 느꼈다.'

↓

□□□□, 수줍음, 쑥스러움

교재 **37** 쪽

그날 밤, 소년은 자리에 누워서도 같은 생각뿐이었다. 내일 소녀네가 이사하는 걸 가 보나 어쩌나. 가면 소녀를 보게 될까 어떨까.
소녀와의 이별이 아쉽고 섭섭한 소년의 마음

그러다가 까무룩 잠이 들었는가 하는데,

"허, 참, 세상일두……."

마을 갔던 아버지가 언제 돌아왔는지,

"윤 초시 댁두 말이 아니여. 그 많던 전답을 다 팔아 버리구, 대대루 살아오던 집마저 남의 손에 넘기더니, 또 악상까지 당하는 걸 보면……."
젊어서 부모보다 먼저 자식이 죽는 경우를 이름. → 소녀의 죽음을 짐작하게 함.

남폿불 밑에서 바느질감을 안고 있던 어머니가,

"증손이라곤 계집애 그 애 하나뿐이었지요?"

"그렇지. 사내애 둘 있던 건 어려서 잃구……."

"어쩌믄 그렇게 자식 복이 없을까."
윤 초시네 자손들이 죽음을 맞았음을 짐작할 수 있음.

"글쎄 말이지. 이번 앤 꽤 여러 날 앓는 걸 약두 변변히 못 써 봤다더군. 지금 같애서는 윤 초시네두 대가 끊긴 셈이지……. 그런데 참 이번 계집애는 어린
경제적으로 어려운 상황이었음을 짐작할 수 있음.
것이 여간 잔망스럽지가 않어. 글쎄 죽기 전에 이런 말을 했다지 않어? 자기 가 죽거든 자기 입던 옷을 꼭 그대루 입혀서 묻어 달라구……."
소녀와의 추억을 소중하게 여기는 소녀의 면모

→ 소년이 소녀의 죽음을 알게 됨.

▶ 소녀의 유언과 심정

"자기가 죽거든 자기 입던 옷을 꼭 그대루 입혀서 묻어 달라구……."

소년의 등에 업힐 때 물들었던 옷을 끝까지 입고 싶어 □□을 남긴 소녀

↓

• 소년과의 □□을 소중하게 생각하는 마음
• 소년과 함께한 기억을 오래도록 간직하고 싶은 마음

필수 문제로
소단원 완전 정복

(2) 상징

[01~04] 다음 글을 읽고 물음에 답하시오.

가 "이 바보."

조약돌이 날아왔다.

소년은 저도 모르게 벌떡 일어섰다.

㉠단발머리를 나풀거리며 소녀가 막 달린다. 갈밭 ㉡사잇길로 들어섰다. 뒤에는 청량한 가을 햇살 아래 빛나는 갈꽃뿐.

이제 저쯤 갈밭머리로 소녀가 나타나리라. 꽤 오랜 시간이 지났다고 생각했다. 그런데도 소녀는 나타나지 않는다. ㉢발돋움을 했다. 그러고도 상당한 시간이 지났다고 생각됐다.

저쪽 갈밭머리에 갈꽃이 한 옴큼 움직였다. 소녀가 갈꽃을 안고 있었다. 그리고 이제는 천천한 걸음이었다. 유난히 맑은 가을 햇살이 소녀의 갈꽃머리에서 반짝거렸다. 소녀 아닌 갈꽃이 들길을 걸어가는 것만 같았다. [A]

나 "어서들 집으루 가거라. 소나기가 올라."

참 ㉣먹장구름 한 장이 머리 위에 와 있다. 갑자기 사면이 소란스러워진 것 같다. 바람이 우수수 소리를 내며 지나간다. ⓐ삽시간에 주위가 보랏빛으로 변했다.

산을 내려오는데 떡갈나무 잎에서 빗방울 듣는 소리가 난다. 굵은 빗방울이었다. 목덜미가 선뜻선뜻했다. 그러자 대번에 눈앞을 가로막는 빗줄기.

㉤비안개 속에 원두막이 보였다. 그리로 가 비를 그을 수밖에.

그러나 원두막은 기둥이 기울고 지붕도 갈래갈래 찢어져 있었다. 그런대로 비가 덜 새는 곳을 가려 소녀를 들어서게 했다. 소녀는 입술이 파랗게 질려 있었다. 어깨를 자꾸 떨었다.

무명 겹저고리를 벗어 소녀의 어깨를 싸 주었다. 소녀는 비에 젖은 눈을 들어 한 번 쳐다보았을 뿐, 소년이 하는 대로 잠자코 있었다. 그러면서 안고 온 꽃묶음 속에서 가지가 꺾이고 꽃이 일그러진 송이를 골라 발밑에 버린다.

---

01 (가)의 갈꽃과 (나)의 꽃을 통해 떠오르는 이미지로 알맞은 것은?

	갈꽃	꽃
①	병약함	아름다움
②	강인함	생동감
③	심란함	병약함
④	싱그러움	연약함
⑤	연약함	강인함

02 〈보기〉의 설명에 해당하는 소재로 알맞은 것은?

> **보기**
> 소년이 소녀에게 관심이 있음을 표현함.

① ㉠　　　② ㉡　　　③ ㉢
④ ㉣　　　⑤ ㉤

03 [A]와 〈보기〉의 공통점으로 알맞은 것은?

> **보기**
> 그리고 뭣에 떠다 밀렸는지 나의 어깨를 짚은 채 그대로 픽 쓰러진다. 그 바람에 나의 몸뚱이도 겹쳐서 쓰러지며 한창 피어 퍼드러진 노란 동백꽃 속으로 폭 파묻혀 버렸다. 알싸한, 그리고 향긋한 그 내음새에 나는 땅이 꺼지는 듯이 온 정신이 고만 아찔하였다.
> − 김유정, 〈동백꽃〉에서

① 3인칭 관찰자 시점으로 서술한다.
② 과거의 사건을 생생하게 전달한다.
③ 공간의 이동에 따라 사건을 전개한다.
④ 인물의 내적 갈등을 자세하게 묘사한다.
⑤ 서정적인 문체로 배경을 아름답게 묘사한다.

서술형

04 ⓐ에 드러난 색채의 특징과 그것이 암시하는 바를 〈조건〉에 맞게 서술하시오.

> **조건**
> • 작품의 분위기와 연관 지어 쓸 것
> • 소녀에게 일어날 일과 연관 지어 쓸 것
> • '보랏빛은 ~ 분위기를 자아내고, ~을/를 암시한다.' 형태의 완결된 문장으로 쓸 것

[05~08] 다음 글을 읽고 물음에 답하시오.

가 소녀가 분홍 스웨터 앞자락을 내려다본다. 거기에 검붉은 진흙물 같은 게 들어 있었다.

소녀가 가만히 보조개를 떠올리며,

㉠"이게 무슨 물 같니?"

소년은 스웨터 앞자락만 바라다보고 있었다.

"내 생각해 냈다. 그날 도랑 건널 때 네게 업힌 일 있지? 그때 네 등에서 옮은 물이다."

소년은 얼굴이 확 달아오름을 느꼈다.

갈림길에서 소녀는,

"저 오늘 아침에 우리 집에서 대추를 땄다. 낼 제사 지내려구……." / 대추 한 줌을 내어 준다.

소년은 주춤한다.

"맛봐라. 우리 증조할아버지가 심었다는데, 아주 달다."

소년은 두 손을 오그려 내밀며, / "참 알두 굵다!"

"그리구 저, 우리 이번에 제사 지내구 나서 좀 있다 집을 내주게 됐다."

소년은 소녀네가 이사해 오기 전에 벌써 어른들의 이야기를 들어서 윤 초시 손자가 서울서 사업에 실패해 가지고 고향에 돌아오지 않을 수 없게 됐다는 걸 알고 있었다. 그것이 이번에는 고향 집마저 남의 손에 넘기게 된 모양이었다.

"왜 그런지 난 이사 가는 게 싫어졌다. 어른들이 하는 일이니 어쩔 수 없지만……."

전에 없이 소녀의 까만 눈에 쓸쓸한 빛이 떠돌았다.

나 "허, 참, 세상일두……."

마을 갔던 아버지가 언제 돌아왔는지,

"윤 초시 댁두 말이 아니여. 그 많던 전답을 다 팔아 버리구, 대대루 살아오던 집마저 남의 손에 넘기더니, 또 악상까지 당하는 걸 보면……."

남폿불 밑에서 바느질감을 안고 있던 어머니가,

"증손이라곤 계집애 그 애 하나뿐이었지요?"

"그렇지. 사내애 둘 있던 건 어려서 잃구……."

"어쩌믄 그렇게 자식 복이 없을까."

"글쎄 말이지. 이번 앤 꽤 여러 날 앓는 걸 약두 변변히 못 써 봤다더군. 지금 같애서는 윤 초시네두 대가 끊긴

셈이지……. 그런데 참 이번 계집애는 어린것이 여간 잔망스럽지가 않어. 글쎄 죽기 전에 이런 말을 했다지 않어? ㉡자기가 죽거든 자기 입던 옷을 꼭 그대루 입혀서 묻어 달라구……."

05 <u>윤 초시 댁</u>에 대한 설명으로 알맞지 **않은** 것은?

① 손자가 서울에서 사업을 실패하였다.
② 어린 나이에 세상을 떠난 자손이 있다.
③ 원래 전답이 많았는데 다 팔게 되었다.
④ 증손의 병을 고칠 약을 구하기 어려운 형편이었다.
⑤ 고향 집을 다른 사람에게 비싼 값에 팔아 이익을 남겼다.

서술형

06 이 글에서 〈보기〉의 밑줄 친 소재와 비슷한 기능을 하는 소재를 찾아 쓰고, 그것이 의미하는 바를 서술하시오.

> **보기**
>
> 언제 구웠는지 아직도 더운 김이 홱 끼치는 굵은 감자 세 개가 손에 뿌듯이 쥐였다.
> "느 집엔 이거 없지?"
> 하고 생색 있는 큰소리를 하고는 제가 준 것을 남이 알면 큰일 날 테니 여기서 얼른 먹어 버리란다. 그리고 또 하는 소리가
> "너, 봄 감자가 맛있단다."
> – 김유정, 〈동백꽃〉에서

07 이 글을 연극의 대본으로 바꾼다면, ㉠ 앞에 들어갈 지문의 내용으로 가장 알맞은 것은?

① (살짝 미소를 띠며)
② (원망 섞인 눈빛으로)
③ (화가 나서 노려보며)
④ (호기심 어린 표정으로)
⑤ (울음이 터질 것 같은 표정으로)

08 ㉡에 대한 설명으로 알맞지 **않은** 것은?

① 이야기의 결말에 여운을 남긴다.
② 소년이 소녀의 죽음을 간접적으로 알게 한다.
③ 소년과 소녀 사이의 일을 어른들이 눈치채게 한다.
④ 소년과 소녀의 애틋한 사랑이라는 주제가 부각된다.
⑤ 소년의 마음이 어떠할지 독자의 상상력을 자극한다.

시험에 꼭 나오는
지문 알맹이 분석

(3) 정서를 표현하는 글 쓰기   ◆ 바른답·알찬풀이 30쪽

핵심정리

갈래	수필(경수필)	성격	개인적, 성찰적
제재	옆집 할머니를 도운 일	주제	행복도 불행도 모두 내 마음에 달려 있다.

특징	• 상황에 따른 글쓴이의 심리 변화가 잘 드러남. • 다양한 비유적 표현을 활용하여 글쓴이의 생각과 감정을 인상 깊게 표현함.		
짜임	처음	아파트 엘리베이터 공사로 하루에도 몇 번씩 176개의 계단을 오르내려야 함.	
	중간	유난히 운이 없는 하루에 짜증을 느끼던 '나'는 짐을 들고 힘겹게 계단을 오르는 옆집 할머니를 발견하고 외면하려고 함.	
	끝	고민 끝에 옆집 할머니를 도와드리기로 마음먹고 할머니의 짐을 들고 계단에 오르자 무겁던 마음이 가벼워짐.	

교재 48~49쪽

『할머니는 안 그래도 구부정한 허리로 한 손에는 지팡이를, 또 한 손에는 삐죽
『 』: 글쓴이가 고민을 하게 되는 계기
튀어나온 대파 한 단을 넣은 장바구니를 쥐고 계단을 걸어, 아니 기어서 올라오
고 계셨다. 도움이 필요해 보였다.』

'너 설마 지금부터 12층까지 다시 올라가게? 학원 늦어도 돼? 어차피 할머니
할머니를 외면하고 싶은 글쓴이의 마음
께서도 너를 모르잖아, 세라야.'
　　　　　　　　→ 힘겹게 계단을 오르는 할머니를 외면하려고 함.
하지만 내 안의 이기적인 내가 이렇게 속삭이며 할머니를 향하려던 내 고개를
숙이게 만들었다. 아이고, 휴우, 으휴우! 가쁜 숨소리가 내 귓전을 지나갈 때 나
는 자전거를 묶는 척하며 할머니가 어서 다음 계단을 오르시기를 기다렸다. 조
금만 기다리면 돼, 조금만. 하지만 그 조금만이 시간 여행이라도 하듯이 무척 길
직유법을 활용하여 글쓴이의 불편한 마음을 효과적이고 개성적으로 표현함.
게 내 가슴속에서 고동쳤다.

'176계단의 형벌이라고? 아냐. 이렇게 너를 속이며 숨어 있는 게 너에게는 더
한 형벌이야.'

내 안의 또 다른 내가 이렇게 속삭였다. 그래, 맞아. 나는 고개를 들었다.
할머니의 짐을 들어 드리며 다시 12층으로 올라가기로 결심함.
"할머니, 잠시만요. 저도 12층 살아요. 짐 들어 드릴 테니 같이 가요."

나는 막 다음 계단을 오르려는 할머니께 소리쳤다. 그리고 할머니를 뒤쫓아
올라갔다. 두 다리는 묵직했지만 마음은 엘리베이터를 타고 오르듯 가벼웠다.
직유법을 활용하여 글쓴이의 가벼워진 마음을 효과적이고 개성적으로 표현함.
어쩌면 나의 징크스는 수많은 계단이나, 그 계단에 세워져 있던 자전거와는
경험을 통해 얻은 깨달음
관련 없이 내 마음 안에서 시작되었는지도 모른다. 할머니의 손에 들려 있던 짐
을 들어 드리는 순간, 오늘의 내 불행은 끝났다.
　　　　　　　→ 계단을 힘겹게 오르는 할머니를 도와드리고 뿌듯함을 느낌.

▶ 글쓴이의 경험과 깨달음

글쓴이의 경험

• 엘리베이터 교체 공사로 매일 176개의 계단을 여러 번 오르내려야 함.
• 짐을 들고 힘겹게 계단을 오르는 옆집 　　　를 보고 고민함.
• 외면하려던 마음을 고쳐먹고 짐을 들고 다시 12층까지 걸어 오름.

↓

깨달음

• 할머니를 외면하는 시간이 불편한 마음으로 인해 너무 길게 느껴짐.
• 할머니의 짐을 들어 도와드리니 몸은 힘들지만 마음은 　　　.

▶ 글쓴이의 인식 변화

옆집 할머니를 도와드리기 전

• 계단을 오르는 행위를 부정적으로 받아들여 '　　'이라 여김.
• 자신의 행동에 불편함을 느낌.
• 오늘은 사소한 불운이 끊이지 않는 날이라고 생각함.

↓

옆집 할머니를 도와드린 후

• 계단을 오르는 행위를 긍정적으로 받아들임.
• 자신의 행동에 뿌듯함을 느낌.
• 오늘의 　　　은 끝이 났다고 생각함.

▶ 정서를 표현하는 방법

• 일상의 　　　한 일도 좋은 글감이 될 수 있음.
• 솔직하고 진솔하게 마음을 표현함.
• 다양한 　　　　 표현을 활용함.

필수 문제로
소단원 완전 정복

(3) 정서를 표현하는 글 쓰기 ✿ 바른답·알찬풀이 30쪽

[01~04] 다음 글을 읽고 물음에 답하시오.

가 우리 아파트가 엘리베이터 교체 공사를 시작한 지 일주일째다. 이제 겨우! 그간 아주 당연하게 버튼 하나만 눌러 12층 우리 집에 올라가고, 심지어 3층 친구네 집에 놀러 가서도 나는 엘리베이터를 타고 1층으로 내려갔다. 하지만 이제 나는 당연하게 여기던 엘리베이터 대신 무거운 몸을 움직여 고통의 계단을 올라야 한다. 그것도 3주나 더!

나 오늘은 운이 없게도 4층 계단을 꺾어 올라가다가 자전거 손잡이에 체육복 소매가 걸려 밑단이 뜯어져 버렸다. 뭔가 불길한데……. 나는 징크스에 약하다. 나에게 우연히 마주친 불행은 꼬리를 물고 하루 종일 들러붙는다. 아침에는 가방 속 물통에 물이 새서 책이 다 젖었고, 오후에는 누군가 찬 축구공에 머리통을 맞았으며, 지금은 체육복이 뜯어졌다.

다 할머니는 안 그래도 구부정한 허리로 한 손에는 지팡이를, 또 한 손에는 삐죽 튀어나온 대파 한 단을 넣은 장바구니를 쥐고 계단을 걸어, 아니 기어서 올라오고 계셨다. 도움이 필요해 보였다.

'너 설마 지금부터 12층까지 다시 올라가게? 학원 늦어도 돼? 어차피 할머니께서도 너를 모르잖아, 세라야.'

하지만 내 안의 이기적인 내가 이렇게 속삭이며 할머니를 향하려던 내 고개를 숙이게 만들었다. 아이고, 휴우, 으휴우! 가쁜 숨소리가 내 귓전을 지나갈 때 나는 자전거를 묶는 척하며 할머니가 어서 다음 계단을 오르시기를 기다렸다.

라 '176계단의 형벌이라고? 아냐. 이렇게 너를 속이며 숨어 있는 게 너에게는 더한 형벌이야.'

내 안의 또 다른 내가 이렇게 속삭였다. 그래, 맞아. 나는 고개를 들었다.

"할머니, 잠시만요. 저도 12층 살아요. 짐 들어 드릴 테니 같이 가요."

나는 막 다음 계단을 오르려는 할머니께 소리쳤다. 그리고 할머니를 뒤쫓아 올라갔다. 두 다리는 묵직했지만 마음은 엘리베이터를 타고 오르듯 가벼웠다.

㉠어쩌면 나의 징크스는 수많은 계단이나, 그 계단에 세

워져 있던 자전거와는 관련 없이 내 마음 안에서 시작되었는지도 모른다. 할머니의 손에 들려 있던 짐을 들어 드리는 순간, 오늘의 내 불행은 끝났다.

01 이와 같은 글을 읽는 방법으로 알맞지 <u>않은</u> 것은?

① 내가 글쓴이라면 어떻게 했을지 생각해 본다.
② 글이 주는 깨달음이 무엇인지 생각하며 읽는다.
③ 글쓴이가 겪고 있는 상황과 감정을 짐작해 본다.
④ 글쓴이의 경험에 관한 내 생각과 느낌을 정리해 본다.
⑤ 글쓴이의 주장과 그에 대한 근거를 찾아 타당성을 판단하며 읽는다.

02 (나)에서 글쓴이의 상황에 어울리는 속담으로 알맞은 것은?

① 엎친 데 덮친 격
② 꿩 먹고 알 먹기
③ 언 발에 오줌 누기
④ 닭 쫓던 개 지붕 쳐다보듯
⑤ 고래 싸움에 새우 등 터진다

03 (라)에 나타난 글쓴이의 인식 변화로 알맞은 것은?

	할머니를 도와드리기 전	할머니를 도와드린 후
①	만족감	홀가분함
②	억울함	죄책감
③	죄책감	불행함
④	괴로움	뿌듯함
⑤	뿌듯함	불편함

서술형

04 ㉠에 담긴 글쓴이의 깨달음을 〈조건〉에 맞게 서술하시오.

> **조건**
> • '글쓴이는 ~을/를 깨달았다.' 형태의 완결된 문장으로 쓸 것

[01~04] 다음 글을 읽고 물음에 답하시오.

(가) 아가야
내 이름은 민들레야
지난겨울 너의 모자 끝에
달려 있던 털방울 같지

㉠작은 입술 뽀뽀하듯 내밀고
후후후 입김 부는 아가야

㉡봄바람 같은 너의 숨결에
나는 세상에서 제일 작은
낙하산 되어 날아가지

멋지게 착륙하여 내년에 다시
널 만나러 올게

그때는 너의 숨결도 좀 더
힘차고 따뜻하게 자라 있을 테지

내년 봄에는 후후 / 두 번만 불어도
나는 날아갈 테지

㉢올해는 후후후
내년엔 후후

(나) ㉣나무가 춤을 추면
바람이 불고,
나무가 잠잠하면
바람이 자오.

(다) ㉤따사로운 봄빛에 사랑이 녹아요.
살랑대는 바람에 사랑이 불어요.
오늘 같은 바람이 불면 제일 먼저 떠올라요.
ⓐ그대만 그대만 그대만

---

01 (가)~(다)의 표현상 특징으로 알맞지 <u>않은</u> 것은?

① (가)는 소리 또는 모양을 흉내 낸 말이 반복된다.
② (나)와 (다)는 동일한 단어가 반복적으로 등장한다.
③ (가)~(다) 모두 비슷한 문장 구조의 반복으로 운율을 형성한다.
④ (가)와 (나)는 사람이 아닌 것을 사람처럼 표현한 부분이 있다.
⑤ (가)는 리듬감이 느껴지는 반면, (나)는 리듬감이 느껴지지 않는다.

02 ㉠~㉤ 중, 〈보기〉와 같은 표현 방법이 쓰인 것으로 알맞은 것은?

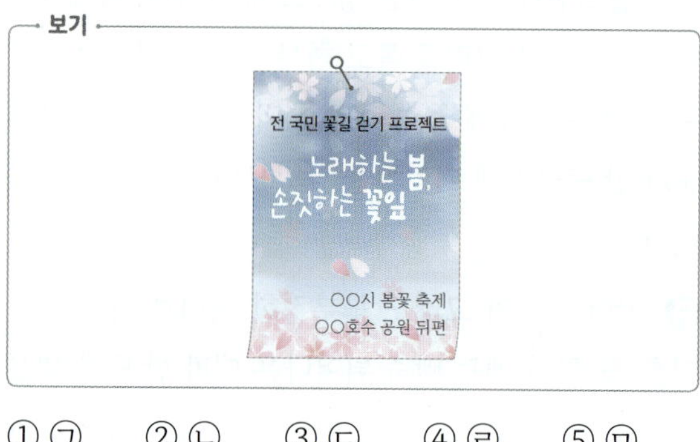

① ㉠　② ㉡　③ ㉢　④ ㉣　⑤ ㉤

03 (가)의 2~3연을 〈보기〉와 같이 표현할 때 달라지는 점으로 알맞은 것은?

> **보기**
> 　아기가 작은 입술을 뽀뽀하듯 내밀고 후후후 입김을 분다. 봄바람 같은 그 숨결에 민들레는 세상에서 제일 작은 낙하산이 되어 날아간다.

① 흘러가듯이 빠르게 읽힌다.
② 음악성을 더욱 갖추게 된다.
③ 읽는 중간마다 숨을 쉬면서 끊어 읽게 된다.
④ 쭉 붙여 읽게 되어 시적 아름다움이 더해진다.
⑤ 읽는 중간에 호흡이 많아 내용을 음미하게 된다.

서술형

04 (다)에서 ⓐ를 반복하여 얻을 수 있는 효과를 〈조건〉에 맞게 서술하시오.

> **조건**
> • 말하는 이의 심정을 중심으로 쓸 것
> • 완결된 한 문장으로 쓸 것

[05~08] 다음 글을 읽고 물음에 답하시오.

가 아가야 / 내 이름은 민들레야
지난겨울 너의 모자 끝에
달려 있던 털방울 같지

작은 입술 뽀뽀하듯 내밀고
후후후 입김 부는 아가야

봄바람 같은 너의 숨결에
나는 세상에서 제일 작은
낙하산 되어 날아가지

멋지게 착륙하여 내년에 다시
널 만나러 올게

그때는 너의 숨결도 좀 더
힘차고 따뜻하게 자라 있을 테지

나 산이 가까워졌다.
단풍이 눈에 따가웠다. / "야아!"
소녀가 산을 향해 달려갔다. 이번은 소년이 뒤따라 달리지 않았다. 그러고도 곧 소녀보다 더 많은 꽃을 꺾었다.
"이게 들국화, 이게 싸리꽃, 이게 도라지꽃……."
"도라지꽃이 이렇게 예쁜 줄은 몰랐네. 난 보랏빛이 좋아! …… 근데 이 양산같이 생긴 노란 꽃이 뭐지?"
"마타리꽃." / 소녀는 마타리꽃을 양산 받듯이 해 보인다. 약간 상기된 얼굴에 살폿한 보조개를 떠올리며.
다시 소년은 꽃 한 움큼을 꺾어 왔다. 싱싱한 꽃가지만 골라 소녀에게 건넨다. / 그러나 소녀는,
㉠"하나두 버리지 말어."
산마루께로 올라갔다.
맞은편 골짜기에 오손도손 초가집이 몇 모여 있었다.
㉡누가 말한 것도 아닌데 바위에 나란히 걸터앉았다. 별로 주위가 조용해진 것 같았다. 따가운 가을 햇살만이 말라 가는 풀 냄새를 퍼뜨리고 있었다.

05 (가)와 (나)에 대한 이해로 알맞지 <u>않은</u> 것은?
① (가)는 비슷한 소리가 반복되어 나타난다.
② (가)는 비유적 표현을 통해 표현하려는 대상을 생생하게 전달한다.
③ (나)는 작품 밖의 서술자가 사건을 전달한다.
④ (나)는 인물의 말과 행동을 통해 심리가 드러난다.
⑤ (가)와 (나)는 모두 읽을 때 리듬감이 느껴진다.

06 ㉠의 이유로 알맞은 것은?
① 시든 꽃도 소중한 생명이기 때문에
② 소녀는 원래 꽃을 모으는 게 취미여서
③ 소녀가 꽃을 처음 봐서 신기한 마음에
④ 모두 소녀가 좋아하는 보랏빛 꽃이어서
⑤ 소년의 정성이 고마워서 모두 아끼는 마음에

07 ㉡의 상황에 어울리는 사자성어로 알맞은 것은?
① 유구무언(有口無言)
② 오매불망(寤寐不忘)
③ 이심전심(以心傳心)
④ 상부상조(相扶相助)
⑤ 희로애락(喜怒哀樂)

서술형

08 (가)의 '나'(민들레)와 (나)의 '소년'이 보이는 태도의 공통점을 〈조건〉에 맞게 서술하시오.

조건
- (가)의 '나'가 '아가'를 대하는 태도와, (나)의 '소년'이 '소녀'를 대하는 태도를 바탕으로 쓸 것
- 완결된 한 문장으로 쓸 것

[09~12] 다음 글을 읽고 물음에 답하시오.

가 소녀가 조용히 일어나 비탈진 곳으로 간다. 꽃송이가 달린 줄기를 잡고 끊기 시작한다. 좀처럼 끊어지지 않는다. 안간힘을 쓰다가 그만 미끄러지고 만다. ㉠<u>칡덩굴을 그러쥐었다.</u>

소년이 놀라 달려갔다. 소녀가 손을 내밀었다. 손을 잡아 이끌어 올리며, 소년은 제가 꺾어다 줄 것을 잘못했다고 뉘우친다.

소녀의 오른쪽 무릎에 핏방울이 내맺혔다. ㉡<u>소년은 저도 모르게 생채기에 입술을 가져다 대고 빨기 시작했다.</u> 그러다가 무슨 생각을 했는지 확 일어나 저쪽으로 달려간다.

좀 만에 숨이 차 돌아온 소년은,

㉢<u>"이걸 바르면 낫는다."</u>

송진을 생채기에다 문질러 바르고는 그 달음으로 칡덩굴 있는 데로 내려가 꽃 달린 줄기를 이빨로 끊어 가지고 올라온다. 그러고는,

㉣<u>"저기 송아지가 있다. 그리 가 보자."</u>

누렁 송아지였다. 아직 코뚜레도 꿰지 않았다.

소년이 고삐를 바투 잡아 쥐고 등을 긁어 주는 척 후딱 올라탔다. 송아지가 껑충거리며 돌아간다.

소녀의 흰 얼굴이, 분홍 스웨터가, 남색 스커트가, 안고 있는 꽃과 함께 범벅이 된다. 모두가 하나의 큰 <u>꽃묶음</u> 같다. 어지럽다. 그러나 내리지 않으리라. 자랑스러웠다. 이것만은 소녀가 흉내 내지 못할 자기 혼자만이 할 수 있는 일인 것이다.

나 그러나 원두막은 기둥이 기울고 지붕도 갈래갈래 찢어져 있었다. 그런대로 비가 덜 새는 곳을 가려 소녀를 들어서게 했다. 소녀는 입술이 파랗게 질려 있었다. 어깨를 자꾸 떨었다.

㉤<u>무명 겹저고리를 벗어 소녀의 어깨를 싸 주었다.</u> 소녀는 비에 젖은 눈을 들어 한 번 쳐다보았을 뿐, 소년이 하는 대로 잠자코 있었다. 그러면서 안고 온 꽃묶음 속에서 가지가 꺾이고 꽃이 일그러진 송이를 골라 발밑에 버린다.

09 (가)와 (나)에 대한 설명으로 알맞은 것은?

① (가)에는 소년이 바라는 미래의 모습이 구체적으로 드러난다.

② (나)에는 소녀의 불길한 미래를 짐작하게 하는 부분이 제시된다.

③ (가)와 (나) 모두 인물에 대한 서술자의 평가가 제시된다.

④ (가)와 (나) 모두 과거에 대한 인물의 그리움이 제시된다.

⑤ (가)와 (나) 모두 인물 간의 마음이 멀어지는 사건이 전개된다.

10 ㉠~㉤ 중, 〈보기〉가 드러나는 부분으로 볼 수 <u>없는</u> 것은?

> **보기**
> 소녀를 대하는 소년의 태도가 점차 적극적으로 변화한다.

① ㉠　　　② ㉡　　　③ ㉢

④ ㉣　　　⑤ ㉤

11 (가)와 (나)를 통해 짐작한 소년의 심리로 알맞지 <u>않은</u> 것은?

① 소년은 송아지에 올라타면서 자부심을 느끼고 있군.

② 소년은 송아지를 보러 가자고 제안하며 부끄러워하고 있군.

③ 소년은 비탈진 곳에서 미끄러진 소녀를 안타까워하고 있군.

④ 소년은 무릎에 핏방울이 맺힌 소녀의 모습에 걱정하고 있군.

⑤ 소년은 소녀가 꺾으려던 꽃을 자신이 꺾어다 주지 않은 것을 자책하고 있군.

서술형

12 (가)의 <u>꽃묶음</u>이 나타내는 바를 〈조건〉에 맞게 서술하시오.

> **조건**
> • (가)의 상황을 바탕으로 표현하려는 대상을 구체적으로 제시할 것
> • '꽃묶음은 ~ 표현한 것으로 ~와/과 동일시된다.' 형태의 완결된 문장으로 쓸 것

[13~16] 다음 글을 읽고 물음에 답하시오.

㉮ 이튿날, 소년이 학교에서 돌아오니 아버지가 나들이 옷으로 갈아입고 ㉠닭 한 마리를 안고 있었다.

어디 가시느냐고 물었다. / 그 말에는 대꾸도 없이 아버지는 안고 있는 닭의 무게를 겨냥해 보면서,

"이만하면 될까?"/ 어머니가 ㉡망태기를 내주며,

"벌써 며칠째 '걀걀' 하구 알 낳을 자리를 보던데요. 크진 않아두 살은 쪘을 거예요."

소년이 이번에는 어머니한테 아버지가 어디 가시느냐고 물어보았다. / "저, 서당골 윤 초시 댁에 가신다. 제상에라도 놓으시라구……."/ "그럼 큰 놈으루 하나 가져가지. 저 ㉢얼룩 수탉으루……." / 이 말에 아버지는 허허 웃고 나서, / "인마, 그래두 이게 실속이 있다." / 소년은 공연히 열쩍어, 책보를 집어 던지고는 ㉣외양간으로 가, ㉤쇠잔등을 한 번 철썩 갈겼다. ⓐ쇠파리라도 잡는 척.

㉯ 그때였다. 계단 아래에서 가쁜 한숨 소리가 올라왔다. 아휴우, 휴우, 휴우! 계단 벽면을 따라 하얀 머리카락이 한숨 소리에 맞춰 힘겹게 흔들거리며 둥둥 떠오르고 있었다. 한 걸음 옮기고 아휴우, 또 한 걸음 옮기고 휴우, 우리 옆집 할머니다. 할아버지와 두 분이 사시는데 평소에 밖에 잘 나오지 않으셔서 거의 인사를 나눈 적도 없지만 유난히 하얀 머리카락으로 알아볼 수 있었다. 할머니는 안 그래도 구부정한 허리로 한 손에는 지팡이를, 또 한 손에는 삐죽 튀어나온 대파 한 단을 넣은 장바구니를 쥐고 계단을 걸어, 아니 기어서 올라오고 계셨다. 도움이 필요해 보였다.

'너 설마 지금부터 12층까지 다시 올라가게? 학원 늦어도 돼? 어차피 할머니께서도 너를 모르잖아, 세라야.'

하지만 내 안의 이기적인 내가 이렇게 속삭이며 할머니를 향하려던 내 고개를 숙이게 만들었다. 아이고, 휴우, 으휴우! 가쁜 숨소리가 내 귓전을 지나갈 때 ⓑ나는 자전거를 묶는 척하며 할머니가 어서 다음 계단을 오르시기를 기다렸다. 조금만 기다리면 돼, 조금만. ⓒ하지만 그 조금만이 시간 여행이라도 하듯이 무척 길게 내 가슴속에서 고동쳤다.

13

(가)의 '소년'과 (나)의 글쓴이가 지닌 심리에 대한 설명으로 알맞은 것은?

① '소년'과 글쓴이는 모두 상대방에게 미안해하고 있다.
② '소년'과 글쓴이는 모두 상대방의 입장에서 생각해 보려고 한다.
③ '소년'과 글쓴이는 모두 상대방에게 자신의 의견을 솔직하게 전하려 하고 있다.
④ '소년'은 자신의 속마음을 들키지 않으려고 하고, 글쓴이는 불편한 상황이 지나가길 바라고 있다.
⑤ '소년'은 자신과 생각이 다른 상대방을 설득하려고 하고, 글쓴이는 상대방을 속이려 하고 있다.

14

㉠~㉤ 중, 〈보기〉의 설명에 해당하는 소재로 알맞은 것은?

> **보기**
> 윤 초시 댁 증손녀인 소녀를 위하는 소년의 마음이 담겨 있다.

① ㉠ ② ㉡ ③ ㉢ ④ ㉣ ⑤ ㉤

15

ⓐ과 ⓑ의 차이점으로 알맞은 것은?

① ⓐ는 건강을 해치는 행동이고, ⓑ는 건강을 고려한 행동이다.
② ⓐ는 인간미 없는 행동이고, ⓑ는 양심에서 우러나온 행동이다.
③ ⓐ는 딴청을 피우는 행동이고, ⓑ는 일부러 연기하는 행동이다.
④ ⓐ는 누군가에게 해가 되는 행동이고, ⓑ는 누군가를 위한 행동이다.
⑤ ⓐ는 억지로 시켜서 하는 행동이고, ⓑ는 자발적으로 하는 행동이다.

서술형

16

〈보기〉를 ⓒ로 고쳐 썼을 때의 효과를 〈조건〉에 맞게 서술하시오.

> **보기**
> 하지만 할머니가 어서 지나가시기를 기다리는 그 시간이 너무 길게 느껴졌다.

> **조건**
> • 사용한 표현 방법을 밝힐 것
> • '~을/를 활용하여 ~을/를 효과적으로 표현하였다.' 형태의 완결된 문장으로 쓸 것

[17~20] 다음 글을 읽고 물음에 답하시오.

가 아가야
　　내 이름은 민들레야　　　[A]
　　지난겨울 너의 모자 끝에
　　달려 있던 ㉠털방울 같지

　　㉡작은 입술 뽀뽀하듯 내밀고
　　후후후 입김 부는 아가야

　　㉢봄바람 같은 너의 숨결에
　　나는 세상에서 제일 작은 / 낙하산 되어 날아가지

　　멋지게 착륙하여 내년에 다시
　　널 만나러 올게

　　그때는 너의 숨결도 좀 더
　　힘차고 따뜻하게 자라 있을 테지

　　내년 봄에는 후후
　　두 번만 불어도 / 나는 날아갈 테지

　　올해는 후후후
　　내년엔 후후

나 '176계단의 형벌이라고? 아냐. 이렇게 너를 속이며 숨
　어 있는 게 너에게는 더한 형벌이야.'
　　㉣내 안의 또 다른 내가 이렇게 속삭였다. 그래, 맞아.
　나는 고개를 들었다.
　　"할머니, 잠시만요. 저도 12층 살아요. 짐 들어 드릴 테
　　니 같이 가요." / 나는 막 다음 계단을 오르려는 할머니께
　소리쳤다. 그리고 할머니를 뒤쫓아 올라갔다. 두 다리는 묵
　직했지만 마음은 ㉤엘리베이터를 타고 오르듯 가벼웠다.
　　어쩌면 나의 징크스는 수많은 계단이나, 그 계단에 세워
　져 있던 자전거와는 관련 없이 내 마음 안에서 시작되었는
　지도 모른다. 할머니의 손에 들려 있던 짐을 들어 드리는
　순간, 오늘의 내 불행은 끝났다.

17 (가)의 '아가'와 (나)의 글쓴이에 대한 이해로 알맞은 것은?
① (가)의 '아가'는 '민들레'를 그리워하고 있다.
② (가)의 '아가'는 '봄바람'에게 응원을 받고 있다.
③ (나)의 글쓴이는 정신적으로 한층 성장하였다.
④ (나)의 글쓴이는 성장통을 극복하지 못하고 있다.
⑤ (나)의 글쓴이는 '할머니'와의 관계를 회복하고 있다.

18 ㉠~㉤ 중, 〈보기〉와 같은 표현 방법이 쓰이지 <u>않은</u> 것은?

> **보기**
> 꽃가루와 같이 부드러운 고양이의 털

① ㉠　　　　② ㉡　　　　③ ㉢
④ ㉣　　　　⑤ ㉤

서술형

19 [A]에서 사용한 표현 방법이 무엇인지 쓰고, (가)에서 이러
한 표현 방법을 사용하여 얻은 효과가 무엇인지 〈조건〉에 맞
게 서술하시오.

> **조건**
> • 표현이 주는 느낌을 쓸 것
> • '아가', '민들레'라는 단어를 포함하여 쓸 것

• 표현 방법: ＿＿＿＿＿＿＿＿＿＿＿＿
• 효과: ＿＿＿＿＿＿＿＿＿＿＿＿＿
　＿＿＿＿＿＿＿＿＿＿＿＿＿＿＿＿

20 (나)와 같은 글에 대한 설명으로 알맞지 <u>않은</u> 것은?
① 읽는 사람에게 감동과 즐거움을 줄 수 있다.
② 글을 쓰는 과정에서 스스로를 되돌아볼 수 있다.
③ 독자에게 감동을 주려면 실제 경험보다 과장해서 써
　야 한다.
④ 글을 쓰는 과정에서 자신의 가치관을 더 깊이 있게
　이해할 수 있다.
⑤ 평범하고 일상적인 경험이라도 의미가 있다면 좋은
　글감이 될 수 있다.

이렇게 풀어요

▶ 만점을 위해서는 같은 문제를 다시 틀리지 않도록 틀린 문제를 정확히 짚고 넘어가야 합니다.

▶ 아래 고난도 문제의 선지마다 ○✕ 표시를 하며 자신이 헷갈리는 부분이 무엇인지 명확히 확인하여 올바른 공부 습관을 길러 봅시다.

1 단원

---

01 ★★★☆☆ 고난도

같거나 비슷한 소리의 반복으로 운율이 형성된 예로 알맞지 않은 것은?

① 올해는 후후후 / 내년엔 후후
　　　　　　　　 – 성미정, 〈후후후〉에서 ○✕

② 멋지게 착륙하여 내년에 다시 / 널 만나러 올게
　　　　　　　　 – 성미정, 〈후후후〉에서 ○✕

③ 산에는 꽃 피네 / 꽃이 피네 / 갈 봄 여름 없이 / 꽃이 피네
　　　　　　　　 – 김소월, 〈산유화〉에서 ○✕

④ 가자, 가자, 가자. / 숲으로 가자. / 달 조각을 주우러 / 숲으로 가자.
　　　　　　　　 – 윤동주, 〈반딧불〉에서 ○✕

⑤ 돌담에 속삭이는 햇발같이 / 풀 아래 웃음 짓는 샘물같이
　　　　　　　　 – 김영랑, 〈돌담에 속삭이는 햇발〉에서 ○✕

---

02 ★★★★☆ 고난도

다음 중 은유법이 사용된 것으로 알맞은 것은?

① 내 고장 칠월은 / 청포도가 익어 가는 시절
　　　　　　　　 – 이육사, 〈청포도〉에서 ○✕

② 내 마음은 낙엽이요 / 잠깐 그대의 뜰에 머무르게 하오
　　　　　　　　 – 김동명, 〈내 마음은〉에서 ○✕

③ 강가에 나온 아이와 같이, / 짬도 모르고 끝도 없이 닫는 내 혼아
　　　　　　 – 이상화, 〈빼앗긴 들에도 봄은 오는가〉에서 ○✕

④ 우리가 눈 감고 한밤 자고 나면 / 이슬이 나려와 같이 자고 가고
　　　　　　　　 – 정지용, 〈해바라기 씨〉에서 ○✕

⑤ 이 작은 주머니는 짓기 싫어서 짓지 못하는 것이 아니라 짓고 싶어서 다 짓지 않는 것입니다.
　　　　　　　　 – 한용운, 〈수의 비밀〉에서 ○✕

---

03 ★★★★★ 초고난도

〈보기〉의 밑줄 친 부분에 해당하는 예로 알맞은 것은?

> **보기**
> 　관습적 상징은 오랫동안 특수한 문화적 배경에서 관습화되어 형성된 상징을, 개인적 상징은 작가가 작품 안에서 사용하는 독창적인 상징을, 원형적 상징은 민족이나 문화를 초월하여 인류가 공유하는 상징을 말한다.

① '불'은 파괴, 욕망 등을 상징한다. ○✕

② '빛'은 질서, 이성, 구원 등을 상징한다. ○✕

③ '물'은 정화와 재생, 생명력 등을 상징한다. ○✕

④ '사군자'는 동양 문화권에서 지조와 절개를 상징한다. ○✕

⑤ 황순원의 <소나기>에서 '소나기'는 소년과 소녀의 짧은 사랑, 강렬한 사랑 등을 상징한다. ○✕

---

04 ★★★★★ 초고난도

정서를 표현하는 글 쓰기의 단계에 대한 설명으로 알맞지 않은 것은?

① '글감 찾기'에서는 내용을 구체화하는 방법을 정한다. ○✕

② '글감 찾기'는 자신의 삶에서 의미 있었던 경험 중에서 글감을 찾는 단계이다. ○✕

③ '글감 구체화하기'에서는 자신이 겪은 경험을 구체적으로 정리한다. ○✕

④ '글감 구체화하기'에서는 경험에서 느끼거나 깨달은 점을 파악한다. ○✕

⑤ '표현하기'에서는 자신이 경험하고 느낀 바를 진솔하게 표현한다. ○✕

시험에 꼭 나오는
지문 알맹이 분석

(1) 추론하며 읽기

핵심 정리

갈래	주장하는 글	성격	논리적, 체계적
제재	인공지능(AI) 기술의 도입	주제	인공지능(AI) 기술을 도입하는 일에는 신중해야 한다.

특징	• 부제를 통해 화제에 관한 글쓴이의 관점이 강조됨. • 독자에게 질문을 제시함으로써 독자의 호기심을 유발하고 집중력을 높임. • 인공지능(AI) 기술의 도입에 따른 문제점을 그 근거와 함께 체계적으로 제시하여 설득력을 높임.

짜임	처음	인공지능 기술의 뜻
	중간	인공지능 기술의 도입에 관한 다양한 입장과 인공지능 기술 도입으로 발생할 수 있는 문제점
	끝	인공지능 기술의 도입에 관한 글쓴이의 생각

교재 65쪽

　요즘 다양한 곳에서 '인공지능 기술'이라는 말을 들을 수 있습니다. 인공지능
이란 무엇일까요? 인공지능은 사람의 지능이 가지는 학습, 추리, 적응, 논증 따
위의 기능을 갖춘 컴퓨터 시스템을 말합니다. 이러한 인공지능을 활용하는 것이
'인공지능 기술'입니다. 인공지능 기술을 이용하면 사람처럼 글을 쓰거나 그림
을 그리는 것도 가능하고, 짧은 시간 안에 많은 양의 정보를 요약할 수도 있습
니다.

중심 화제 제시

사례를 들어 인공지능 기술을 활용하여 할 수 있는 일을 설명함.

→ 인공지능 기술의 뜻

▶ 인공지능의 뜻과 활용

인공지능 뜻	사람의 □□이 가지는 학습, 추리, 적응, 논증 따위의 기능을 갖춘 □□□□□□□
인공지능 기술 활용의 예	인간의 창조적인 활동, 효율적인 정보 요약 등이 가능

교재 65쪽

　인공지능 기술은 우리의 생활을 더욱 편리하게 만들어 주고 있습니다. 의료
분야에서는 인공지능 기술을 이용해서 다양한 질병을 이전보다 훨씬 빠르게 진
단하고 있습니다. 또 자동차 분야에서도 인공지능이 운전자 역할을 대신하는 자
율 주행 기술이 상당히 발전했다고 합니다. 이 외에도 다양한 분야에서 인공지
능 기술을 도입하려는 시도가 이어지고 있습니다.

인공지능 기술 도입으로 우리의 생활이 편리해진 사례 ①

인공지능 기술 도입으로 우리의 생활이 편리해진 사례 ②

→ 인공지능 기술의 도입에 따른 이점

▶ 인공지능 기술의 이점

인공지능 기술의 도입이 생활을 편리하게 만들어 줌.

□□ 분야	다양한 질병을 빠르게 진단
□□□ 분야	자율 주행 기술의 발전

교재 65쪽

하지만 인공지능 기술을 이용하면 편리한 점만 있을까요? 최근 인공지능 기
'하지만'이라는 표지어를 통해 앞의 내용과 상반된 내용이 나올 것임을 예측할 수 있음.
술의 섣부른 도입을 반대하는 목소리도 나오고 있습니다. 인공지능 기술의 도입
을 반대하는 까닭은 무엇일까요?

먼저 인공지능 기술을 도입하면 사람들의 일자리가 감소할 수 있습니다. 인공
인공지능 기술 도입으로 발생할 수 있는 문제 ①
지능 기술은 원래 사람이 하던 일을 자동화하여 많은 일을 보다 정확하고 효율
적으로 할 수 있게 해 줍니다. 이에 따라 현재 존재하는 많은 직업 가운데 상당
자동화로 많은 일의 효율성이 올라감에 따라
수가 사라지게 될지도 모릅니다.

→ 인공지능 기술의 도입으로 생길 수 있는 문제 ①

> **인공지능 기술 도입의 문제점 ①**

인공지능 기술을 통한 업무의 자동화가 이루어짐.
↓
일의 정확성과 〔 〕이 증대됨.
↓
많은 부분에서 인간의 작업이 불필요해짐.
↓
사람들의 〔 〕가 감소함.

2단원

교재 65~66쪽

인공지능 기술을 개발하는 과정에서 사생활 침해가 발생할 수 있다는 점도 문
인공지능 기술 도입으로 발생할 수 있는 문제 ②
제입니다. 고객 맞춤형 서비스를 제공하는 인공지능 프로그램을 만들려면 인공
지능에게 고객의 정보를 학습시켜야 합니다. 그 과정에서 고객의 개인 정보, 즉
내가 자주 다니는 장소나 나의 사소한 습관까지 학습 데이터로 활용될 수 있습
니다. 실제로 어느 기업은 자사의 휴대 전화를 사용하는 고객들의 위치 정보를
실제 사례 제시
동의 없이 수집하여 논란이 되기도 하였습니다.

→ 인공지능 기술의 도입으로 생길 수 있는 문제 ②

> **인공지능 기술 도입의 문제점 ②**

고객 맞춤형 서비스를 제공하는 인공지능 프로그램을 개발하는 과정에서 고객 〔 〕가 학습 데이터로 활용될 수 있음.
↓
〔 〕침해가 발생할 수 있음.

교재 66쪽

인공지능 기술이 문제를 일으켰을 때 법적 책임이 누구에게 있느냐도 해결되
인공지능 기술 도입으로 발생할 수 있는 문제 ③
지 않은 숙제입니다. 인공지능의 오작동으로 의료용 로봇이 오진을 하거나 자율
법적 책임 문제가 발생할 수 있는 문제의 예1
주행 자동차가 사람을 다치게 한다면 그 책임은 누구에게 물어야 하는 걸까요?
법적 책임 문제가 발생할 수 있는 문제의 예2
만일 인공지능 기술이 테러 등에 악용된다면 인공지능 기술을 개발한 사람과
법적 책임 문제가 발생할 수 있는 문제의 예3
악용한 사람 중 누가 책임을 져야 할까요?

→ 인공지능 기술의 도입으로 생길 수 있는 문제 ③

> **인공지능 기술 도입의 문제점 ③**

예1	의료용 로봇의 〔 〕
예2	자율 주행 자동차의 사고
예3	테러 등에 악용되는 경우

인공지능 기술이 문제를 일으킨 경우 법적 〔 〕에 대한 문제가 발생함.

교재 66쪽

인공지능 기술은 분명 다양한 면에서 우리의 삶을 더 편리하게 만들 것입니
다. 하지만 인공지능 기술을 도입할 때 생기는 문제를 해결할 방법도 함께 고민
글쓴이가 이 글을 쓴 의도
해야 합니다. 그렇지 않으면 인공지능 기술은 오히려 우리에게 위협이 될지도
인공지능 기술 도입에 따른 문제에 대해 대비가 필요한 이유
모릅니다. 인공지능 기술을 섣불리 우리의 삶 속에 들여오는 것은 신중하게 고
인공지능 기술 도입에 대한 글쓴이의 생각
민해 보아야 할 문제입니다.

→ 인공지능 기술 도입에 관한 글쓴이의 생각

> **글쓴이의 생각**

인공지능 기술이 〔 〕이 될 수 있음.
↓
인공지능 기술 〔 〕에 신중해야 함.

필수 문제로

소단원 완전 정복

(1) 추론하며 읽기

[01~04] 다음 글을 읽고 물음에 답하시오.

가 인공지능(AI) 기술의 도입

– 우리가 경계해야 하는 것은 무엇일까요?

요즘 다양한 곳에서 '인공지능 기술'이라는 말을 들을 수 있습니다. 인공지능이란 무엇일까요? 인공지능은 사람의 지능이 가지는 학습, 추리, 적응, 논증 따위의 기능을 갖춘 컴퓨터 시스템을 말합니다. 이러한 인공지능을 활용하는 것이 '인공지능 기술'입니다. 인공지능 기술을 이용하면 사람처럼 글을 쓰거나 그림을 그리는 것도 가능하고, 짧은 시간 안에 많은 양의 정보를 요약할 수도 있습니다.

나 인공지능 기술은 우리의 생활을 더욱 편리하게 만들어 주고 있습니다. 의료 분야에서는 인공지능 기술을 이용해서 다양한 질병을 이전보다 훨씬 빠르게 진단하고 있습니다. 또 자동차 분야에서도 인공지능이 운전자 역할을 대신하는 자율 주행 기술이 상당히 발전했다고 합니다.

다 하지만 인공지능 기술을 이용하면 편리한 점만 있을까요? 최근 인공지능 기술의 섣부른 도입을 반대하는 목소리도 나오고 있습니다. ㉠인공지능 기술의 도입을 반대하는 까닭은 무엇일까요?

라 먼저 인공지능 기술을 도입하면 사람들의 일자리가 감소할 수 있습니다. 인공지능 기술은 원래 사람이 하던 일을 자동화하여 많은 일을 보다 정확하고 효율적으로 할 수 있게 해 줍니다. 이에 따라 현재 존재하는 많은 직업 가운데 상당수가 사라지게 될지도 모릅니다.

마 인공지능 기술을 개발하는 과정에서 사생활 침해가 발생할 수 있다는 점도 문제입니다. 고객 맞춤형 서비스를 제공하는 인공지능 프로그램을 만들려면 인공 지능에게 고객의 정보를 학습시켜야 합니다. 그 과정에서 고객의 개인 정보, 즉 내가 자주 다니는 장소나 나의 사소한 습관까지 학습 데이터로 활용될 수 있습니다.

01 이 글을 쓴 글쓴이의 관점을 추론하며 읽을 때 고려해야 할 점으로 알맞은 것은?

① 글에 드러난 내용만을 평가하며 읽어야 한다.
② 글의 제목보다 부제를 더 자세히 살펴야 한다.
③ 단어, 문장에 나타난 정보는 중요한 정보가 아니다.
④ 독자의 지식이나 경험 등의 배경지식을 활용해야 한다.
⑤ 글쓴이의 관점과 독자의 관점 중 더 옳은 것을 고른다.

02 (가)~(마)에 대한 설명으로 알맞지 <u>않은</u> 것은?

① (가): 인공지능 기술은 사람의 지능이 가지는 기능을 갖춘 컴퓨터 시스템이다.
② (나): 인공지능 기술은 여러 분야에서 인간의 생활을 편리하게 만들어 준다.
③ (다): 인공지능 기술의 도입을 반대하는 목소리가 있어 문제가 되고 있다.
④ (라): 인공지능 기술을 도입하면 사람들의 일자리가 감소할 수 있다.
⑤ (마): 인공지능 기술을 개발하는 과정에서 사생활 침해 문제가 발생할 수 있다.

03 (다)의 ㉠ 뒤에 이어질 내용을 가장 알맞게 추론한 것은?

① 인공지능 기술의 역사에 관한 내용이 이어질 것이다.
② 인공지능 기술이 빠르게 발전하게 된 이유가 이어질 것이다.
③ 인공지능 기술을 활용한 신기술을 소개하는 내용이 이어질 것이다.
④ 인공지능 기술의 도입으로 발생하는 여러 문제점이 이어질 것이다.
⑤ 인공지능 기술의 도입을 반대하는 입장에 대한 새로운 반론이 이어질 것이다.

서술형

04 〈보기〉에 대한 답을 〈조건〉에 맞게 서술하시오.

보기

인공지능 기술의 도입으로 업무가 자동화되면 왜 상당수의 직업이 사라지게 될까?

조건

• (라)의 내용을 바탕으로 하여 쓸 것
• 완결된 한 문장으로 쓸 것

[05~08] 다음 글을 읽고 물음에 답하시오.

가 인공지능 기술이 문제를 일으켰을 때 법적 책임이 누구에게 있느냐도 해결되지 않은 숙제입니다. 인공지능의 오작동으로 의료용 로봇이 오진을 하거나 자율 주행 자동차가 사람을 다치게 한다면 그 책임은 누구에게 물어야 하는 걸까요? 만일 인공지능 기술이 테러 등에 악용된다면 인공지능 기술을 개발한 사람과 악용한 사람 중 누가 책임을 져야 할까요?

나 인공지능 기술은 분명 다양한 면에서 우리의 삶을 더 편리하게 만들 것입니다. 하지만 인공지능 기술을 도입할 때 생기는 문제를 해결할 방법도 함께 고민해야 합니다. 그렇지 않으면 인공지능 기술은 오히려 우리에게 위협이 될지도 모릅니다. 인공지능 기술을 섣불리 우리의 삶 속에 들여오는 것은 신중하게 고민해 보아야 할 문제입니다.

다

05 (가)에 대한 설명으로 알맞은 것은? (정답 2개)

① 인공지능 기술로 빠르게 발전할 미래 사회 모습을 구체적으로 제시하고 있어.

② 질문 형식으로 독자가 인공지능 기술로 인한 문제에 대해 경각심을 갖게 하고 있어.

③ 기술력이 부족하여 인공지능 기술이 상용화되기 어려운 상황임을 비판하고 있어.

④ 인공지능 기술과 관련한 상황을 가정하여 발생할 수 있는 문제에 대해 다루고 있어.

⑤ 인공지능 개발자의 무책임한 태도와 부족한 윤리 의식을 비판하며 독자에게 고발하고 있어.

06 (나)에서 글쓴이의 입장이 〈보기〉와 같을 때, 근거가 되는 내용을 찾아 한 문장으로 서술하시오.

> **보기**
>
> 인공지능 기술을 들여오는 문제는 신중하게 고민해 봐야 한다.

07 〈보기〉를 배경지식으로 활용하여 (다)의 광고 내용을 추론한 것으로 알맞은 것은?

> **보기**
>
> 플라스틱은 땅속에서 분해될 때까지 매우 오랜 시간이 걸리는데, 플라스틱 폐기물 발생량이 빠르게 증가하여 환경을 오염시키고 생태계를 파괴하고 있다.

① 미세 플라스틱은 인간의 건강에 해롭다는 것이군.

② 분해가 잘되는 플라스틱을 개발해야 한다는 것이군.

③ 플라스틱을 코끼리의 사료로 사용해서는 안 된다는 것이군.

④ 생태계에 악영향을 미치는 플라스틱 쓰레기의 발생량을 줄이자는 것이군.

⑤ 플라스틱 쓰레기가 돌연변이 코끼리가 태어나는 것에 영향을 미친다는 것이군.

08 (다)의 광고를 본 후의 반응으로 알맞지 <u>않은</u> 것은?

① 나부터 환경을 위해 플라스틱 줄이기를 실천해야겠다고 느꼈어.

② 플라스틱을 지나치게 사용하고 있는 것은 아닌지 생각해 보게 됐어.

③ 일회용 플라스틱을 편리하다며 쉽게 써 왔던 습관을 반성하게 되었어.

④ 인간이 스리랑카의 코끼리에게 위협받기 전에 생태계를 보호해야 한다고 생각해.

⑤ 생태계의 일부인 인간도 위기에 빠진 코끼리처럼 플라스틱으로 인해 위협받을 수 있다는 것을 깨달았어.

시험에 꼭 나오는
지문 알맹이 분석

(2) 추론하며 듣기

바른답·알찬풀이 32쪽

핵심 정리

추론하며 듣기의 뜻	화자의 말에 드러나지 않은 내용을 미루어 생각하며 듣는 것
추론하며 듣기의 방법	• 상황 맥락을 고려해야 함. • 언어적 표현을 고려해야 함. • 준언어적·비언어적 표현을 고려해야 함.
추론하며 듣기의 효과	화자의 말에 담긴 의도, 관점, 가치관을 추론하며 들으면 내용을 더욱 깊이 있게 이해할 수 있음.

교재 **75**쪽

> **상황 맥락**

□□와 □□, 대화가 이루어지는 □□이나 □□ 등을 포함함.

> **가와 나의 화자의 의도**

□□□□□을 고려할 때, 가의 화자는 신발의 착용감이 괜찮은지 확인하려는 의도를, 나의 화자는 상대의 통증이 어느 정도인지 확인하려는 의도를 지님.

교재 **75**쪽

> **언어적 표현**

화자가 사용하는 □□나 □□ 등을 말함.

> **가와 나의 화자의 의도**

□□□□□□을 고려할 때, 가의 화자는 □□을, 나의 화자는 거절을 의도하고 있음.

교재 **76**쪽

> **준언어적·비언어적 표현**

• 준언어적 표현은 목소리 크기, 말하는 □□, □□ 등을 말함.
• 비언어적 표현은 손동작, 몸동작, 얼굴 □□ 등을 말함.

> **㉠처럼 말한 화자의 의도**

□□을 지키지 않고 계속 게임을 하는 아들을 □□□□ 의도

필수 문제로
소단원 완전 정복

(2) 추론하며 듣기

바른답·알찬풀이 32쪽

[01~03] 다음 글을 읽고 물음에 답하시오.

가

나 **진행자:** 코로나바이러스감염증이 길어지면서 사람을 직접 마주하는 일은 줄어들고 그 자리를 무인 시스템이 대신하고 있습니다. 그런데 변화 속도가 너무 빠르다 보니, 상대적으로 정보가 취약한 계층은 따라가기조차 힘든 상황입니다. ○○○ 기자입니다.

기자: 한 패스트푸드점, 어르신들은 식당에 들어서자마자 어색한 순간을 마주합니다. 비대면 주문을 하는 기계가 있지만 그대로 지나치고, 주문을 받는 직원도, 물어볼 사람도 없어 한참을 서 있다가 포기합니다.

어르신: 나는 불편하죠. 힘들어요. 하다가 안 돼서 '에이, 나가야겠다.' 하고 나온 거예요.

기자: 코로나바이러스감염증의 장기화로 비대면이 일상화되면서 키오스크가 빠르게 보편화되고 있습니다. 터치스크린 방식으로 글씨는 작고 속도는 빨라서, 고령층에게는 어렵고 점자를 써야 하거나 휠체어를 이용해야 하는 장애인들에게는 접근성이 떨어질 수밖에 없습니다.

기자: 정부가 '디지털 정보 격차' 정도를 조사해 보니, 정보 취약 계층의 디지털 기기 접근 정도는 일반 국민 대비 91.7 %로 나타났지만 활용 역량 수준은 60.2%에 불과했습니다. 컴퓨터나 스마트폰 등의 기기는 열에 아홉이 가지고 있지만, 이용 능력은 크게 떨어진다는 뜻입니다.

---

01 **(가)와 (나)에 담긴 의도로 알맞은 것은?**

① (가): 승주는 현재 시간이 궁금하여 민호에게 묻고 있다.

② (가): 승주는 책을 어디로 들고 가야 할지 알아보고 있다.

③ (나): 기자는 디지털 정보 기술이 가져온 바람직한 변화를 알리려고 한다.

④ (나): 기자는 사람들 간의 디지털 정보 격차가 크다는 정보를 전달하려고 한다.

⑤ (나): 기자는 디지털 정보가 사람들의 관계를 멀어지게 만들고 있음을 알리려고 한다.

서술형

02 **(가)에서 승주의 의도를 고려할 때, 민호가 ㉠에서 어떻게 대답하면 좋을지 〈조건〉에 맞게 서술하시오.**

> **조건**
> • 승주의 의도를 포함하여 쓸 것
> • 긍정적인 성격의 대답으로 쓸 것
> • '승주는 ~ 의도로 물어본 것이므로, 민호는 ~라고 대답할 수 있다.' 형태의 완결된 문장으로 쓸 것

03 **(나)와 같은 뉴스에서 기자의 의도와 관점을 파악하는 방법으로 알맞지 <u>않은</u> 것은?**

① 뉴스에서 기자가 강조하는 말이나 표현이 무엇인지 살펴본다.

② 뉴스에서 기자가 자주 반복하는 단어를 바탕으로 의도를 파악한다.

③ 뉴스에서 기자가 보도하는 기사에 진행자의 의견이 반영되었는지 파악한다.

④ 뉴스에서 기자가 보도에 활용한 면담 자료의 내용과 그것을 사용한 이유를 추론한다.

⑤ 뉴스에서 기자가 조사한 실태가 무엇인지 파악하고 그것을 보도에 활용한 이유를 생각해 본다.

2 단원

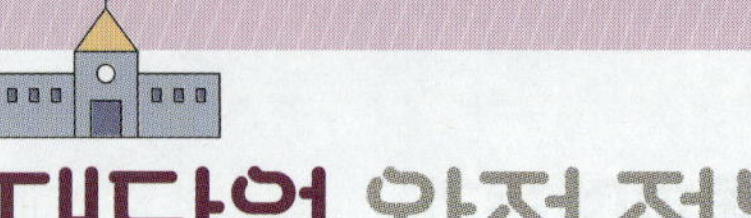

[01~05] 다음 글을 읽고 물음에 답하시오.

가 인공지능(AI) 기술의 도입
– 우리가 경계해야 하는 것은 무엇일까요?

나 요즘 다양한 곳에서 '인공지능 기술'이라는 말을 들을 수 있습니다. 인공지능이란 무엇일까요? 인공지능은 사람의 지능이 가지는 학습, 추리, 적응, 논증 따위의 기능을 갖춘 컴퓨터 시스템을 말합니다. 이러한 인공지능을 활용하는 것이 '인공지능 기술'입니다. 인공지능 기술을 이용하면 사람처럼 글을 쓰거나 그림을 그리는 것도 가능하고, 짧은 시간 안에 많은 양의 정보를 요약할 수도 있습니다.

다 인공지능 기술은 우리의 생활을 더욱 편리하게 만들어 주고 있습니다. 의료 분야에서는 인공지능 기술을 이용해서 다양한 질병을 이전보다 훨씬 빠르게 진단하고 있습니다. 또 자동차 분야에서도 인공지능이 운전자 역할을 대신하는 자율 주행 기술이 상당히 발전했다고 합니다. 이 외에도 다양한 분야에서 인공지능 기술을 도입하려는 시도가 이어지고 있습니다.

라 하지만 인공지능 기술을 이용하면 편리한 점만 있을까요? 최근 인공지능 기술의 섣부른 도입을 반대하는 목소리도 나오고 있습니다. 인공지능 기술의 도입을 반대하는 까닭은 무엇일까요?

마 먼저 인공지능 기술을 도입하면 사람들의 일자리가 감소할 수 있습니다. 인공지능 기술은 원래 사람이 하던 일을 자동화하여 많은 일을 보다 정확하고 효율적으로 할 수 있게 해 줍니다. 이에 따라 현재 존재하는 많은 직업 가운데 상당수가 사라지게 될지도 모릅니다.

01 (가)~(마)의 내용으로 알맞지 <u>않은</u> 것은?

① (가): 인공지능 기술의 도입을 조심스럽게 바라보는 관점이 담겨 있다.
② (나): 인공지능 기술을 다양한 곳에서 활용하고 있다.
③ (다): 인공지능 기술을 활용하면 편리하게 생활할 수 있다.
④ (라): 인공지능 기술의 도입을 반대하는 의견이 있다.
⑤ (마): 많은 직업이 사라지면 효율적으로 일할 수 있다.

02 이 글에 대한 설명으로 알맞지 <u>않은</u> 것은?

① 인공지능 기술이 도입된 분야를 소개하고 있다.
② 부제에서 질문을 던지면서 독자가 함께 생각해야 할 문제를 제시하고 있다.
③ 인공지능의 개념을 제시하면서 인공지능 기술에 대한 논의를 시작하고 있다.
④ 인공지능 기술에 대한 선문가들의 의견과 기술의 발전 과정을 제시하고 있다.
⑤ 인공지능 기술의 이점을 먼저 제시한 다음 문제가 될 수 있는 점을 제시하고 있다.

03 〈보기〉와 같은 답을 찾기 위한 질문으로 가장 알맞은 것은?

보기

　이 글의 글쓴이는 인공지능 기술 도입으로 인해 문제가 발생할 수 있다고 우려하고 있어.

① 인공지능 기술은 어떤 기술일까?
② 인공지능 기술의 이점은 무엇일까?
③ 인공지능 기술을 활용하는 까닭은 무엇일까?
④ 인공지능 기술의 도입을 반대하는 까닭은 무엇일까?
⑤ 인공지능 기술의 도입을 찬성하는 분야에는 어떤 것이 있을까?

04 이 글에서 알 수 있는 인공지능 기술의 활용 사례로 알맞지 <u>않은</u> 것은?

① 글 창작하기
② 사람처럼 그림 그리기
③ 고치기 어려운 질병 완치시키기
④ 많은 정보를 효과적으로 요약하기
⑤ 자율 주행 기술로 운전자 역할 대신하기

05 (마)의 내용을 〈보기〉와 같이 정리할 때 ⓐ, ⓑ에 들어갈 내용을 쓰시오.

보기

인공지능 기술 도입을 통한 업무의 (ⓐ) → 업무의 정확성과 효율성 증대 → 인간의 작업이 점점 불필요해짐. → 상당수의 (ⓑ)이 사라질 수 있음.

[06~07] 다음 글을 읽고 물음에 답하시오.

가 인공지능 기술을 개발하는 과정에서 사생활 침해가 발생할 수 있다는 점도 문제입니다. 고객 맞춤형 서비스를 제공하는 인공지능 프로그램을 만들려면 인공지능에게 고객의 정보를 학습시켜야 합니다. 그 과정에서 고객의 개인 정보, 즉 내가 자주 다니는 장소나 나의 사소한 습관까지 학습 데이터로 활용될 수 있습니다.

나 인공지능 기술이 문제를 일으켰을 때 법적 책임이 누구에게 있느냐도 해결되지 않은 숙제입니다. 인공지능의 오작동으로 의료용 로봇이 오진을 하거나 자율 주행 자동차가 사람을 다치게 한다면 그 책임은 누구에게 물어야 하는 걸까요? 만일 인공지능 기술이 테러 등에 악용된다면 인공지능 기술을 개발한 사람과 악용한 사람 중 누가 책임을 져야 할까요?

다 인공지능 기술은 분명 다양한 면에서 우리의 삶을 더 편리하게 만들 것입니다. 하지만 인공지능 기술을 도입할 때 생기는 문제를 해결할 방법도 함께 고민해야 합니다. 그렇지 않으면 인공지능 기술은 오히려 우리에게 위협이 될지도 모릅니다. 인공지능 기술을 섣불리 우리의 삶 속에 들여오는 것은 신중하게 고민해 보아야 할 문제입니다.

06 (가)~(다)의 내용을 추론하며 읽을 때, 추론에 활용한 단서의 성격이 **다른** 하나는?

① (가)와 (나)에서 인공지능 기술의 도입을 반대하는 의견을 제시하여 글쓴이의 생각을 뒷받침하고 있어.
② 영화에서 인공지능 로봇이 인간을 위협하는 장면을 본 것을 떠올리니 (나)에 제시된 문제가 심각하다는 생각이 들어.
③ (다)에 쓴 문장을 보니, 글쓴이는 인공지능 기술의 도입을 조심스럽게 바라보고 있는 것 같아.
④ (다)에서 글쓴이는 인공지능 기술의 활용이 인간의 삶을 편리하게 해 줄 것이라는 점을 인정하고 있어.
⑤ (다)의 '하지만'으로 보아 글쓴이는 궁극적으로 인공지능 기술이 여러 문제를 일으킬 수 있다는 것을 말하고 싶은 것 같아.

07 (가)와 관련된 독자의 배경지식으로 알맞지 **않은** 것은?

① 인공지능 기술을 이용한 소통은 사람들 간의 관계를 단절시킨다.
② 인공지능이 수집한 개인 정보들이 특정한 목적으로 활용될 수 있다.
③ 내가 검색해 본 옷이나 물건이 온라인에서 계속 추천 목록으로 뜬다.
④ 휴대 전화에 내가 자주 다니는 장소 정보가 자동으로 저장된 경험이 있다.
⑤ 내가 자주 보는 동영상 목록을 수집한 데이터를 바탕으로 추천 동영상이 뜬다.

[08~09] 다음 광고를 보고 물음에 답하시오.

08 이 광고에 담긴 관점과 비슷한 관점으로 알맞은 것은?

① 경제성을 중시하는 관점
② 효율성을 중시하는 관점
③ 편리성을 중시하는 관점
④ 환경 보존을 중시하는 관점
⑤ 기술 발전을 중시하는 관점

서술형

09 이 광고를 보면서 추론한 내용을 바탕으로 하여 〈보기〉의 질문에 대한 답을 〈조건〉에 맞게 서술하시오.

— 보기 —
비닐봉지로 맹수의 얼굴을 표현한 까닭은 무엇일까?

— 조건 —
• 완결된 한 문장으로 쓸 것

[10~13] 다음 글을 읽고 물음에 답하시오.

10 (가)의 상황 맥락을 고려할 때, (1)과 (2)의 발화에 대한 대답으로 알맞지 <u>않은</u> 것은?

① (1): 신발이 불편하네요.
② (1): 네, 신발 크기가 작은 것 같아요.
③ (2): 네, 팔꿈치가 많이 아파요.
④ (2): 앞뒤로 움직이는 게 불편해요.
⑤ (2): 몇 시까지 진료하는지 궁금해요.

11 (나)의 언어적 표현에 대한 설명으로 알맞은 것은?

① (1)의 언어적 표현에는 정현이를 도와주고 싶은 마음이 없다는 거절의 의미가 담겨 있다.
② (1)의 '이심전심'은 '마음과 마음이 서로 통함'의 의미이므로 정현이처럼 과제를 하기 힘들다는 뜻이다.
③ (2)의 '내 코가 석 자'는 자신의 처지가 어려워 남을 도와줄 여유가 없다는 의미이다.
④ (2)의 언어적 표현에는 비록 자신의 처지가 어렵지만 정현이를 돕고자 하는 의도가 담겨 있다.
⑤ (1)와 (2)의 언어적 표현에는 건우의 제안을 받아들이려는 민서의 의도가 담겨 있다.

서술형

12 (다)에 나타난 화자의 말투와 표정을 파악하고, ㉠과 같이 말한 의도를 서술하시오.

(1) 말투: ___________________
(2) 표정: ___________________
(3) ㉠과 같이 말한 의도: ___________________
____

13 (라)에서 민호가 승주의 상황을 파악할 때 살펴봐야 할 점으로 알맞지 <u>않은</u> 것은?

① 승주의 난처한 표정
② 계단이 많이 있는 공간
③ 승주가 질문할 때의 시각
④ 승주의 땀을 흘리고 있는 얼굴
⑤ 두 손에 책을 가득 든 승주의 상황

[14~18] 다음 글을 읽고 물음에 답하시오.

가 **진행자:** 코로나바이러스감염증이 길어지면서 사람을 직접 마주하는 일은 줄어들고 그 자리를 무인 시스템이 대신하고 있습니다. 그런데 변화 속도가 너무 빠르다 보니, 상대적으로 정보가 취약한 계층은 따라가기조차 힘든 상황입니다. ○○○ 기자입니다.

나 **기자:** 한 패스트푸드점, 어르신들은 식당에 들어서자마자 어색한 순간을 마주합니다. 비대면 주문을 하는 기계가 있지만 그대로 지나치고, 주문을 받는 직원도, 물어볼 사람도 없어 한참을 서 있다가 포기합니다.

어르신: 나는 불편하죠. 힘들어요. 하다가 안 돼서 '에이, 나가야겠다.' 하고 나온 거예요.

다 **기자:** 코로나바이러스감염증의 장기화로 비대면이 일상화되면서 키오스크가 빠르게 보편화되고 있습니다. 터치스크린 방식으로 글씨는 작고 속도는 빨라서, 고령층에게는 어렵고 점자를 써야 하거나 휠체어를 이용해야 하는 장애인들에게는 접근성이 떨어질 수밖에 없습니다.

라 **기자:** 정부가 '㉠디지털 정보 격차' 정도를 조사해 보니, 정보 취약 계층의 디지털 기기 접근 정도는 일반 국민 대비 91.7%로 나타났지만 활용 역량 수준은 60.2%에 불과했습니다. 컴퓨터나 스마트폰 등의 기기는 열에 아홉이 가지고 있지만, 이용 능력은 크게 떨어진다는 뜻입니다.

마 **기자:** 금융 서비스의 비대면화는 더 빠르게 진행되는데, 이를 활용하지 못해 우대 금리 등 실질적인 혜택에서 소외되는 문제도 있습니다.

14 이 글의 내용을 요약한 것으로 알맞지 **않은** 것은?

① (가): 무인 시스템으로의 변화와 정보 취약 계층이 처한 어려움
② (나): 비대면 주문을 어려워하는 시민의 모습
③ (다): 고령층과 장애인은 접근이 어려운 키오스크
④ (라): 디지털 기기의 활용 역량이 떨어지는 정보 취약 계층
⑤ (마): 비대면화로 인한 금융 서비스의 급속한 발전

15 기자의 의도를 추론하기 위한 질문으로 알맞은 것은?

① 키오스크의 사용이 늘어나는 까닭은 무엇일까?
② 키오스크가 보편화되면 생기는 장점은 무엇일까?
③ 코로나바이러스감염증 장기화로 생긴 일자리는 무엇일까?
④ 디지털 기기 접근 정도는 정보 취약 계층에게 어떤 영향을 미칠까?
⑤ 무인 시스템으로의 변화로 인해 정보 취약 계층에게 생기는 문제가 무엇일까?

16 (가)의 진행자의 말에 담긴 의도로 알맞은 것은?

① 문제의 해결 방안을 제시하고 있다.
② 문제가 발생하게 된 배경을 제시하고 있다.
③ 문제에 대한 다양한 입장을 제시하고 있다.
④ 문제에 대한 기자의 의견을 반박하고 있다.
⑤ 문제로 인해 발생한 피해 사례를 구체적으로 제시하고 있다.

17 이 글을 읽고 〈보기〉의 질문에 답한 것으로 알맞은 것은?

> **보기**
> (나)에서 시민이 식당에서 주문하려는 장면과 그와의 인터뷰를 제시한 이유는 무엇일까?

① 복잡하게 만들어진 비대면 주문 과정을 비판하기 위해
② 시대 변화를 받아들이지 못하는 시민의 모습을 제시하기 위해
③ 디지털 정보 격차가 심각하다는 기자의 생각을 뒷받침하기 위해
④ 비대면 주문만을 강요하는 직원의 불친절한 대응을 고발하기 위해
⑤ 휠체어를 타고 키오스크에 접근하기 어려운 상황을 생생하게 보여 주기 위해

서술형

18 ㉠이 발생하는 이유를 〈조건〉에 맞게 서술하시오.

> **조건**
> • (라)에서 이유를 찾아 쓸 것
> • 완결된 한 문장으로 쓸 것

[19~22] 다음 글을 읽고 물음에 답하시오.

가 질문자: [A]

최재천: 말도 안 되는 거죠. 있을 수 없는 일이라고 생각해요. 벨루가(흰고래)는 좀 천천히 움직이고 수영하는 고래이긴 하지만, 극지방에 살면서 철 따라 이동하는 고래거든요. 몇 킬로미터 정도를 이동하는 게 아니라 북극해서부터 일본 앞바다까지 갈 정도로 어마하게 먼 거리를 이동하는 동물이에요. 그런 동물을 작은 곳에 놓아 두고는 자격을 갖추었다, 그건 말도 안 되는 얘기죠. ㉠수조 속 벨루가가 속도를 내려고 하면 바로 코앞에 벽이 있겠죠. 그러니까 돌아야죠. 속도 내려고 하면 또 닿으니까 돌아야죠. 뱅글뱅글 도는 거예요. 그런 정형화한 행동을 자꾸 보이는 것은 그런 환경에 훈련이 된 거죠. 게다가 초음파를 내보내고 그것이 물체에 반사되어 돌아오는 것을 감지해서 물체를 피해 다니고 먹이도 잡아먹는 동물인데, 콘크리트로 만들어 놓은 수조에서 한 번 초음파를 내보내면 그것이 벽에 부딪혔다가 다시 돌아오거든요. 그래서 귀에서 계속 소리가 나는 병에 걸려요.

나 **최재천:** 돌고래는 두뇌가 굉장히 발달한 동물이라서 자기가 잡혀서 갇혔다는 것을 너무나 잘 압니다. 지금은 '동물 행동학'이라는 학문도 많이 발달했고, 동물들의 인지 능력과 상태에 관한 연구를 많이 했어요. 행동반경이 넓은 동물이나 갇힌 공간에서는 정신적으로 살아남기 힘든 동물들에 관한 정보가 우리에게 이제는 얼마큼 있어요. ㉡그것에 따라서 결정을 내릴 수 있는 거죠.

다 **최재천:** 돌고래가 보고 싶다면 그들의 고향으로 찾아가셔야 합니다. 그들이 사는 곳으로 직접 가서 만나셔야 합니다. 마지막으로 정보가 넘쳐 나는 시대에 조금 더 현명해지면 좋겠다고 말씀드리고 싶어요. 동물들이 어떻게 해서 거기에 잡혀 와 있고, 그 동물들이 그런 시설에서 어떤 삶을 살고 있는지 알아야 합니다. 무관심하면서 그냥 멋모르고 즐기는 것, 그거 용서받을 일 아니라고 생각해요. 도대체 누가 우리에게 그런 권한을 부여했나요? 돌고래를 가둔다는 것은 인간으로서 할 수 있는 일이 아니라고 생각합니다.

19 (가)의 내용으로 보아 [A]에 들어갈 질문으로 알맞은 것은?

① 돌고래는 어떤 특성을 지닌 동물인가요?
② 수족관에서 돌고래는 어떻게 지내야 할까요?
③ 수족관에서 돌고래를 위협하는 대상이 무엇인가요?
④ 아쿠아리움 측이 돌고래를 최적의 환경을 갖춘 수조에 놓아 두는 까닭은 무엇인가요?
⑤ 벨루가가 살 수 있는 최적의 환경을 조성했다는 아쿠아리움 측의 주장을 어떻게 생각하나요?

20 ㉠에 담긴 면담 대상자의 의도로 알맞지 <u>않은</u> 것은?

① 자연 속에서 돌고래가 보이는 행동을 묘사함.
② 돌고래가 수족관 안에서 헤엄치는 모습을 설명함.
③ 돌고래의 상황을 보여 주어 문제 발생 과정을 설명함.
④ 돌고래의 입장에서 수족관에서 일어나는 상황을 설명함.
⑤ 돌고래의 정형화된 행동을 알기 쉽게 구체적으로 설명함.

21 ㉡의 의미를 추론한 내용으로 가장 알맞은 것은?

① '그것'이 가리키는 것은 '돌고래'이다.
② '결정'은 동물들을 감금하는 행동을 의미한다.
③ 동물들의 인지 능력과 상태에 대해 연구해야 한다.
④ 행동반경이 넓은 동물들을 위해 수족관을 확장해야 한다.
⑤ 행동반경이 넓은 동물들은 자유로운 환경 속으로 돌려보내야 한다.

서술형

22 이 글에서 〈보기〉의 질문에 대한 답을 찾아 〈조건〉에 맞게 서술하시오.

보기

돌고래가 귀에서 계속 소리가 나는 병에 걸리는 까닭은 무엇일까?

조건

• (가)에서 찾아서 쓸 것
• 완결된 한 문장으로 쓸 것

이렇게 풀어요

▶ 만점을 위해서는 같은 문제를 다시 틀리지 않도록 틀린 문제를 정확히 짚고 넘어가야 합니다.
▶ 아래 고난도 문제의 선지마다 ○✕ 표시를 하며 자신이 헷갈리는 부분이 무엇인지 명확히 확인하여 올바른 공부 습관을 길러 봅시다.

01 ★★★★☆ 고난도

〈보기〉의 상황 맥락과 표현에 담긴 의도를 추론한 것으로 알맞지 <u>않은</u> 것은?

보기

- **공간** – 학교 교실 앞 복도
- **시간** – 쉬는 시간

다원: (무거운 물건을 들고 가는 윤아를 발견한 후, 윤아에게 손을 내밀며) 백지장도 맞들면 낫다는데, 그 물건들 나한테도 좀 나눠 줘.
윤아: (웃으며) 너밖에 없다.

---

① 상황 맥락을 고려할 때 화자와 청자는 학교 친구 관계임을 추론할 수 있다. ○ ✕

② 무거운 물건을 들고 있는 윤아가 다원의 제안을 거절하고 있는 상황이다. ○ ✕

③ 윤아가 다원의 말에 웃는 표정을 지은 것은 다원이 자기를 도와주려는 마음이 반갑고 기뻐서이다. ○ ✕

④ 다원의 '백지장도 맞들면 낫다'라는 말은 쉬운 일이라도 서로 힘을 합치면 더 쉽다는 뜻으로 윤아를 도와주려는 의도를 담고 있다. ○ ✕

⑤ 윤아의 '너밖에 없다'라는 말은 상황 맥락을 고려할 때 너만이 의지할 수 있는 상대라는 뜻으로 다원의 도움에 대한 고마움을 표시하려는 의도를 담고 있다. ○ ✕

02 ★★★★★ 초고난도

〈보기〉를 읽고 면담 대상자의 말을 바르게 이해한 사람은?

보기

질문자: 그러면 다른 동물들도 풀어 줘야 하나요?
최재천: 올챙이를 퍼다가 어항에 옮겨 놓았다고 해서 올챙이의 삶의 질이 갑자기 더 떨어진 것도 아니고, 내가 어딘가에, 인간에게 억류됐다, 이것을 인식하는 동물도 아니에요. 돌고래는 두뇌가 굉장히 발달한 동물이라서 자기가 잡혀서 갇혔다는 것을 너무나 잘 압니다. 지금은 '동물 행동학'이라는 학문도 많이 발달했고, 동물들의 인지 능력과 상태에 관한 연구를 많이 했어요. 행동반경이 넓은 동물이나 갇힌 공간에서는 정신적으로 살아남기 힘든 동물들에 관한 정보가 우리에게 이제는 얼마큼 있어요. 그것에 따라서 결정을 내릴 수 있는 거죠.

---

① 진우: 돌고래의 처지를 올챙이의 처지로 비유하여 설명하고 있어. ○ ✕

② 영미: 올챙이와 돌고래의 공통적인 특성을 설명하면서 주제를 드러내고 있어. ○ ✕

③ 기중: 올챙이의 특성을 바탕으로 하여 동물의 인식 능력이 뛰어남을 설명하고 있어. ○ ✕

④ 태리: 올챙이와 돌고래의 대조적인 인식 능력을 설명하면서 자신의 의견을 펼치고 있어. ○ ✕

⑤ 희영: 올챙이와 돌고래 모두 자신이 살고 있는 환경에 대한 인식 능력을 가진 고유한 존재임을 설명하고 있어. ○ ✕

[01~05] 다음 글을 읽고 물음에 답하시오.

가 아가야
　내 이름은 민들레야
　지난겨울 너의 모자 끝에
　달려 있던 털방울 같지

　작은 입술 뽀뽀하듯 내밀고　[A]
　후후후 입김 부는 아가야

　봄바람 같은 너의 숨결에
　나는 세상에서 제일 작은
　낙하산 되어 날아가지

　멋지게 착륙하여 내년에 다시
　널 만나러 올게

　그때는 너의 숨결도 좀 더
　힘차고 따뜻하게 자라 있을 테지

　내년 봄에는 후후
　두 번만 불어도
　나는 날아갈 테지

　올해는 후후후
　내년엔 후후

나 나무가 춤을 추면
　바람이 불고,
　나무가 잠잠하면
　바람이 자오.

01 (가)와 (나)에 대한 설명으로 알맞지 <u>않은</u> 것은?

① (가)의 계절적 배경은 봄이다.
② (가)는 직유법을 활용하여 대상의 특징을 드러내었다.
③ (나)는 비슷한 문장 구조를 반복하고 있다.
④ (가)와 (나) 모두 운율을 느낄 수 있다.
⑤ (가)와 (나) 모두 원인과 결과에 따라 글쓴이의 경험이 나타나 있다.

02 (가)에 대한 감상으로 알맞은 것은?

① 자연의 신비로움을 환상적으로 그리고 있다.
② '아가'를 그리워하는 마음을 애절하게 그리고 있다.
③ 자연과 어우러진 '아가'의 모습을 천진난만하게 그리고 있다.
④ '아가'의 성장을 따뜻하고 정겹게 바라보는 시선이 나타나 있다.
⑤ '아가'가 살아갈 새로운 세상이 도래하기를 바라는 기대감을 그리고 있다.

03 〈보기〉를 [A]와 같이 고쳐 썼을 때, 글쓴이가 고려하였을 내용으로 알맞은 것은?

> ─ 보기 ─
> 　작은 입술을 내밀고
> 　후후후 입김 부는 아가야

① 말하고자 하는 바를 숨겨야겠다.
② '아가'의 경험을 진솔하게 표현해야겠다.
③ 줄글의 아름다움을 느낄 수 있게 해야겠다.
④ 표현하려는 대상의 모습이 잘 드러나게 해야겠다.
⑤ 참신하게 표현하기보다는 논리적으로 표현해야겠다.

04 (가)에서 '후후후', '후후'를 반복하여 얻을 수 있는 효과로 알맞은 것은?

① '민들레'의 귀여운 외모가 잘 표현된다.
② 시를 읽을 때 통일감과 즐거움을 느끼게 한다.
③ 민들레 홀씨가 퍼지는 과정이 자세히 묘사된다.
④ 시의 공간적 배경이 자연이라는 것을 알려 준다.
⑤ '아가'가 '민들레'를 그리워하는 마음이 강조된다.

05 (가)와 (나)에서 공통적으로 쓰인 비유적 표현이 무엇인지 쓰고, 해당 부분을 찾아 쓰시오.

공통적으로 쓰인 비유적 표현: ____________	
· (가)의 해당하는 부분 : __________	· (나)의 해당하는 부분 : __________

[06~10] 다음 글을 읽고 물음에 답하시오.

가 그러다가 소녀가 물속에서 무엇을 하나 집어낸다. 하얀 조약돌이었다. 그러고는 벌떡 일어나 팔짝팔짝 징검다리를 뛰어 건너간다.

다 건너가더니 홱 이리로 돌아서며,

"이 바보." / ㉠조약돌이 날아왔다.

소년은 저도 모르게 벌떡 일어섰다.

단발머리를 나풀거리며 소녀가 막 달린다. 갈밭 사잇길로 들어섰다. 뒤에는 청량한 가을 햇살 아래 빛나는 갈꽃뿐. / 이제 저쯤 갈밭머리로 소녀가 나타나리라. 꽤 오랜 시간이 지났다고 생각했다. 그런데도 소녀는 나타나지 않는다. ⓐ발돋움을 했다. 그러고도 상당한 시간이 지났다고 생각됐다.

나 숨어서 내 하는 꼴을 엿보고 있었구나. 소년은 달리기 시작했다. 디딤돌을 헛짚었다. 한 발이 물속에 빠졌다. 더 달렸다.

몸을 가릴 데가 있어 줬으면 좋겠다. 이쪽 길에는 갈밭도 없다. 메밀밭이다. 전에 없이 메밀꽃 내가 짜릿하니 코를 찌른다고 생각됐다. 미간이 아찔했다. 찝찔한 액체가 입술에 흘러들었다. 코피였다. 소년은 한 손으로 코피를 훔쳐 내면서 그냥 달렸다. 어디선가, 바보, 바보, 하는 소리가 자꾸만 뒤따라오는 것 같았다.

다 그러나 원두막은 ⓑ기둥이 기울고 지붕도 갈래갈래 찢어져 있었다. 그런대로 비가 덜 새는 곳을 가려 소녀를 들어서게 했다. 소녀는 입술이 파랗게 질려 있었다. 어깨를 자꾸 떨었다.

ⓒ무명 겹저고리를 벗어 소녀의 어깨를 싸 주었다.

라 이날 밤, 소년은 몰래 덕쇠 할아버지네 호두밭으로 갔다. / 낮에 봐 두었던 나무로 올라갔다. 그리고 봐 두었던 가지를 향해 작대기를 내리쳤다. 호두 송이 떨어지는 소리가 별나게 크게 들렸다. 가슴이 선뜻했다. 그러나 다음 순간, ⓓ굵은 호두야 많이 떨어져라, 많이 떨어져라, 저도 모를 힘에 이끌려 마구 작대기를 내리치는 것이었다.

㉡돌아오는 길에는 열이틀 달이 지우는 그늘만 골라 짚었다. 그늘의 고마움을 처음 느꼈다.

불룩한 주머니를 어루만졌다. 호두 송이를 ⓔ맨손으로 깠다가는 옴이 오르기 쉽다는 말 같은 건 아무렇지도 않았다. 그저 근동에서 제일가는 이 덕쇠 할아버지네 호두를 어서 소녀에게 맛보여야 한다는 생각만이 앞섰다.

06 이 글에 대한 이해로 알맞은 것은?

① 소년은 메밀밭에서 창피함을 느끼고 있다.
② 소녀는 소년과 함께 호두를 따러 가고 있다.
③ 소녀는 달아나는 소년을 쫓아가 놀리고 있다.
④ 소년은 디딤돌을 헛짚은 소녀를 도와주고 있다.
⑤ 소년은 비를 맞아 추위에 떠는 소녀를 모른 체하고 있다.

07 이 글의 제목인 '소나기'의 사전적 의미가 〈보기〉와 같을 때, 제목이 상징하는 바로 알맞은 것은?

> ── 보기 ──
> [명사] 갑자기 세차게 쏟아지다가 곧 그치는 비. 특히 여름에 많으며 번개나 천둥, 강풍 따위를 동반한다.

① 영원한 사랑
② 운명적 만남
③ 어린 시절의 방황
④ 갑자기 찾아온 사랑
⑤ 사랑이 이루어지는 오랜 과정

08 ㉠이 의미하는 바로 알맞은 것은?

① 소녀의 분신
② 소녀의 운명 암시
③ 소녀가 처한 위기
④ 소년과 소녀의 갈등의 계기
⑤ 소년에 대한 소녀의 관심 표현

서술형
09 (라)에서 소년이 ㉡과 같이 행동한 이유를 서술하시오.

10 ⓐ~ⓔ 중, 소녀에 대한 소년의 감정을 짐작할 수 <u>없는</u> 것은?

① ⓐ　　② ⓑ　　③ ⓒ　　④ ⓓ　　⑤ ⓔ

[11~15] 다음 글을 읽고 물음에 답하시오.

가 우리 아파트가 엘리베이터 교체 공사를 시작한 지 일주일째다. 이제 겨우! 그간 아주 당연하게 버튼 하나만 눌러 12층 우리 집에 올라가고, 심지어 3층 친구네 집에 놀러 가서도 나는 엘리베이터를 타고 1층으로 내려갔다. 하지만 이제 나는 당연하게 여기던 엘리베이터 대신 무거운 몸을 움직여 고통의 계단을 올라야 한다. 그것도 3주나 더!

나 오늘은 운이 없게도 4층 계단을 꺾어 올라가다가 자전거 손잡이에 체육복 소매가 걸려 밑단이 뜯어져 버렸다. 뭔가 불길한데…… . 나는 징크스에 약하다. 나에게 우연히 마주친 불행은 꼬리를 물고 하루 종일 들러붙는다. 아침에는 가방 속 물통에 물이 새서 책이 다 젖었고, 오후에는 누군가 찬 축구공에 머리통을 맞았으며, 지금은 체육복이 뜯어졌다.

다 '너 설마 지금부터 12층까지 다시 올라가게? 학원 늦어도 돼? 어차피 할머니께서도 너를 모르잖아, 세라야.'

하지만 내 안의 이기적인 내가 이렇게 속삭이며 할머니를 향하려던 내 고개를 숙이게 만들었다. 아이고, 휴우, 으휴우! 가쁜 숨소리가 내 귓전을 지나갈 때 나는 자전거를 묶는 척하며 할머니가 어서 다음 계단을 오르시기를 기다렸다. 조금만 기다리면 돼, 조금만. 하지만 그 조금만이 ㉠시간 여행이라도 하듯이 무척 길게 내 가슴속에서 고동쳤다.

라 '176계단의 형벌이라고? 아냐. 이렇게 너를 속이며 숨어 있는 게 너에게는 더한 형벌이야.'

내 안의 또 다른 내가 이렇게 속삭였다. 그래, 맞아. 나는 고개를 들었다.

"할머니, 잠시만요. 저도 12층 살아요. 짐 들어 드릴 테니 같이 가요."

나는 막 다음 계단을 오르려는 할머니께 소리쳤다. 그리고 할머니를 뒤쫓아 올라갔다. 두 다리는 묵직했지만 마음은 엘리베이터를 타고 오르듯 가벼웠다.

어쩌면 나의 징크스는 수많은 계단이나, 그 계단에 세워져 있던 자전거와는 관련 없이 내 마음 안에서 시작되었는지도 모른다. 할머니의 손에 들려 있던 짐을 들어 드리는 순간, 오늘의 내 불행은 끝났다.

11 이와 같은 글을 쓸 때 유의해야 할 점으로 알맞은 것은?

① 느낀 점과 깨달은 점보다는 사실 위주로 쓴다.
② 글의 긴장감을 위하여 실제보다 과장해서 쓴다.
③ 실제로 있었던 일과 상상을 적절히 섞어서 쓴다.
④ 다양한 비유적 표현을 활용하여 개성 있게 쓴다.
⑤ 일상적인 경험보다는 흔하게 경험하지 못했을 법한 일에서 글감을 찾는다.

12 (가)~(라)에 대한 설명으로 알맞지 않은 것은?

① (가): '나'는 엘리베이터 공사로 불편함을 겪었다.
② (나): '나'는 연달아 불행스러운 일을 겪었다.
③ (다): 의성어를 통해 '나'의 속마음을 드러내었다.
④ (라): '나'가 경험을 통해 깨달은 바가 제시되었다.
⑤ (라): 직유법을 활용하여 '나'의 마음을 효과적으로 표현했다.

13 이 글의 글쓴이가 깨달은 내용으로 알맞은 것은?

① 모든 것은 마음먹기에 달려 있다.
② 평소에 이웃과 친하게 지내야 한다.
③ 인간은 서로 도우며 살아가야 한다.
④ 다른 사람을 도우려면 체력을 길러야 한다.
⑤ 징크스는 다른 사람으로 인해 생길 수 있다.

서술형

14 글쓴이의 심리를 (다)의 ㉠처럼 표현한 효과를 〈조건〉에 맞게 서술하시오.

> **조건**
> • 글쓴이의 심리와 연관 지어 쓸 것
> • 완결된 한 문장으로 쓸 것

15 글쓴이가 더한 형벌이라고 표현한 이유로 알맞은 것은?

① 글쓴이가 학원에 가는 것을 싫어해서
② 글쓴이가 엘리베이터 타는 것을 두려워해서
③ 글쓴이가 176개의 계단을 매일 올라야 하는 것이 힘들어서
④ 글쓴이가 할머니를 도와 다시 176개의 계단을 오르는 것이 괴로워서
⑤ 글쓴이가 계단 오르는 것을 힘겨워하는 할머니를 모른 체하는 것이 괴로워서

[16~20] 다음 글을 읽고 물음에 답하시오.

가 인공지능(AI) 기술의 도입
 – 우리가 경계해야 하는 것은 무엇일까요?

나 인공지능 기술은 우리의 생활을 더욱 편리하게 만들어 주고 있습니다. 의료 분야에서는 인공지능 기술을 이용해서 다양한 질병을 이전보다 훨씬 빠르게 진단하고 있습니다. 또 [A]

다 하지만 인공지능 기술을 이용하면 편리한 점만 있을까요? 최근 인공지능 기술의 섣부른 도입을 반대하는 목소리도 나오고 있습니다. 인공지능 기술의 도입을 반대하는 까닭은 무엇일까요?

 ㉠ 인공지능 기술을 도입하면 사람들의 일자리가 감소할 수 있습니다. 인공지능 기술은 원래 사람이 하던 일을 자동화하여 많은 일을 보다 정확하고 효율적으로 할 수 있게 해 줍니다. 이에 따라 현재 존재하는 많은 직업 가운데 상당수가 사라지게 될지도 모릅니다.

라 인공지능 기술을 개발하는 과정에서 사생활 침해가 발생할 수 있다는 점도 문제입니다. 고객 맞춤형 서비스를 제공하는 인공지능 프로그램을 만들려면 인공지능에게 고객의 정보를 학습시켜야 합니다. 그 과정에서 고객의 개인 정보, 즉 내가 자주 다니는 장소나 나의 사소한 습관까지 학습 데이터로 활용될 수 있습니다.

마 인공지능 기술은 분명 다양한 면에서 우리의 삶을 더 편리하게 만들 것입니다. 하지만 인공지능 기술을 도입할 때 생기는 문제를 해결할 방법도 함께 고민해야 합니다. 그렇지 않으면 인공지능 기술은 오히려 우리에게 위협이 될지도 모릅니다. 인공지능 기술을 섣불리 우리의 삶 속에 들여오는 것은 신중하게 고민해 보아야 할 문제입니다.

16 이 글의 글쓴이의 의도나 관점을 추론할 때 활용할 수 있는 단서로 알맞지 <u>않은</u> 것은?

① 글의 제목과 부제
② 문장을 연결하는 표지어
③ 화제와 관련된 배경지식
④ 화제에 대한 대중의 관심도
⑤ 앞뒤로 이어지는 문장의 내용

17 〈보기〉와 같은 배경지식을 지닌 독자가 공감할 수 있는 글쓴이의 생각으로 알맞은 것은?

> **보기**
> 인터넷에 추천 동영상이 뜨는 것을 보고, 인공지능이 나에 대한 사소한 정보까지 알고 있는 것 같아 걱정스러웠어.

① 인공지능 기술이 다양한 분야에서 발전하고 있어.
② 인공지능 기술이 개인의 사생활을 침해할 수 있어.
③ 인공지능 기술을 활용하면 생활이 편리해질 수 있어.
④ 인공지능 기술이 사람들의 일자리를 위협할 수 있어.
⑤ 인공지능 기술이 오작동하거나 의도적으로 악용될 수 있어.

18 [A]에 들어갈 만한 내용으로 알맞은 것은?

① 인공지능 기술의 정의
② 인공지능 기술의 발전 과정
③ 인공지능 기술을 악용한 사례
④ 인공지능 기술 도입을 반대하는 까닭
⑤ 자동차 분야에 인공지능 기술을 도입한 상황

19 ㉠에 들어갈 말로 알맞은 것은?

① 먼저　　　② 또한　　　③ 둘째
④ 하지만　　⑤ 그래도

서술형

20 이 글을 쓴 글쓴이의 의도를 〈조건〉에 맞게 서술하시오.

> **조건**
> • 중심 화제에 대한 글쓴이의 관점을 쓸 것
> • 글쓴이가 글을 쓴 목적을 고려하여 쓸 것
> • 완결된 한 문장으로 쓸 것

[21~25] 다음 글을 읽고 물음에 답하시오.

(1)　　　　　　　　(2)

나 **기자**: 코로나바이러스감염증의 장기화로 비대면이 일상화되면서 키오스크가 빠르게 보편화되고 있습니다. 터치스크린 방식으로 글씨는 작고 속도는 빨라서, 고령층에게는 어렵고 점자를 써야 하거나 휠체어를 이용해야 하는 장애인들에게는 접근성이 떨어질 수밖에 없습니다.

정부가 '디지털 정보 격차' 정도를 조사해 보니, 정보 취약 계층의 디지털 기기 접근 정도는 일반 국민 대비 91.7%로 나타났지만 활용 역량 수준은 60.2%에 불과했습니다. 컴퓨터나 스마트폰 등의 기기는 열에 아홉이 가지고 있지만, 이용 능력은 크게 떨어진다는 뜻입니다.

다 **질문자**: 아쿠아리움 측에서는 벨루가가 살 수 있는 최적의 환경을 조성했다고 주장합니다. 최재천 대표의 생각은 어떠신가요?

최재천: 말도 안 되는 거죠. 있을 수 없는 일이라고 생각해요. 벨루가(흰고래)는 좀 천천히 움직이고 수영하는 고래이긴 하지만, 극지방에 살면서 철 따라 이동하는 고래거든요. 몇 킬로미터 정도를 이동하는 게 아니라 북극해서부터 일본 앞바다까지 갈 정도로 어마하게 먼 거리를 이동하는 동물이에요. 그런 동물을 작은 곳에 놓아 두고는 　⊙　을 갖추었다, 그건 말도 안 되는 얘기죠.

라 **질문자**: 그러면 다른 동물들도 풀어 줘야 하나요?

최재천: 올챙이를 퍼다가 어항에 옮겨 놓았다고 해서 올챙이의 삶의 질이 갑자기 더 떨어진 것도 아니고, 내가 어딘가에, 인간에게 억류됐다, 이것을 인식하는 동물도 아니에요. ⓒ돌고래는 두뇌가 굉장히 발달한 동물이라서 자기가 잡혀서 갇혔다는 것을 너무나 잘 압니다.

21 (가)~(라)의 내용을 추론할 때 활용할 수 있는 방법으로 알맞지 **않은** 것은?

① (가): 청자의 표정을 살펴본다.
② (가): 대화가 이루어지는 장소를 살펴본다.
③ (나): 보도에서 활용하는 자료를 살펴본다.
④ (다): 질문자와 면담 대상자의 친분이 있는지 조사한다.
⑤ (라): 면담 대상자가 사용한 단어의 뜻을 고려한다.

22 (가)에 대한 설명으로 알맞은 것은?

① (1)에서 화자는 청자에게 불만이 있는 상황이다.
② (1)에서 화자와 청자는 구두 가게에서 일하고 있다.
③ (2)에서 화자와 청자는 병원에서 대화를 나누고 있다.
④ (1)과 (2)의 화자는 동일한 직업을 가지고 있다.
⑤ (1)과 (2)에서 '많이 불편하세요?'가 담고 있는 의미는 상황 맥락과 관계없이 동일하다.

서술형

23 (나)를 바탕으로 키오스크의 보편화로 인해 발생하는 문제와 그 원인을 〈조건〉에 맞게 서술하시오.

　조건
• 키오스크 보편화로 인해 발생하는 문제는 고령층의 입장에 한정하여 쓸 것
• 완결된 한 문장으로 쓸 것

24 (다)의 ⊙에 들어갈 말로 알맞은 것은?

① 자격　　　② 형식　　　③ 위엄
④ 격식　　　⑤ 실력

서술형

25 (라)의 ⓒ에 담긴 면담 대상자의 의도를 〈조건〉에 맞게 서술하시오.

　조건
• '면담 대상자는 ~(하)기 위해 ⓒ과 같이 말했다.' 형태의 완결된 문장으로 쓸 것

중간 모의평가

모의평가 채점 결과를 스스로 분석하여 자신의 우수한 부분과 부족한 부분을 파악하고 앞으로의 학습 계획을 세워 봅시다.

학습 정보

이름	학교	학년	평가 날짜
			년 월 일

빠른 채점 채점 칸에 정답을 맞혔으면 ○, 틀렸으면 ✕를 표시하세요.

문항	해당 단원	정답	채점
01	1단원 (1) 운율과 비유	⑤	
02	1단원 (1) 운율과 비유	④	
03	1단원 (1) 운율과 비유	④	
04	1단원 (1) 운율과 비유	②	
05	1단원 (1) 운율과 비유	생략	
06	1단원 (2) 상징	①	
07	1단원 (2) 상징	④	
08	1단원 (2) 상징	⑤	
09	1단원 (2) 상징	생략	
10	1단원 (2) 상징	②	
11	1단원 (3) 정서를 표현하는 글 쓰기	④	
12	1단원 (3) 정서를 표현하는 글 쓰기	③	
13	1단원 (3) 정서를 표현하는 글 쓰기	①	
14	1단원 (3) 정서를 표현하는 글 쓰기	생략	
15	1단원 (3) 정서를 표현하는 글 쓰기	⑤	

문항	해당 단원	정답	채점
16	2단원 (1) 추론하며 읽기	④	
17	2단원 (1) 추론하며 읽기	②	
18	2단원 (1) 추론하며 읽기	⑤	
19	2단원 (1) 추론하며 읽기	①	
20	2단원 (1) 추론하며 읽기	생략	
21	2단원 (2) 추론하며 듣기	④	
22	2단원 (2) 추론하며 듣기	③	
23	2단원 (2) 추론하며 듣기	생략	
24	2단원 (2) 추론하며 듣기	①	
25	2단원 (2) 추론하며 듣기	생략	

채점 결과: 총 ________________ **점** (배점: 문항당 4점)

1단원 (1)	점	1단원 (2)	점
1단원 (3)	점	2단원 (1)	점
2단원 (2)	점		

성적 분석 채점 결과를 아래 표에 표시하여 선으로 이으세요.

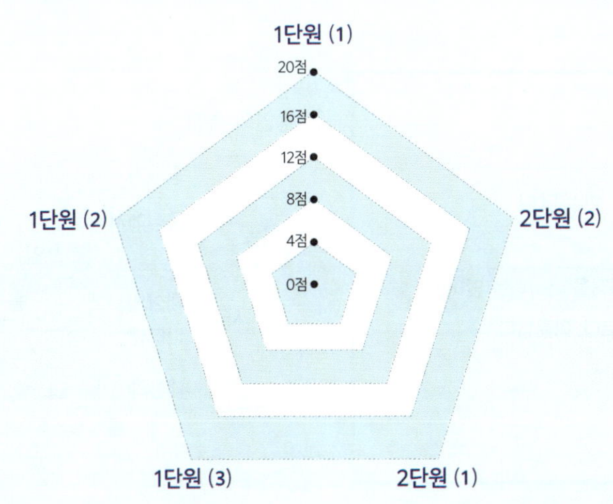

학습 진단

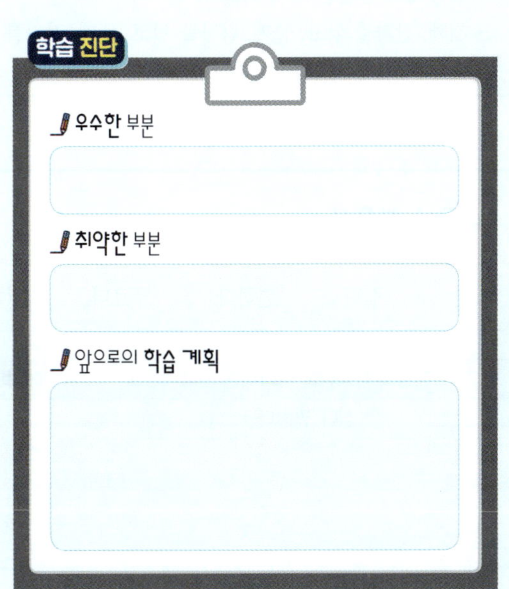

시험에 꼭 나오는

지문 알맹이 분석

(1) 단어의 갈래

핵심 정리

품사의 개념과 분류 기준

	개념	단어를 문법적으로 공통된 성질을 가진 것끼리 나누어 묶은 갈래
	분류 기준	형태	문장에서 쓰일 때 단어의 형태가 변하는지 변하지 않는지에 따라
		기능	단어가 문장에서 어떤 기능을 하는지에 따라
		의미	단어가 나타내는 공통적인 의미가 무엇인지에 따라

품사의 분류

형태	불변어							가변어	
기능	체언			수식언		독립언	관계언	용언	
의미	명사	대명사	수사	관형사	부사	감탄사	조사	동사	형용사

*이다: 조사이지만 문장에서 쓰일 때 형태가 변할 수 있음.

교재 **93** 쪽

🔵 명사, 대명사, 수사

- **대화에 쓰인 명사 찾기**

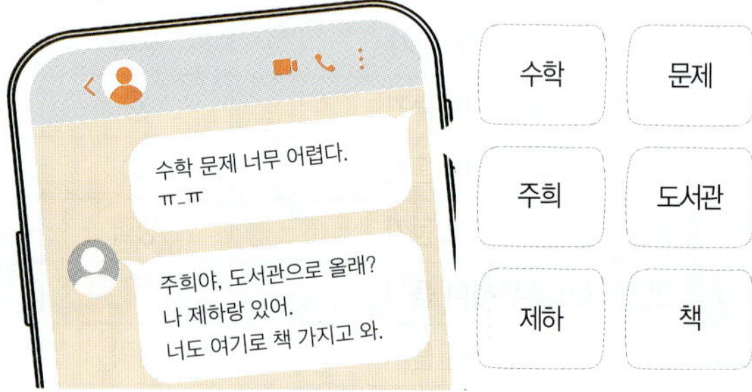

수학	문제
주희	도서관
제하	책

- **밑줄 친 부분 대명사로 바꾸기**

- 현우와 나 → 우리   · 공연장 → 그곳   · 입장권 → 이것

- **문장에 쓰인 수사 찾기**

- 삼과 사를 더하면 칠이다. → 삼, 사
- 필통에서 연필을 하나 꺼냈다. → 하나
- 첫째, 감자를 깎고, 둘째, 감자를 썰고, 셋째, 감자를 볶는다. → 첫째, 둘째, 셋째

▶ 체언의 특징

형태		형태가 변하지 ☐☐.
기능		문장에서 주로 ☐☐, ☐☐☐ 등의 기능을 함.
의미	명사	대상의 ☐☐을 나타냄.
	대명사	대상의 이름을 ☐☐ 나타냄.
	수사	☐☐이나 ☐☐를 나타냄.

교재 **95** 쪽

🔵 동사, 형용사

심다	편하다	푸르다	말하다	아름답다

대상의 움직임을 나타내는 단어	대상의 상태나 성질을 나타내는 단어
심다, 말하다	편하다, 푸르다, 아름답다

▶ 용언의 특징

형태		형태가 ☐☐.
기능		문장에서 주로 ☐☐☐로 쓰임.
의미	동사	대상의 ☐☐☐을 나타냄.
	형용사	대상의 ☐☐나 ☐☐를 나타냄.

교재 97쪽

🌐 관형사, 부사

- 축구 선수가 빨리 달린다.
- 모든 사람은 귀하다.
- 옷을 재활용하여 저 모자를 만들었다.
- 어제는 노을이 무척 아름다웠다.

체언을 꾸며 주는 단어	용언을 꾸며 주는 단어
저, 모든	빨리, 무척

▶ 수식언의 특징

형태	형태가 변하지 ☐☐.
기능	문장에서 다른 말을 ☐☐☐☐ 기능을 함.
의미 관형사	☐☐을 꾸며 줌.
의미 부사	주로 ☐☐을 꾸며 줌.

교재 99쪽

🌐 조사

→ 가와 나의 '가'는 문장에서 '누가/무엇이'와 같은 역할을, '를'은 '누구를/무엇을'과 같은 역할을 하도록 만든다.

→ 가의 '를'을 다에서처럼 '만'으로 바꾸면 문장에 특별한 의미를 더할 수 있다.

▶ 관계언의 특징

형태	형태가 변하지 ☐☐.
기능	단어 사이의 문법적 ☐☐를 나타내는 기능을 함.
의미	주로 체언 뒤에 붙어서 단어들 사이의 문법적 관계를 나타내거나 문장에 특별한 ☐을 더해 줌.

ㅋ 단원

교재 101쪽

🌐 감탄사

▶ 독립언의 특징

형태	형태가 변하지 ☐☐.
기능	문장에서 ☐☐☐으로 쓰임.
의미	느낌, ☐☐, ☐☐을 나타냄.

느낌을 나타내는 단어	부름을 나타내는 단어	대답을 나타내는 단어
앗	얘	응

필수 문제로

소단원 완전 정복

(1) 단어의 갈래

01 품사의 뜻으로 옳은 것은?

① 말의 뿌리를 찾아 단어를 분류한 것이다.
② 뜻을 갖고 있는 가장 작은 말의 단위이다.
③ 의미가 통하는 것끼리 묶은 단어의 집합체이다.
④ 공통된 성질을 가진 것끼리 묶은 단어의 갈래이다.
⑤ 문장에서 하는 역할을 기준으로 나눈 단어의 갈래이다.

02 품사 분류의 기준을 모두 고르면? (정답 3개)

① 짜임은 어떠한가?
② 형태는 변하는가?
③ 어떤 기능을 하는가?
④ 어떤 의미를 나타내는가?
⑤ 사용된 문장의 종류가 무엇인가?

03 다음 중 ㉠에 들어갈 수 <u>없는</u> 말은?

형태가 변하는 단어	형태가 변하지 않는 단어
㉠	

① 크다　　② 앉다　　③ 우리
④ 따뜻하다　　⑤ 만들다

04 다음에서 명사만을 모두 찾은 것은?

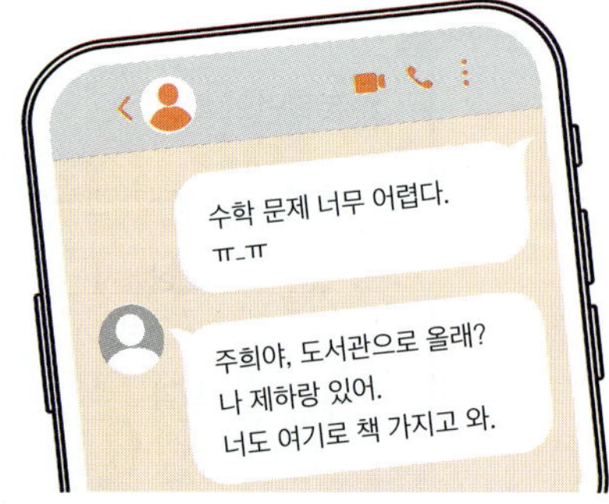

① 수학, 나, 너, 여기
② 너무, 도서관, 제하, 책
③ 수학, 문제, 주희, 도서관, 제하, 책
④ 수학, 도서관, 나, 제하, 너, 여기, 책
⑤ 문제, 주희, 도서관, 나, 제하, 너, 여기

05 다음 중 ㉠에 들어갈 수 있는 말은? (정답 2개)

대상의 이름을 나타내는 단어	
구체적인 대상의 이름을 나타내는 단어	추상적인 대상의 이름을 나타내는 단어
	㉠

① 나무　　② 행복　　③ 얼굴
④ 평화　　⑤ 이순신

06 체언에 대한 설명으로 알맞은 것은?

① 형태가 변한다.
② 명사, 대명사, 수사를 포함한다.
③ 단어들 사이의 관계를 나타낸다.
④ 대상의 성질이나 상태를 나타낸다.
⑤ 주로 다른 말을 꾸며 주는 역할을 한다.

07 다음 밑줄 친 말이 동사인 것은? (정답 2개)

① 날씨가 <u>맑다</u>.
② 연수가 <u>달린다</u>.
③ 새가 하늘을 <u>난다</u>.
④ 연수가 매우 <u>빠르다</u>.
⑤ 수프가 참 <u>맛있겠다</u>.

08 용언에 대한 설명으로 알맞은 것은?

① 체언을 꾸며 준다.
② 형태가 변하지 않는다.
③ 수량이나 순서를 나타낸다.
④ 동사와 형용사, 조사를 포함한다.
⑤ 문장에서 주로 서술어 역할을 한다.

09 〈보기〉의 ㉠~㉢을 대신하는 말에 대한 설명으로 알맞지 **않은** 것은?

> **┌ 보기 ┐**
> 나는 오늘 현우와 함께 공연장에 갔다. ㉠현우와 나는 ㉡공연장에서 멋진 노래를 들었다. 나는 오늘 공연의 입장권을 잊지 않고 챙겨 왔다. ㉢입장권을 보면서 오늘을 오래오래 기억해야지.

① ㉠을 '우리'로 바꿀 수 있다.
② ㉠을 '그와 나'로 바꿀 수 있다.
③ ㉡을 '그곳'으로 바꿀 수 있다.
④ ㉡을 '저것'으로 바꿀 수 있다.
⑤ ㉢을 '이것'으로 바꿀 수 있다.

10 밑줄 친 말의 품사로 알맞은 것은?

① 꽃이 활짝 피었다. (부사)
② 모든 학생이 운동장에 나왔다. (대명사)
③ 나는 청소를 하면서 헌 옷을 버렸다. (명사)
④ 그가 들려준 이야기는 매우 흥미로웠다. (관형사)
⑤ 친구에게 새 넥타이를 선물했는데 정말 좋아했다.
　(명사)

11 〈보기〉의 ㉠~㉤과 기본형의 연결이 **잘못된** 것은?

> **┌ 보기 ┐**
> 나는 민재와 지난 주말에 산을 ㉠올랐다. 우리는 그곳에서 꽃씨를 ㉡심었다. 그리고 산에서 ㉢내려와서 함께 영화를 ㉣봤다. 지금 다시 그날을 생각하니 ㉤즐겁다.

① ㉠ - 오르다　② ㉡ - 심다　③ ㉢ - 내려왔다
④ ㉣ - 보다　⑤ ㉤ - 즐겁다

12 〈보기〉에 제시된 문장들의 공통점으로 알맞은 것은?

> **┌ 보기 ┐**
> • 오늘은 하늘이 푸르다.
> • 세상이 너무 아름답다.
> • 방학 기간에는 마음이 편하다.

① 서술어가 형용사이다.
② 대명사를 하나씩 사용했다.
③ 관형사가 명사를 수식하고 있다.
④ 부사를 통해 의미를 강조하고 있다.
⑤ 감탄사를 활용해서 말하는 이의 느낌을 드러내고 있다.

13 〈보기〉의 ㉠~㉤에서 관형사를 모두 고른 것은?

> **┌ 보기 ┐**
> ㉠이 책은 ㉡새 책입니다. ㉢모든 사람이 ㉣두루 볼 수 있도록 책을 깨끗하게 읽어야 합니다. ㉤한 사람도 책을 ㉥함부로 대해서는 안 됩니다.

① ㉠, ㉡, ㉢, ㉣　　② ㉠, ㉡, ㉢, ㉤
③ ㉡, ㉢, ㉣, ㉤　　④ ㉠, ㉡, ㉢, ㉣, ㉤
⑤ ㉡, ㉢, ㉣, ㉤, ㉥

14 〈보기〉의 설명에 해당하는 품사끼리 묶인 것은?

> **┌ 보기 ┐**
> • 문장에서 주로 서술어 역할을 한다.
> • 명령형이나 청유형으로 사용할 수 없다.
> • 사물의 성질이나 상태를 나타내는 용언이다.

① 옛, 매우　　　② 이것, 학교
③ 젊다, 즐겁다　④ 먹다, 건강하다
⑤ 자다, 행복하다

15 〈보기〉에서 감탄사의 특징을 모두 고른 것은?

> **┌ 보기 ┐**
> ㄱ. 형태가 변하지 않는다.
> ㄴ. 체언이나 용언을 수식한다.
> ㄷ. 문장에서 독립적으로 쓰인다.
> ㄹ. 부름이나 대답, 느낌을 나타낸다.

① ㄱ, ㄴ　　② ㄱ, ㄷ　　③ ㄴ, ㄹ
④ ㄱ, ㄷ, ㄹ　　⑤ ㄴ, ㄷ, ㄹ

서술형

16 〈보기〉에서 부사를 찾고, 그 공통적인 특성을 〈조건〉에 맞게 서술하시오.

> **┌ 보기 ┐**
> 공이 잘 굴러가기 위해서는 바닥도 아주 평평해야 합니다. 여기가 그런 곳입니다. 공을 굴려 볼까요? 빨리 굴러가지요!

> **┌ 조건 ┐**
> • 공통적인 특성은 부사 뒤에 오는 단어의 품사에 주목하여 쓸 것
> • '부사는'으로 문장을 시작할 것

〈보기〉에 쓰인 부사	
공통적인 특성	

시험에 꼭 나오는

지문 알맹이 분석

(2) 자료를 활용하여 글 쓰기
바른답·알찬풀이 35쪽

핵심 정리

자료의 중요도 판단 기준	• 글의 주제와 관련 있는 내용인가? • 저자와 출처가 분명하고 믿을 만한가? • 독자들이 이해하기 쉬운 내용인가?
자료를 활용하여 정보를 전달하는 글을 쓸 때 유의할 점	• 글, 그림, 사진 등 다양한 자료를 수집한 뒤 중요한 자료를 선정해야 함. • 선정한 자료를 글에서 잘 활용할 수 있도록 적절히 통합하고 배치해야 함.
자료를 활용하여 글을 쓸 때 지켜야 할 쓰기 윤리	• 자료의 출처는 모두 정확히 밝혀야 함. • 자료의 내용을 마음대로 바꾸거나 왜곡하지 않아야 함.

교재 118쪽

「잘 배출하는 법 – 무색 페트병 깨끗하게 만들기」
『 』:소제목 활용의 효과 – 중심 내용이 더 잘 드러남.

무색 페트병을 따로 모은다고 끝이 아니다. 무색 페트병을 버릴 때에는 깨끗하게 만드는 것이 중요하다. 오염 물질이 남아 있으면 같이 배출한 다른 페트병도 못 쓰게 되어 버린다. 그러므로 내용물이 남지 않도록 잘 씻고, 라벨을 떼어야 한다.
분리 배출의 과정 (세척–라벨 제거–압축–밀봉–배출) – 아래에 그림 자료를 제시함.
그다음 운반하기 쉽게 압축하고, 뚜껑을 닫아 배출한다. 무색 페트병을 버릴 때 뚜껑을 닫아야 하는 까닭은 무엇일까? 뚜껑을 닫아야 페트병을 운반하
독자의 관심을 끌기 위해 질문 형식을 활용함.
는 과정에서 병 속에 이물질이 들어가는 것을 막을 수 있기 때문이다.

▲ 무색 페트병 배출 순서
자료(그림) 활용의 효과 – 설명 내용을 한눈에 쉽게 파악할 수 있음.
→ 무색 페트병을 배출하는 순서와 배출할 때 주의할 점

무색 페트병을 재활용하는 것도 중요하지만 그에 못지않게 중요한 것은 재활
무색 페트병을 재활용하는 것만큼 제대로 잘 배출하는 것이 중요한 이유
용의 질이다. 《그건 쓰레기가 아니라고요》라는 책에서도 우리나라 페트병 재생 원료는 "재생 원료의 품질이 좋지 않아 재활용해도 잘 팔리지 않아요."라고 지
큰따옴표를 사용해 책에 적힌 문구를 그대로 인용했음을 드러냄.
적한다. 그래서 분리배출은 '잘'하는 것이 중요하다. 「한순간의 귀찮음 때문에 페트병을 땅속에 백 년 넘게 가둬 둘지, 아니면 페트병으로 멋진 옷을 만들어 입고
『 』: 글쓴이의 당부(무색 페트병을 올바르게 분리배출해야 함.)가 드러남.
다닐지는 우리 손에 달렸다.」

→ 무색 페트병을 올바르게 배출하는 것의 중요성

참고 자료 출처 → 자료의 출처는 정확히 밝히고, 내용을 임의로 바꾸거나 왜곡하지 않아야 함.
• 홍수열, 《그건 쓰레기가 아니라고요》, 슬로비, 2020.
• 〈투명 페트병의 재발견…… 군인·경찰, 재활용한 운동복 입는다〉, 《한국일보》, 2021년 3월 15일 자
• 〈분리배출 표시 도안〉, 한국환경공단
• 〈일상 속 분리배출: 투명 페트병 올바른 분리배출 방법 꼭 기억해 주세요〉, 환경부, 2022년 2월 3일 자

자료를 활용하여 정보를 전달하는 글을 쓸 때 고려할 점

• 전달하려는 □□가 분명하게 드러나는가?
• 글, 그림, 사진 등 다양한 □□를 수집하였는가?
• 독자들이 이해하기 □□ 표현하였는가?
• 참고한 자료의 □□를 정확히 밝혔는가?

무색 페트병 분리배출 방법

□□
↓
라벨 제거
↓
□□
↓
밀봉
↓
배출

글쓴이의 당부

무색 페트병 분리배출을 잘하면 우수한 □□의 재생 원료를 얻을 수 있음.
↓
땅속에 버려지는 페트병을 줄이고, 페트병을 좋은 제품으로 □□□할 수 있음.
↓
무색 페트병을 □□□□□ 분리배출해야 함.

필수 문제로 소단원 완전 정복

(2) 자료를 활용하여 글 쓰기 ✿ 바른답·알찬풀이 36쪽

[01~03] 다음 글을 읽고 물음에 답하시오.

가

| 처음 | **중심 내용:** 무색 페트병을 올바르게 분리배출해야 하는 까닭 |

↓

| 중간 | **중심 내용 ①:** 무색 페트병을 분리하는 방법
○ 색을 기준으로 분리
○ 재질을 기준으로 분리

중심 내용 ②: 무색 페트병을 배출하는 방법
○ 무색 페트병을 배출하는 순서
○ 무색 페트병을 배출할 때 주의할 점 |

↓

| 끝 | **중심 내용:** 무색 페트병을 올바르게 분리배출하는 것의 중요성 |

나 ㉠청소를 끝낸 교실의 모습이다. 얼핏 보면 잘 정리한 것처럼 보이지만, 알고 보면 문제가 있다. 무색 페트병이 플라스틱 분리수거함 안에 들어가 있기 때문이다. 무색 페트병은 무색 페트병끼리만 모아 버려야 한다. 무색 페트병은 옷, 가방 등으로 재활용할 수 있는 고급 재료이기 때문이다. 그런데 이러한 사실을 잘 모르는 사람들이 무색 페트병을 아무렇게나 버릴 때가 많다. 지금부터 올바르게 무색 페트병을 분리배출하는 방법을 알아보자.

다 가장 확실한 것은 '무색 페트'라고 적힌 삼각형 마크를 확인하는 것이다. 그런데 마크가 잘 안 보일 때에는 어떻게 해야 할까? 우선 초록색, 갈색 등 색이 있는 페트병은 모두 제외해야 한다. 유색 페트병은 재생 원료를 오염시키기 때문이다. 또 확인할 것은 재질이다. 플라스틱 중에서도 페트 재질인 것만 골라내야 한다. 커피 컵 같은 경우 색이 없는 플라스틱이지만 페트병과는 재질이 다르다. 재활용할 수 있는 페트 재질 플라스틱에는 생수병, 우유병, 음료수병 등이 있다.

01 (가)와 같이 개요를 작성하는 이유로 알맞은 것은?

① 다른 주제로 글을 쓸 때 참고하려고
② 글의 주제, 예상 독자에 맞는 자료를 수집하려고
③ 작성한 글에서 수정할 내용을 효과적으로 찾으려고
④ 글쓰기 계획 단계에서 자료 수집 방법을 떠올리기 위해서
⑤ 문단별로 중심 내용을 작성하여 효과적인 글쓰기를 하기 위해서

02 ㉠과 관련하여 활용할 만한 자료로 알맞은 것은?

① 길거리에 무분별하게 버려진 음료 캔 사진
② 교실에 놓인 무색 페트병 전용 분리수거함 사진
③ 청소를 대충하는 학생들의 모습을 풍자한 4컷 만화
④ 1년간 학교 분리 수거장의 플라스틱 월별 배출량 그래프
⑤ 교실 분리수거함에 유색 페트병과 무색 페트병이 섞여 있는 사진

서술형

03 〈보기〉의 그림을 (다)에 활용할 때의 효과를 한 문장으로 서술하시오.

보기

04 자료를 활용하여 글을 쓸 때 유의할 점으로 알맞지 <u>않은</u> 것은?

① 다양한 자료를 수집한 뒤 중요한 자료를 선정한다.
② 자료의 내용을 마음대로 바꾸거나 왜곡해서는 안 된다.
③ 선정한 자료를 글에서 잘 활용할 수 있도록 적절히 통합하고 배치한다.
④ 자료를 활용하여 글을 쓸 때는 최대한 많은 자료를 글에 넣는 것이 가장 중요하다.
⑤ 글을 쓸 때 활용하기 위해 수집한 자료의 출처는 정확하게 기록하여 정리해 두어야 한다.

01 품사에 대한 설명으로 알맞은 것은? (정답 2개)

① 우리말에는 여덟 개의 품사가 있다.
② 공통된 성질을 가진 단어끼리 묶은 것이다.
③ 형태에 따라 단어를 세 가지로 분류할 수 있다.
④ 형태, 기능, 의미를 기준으로 단어를 분류할 수 있다.
⑤ 의미에 따라 체언과 용언, 수식언, 관계언, 독립언으로 분류할 수 있다.

02 〈보기〉에서 형태가 변하지 않는 단어를 모두 고른 것으로 알맞은 것은?

┌─ 보기 ─
│ ㄱ. 하늘　　　ㄴ. 이것　　　ㄷ. 헌
│ ㄹ. 달리다　　ㅁ. 즐겁다　　ㅂ. 아주
└─

① ㄱ, ㄴ, ㄷ, ㅂ　　② ㄱ, ㄷ, ㄹ, ㅁ
③ ㄱ, ㄹ, ㅁ, ㅂ　　④ ㄴ, ㄷ, ㄹ, ㅂ
⑤ ㄷ, ㄹ, ㅁ, ㅂ

03 다음 밑줄 친 부분 중, 체언이 아닌 것은?

① 아니 땐 굴뚝에 연기날까.
② 세 살 적 버릇 여든까지 간다.
③ 말 한마디에 천 냥 빚도 갚는다.
④ 사공이 많으면 배가 산으로 간다.
⑤ 그가 길에서 나에게 먼저 말을 건넸다.

04 다음 중 동사가 쓰이지 않은 문장은?

① 집에 들어오니 따뜻했다.
② 여행은 힘들지만 즐겁다.
③ 다시 선생님을 만나 기쁘다.
④ 급식을 실컷 먹으니 배부르다.
⑤ 볕이 좋으니 나른해서 누웠다.

05 〈보기〉의 문장에서 찾을 수 없는 품사는?

┌─ 보기 ─
│ 미래는 얼굴이 보름달같이 하얗고 키가 무척 크다.
└─

① 용언을 꾸며 주는 말
② 문법적 관계를 나타내는 말
③ 사람이나 사물의 이름을 나타내는 말
④ 사물의 성질이나 상태를 나타내는 말
⑤ 사람이나 사물의 움직임을 나타내는 말

06 〈보기〉에 쓰인 단어의 품사로 알맞지 않은 것은?

┌─ 보기 ─

└─

① 얘 – 감탄사　　② 등 – 명사
③ 에 – 조사　　　④ 이거 – 대명사
⑤ 응 – 명사

서술형
07 〈보기〉의 단어들의 공통점을 '품사의 분류 기준'을 바탕으로 하여 〈조건〉에 맞게 서술하시오.

┌─ 보기 ─
│ 먹다　　자다　　느리다　　빠르다
└─

┌─ 조건 ─
│ • 기능과 형태를 기준으로 쓸 것
│ • '〈보기〉의 단어들은 ~한다는 공통점이 있다.' 형태의 완결된 문장으로 쓸 것
└─

08 다음 밑줄 친 단어 중, 사람이나 사물의 상태나 성질을 나타내는 것은?

① 봄날처럼 <u>포근하다</u>.
② 정신없이 <u>달려간다</u>.
③ 한결같이 <u>반짝이다</u>.
④ 쏜살같이 <u>날아간다</u>.
⑤ 조용하게 <u>내려온다</u>.

09 〈보기〉의 밑줄 친 단어가 가리키는 대상이 알맞지 <u>않은</u> 것은?

> ── 보기 ──
> 지수: 은행잎이 노랗게 물들었네. 수연아, ㉠이것 좀 봐.
> 수연: 와, 예쁘다. ㉡나는 빨간 단풍잎도 보기 좋더라.
> 지수: 학교 근처 공원에 단풍나무가 많던데. ㉢너도 ㉣거기에 가 봤어?
> 수연: 응, ㉤거기 가을 풍경이 정말 멋있더라고.

① ㉠ - 은행잎　② ㉡ - 수연　③ ㉢ - 수연
④ ㉣ - 학교　⑤ ㉤ - 공원

10 다음 문장에서 관계언의 수가 나머지와 <u>다른</u> 하나는?

① 핑계가 없는 무덤은 없다.
② 목마른 사람이 우물 판다.
③ 자식은 부모를 보고 배운다.
④ 사람은 죽으면 이름을 남긴다.
⑤ 하늘이 무너져도 솟아날 구멍은 있다.

11 〈보기〉의 단어들의 공통점으로 알맞은 것은?

> ── 보기 ──
> 타다　오르다　눕다

① 주로 용언을 꾸며 준다.
② 사람이나 사물의 움직임을 나타낸다.
③ 말하는 이의 느낌이나 부름을 나타낸다.
④ 사람이나 사물의 상태나 성질을 나타낸다.
⑤ 사람이나 사물, 장소 등 대상의 이름을 나타낸다.

12 문장에서 쓰일 때 형태가 변하는 단어끼리 묶인 것은?

① 산, 우리　② 아주, 예쁘다
③ 크다, 만들다　④ 어머나, 앉다
⑤ 너희, 따뜻하다

13 〈보기〉의 ㉠~㉤ 중, 동사가 <u>아닌</u> 것은?

> ── 보기 ──
> 석류: 석류나무의 열매. 둥근 모양이며 광택이 난다. ㉠단단하고 노르스름한 껍질이 감싸고 있으며, 5~6월에 꽃이 핀 뒤 열매가 ㉡열린다. 10월쯤 열매가 ㉢익으면 껍질이 ㉣갈라진다. 열매 속에는 분홍빛의 씨가 ㉤들어 있다. 나무껍질과 뿌리, 열매의 껍질은 말려서 약으로 쓴다.

① ㉠　② ㉡　③ ㉢　④ ㉣　⑤ ㉤

14 〈보기〉에서 조사를 모두 찾은 것은?

> ── 보기 ──
> 게임만 하지 말고, 운동도 좀 해라.

① 만　② 만, 도
③ 만, 지, 고　④ 만, 고, 도
⑤ 만, 지, 도, 라

15 〈보기〉의 밑줄 친 부분에 대한 설명으로 알맞은 것은?

> ── 보기 ──
> • 꽃이 활짝 피었다.
> • 모든 학생이 운동장에 나왔다.

① 용언을 수식한다.
② 대상의 이름을 나타낸다.
③ 뒤에 오는 단어를 꾸며 준다.
④ 문장에서 쓰일 때 형태가 변한다.
⑤ 단어와 단어 사이의 관계를 나타낸다.

16 ㉠~㉤에 대한 설명으로 알맞지 <u>않은</u> 것은?

> ─ 보기 ─
> 용석: ㉠새 신발을 ㉡신으니 기분이 ㉢좋네.
> (진흙탕을 밟으며) ㉣으악! (신발을 털어내며) 이 신발
> 오늘 ㉤처음 신었는데, 정말 슬프다.

① ㉠: 뒤에 오는 명사를 꾸며 주는 관형사이다.
② ㉡: 사람의 움직임을 나타내는 동사이다.
③ ㉢: 사람의 감정을 나타내는 형용사이다.
④ ㉣: 놀란 느낌을 나타내는 감탄사이다.
⑤ ㉤: 뒤에 오는 동사를 꾸며 주는 부사이다.

17 〈보기〉의 빈칸에 공통으로 들어갈 품사는?

> ─ 보기 ─
> 오늘(　) 내(　) 너(　) 맛있는 음식(　) 대접하
> 고 싶어.

① 명사　　　② 수사　　　③ 조사
④ 관형사　　⑤ 대명사

18 다음 중 대명사가 쓰인 문장은?

① 그 섬에 가고 싶다.
② 둥근 저 보름달을 봐라.
③ 이 책상이 마음에 든다.
④ 거기가 인형을 싸게 파는 집이다.
⑤ 아름이는 사과 하나와 감 둘을 사왔다.

19 〈보기〉에 제시된 ㉠~㉤의 품사로 알맞지 <u>않은</u> 것은?

> ─ 보기 ─
> 갈볕이 / ㉠소곤소곤
>
> 갈바람㉡이 / ㉢똑똑
>
> ㉣살며시 ㉤문 열고 / 수줍음쟁이
> － 이문자, 〈석류 이야기〉에서

① ㉠ - 부사　　　② ㉡ - 조사
③ ㉢ - 부사　　　④ ㉣ - 관형사
⑤ ㉤ - 명사

20 다음 밑줄 친 단어 중, 나머지와 성격이 <u>다른</u> 하나는?

① 찬밥<u>마저</u> 먹어야 했다.
② 선생님<u>께서</u> 말씀하셨다.
③ 너<u>까지</u> 나에게 그러면 안 돼!
④ 당신<u>조차</u> 나를 사랑하지 않다니.
⑤ 정신이 없어 책도 <u>못</u> 가지고 왔다.

21 〈보기〉의 밑줄 친 부분에 해당하지 <u>않는</u> 단어는?

> ─ 보기 ─
> 관형사는 체언을, 부사는 용언을 주로 꾸며 준다. 관
> 형사와 부사는 다른 단어를 꾸며 주는 역할을 하기 때
> 문에 <u>수식언</u>이라고도 한다.

① 헌　　② 여럿　　③ 가끔　　④ 필히　　⑤ 언제나

22 다음 중 감탄사가 쓰이지 <u>않은</u> 문장은?

① 오, 이 책 정말 재밌네.
② 여보세요, 지윤이네 집이죠?
③ 태형아, 근처에 편의점이 있니?
④ 아하, 그렇게 생각할 수 있겠네.
⑤ 네, 서둘러 잠자리에 들겠습니다.

서술형

23 〈보기〉의 표현이 잘못된 까닭을 서술하고, 문장을 바르게 고
쳐 쓰시오.

> ─ 보기 ─

• 잘못된 까닭: ＿＿＿＿＿＿＿＿＿＿＿＿＿＿＿＿＿

＿＿＿＿＿＿＿＿＿＿＿＿＿＿＿＿＿＿＿＿＿＿＿＿＿

• 바르게 고친 문장: ＿＿＿＿＿＿＿＿＿＿＿＿＿＿＿

[24~26] 다음 글을 읽고 물음에 답하시오.

가 윤성이는 환경의 달을 맞아 학교 신문에 글을 투고하려고 한다.

나 윤성이는 아래와 같이 자료를 수집하였다.

자료 1
우리나라의 페트병 재활용률은 80%이지만 재생 원료의 품질이 좋지 않아 재활용해도 잘 팔리지 않아요. 깨끗한 페트병으로 품질을 높여야 제대로 재활용됩니다.
- 홍수열, 《그건 쓰레기가 아니라고요》에서

자료 2
칫솔이나 장난감 등 하나의 물건에 여러 가지 재질이 섞인 경우는 재활용이 어렵습니다. 일반 쓰레기로 버려 주세요.
- 기획재정부 누리집에서

자료 3
분리배출된 무색 페트병은 분쇄와 세척을 거쳐 재가공한 뒤 의류, 잡화 등을 만들 때 쓰이는 고급 원사의 원료가 된다.
- 《한국일보》, 2021년 3월 15일 자에서

자료 4
무색 페트병이라면 씻지 않고 버려도 된다고 한다. 그래서 오늘 집에 있던 무색 페트병을 그냥 버렸다.
- 개인 블로그에서

자료 5

24 (가)와 같은 활동이 이루어지는 글쓰기 단계에 대한 설명으로 알맞은 것은?

① 다양한 매체에서 주제와 관련된 자료를 찾는다.
② 글의 통일성을 고려하여 글의 내용을 효과적으로 조직한다.
③ 글의 주제와 목적, 예상 독자를 고려하여 글쓰기를 계획한다.
④ 수집한 자료들의 중요도를 판단하고 적절한 자료를 선정한다.
⑤ 문장 표현, 글의 구조, 주제와의 연관성을 고려하여 글을 고쳐 쓴다.

25 (나)의 자료를 수집하기 위해 활용한 방법으로 알맞은 것을 〈보기〉에서 모두 고른 것은?

> **보기**
> ㄱ. 인터넷에서 핵심어를 활용하여 검색한다.
> ㄴ. 주제와 관련된 사진이나 그림을 찾아본다.
> ㄷ. 도서관에서 주제와 관련된 책과 신문을 찾는다.
> ㄹ. 친구들에게 무색 페트병 분리배출 실태를 설문한다.

① ㄱ, ㄴ, ㄷ   ② ㄱ, ㄴ, ㄹ   ③ ㄱ, ㄷ, ㄹ
④ ㄴ, ㄷ, ㄹ   ⑤ ㄱ, ㄴ, ㄷ, ㄹ

26 (가)를 바탕으로 하여 (나)에서 찾은 자료를 평가한 내용으로 알맞지 **않은** 것은?

① 자료 1: 책 내용이 글의 주제와 관련 있고, 내용도 쉬워서 독자들이 이해하기 쉬울 것 같아.
② 자료 2: 공공 기관 누리집에서 찾은 자료이므로 신뢰할 만하고, 주제와도 관련이 있어.
③ 자료 3: 글의 주제와 관련 있는 신문 기사네. 독자들의 수준에 맞게 다듬어 활용하면 좋겠어.
④ 자료 4: 개인 블로그의 내용은 정확하지 않을 수 있으니 믿을 만한 내용인지 확인해 봐야겠어.
⑤ 자료 5: 교실에서 찍은 사진인데 무색 페트병이 제대로 분리배출되지 않는 것을 보여 줄 수 있겠어.

[27~30] 다음 글을 읽고 물음에 답하시오.

가 청소를 끝낸 교실의 모습이다. 얼핏 보면 잘 정리한 것처럼 보이지만, 알고 보면 문제가 있다. 무색 페트병이 플라스틱 분리수거함 안에 들어가 있기 때문이다. 무색 페트병은 무색 페트병끼리만 모아 버려야 한다. 무색 페트병은 옷, 가방 등으로 재활용할 수 있는 고급 재료이기 때문이다. 그런데 이러한 사실을 잘 모르는 사람들이 무색 페트병을 아무렇게나 버릴 때가 많다. 지금부터 올바르게 무색 페트병을 분리배출하는 방법을 알아보자.

나 가장 확실한 것은 '무색 페트'라고 적힌 삼각형 마크를 확인하는 것이다. 그런데 마크가 잘 안 보일 때에는 어떻게 해야 할까? 우선 초록색, 갈색 등 색이 있는 페트병은 모두 제외해야 한다. 유색 페트병은 재생 원료를 오염시키기 때문이다.

다 또 확인할 것은 재질이다. 플라스틱 중에서도 페트 재질인 것만 골라내야 한다. 커피 컵 같은 경우 색이 없는 플라스틱이지만 페트병과는 재질이 다르다. 재활용할 수 있는 페트 재질 플라스틱에는 생수병, 우유병, 음료수병 등이 있다.

라 무색 페트병을 버릴 때에는 깨끗하게 만드는 것이 중요하다. 오염 물질이 남아 있으면 같이 배출한 다른 페트병도 못 쓰게 되어 버린다. 그러므로 내용물이 남지 않도록 잘 씻고, 라벨을 떼어야 한다. 그다음 운반하기 쉽게 압축하고, 뚜껑을 닫아 배출한다. 무색 페트병을 버릴 때 뚜껑을 닫아야 하는 까닭은 무엇일까? 뚜껑을 닫아야 페트병을 운반하는 과정에서 병 속에 이물질이 들어가는 것을 막을 수 있기 때문이다.

마 무색 페트병을 재활용하는 것도 중요하지만 그에 못지않게 중요한 것은 재활용의 질이다. ㉠《그건 쓰레기가 아니라고요》라는 책에서도 우리나라 페트병 재생 원료는 "재생 원료의 품질이 좋지 않아 재활용해도 잘 팔리지 않아요."라고 지적한다. 그래서 분리배출은 '잘'하는 것이 중요하다. 한순간의 귀찮음 때문에 페트병을 땅속에 백 년 넘게 가둬 둘지, 아니면 페트병으로 멋진 옷을 만들어 입고 다닐지는 우리 손에 달렸다.

27 이 글을 통해 글쓴이가 독자에게 말하고자 하는 바로 알맞은 것은?

① 무색 페트병으로 많은 제품을 만들 수 있다.
② 무색 페트병이 찌그러지지 않게 잘 운반해야 한다.
③ 무색 페트병 분리배출 방법을 알고 제대로 배출해야 한다.
④ 무색 페트병 분리배출을 잘하여 플라스틱 쓰레기를 줄여야 한다.
⑤ 무색 페트병을 제대로 분리배출하지 않으면 오염 물질이 발생한다.

28 다음 소제목이 들어가기에 알맞은 곳은?

> 잘 배출하는 법 - 무색 페트병 깨끗하게 만들기

① (가) 앞 ② (나) 앞 ③ (다) 앞
④ (라) 앞 ⑤ (마) 앞

29 (라)에 넣을 만한 자료로 알맞은 것은?

① 유색 페트병을 분리배출하는 사람들의 사진
② 무색 페트병과 유색 페트병을 모아 놓은 사진
③ 무색 페트병 분리배출 순서를 한눈에 보여 주는 그림
④ 유색 페트병 분리배출의 필요성을 설명하는 강의 영상
⑤ 무색 페트병을 재활용한 제품의 생산량을 보여 주는 그래프

서술형

30 글을 쓸 때 ㉠과 같이 출처를 밝혀야 하는 이유를 〈조건〉에 맞게 서술하시오.

> **조건**
> • '자료의 출처에 따라 ~이/가 달라지며, 출처를 밝히지 않으면 ~게 되므로 출처를 반드시 밝혀야 한다.' 형태의 완결된 문장으로 쓸 것

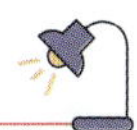 바른답·알찬풀이 37쪽

이렇게 풀어요

▶ 만점을 위해서는 같은 문제를 다시 틀리지 않도록 틀린 문제를 정확히 짚고 넘어가야 합니다.
▶ 아래 고난도 문제의 선지마다 ○× 표시를 하며 자신이 헷갈리는 부분이 무엇인지 명확히 확인하여 올바른 공부 습관을 길러 봅시다.

---

01 ★★★☆☆ 고난도

〈보기〉의 단어들에 공통으로 일치하는 설명은?

> **보기**
>
> 독서실   넷   우리

① 부름, 대답 등을 나타내는 데 쓰이는 말이다. ○×

② 단어의 형태가 변하지 않고, 문장에서 몸통의 역할을 한다. ○×

③ 단어의 형태가 변하기도 하고 문장에서 주로 서술어의 역할을 한다. ○×

④ 단어의 형태가 변하지 않고 문장에서 다른 단어를 꾸며 주는 역할을 한다. ○×

⑤ 다른 말의 뒤에 붙어서 문법적 관계를 나타내거나 특별한 의미를 더해 준다. ○×

---

02 ★★★★★ 초고난도

〈보기〉의 ㉠~㉤에 대한 이해로 알맞지 <u>않은</u> 것은?

> **보기**
>
> 돌담에 ㉠속삭이는 햇발같이
> 풀 아래 웃음 ㉡짓는 샘물같이
> 내 마음 고요히 ㉢고운 봄 길 위에
> 오늘 ㉣하루 하늘을 ㉤우러르고 싶다.
>
> — 김영랑, 〈돌담에 속삭이는 햇발〉에서

① ㉠은 기본형이 '속삭이다'인 동사이다. ○×

② ㉡은 기본형이 '짓다'인 동사이다. ○×

③ ㉢은 '모양, 생김새, 행동거지 따위가 산뜻하고 아름답다.'라는 뜻을 가진 동사이다. ○×

④ ㉣은 '아침부터 저녁까지'를 나타내는 명사이다. ○×

⑤ ㉤은 기본형이 '우러르다'인 동사이다. ○×

---

03 ★★★★☆ 고난도

자료를 활용하여 글을 쓰는 방법에 대한 설명으로 알맞지 <u>않</u>은 것은?

① 자료를 수집할 때는 핵심어를 중심으로 신뢰성 있는 자료를 수집해야 한다. ○×

② 계획하기 단계에서는 글의 주제, 목적, 예상 독자 등을 생각해야 한다. ○×

③ 자료를 활용하여 글을 쓸 때는 자료의 내용을 마음대로 바꾸어서는 안 된다. ○×

④ 자료를 활용하여 글을 쓰기 위해 수집한 글, 그림, 사진 등의 자료는 글을 쓸 때 모두 활용한다. ○×

⑤ 개요를 작성할 때는 글의 내용을 배치하면서 수집한 자료를 활용할 방법도 함께 고민해야 한다. ○×

---

04 ★★★★★ 초고난도

자료를 인용하는 방법에 대한 설명으로 알맞은 것은?

① 간접 인용한 내용은 출처를 밝히지 않아도 된다. ○×

② 자료의 내용을 그대로 가져와 적는 것을 간접 인용이라고 한다. ○×

③ 직접 인용을 할 때는 큰따옴표를 사용하여 가져온 부분을 정확히 표시한다. ○×

④ 직접 인용은 자료의 내용을 자신의 말로 풀어 쓰거나 다른 표현으로 바꾸는 것이다. ○×

⑤ 자료를 인용할 때 책은 출처를 밝히고, 공공 기관 누리집의 내용은 출처를 밝히지 않아도 된다. ○×

---

3 단원

시험에 꼭 나오는
지문 알맹이 분석

(1) 문학과 성장

핵심 정리

갈래	단편 소설, 현대 소설	제재	'나'의 이름을 둘러싸고 벌어지는 사건
시점	1인칭 주인공 시점	주제	아버지를 향한 더 넓은 이해와 마음의 성장

특징	• 초등학생인 '나'가 아빠에 관한 일화를 소개하는 형식임. • 사건에 대한 '나'의 고민과 감정이 생생하게 드러남.

짜임	발단	아빠에 대한 '나'의 소개와 '나'의 이름이 백석인 사연
	전개	선생님께서 백석의 시 읽기를 자신에게 시킬까 봐 걱정하는 '나'
	위기	'나'에게 백석의 시집을 사 주면서 시 낭송을 돕는 아빠
	절정	소련과 러시아를 잘 알지 못해 망신을 당하고 낙담한 아빠와 그런 아빠의 모습을 보는 '나'
	결말	떨리는 목소리로 '나'에게 당부하는 아빠와 아빠에게 힘을 주고 싶은 '나'

교재 133쪽

나는 아빠 별명이 싫다. '닭대가리'는 무식한 사람을 얕잡아 보는 말이기 때문이다. 하지만 아빠는 이 별명을 싫어하지 않는다. 시장 아저씨들이 "어이, 닭대가리." 하고 부르면 "꼬끼오." 하며 벙긋 웃는다.

아빠 별명이 그렇게 된 가장 큰 이유는 닭집 이름에 있다. 우리 가게 이름은 '대거리 닭집'이다. '큰거리 시장'에 있으니까 그냥 '큰거리 닭집' 하면 좋았을 텐데, 아빠가 큰 대(大) 자로 바꾸면 유식해 보일 것 같아서 바꿨다고 한다. 대거리 닭집, 대거리 닭집 하다 대가리 닭집이 되고, 결국 아빠는 '닭대가리'가 되었다.

별명이 닭대가리여서 아빠는 좋다고 한다.

「"사람들이 나를 닭대가리라고 불러야 스트레스가 풀리지. 우리 가게가 시장에서 제일 장사가 잘되는데 내 별명이 '용머리'였어 봐. 괜히 우리 닭이 수입산이라고 헛소문 냈을 걸."」

그렇게 말할 때 보면 아빠는 '용머리' 같다. 결코 닭대가리가 아니다. 아빠의 '대거리 닭집'은 좋은 닭이랑 좋은 달걀을 팔기로 유명하다.

→ '나'의 아빠가 '닭대가리'라는 별명을 얻게 된 이유를 설명함.

소재의 의미

☐☐☐☐
↓
• 닭집의 이름 때문에 붙은 아빠의 별명
• '나'의 생각: 무식한 사람을 얕잡아 보는 말이라 싫음. 아빠는 닭대가리가 아님.
• 아빠의 생각: 사람들의 시기를 받지 않고, ☐☐☐☐를 풀어 주는 별명이라 좋음.

☐☐☐
↓
• 아빠에 대한 '나'의 ☐☐☐이 반영된 소재
• '나'는 아빠가 멋지고 훌륭한 사람이라고 여겨 용머리라고 생각함.

교재 134쪽

"아빠, 왜 내 이름을 석이라고 지었어요?" / 2학년이 되고 나서 내가 물었다. 학교에서 '내 이름의 뜻'을 발표하는 시간이 있었기 때문이다.

「"나는 어릴 때 '이' 씨들이 부러웠어. 얼마나 쓰기 쉽냐. 동그라미에 작대기 하나. 그런데 '백' 자는 얼마나 복잡하냐? 니가 이름 쓰느라고 고생할 일을 생각하니까 두 글자 이름을 지을 수가 없더라. 성을 바꿔 줄 수도 없고. 이름이라도 쉽게 쓰라고 한 글자로 지은 거야."」

→ 아빠가 '나'의 이름을 한 글자로 지은 이유를 알려 줌.

'나'의 이름을 '석'이라고 지은 이유

'백' 씨 성이 쓰기가 복잡해 아들이 이름을 ☐☐ 쓰라고 한 글자로 지음.
↓
자식에 대한 아빠의 배려와 ☐☐이 드러남.

교재 137 ~138 쪽

"아이고, 이 사람아. 소련이 러시아잖아. 러시아로 이름을 바꾼 지 한참 됐어. 그러게 닭이나 치지, 왜 나타샤를 찾아. 어이, 닭대가리."

아빠에 대한 무시가 담긴 말로 아빠가 모욕감을 느끼게 됨.

건어물집 아저씨는 아빠를 툭툭 치며 계속 "어이, 닭대가리." 했다. 하지만 아

소련과 러시아를 구별하지 못하는 아빠를 무시하며 아빠를 얕잡아 보는 별명을 계속 부름.

빠는 "꼬끼오." 하고 대답하지 않았다. 아빠 얼굴은 발갛게 달아올랐다.

평소와 다른 아빠의 반응 - 아들 앞에서 창피를 당하고, 자신의 무지함이 부끄러워 의기소침해짐.

아빠는 냉장실에서 닭을 꺼내다가 도마 가득 쌓아 놓고 툭툭 잘라 내기 시작

했다. 엄마는 달걀 손님을 받으러 슬그머니 문밖으로 나가고, 건어물집 아저씨

도 슬그머니 나갔다.

나는 가만히 아빠의 뒷모습을 보았다. 아빠가 칼을 높이 들었다 내리면 닭은

'나'의 심리 - 평소와 다른 아빠의 모습이 낯설고, 속상함. 어떻게 위로해야 할지 고민이 됨.

단번에 두 도막으로 갈라졌다. 아빠는 말없이 닭만 잘랐다.

아빠는 아들 앞에서 창피를 당해 의기소침해짐.

아빠가 도막 낸 닭이 바구니에 가득 담겼다. 아빠는 칼질을 멈추고 숨을 길게

내쉬었다. 그러고는 뒤를 돌아 가만히 내 얼굴을 들여다보았다. 왠지 아빠 얼굴

마음을 가다듬고 아이에게 어떻게 말해야 할지 생각하는 모습

을 보는 게 쑥스러웠다. 나는 슬그머니 고개를 숙였다.

아빠의 의기소침해진 모습을 보고 어떻게 반응해야 할지 몰라 복잡한 심경이 드는 '나'

→ '나'는 창피를 당해 아빠의 의기소침한 모습에 복잡한 심경이 듦.

교재 139 쪽

아빠가 갑자기 큰소리로 나를 불렀다. 나는 고개를 돌렸다.

'나'에게 기운을 주려고 일부러 씩씩하게 말하는 아빠

「"이거 봐. 여기 이 닭 보이지? 이렇게 목이 길게 달려 있는 게 신선한 거야. 닭

「」: 아빠가 자신이 가장 잘 알고 있고 가장 자신 있는 것을 이야기하며 당당하려 애쓰는 모습을 보임.

은 내장보다 목이 먼저 상해. 그래서 외국에서 들어오는 건 다 목이 짧아. 목을

달고 들어오면 옮기다 썩을 수 있으니까. 아빠는 언제나 목이 달려 있는 닭만

팔아. 아빠는 닭을 잘 알아. 닭은 언제나 목이 길게 달려 있는 게 맞는 거야."」

아빠는 두 손에 닭을 하나씩 잡고, 닭 모가지를 손아귀에 쥐고 흔들었다.

아빠 입은 무거운 닭 바구니를 들 때처럼 꽉 물려 있었지만, 모가지를 잡힌 닭

들은 날아갈 듯 가뿐해 보였다. 고개를 치켜들고, 팔을 번쩍 들어 올린 아빠는

'나'가 아빠의 모습에서 '용머리'의 면모, 즉 자랑스러운 모습을 재확인함.

정말 컸다. 우리 대거리 닭집은 닭 모가지를 깃대처럼 쥐고 흔드는 우리 아빠로

가득 찼다. 나는 그 순간 천재 시인 백석의 시집을 흔들며 환하게 웃어야 한다는

'나'는 아빠에게 용기를 주고 싶다는 생각을 함.

생각이 들었다. 하지만 내 입도 내 손도 말을 듣지 않았다. 나는 그저 입을 다문

아빠에 대한 인식 변화가 생기면서 혼란스러운 '나'가 성장통을 겪고 있음을 보여 줌.

채 백석 시집을 손에 땀이 나도록 쥐고 있을 뿐이었다.

→ '나'는 자신에게 기운을 주는 아빠에게 자신도 용기를 주고 싶지만 그렇게 하지 못함.

🔹 **인물의 심리**

- 아빠: 아들 앞에서 창피를 당해 부끄럽고 민망함. 무식한 사람을 얕잡아 보는 □□□□라는 별명을 평소처럼 넘기기 어려움.
- '나': 아빠도 모르는 것이 있다는 현실과 아빠의 □□□□한 모습에 마음이 아프고 아빠를 어떻게 대해야 할지 몰라 어색해함.

🔹 **아빠에 대한 '나'의 생각의 변화**

'□□□'처럼 멋지고 훌륭한 사람

↓

아빠에게도 모르거나 □□□ 부분이 있음을 알게 됨.

🔹 **'나'의 성장**

'나'는 당당해 보이려 애쓰는 아빠에게 화답을 하고자 하는 마음이 생겼으나 행동으로 옮기지 못함.

↓

아빠의 □□□ 면모를 다시 한 번 확인하였으나 아빠에게도 부족한 부분이 있음을 알아 버린 현실은 사라지지 않음.

↓

'나'가 아빠에 대해 더 잘 알게 되고 아빠도 부족한 부분이 있는 사람임을 알게 되면서 □□을 함.

소단원 완전 정복

(1) 문학과 성장

[01~04] 다음 글을 읽고 물음에 답하시오.

가 우리 가게 이름은 '대거리 닭집'이다. '큰거리 시장'에 있으니까 그냥 '큰거리 닭집' 하면 좋았을 텐데, 아빠가 큰 대(大) 자로 바꾸면 유식해 보일 것 같아서 바꿨다고 한다. 대거리 닭집, 대거리 닭집 하다 대가리 닭집이 되고, 결국 아빠는 '닭대가리'가 되었다.

별명이 ㉠닭대가리여서 아빠는 좋다고 한다.

"사람들이 나를 닭대가리라고 불러야 스트레스가 풀리지. 우리 가게가 시장에서 제일 장사가 잘되는데 내 별명이 '용머리'였어 봐. 괜히 우리 닭이 수입산이라고 헛소문 냈을 걸."

그렇게 말할 때 보면 아빠는 '용머리' 같다. 결코 닭대가리가 아니다.

아빠의 '대거리 닭집'은 좋은 닭이랑 좋은 달걀을 팔기로 유명하다.

나 내 이름만 특별한 뜻이 없는 것 같아서 좀 창피했다. 하지만 곧 잊어버렸다. 내 이름의 뜻을 발표하는 시간이 그다음에는 없었기 때문이다. 나는 이름에 대해 별생각 없이 3학년이 되고, 얼마 전에 4학년이 되었다.

하지만 요즘은 이름에 대해 생각하지 않을 수가 없다. 새로 만난 담임 선생님이 내 이름을 부르면서 "천재 시인하고 이름이 똑같네." 하고 말했기 때문이다. 선생님은 '천재 시인 백석'을 좋아한다고 했다.

"백석, 누가 이름을 지어 줬지?" / 선생님이 물었다.

"아빠가요."

"정말 멋진 이름이다. 선생님도 백석을 좋아한다고 전해 드려. 얘들아, 우리 언제 백석 목소리로 백석 시 들어 보자."

선생님은 내 머리를 쓰다듬으며 말했다. 새 학년 초부터 선생님한테 '머리 쓰다듬'을 받기는 처음이었다.

'천재 시인 백석? 나는 천재도 아니고 시도 잘 못 쓰는데……'

기분이 이상했다. 좋은 건지 나쁜 건지 통 구별이 가지 않았다.

01 이 글에 대한 설명으로 알맞은 것은?

① 인물과 사회와의 갈등이 두드러진다.
② 사회의 부도덕한 면을 꼬집어 비판하고 있다.
③ 한 인물이 자신의 가족에 대한 생각을 드러내고 있다.
④ 한 인물의 출생과 죽음에 이르는 과정이 나타나 있다.
⑤ 인물의 부족한 부분을 희화화하여 즐거움을 주고 있다.

02 '나'에 대한 이해로 알맞은 것은?

① 자신의 이름 때문에 가족의 관심을 받게 된 것이 싫었다.
② 자신의 이름 때문에 선생님의 관심을 받게 되어 얼떨떨했다.
③ 천재 시인 백석과 이름이 같아서 자신의 이름이 자랑스러웠다.
④ 자신의 이름에 담긴 특별한 의미를 담임 선생님이 상기시켜 주어 기분이 좋았다.
⑤ 아빠가 백석을 좋아해서 지은 이름이라는 것을 알고 자신의 이름이 멋지다고 생각했다.

03 ㉠에 대한 설명으로 알맞은 것은?

① 아빠는 유식해 보여서 좋다고 생각한다.
② '나'는 아빠와 꼭 맞는 별명이라고 생각한다.
③ '나'는 아빠와 어울리지 않는 별명이라고 생각한다.
④ '나'는 대거리 닭집 때문에 생긴 영광의 별명이라고 생각한다.
⑤ 아빠는 다른 이의 부러움을 받지 않아서 좋지 않다고 생각한다.

04 이 글의 '아빠'는 어떤 인물인지 〈조건〉에 맞게 서술하시오.

> **조건**
> • (가)에서 아빠가 한 말을 바탕으로 하여 쓸 것
> • '~는 아빠의 모습을 볼 때, 아빠는 ~는 성품을 지닌 인물이다.' 형태의 완결된 문장으로 쓸 것

[05~08] 다음 글을 읽고 물음에 답하시오.

가 "아이고, 이 사람아. 소련이 러시아잖아. 러시아로 이름을 바꾼 지 한참 됐어. 그러게 닭이나 치지, 왜 나타샤를 찾아. 어이, 닭대가리."

건어물집 아저씨는 아빠를 툭툭 치며 계속 "어이, 닭대가리." 했다. 하지만 아빠는 "꼬끼오." 하고 대답하지 않았다. 아빠 얼굴은 발갛게 달아올랐다.

아빠는 냉장실에서 닭을 꺼내다가 도마 가득 쌓아 놓고 툭툭 잘라 내기 시작했다. 엄마는 달걀 손님을 받으러 슬그머니 문밖으로 나가고, 건어물집 아저씨도 슬그머니 나갔다.

나는 가만히 아빠의 뒷모습을 보았다. 아빠가 칼을 높이 들었다 내리면 닭은 단번에 두 도막으로 갈라졌다. 아빠는 말없이 닭만 잘랐다.

아빠가 도막 낸 닭이 바구니에 가득 담겼다. 아빠는 칼질을 멈추고 숨을 길게 내쉬었다. ⓐ그러고는 뒤를 돌아 가만히 내 얼굴을 들여다보았다. 왠지 아빠 얼굴을 보는 게 쑥스러웠다. 나는 슬그머니 고개를 숙였다.

나 아빠 목소리는 조금 떨렸다.

"그리고 말이다. 나중에 니 자식 이름을 지을 때는 혹시 똑같은 이름을 가진 유명한 사람이 있는지 잘 알아봐. 백석이 세계적인 천재 시인이어서 정말 다행이다. 잘 모르긴 하지만…… 나타샤는 좋은 시 같다."

아빠 목소리는 점점 더 떨렸다. 내 고개는 다시 아래로 떨어졌다. 나는 터벅터벅 가게를 나섰다. ⓐ엄마가 통닭 한 쪽을 주었지만 고개를 저었다.

"석아, 백석!"

아빠가 갑자기 큰소리로 나를 불렀다. 나는 고개를 돌렸다.

"이거 봐. 여기 이 닭 보이지? 이렇게 목이 길게 달려 있는 게 신선한 거야. 닭은 내장 보다 목이 먼저 상해. 그래서 외국에서 들어오는 건 다 목이 짧아. 목을 달고 들어오면 옮기다 썩을 수 있으니까. 아빠는 언제나 목이 달려 있는 닭만 팔아. 아빠는 닭을 잘 알아. 닭은 언제나 목이 길게 달려 있는 게 맞는 거야." [A]

---

05 이 글에 대한 이해로 알맞지 <u>않은</u> 것은?

① 건어물집 아저씨가 아는 사실을 아빠는 모르는 상황이 나타난다.

② 아들 앞에서 다른 사람에게 놀림을 당하는 아빠의 모습이 제시된다.

③ 자신의 부족함을 채우려 애쓴 과거의 일을 떠올리는 아빠의 모습이 제시된다.

④ 평소와 다른 아빠의 모습을 보고 엄마와 건어물집 아저씨가 눈치를 보며 자리를 피했다.

⑤ 아빠의 처음 보는 모습에 '나'는 어떻게 대처하면 좋을지 몰라 아빠를 바라볼 수 없었다.

06 ㉠에서 아빠가 한 생각을 짐작한 내용으로 알맞지 <u>않은</u> 것은?

① 나의 모습을 본 아들은 어떤 기분일까?

② 아들 앞에서 이런 모습을 보여 부끄럽군.

③ 아들에게 어떻게 이야기해야 덜 속상해할까?

④ 아들이 아빠가 놀림을 당해 마음이 많이 상했겠군.

⑤ 아들에게 어떻게 변명해야 나의 무지함을 감출 수 있을까?

07 아빠가 [A]와 같이 말한 의도를 알맞게 추측한 것은?

① 가족에게만 알릴 수 있는 자신의 비밀을 전하기 위해

② 주변 사람들이 자신을 우습게 보지 않도록 기선을 제압하기 위해

③ 아들이 훗날 자신의 가게를 이어서 열심히 해 주기를 당부하기 위해

④ 아빠가 잘 아는 것도 있음을 알려 주며 부끄러운 모습을 털어 내기 위해

⑤ 시나 문학보다 먹고 사는 현실 문제에 신경 쓰는 것이 더 좋다고 조언하기 위해

서술형

08 (나)에서 '나'가 ⓐ와 같이 행동한 이유를 〈조건〉에 맞게 서술하시오.

┌─ **조건** ─────────────
• 완결된 한 문장으로 쓸 것
└──────────────────

시험에 꼭 나오는
지문 알맹이 분석

(2) 생활 속의 다양한 매체

⚙ 바른답·알찬풀이 38쪽

핵심 정리

	대중 매체	개인 인터넷 방송
제작 과정	전문가 집단이 체계적으로 역할을 분담하여 제작함.	개인이 생산자가 되어 여러 역할을 전담하여 제작함.
소재	대중의 관심사를 고려한 소재를 주로 다룸.	개인의 관심사를 반영한 소재를 주로 다룸.
표현	내용 및 표현에서 방송법과 사회적 규범 등을 고려해야 함.	규제를 적게 받아서 비교적 자유롭게 표현할 수 있음.
소통 방식	수용자가 생산자와 소통하거나 내용을 만드는 과정에 참여하기가 비교적 어려움.	수용자가 생산자와 소통하거나 내용을 만드는 과정에 참여하기가 비교적 쉬움.

교재 156쪽

드라마 속 학교 폭력 묘사가 현실을 반영한 것이라 하지만 그 폐해가 만만치 않다. 우선 모방 범죄를 부를 우려가 크다. 전문가들은 대중 매체의 장면이 청소년들의 행동에 영향을 줄 수 있다고 지적한다.
- 《한국일보》, 2021년 3월 10일 자에서

규모 5.8의 강진이 발생한 위급 상황에서 재난 보도를 제때 내보내지 않은 방송사들이 비판을 받고 있다. 대중 매체는 국민에게 정확하고 신속하게 재난 상황을 전달하고 위험 상황에 대처하는 방법 등을 적극적으로 알려야 하는 의무가 있다.
- 《경상일보》, 2016년 9월 13일 자에서

→ 대중 매체는 불특정 다수에게 대량의 정보를 전달하므로 그 영향력이 커서 이에 따른 사회적 책무가 있음.

▶ 대중 매체의 영향력

- 많은 사람에게 필요한 ☐☐를 한꺼번에 전달할 수 있음.
- 세대와 지역 등을 가리지 않고 많은 사람에게 영향을 줌.
- 불특정 다수의 사람에게 두루 영향을 줌.
- 사회적으로 중요하게 여겨지는 정보를 제공함.
- 수용자들이 비슷한 ☐☐을 공유할 수 있도록 함.

교재 156쪽

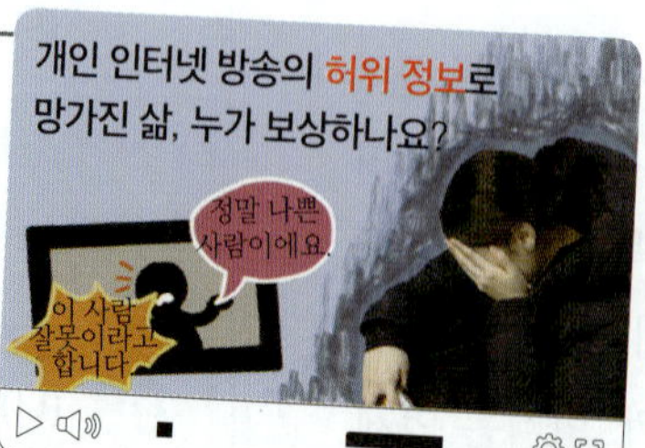

제가 시킨 치킨보다 훨씬 저렴한 치킨이 왔어요. 사장님은 전화도 안 받으시고요.

어떻게 그럴 수가. 정말 별로네요.

가게 이름이 뭔가요? 거기에서는 안 시켜 먹어야겠습니다.

구독자가 백만 명이 넘는 개인 인터넷 방송에서 배달 음식과 관련한 허위 정보를 퍼뜨려서 가게에 피해를 주었다.

개인 인터넷 방송을 통해 대책 없이 퍼지는 허위 정보 때문에 사생활을 침해당하거나 누명을 쓰고 괴로워하는 사람들이 생기기도 하였다.

→ 개인 인터넷 방송의 영향력이 커지고 있는데, 규제는 대중 매체에 비하여 약해 이에 따른 피해가 커지고 있음.

▶ 개인 인터넷 방송의 영향력

- 개개인의 ☐☐, 가치관, 관심사 등에 따라 서로 다른 영향을 줌.
- 최근 개인 인터넷 방송의 이용이 늘어나면서 ☐☐☐이 커지고 있음.
- 방송에 따라 ☐☐☐으로 관심 있거나 필요로 하는 정보를 맞춤으로 제공함.
- 수용자마다 다양한 문화를 접하고 경험을 할 수 있도록 함.

소단원 완전 정복
필수 문제로

(2) 생활 속의 다양한 매체 ✿ 바른답·알찬풀이 38쪽

[01~04] 다음 글을 읽고 물음에 답하시오.

라 구독자가 백만 명이 넘는 개인 인터넷 방송에서 배달 음식과 관련한 허위 정보를 퍼뜨려서 가게에 피해를 주었다.

마 개인 인터넷 방송을 통해 대책 없이 퍼지는 허위 정보 때문에 사생활을 침해당하거나 누명을 쓰고 괴로워하는 사람들이 생기기도 하였다.

바 제7절 광고 효과 등
제46조(광고 효과)

　… 방송은 상품 등에 부적절한 광고 효과를 주는 다음 각 호의 어느 하나에 해당하는 내용을 방송하여서는 아니 된다. 다만, 프로그램의 특성이나 내용 전개 또는 구성상 불가피한 경우에는 예외로 한다.

　1. 상품명 등을 자막 또는 음성을 통하여 구체적으로 노출·언급하는 내용 …

　　　　　　　　　 – 〈방송 심의에 관한 규정(부칙 제55호)〉에서

---

01 (가)와 (나)의 차이를 설명한 것으로 알맞은 것은?

① (가)는 대중 매체로 (나)보다 대중적으로 관심이 있을 만한 소재를 다룬다.
② (가)는 대중 매체로 (나)보다 개인적이며 생산자의 관심사를 반영한 소재를 다룬다.
③ (가)는 개인 인터넷 방송으로 (나)보다 자유롭게 표현할 수 있는 매체에 해당한다.
④ (나)는 개인 인터넷 방송으로 (가)보다 방송법의 강한 제재를 받는다.
⑤ (나)는 개인 인터넷 방송으로 (가)에 비하여 전문적인 제작 과정을 거친다.

02 (나), (다)와 같은 개인 인터넷 방송의 특성으로 알맞지 <u>않은</u> 것은?

① 생산자의 일방향 소통이 주를 이룬다.
② 누구나 쉽게 생산자로서 참여할 수 있다.
③ 생산자의 개인적인 취향이 소재에 주로 반영된다.
④ 기획, 촬영, 편집 등을 소수의 생산자가 전담하여 제작한다.
⑤ 생산자의 일정에 따라 비교적 자유롭게 내용을 만들 수 있다.

03 (라), (마)와 같은 피해 사례가 생기는 원인으로 알맞지 <u>않은</u> 것은?

① 관련된 규제가 약한 편이다.
② 갈수록 이용자가 많아져 그 영향력이 커지고 있다.
③ 방송에서 비교적 자유롭게 상호를 노출할 수 있다.
④ 정해진 편성 시간표가 있어 수용자와의 소통이 즉각 이루어지기 어렵다.
⑤ 개인이 비교적 쉽게 생산자가 될 수 있기 때문에 내용의 검증이 다소 어렵다.

서술형

04 (바)의 규제를 받는 매체를 쓰고, 규제를 받는 이유를 〈조건〉에 맞게 서술하시오.

> **조건**
> • 규제를 받는 이유를 '사회적', '영향'이라는 단어를 사용하여 완결된 한 문장으로 쓸 것

• (바)의 규제를 받는 매체:

• 규제를 받는 이유:

[01~04] 다음 글을 읽고 물음에 답하시오.

가 내 이름은 백석이다. 우리 아빠가 지어 줬다. 아빠는 시장에서 닭집을 한다. 별명은 '닭대가리'다.

나는 아빠 별명이 싫다. '닭대가리'는 무식한 사람을 얕잡아 보는 말이기 때문이다. 하지만 아빠는 이 별명을 싫어하지 않는다. 시장 아저씨들이 "어이, 닭대가리." 하고 부르면 "꼬끼오." 하며 벙긋 웃는다.

나 별명이 닭대가리여서 아빠는 좋다고 한다.

"사람들이 나를 닭대가리라고 불러야 스트레스가 풀리지. 우리 가게가 시장에서 제일 장사가 잘되는데 내 별명이 '용머리'였어 봐. 괜히 우리 닭이 수입산이라고 헛소문 냈을 걸."

ⓐ그렇게 말할 때 보면 아빠는 '용머리' 같다. 결코 닭대가리가 아니다.

다 "아빠, 왜 내 이름을 석이라고 지었어요?"

2학년이 되고 나서 내가 물었다. 학교에서 '내 이름의 뜻'을 발표하는 시간이 있었기 때문이다.

"나는 어릴 때 '이' 씨들이 부러웠어. 얼마나 쓰기 쉽냐. 동그라미에 작대기 하나. 그런데 '백' 자는 얼마나 복잡하냐? 니가 이름 쓰느라고 고생할 일을 생각하니까 두 글자 이름을 지을 수가 없더라. 성을 바꿔 줄 수도 없고. 이름이라도 쉽게 쓰라고 한 글자로 지은 거야." [A]

나는 수업 시간에 아빠가 불러 준 대로 이야기했다. 선생님이랑 친구들이 웃었다. 내 이름만 특별한 뜻이 없는 것 같아서 좀 창피했다. 하지만 곧 잊어버렸다.

라 "정말 멋진 이름이다. 선생님도 백석을 좋아한다고 전해 드려. 얘들아, 우리 언제 백석 목소리로 백석 시 들어 보자."

선생님은 내 머리를 쓰다듬으며 말했다. 새 학년 초부터 선생님한테 '머리 쓰다듬'을 받기는 처음이었다.

'천재 시인 백석? 나는 천재도 아니고 시도 잘 못 쓰는데……'

기분이 이상했다. 좋은 건지 나쁜 건지 통 구별이 가지 않았다.

---

01 이 글을 읽고 답을 얻을 수 있는 질문으로 알맞지 <u>않은</u> 것은?

① '나'는 아빠의 별명을 왜 싫어할까?
② 아빠가 자신의 별명을 좋아하는 이유는?
③ 선생님이 나에게 관심을 가지게 된 이유는?
④ '나'가 생각하는 아빠에게 어울리는 별명은?
⑤ 아빠가 '나'의 이름을 지을 때 담은 특별한 뜻은?

02 ⓐ에 담긴 뜻으로 알맞은 것은?

① 아빠의 말투는 강하고 멋지다.
② 아빠는 용처럼 씩씩하게 생겼다.
③ 아빠는 결코 닭대가리라는 말을 듣고 가만히 있을 사람이 아니다.
④ 아빠의 너그럽고 여유 있는 모습은 무식한 사람을 놀리는 말과 어울리지 않는다.
⑤ 아빠는 평소에는 닭대가리라는 말이 어울리지만 일할 때는 그 별명이 어울리지 않는다.

03 [A]에 드러난 아빠의 면모로 알맞은 것은?

① 귀찮은 것을 싫어하는 아빠의 모습이 나타난다.
② 아들을 배려하고 사랑하는 아빠의 마음이 드러난다.
③ 다른 사람들에게 질투심이 강한 아빠의 성격이 드러난다.
④ 중요한 것이 아니면 일을 대충하는 아빠의 모습이 나타난다.
⑤ 유머와 재치가 많아 주변을 웃게 하는 아빠의 모습이 드러난다.

서술형

04 (라)에서 '나'의 기분이 이상했던 이유를 쓰시오.

— 조건 —
• (다)에 나타난 자신의 이름에 대한 '나'의 생각을 포함하여 쓸 것
• 완결된 한 문장으로 쓸 것

[05~07] 다음 글을 읽고 물음에 답하시오.

가 "아빠, 선생님이 백석을 좋아한다고 전하래."

나는 학교에서 오는 길에 가게에 들러서 말했다.

"아이고, 첫날부터 우리 석이가 선생님 눈에 들었구나."

"나 백석 말고, 시인 백석."

"시인 백석이 누구야?"

아빠가 생닭을 도마 위에 올려놓으며 물었다.

"나도 몰라, 천재 시인 백석이 있대."

아빠는 눈을 껌뻑거렸다. 시인 백석을 모르는 게 분명했다.

나 "선생님이 나한테 백석 시 읽는 거 시킬 거래. 선생님이 '아버지는 백석 시 중에서 뭘 제일 좋아하시니?' '백석 시 한번 외워 볼래?' 이러면 어떡하지?"

아빠는 닭을 내려치려다 말고, 칼 쥔 오른손을 높이 치켜든 채 가만히 나를 보았다. / "외우지 뭐."

아빠가 대답했다. 그러고는 던지듯 칼을 내려서 닭을 잘랐다.

"시집이 없잖아." / "하나 사지 뭐. 책방 가서 사 와."

아빠는 대수롭지 않게 말했다. 만 원짜리 한 장과 바삭바삭하고 따끈한 통닭 한 쪽을 주었다.

나는 통닭을 먹으며 책방으로 갔다. 아빠가 닭집을 하면 정말 좋은 게 있다. 언제나 통닭을 먹을 수 있는 거.

다 "아름다운 나타샤를 사랑해서."

"오늘 밤은 푹푹 눈이 나린다. 아니 내린다."

"오늘 밤은 푹푹 눈이 내린다……. 아빠, 근데 이게 무슨 뜻이야?"

아빠는《나와 나타샤와 흰 당나귀》를 얼굴 가까이 끌어당겼다. 하도 가까이 당겨서 세계적인 천재 시인 백석 사진이 아빠 얼굴을 가려 버렸다. / "아……."

아빠가 평상 위에 책을 툭 내려놓으면서 말했다.

"그러니까…… 가난한 내가 아름다운 나타샤를 사랑해서…… 음, 그러니까 세계적인 천재 시인 백석이 나타샤…… 음, 그러니까 미국 여자를 좋아한 거야. 백석이 나타샤랑 결혼을 하려고 하는데, 돈은 없고, 세계적인 천재지만 돈이 없었나 봐."

---

05 이 글의 '나'가 떠올렸을 생각으로 알맞지 <u>않은</u> 것은?

① 아빠 덕에 통닭을 먹을 수 있어서 좋아.

② 아빠는 내 이름을 백석으로 지었지만 시인 백석은 모르시는군.

③ 내가 사 온 백석 시집을 술술 쉽게 해석해 주는 아빠가 멋져 보여.

④ 혹시나 선생님이 나에게 백석 시를 외우라고 시키실까 봐 걱정이야.

⑤ 담임 선생님은 백석 시 중에서 아빠가 어떤 시를 제일 좋아할지 궁금해하실 거야.

06 〈보기〉의 질문에 아빠가 할 수 있는 대답으로 알맞은 것은?

> **보기**
>
> 아들과 함께 시집을 보면서 어떤 생각이나 감정이 들었나요?

① 잘 모르는 것을 가져와서 귀찮았어요.

② 시를 읽으니 백석이 왜 천재 시인인지 단번에 알 수 있었어요.

③ 시집 읽는 것을 도와 아들의 걱정을 해결해 주고 싶었어요.

④ 학창 시절 좋아하던 시를 보며 열심히 공부하던 추억이 떠올라 감격했어요.

⑤ 아들에게 아빠가 닭에 대해서 잘 아는 것처럼 시에 대해서도 잘 알고 있다는 것을 조금은 자랑하고 싶었어요.

07 〈보기〉를 중심으로 이와 같은 글을 감상할 때의 효과로 알맞지 <u>않은</u> 것은?

> **보기**
>
> 이 글은 '나'의 성장을 다룬 작품이다.

① 자신의 삶과 연결지어 자신을 성찰할 수 있다.

② 주인공의 경험에 공감하면서 위로를 얻을 수 있다.

③ 살아가면서 생길 수 있는 갈등과 마찰을 피할 수 있다.

④ 주인공이 성장하는 과정을 보며 감동과 깨달음을 얻을 수 있다.

⑤ 다양한 삶의 모습을 바라보며 삶에 대한 이해를 넓힐 수 있다.

[08~10] 다음 글을 읽고 물음에 답하시오.

가 "아이고, 이 사람아. 소련이 러시아잖아. 러시아로 이름을 바꾼 지 한참 됐어. 그러게 닭이나 치지, 왜 나타샤를 찾아. 어이, 닭대가리."

건어물집 아저씨는 아빠를 툭툭 치며 계속 "어이, 닭대가리." 했다. 하지만 아빠는 ㉠"꼬끼오." 하고 대답하지 않았다. 아빠 얼굴은 발갛게 달아올랐다.

나 나는 가만히 아빠의 뒷모습을 보았다. 아빠가 칼을 높이 들었다 내리면 닭은 단번에 두 도막으로 갈라졌다. 아빠는 말없이 닭만 잘랐다.

아빠가 도막 낸 닭이 바구니에 가득 담겼다. 아빠는 칼질을 멈추고 숨을 길게 내쉬었다. 그러고는 뒤를 돌아 가만히 내 얼굴을 들여다보았다. 왠지 아빠 얼굴을 보는 게 쑥스러웠다. 나는 슬그머니 고개를 숙였다.

다 "집에 들어가서, 그 책에서 제일 짧은 시를 외워. 나타샤는 외우지 마. '내린다'가 맞는지 '나린다'가 맞는지…… 아빠는 잘 모르겠으니까." / "네."

"그리고 석아, 약속 하나 하자." / "뭘요?"

"나중에 아빠처럼 닭을 자르고 살아도 말이지……. 나라 이름이 바뀔 때는 잘 알아 둬."

라 "아빠는 닭을 잘 알아. 닭은 언제나 목이 길게 달려 있는 게 맞는 거야."

아빠는 두 손에 닭을 하나씩 잡고, 닭 모가지를 손아귀에 쥐고 흔들었다.

아빠 입은 무거운 닭 바구니를 들 때처럼 꽉 물려 있었지만, 모가지를 잡힌 닭들은 날아갈 듯 가뿐해 보였다. 고개를 치켜들고, 팔을 번쩍 들어 올린 아빠는 정말 컸다. 우리 대거리 닭집은 닭 모가지를 깃대처럼 쥐고 흔드는 우리 아빠로 가득 찼다.

나는 그 순간 천재 시인 백석의 시집을 흔들며 환하게 웃어야 한다는 생각이 들었다. 하지만 내 입도 내 손도 말을 듣지 않았다. 나는 그저 입을 다문 채 백석 시집을 손에 땀이 나도록 쥐고 있을 뿐이었다.

08 이 글을 읽고 학생들이 보인 반응으로 알맞지 <u>않은</u> 것은?

① 우진: 우리 부모님도 완벽하지 않지만 나를 위해 애쓰고 많이 사랑해 주셔.

② 수영: 내 주변 사람들도 훌륭한 모습, 부족한 모습 등 다양한 면이 있을 것이라는 생각이 들어.

③ 혜미: 우리 가족에게도 부족한 부분이 있을텐데 그것을 감싸고 보듬을 수 있는 성숙한 사람이 되어야겠어.

④ 소미: 나에게는 든든한 아빠이지만 부족한 점이 있다는 것을 알게 되면 충격을 받을 수 있다는 점에 공감해.

⑤ 은지: 자신의 약점을 보이는 것은 힘들고 창피한 일이기 때문에 약점이 없는 사람이 되어야겠다고 생각했어.

09 (다)와 (라)의 내용을 바탕으로 할 때, 아빠가 '나'에게 할 수 있는 말로 알맞지 <u>않은</u> 것은?

① 너는 아빠처럼 너무 무지하게 살지는 말거라.

② 시를 이해하는 데 도움을 주지 못해 미안하구나.

③ 아빠도 다시 기운을 낼 테니 너도 기운을 내거라.

④ 나중에 커서 닭을 판매하는 일은 절대 하지 말거라.

⑤ 아빠는 아빠가 하는 일에서만큼은 잘 알고 열심히 한단다.

서술형

10 ㉠에 담긴 아빠의 심정과 그러한 심정을 느낀 이유를 〈조건〉에 맞게 서술하시오.

─ 조건 ─
• 아빠의 심정과 그러한 심정을 느낀 이유를 각각 완결된 문장으로 쓸 것

[11~14] 다음 글을 읽고 물음에 답하시오.

㉮ 별명이 닭대가리여서 아빠는 좋다고 한다.

"사람들이 나를 닭대가리라고 불러야 스트레스가 풀리지. 우리 가게가 시장에서 제일 장사가 잘되는데 내 별명이 '용머리'였어 봐. 괜히 우리 닭이 수입산이라고 헛소문 냈을 걸." / 그렇게 말할 때 보면 아빠는 '용머리' 같다. 결코 닭대가리가 아니다. / 아빠의 '대거리 닭집'은 좋은 닭이랑 좋은 달걀을 팔기로 유명하다.

㉯ 고개를 치켜들고, 팔을 번쩍 들어 올린 아빠는 정말 컸다. 우리 대거리 닭집은 닭 모가지를 깃대처럼 쥐고 흔드는 우리 아빠로 가득 찼다.

나는 그 순간 천재 시인 백석의 시집을 흔들며 환하게 웃어야 한다는 생각이 들었다. 하지만 내 입도 내 손도 말을 듣지 않았다. 나는 그저 입을 다문 채 백석 시집을 손에 땀이 나도록 쥐고 있을 뿐이었다.

㉰ 수영: 그리고 뭐 하나 알려 줘도 돼? 팔을 이렇게 던지면 잘 안 나갈 거야. 물을 밀어 준다는 느낌으로. 다른 팔도. / **제희**: 어…… 이렇게요?

수영: 응. 이때 킥판을 너무 누르지 말고. 대 준다는 느낌으로. 어깨는 똑바로. 한번 해 볼래?

제희는 수영장 레인을 바라본다.

제희: 여기서부터 물이 깊어지던데요…….

수영: 그러면 내가 여기를 받쳐 줄게.

㉱ 관리인마저 사라진 수영장은 제희의 숨소리가 들릴 정도로 무섭게 고요하다. 수영장 레인 안으로 들어가는 제희. 물로 얼굴을 닦아 낸 뒤 풀 부이를 잡고 천천히 헤엄치기 시작한다.

그때, 옆 레인에 수영이 지나간다. 놀란 제희는 수영을 따라잡으려 정신없이 팔과 다리를 움직인다. 급한 마음에 잡고 있던 ㉠풀 부이도 내팽개친 채 전속력으로 나아가는 제희, 마침내 반대편 수영장 벽에 손을 댄다. / 물에서 일어선 제희는 숨을 몰아쉬면서 옆 레인을 본다. 수영은 없다.

뒤를 돌아본 제희에게는 새로운 시야가 펼쳐져 있다. 레인 중간에는 내팽개쳐진 풀 부이가 둥둥 떠다니고, 제희는 자신이 혼자 힘으로 반대편에 왔음을 깨닫는다.

11 (가)~(라)를 읽는 방법으로 알맞은 것은?

① (가): 반복되는 표현을 통해 리듬감을 느끼며 읽는다.

② (나): 인물이 겪는 갈등을 중심으로 읽는다.

③ (나): 글쓴이의 주장이나 의견을 파악하며 읽는다.

④ (다): 글쓴이가 경험을 통해 깨달은 바를 찾으며 읽는다.

⑤ (라): 인물의 말을 독백으로 처리한 이유를 생각하며 읽는다.

12 (가)와 (나)에 대한 설명으로 알맞지 **않은** 것은?

① '나'는 아빠를 향해 웃어 주고 싶어 한다.

② '나'는 아빠를 다른 사람이 얕잡아 볼 존재가 아니라고 여긴다.

③ 아빠는 자신이 '닭대가리'로 불리는 것을 긍정적으로 받아들인다.

④ 아빠는 자신이 파는 닭이 수입산이라고 소문이 난 것을 걱정한다.

⑤ 아빠는 자신이 하는 가게가 시장에서 제일 장사가 잘되는 곳이라고 생각한다.

13 (다)와 (라)에 드러난 인물의 특성으로 알맞은 것은?

① 수영 언니는 소극적이고 낯을 가린다.

② 제희는 어려움 없이 수영을 배워 나간다.

③ 수영 언니는 제희에게 의존하며 조언을 듣는다.

④ 수영 언니는 제희의 수영 실력이 늘 수 있도록 도와준다.

⑤ 제희는 수영 언니에게 목표 달성을 강요한다.

14 ㉠이 의미하는 바를 바르게 파악한 것은?

① 제희가 관리인보다 수영을 잘하게 됐음을 의미한다.

② 제희가 새로운 위기를 극복하지 못했음을 의미한다.

③ 제희와 수영 언니의 우정과 연대감이 깨졌음을 의미한다.

④ 제희가 정서적 안정을 취하지 못하고 불안해함을 의미한다.

⑤ 제희가 다른 이에게 의존하지 않고 홀로서기에 성공했음을 의미한다.

[15~18] 다음 글을 읽고 물음에 답하시오.

가

나

다 구독자가 백만 명이 넘는 개인 인터넷 방송에서 배달 음식과 관련한 허위 정보를 퍼뜨려서 가게에 피해를 주었다.

라 제7절 광고 효과 등

제46조(광고 효과)

… 방송은 상품 등에 부적절한 광고 효과를 주는 다음 각 호의 어느 하나에 해당하는 내용을 방송하여서는 아니 된다. 다만, 프로그램의 특성이나 내용 전개 또는 구성상 불가피한 경우에는 예외로 한다.

　1. 상품명 등을 자막 또는 음성을 통하여 구체적으로 노출·언급하는 내용 …

– 〈방송 심의에 관한 규정(부칙 제55호)〉에서

마 드라마 속 학교 폭력 묘사가 현실을 반영한 것이라 하지만 그 폐해가 만만치 않다. 우선 모방 범죄를 부를 우려가 크다. 전문가들은 대중 매체의 장면이 청소년들의 행동에 영향을 줄 수 있다고 지적한다.

바 규모 5.8의 강진이 발생한 위급 상황에서 재난 보도를 제때 내보내지 않은 방송사들이 비판을 받고 있다. 대중 매체는 국민에게 정확하고 신속하게 재난 상황을 전달하고 위험 상황에 대처하는 방법 등을 적극적으로 알려야 하는 의무가 있다.

15 〈보기〉는 (가)에 대한 설명이다. ㉠, ㉡에 들어갈 말로 알맞은 것은?

> **보기**
>
> 　대중 매체에서 생산자와 수용자의 소통은 (㉠) 소통 방식이 주를 이룬다. 수용자는 매체 내용이 모두 생산된 이후에 수정이나 재생산 과정에 (㉡)(으)로 참여하는 경우가 많다.

	㉠	㉡		㉠	㉡
①	쌍방향	직접적	②	일방향	간접적
③	실시간	생산자	④	제한적	편집자
⑤	일방향	직접적			

16 (나)와 같은 매체를 만들 때 생산자가 떠올릴 만한 생각으로 알맞지 않은 것은?

① 내가 좋아하는 것 중 무엇을 이번 방송의 주제로 삼을까?

② 오늘 찍은 영상을 지금 편집하고 모레쯤 인터넷에 올려야지.

③ 영상을 찍을 때 조명이 좀 어두운 것 같으니 다음에는 조명에 더 신경을 써야겠어.

④ 지난주에 시청자가 준 아이디어대로 실시간으로 시청자의 질문을 받으면서 영상을 만들어 봐야겠어.

⑤ 이번 주에 새로 나온 게임을 소개할 때는 방송 규정에 어긋나지 않게 상호명은 편집해서 올려야겠어.

17 (다)와 (라)를 바탕으로 이해한 개인 인터넷 방송과 대중 매체의 특징으로 알맞은 것은?

① 개인 인터넷 방송은 점점 영향력이 줄고 있다.

② 대중 매체는 다소 표현이 자유롭고 제한이 없다.

③ 대중 매체는 개인 인터넷 방송보다 공정성이 중시된다.

④ 개인 인터넷 방송은 정보를 엄격하게 검증하여 믿을 만하다.

⑤ 개인 인터넷 방송은 불특정 다수에게 영향을 주어 사회적 책무가 주어진다.

서술형

18 (마)와 (바)를 참고하여 대중 매체가 올바른 영향력을 행사해야 하는 이유를 서술하시오.

> **조건**
>
> • 대중 매체의 사회적 역할을 고려하여 쓸 것
>
> • 완결된 한 문장으로 쓸 것

 바른답·알찬풀이 39쪽

이렇게 풀어요

▶ 만점을 위해서는 같은 문제를 다시 틀리지 않도록 틀린 문제를 정확히 짚고 넘어가야 합니다.

▶ 아래 고난도 문제의 선지마다 ○✕ 표시를 하며 자신이 헷갈리는 부분이 무엇인지 명확히 확인하여 올바른 공부 습관을 길러 봅시다.

01 ★★★★★ 초고난도

〈내 이름은 백석〉을 감상한 내용으로 알맞지 <u>않은</u> 것은?

① '나'의 성장을 지켜보면서 독자는 자신의 삶을 성찰하는 기회를 가질 수 있다. ○✕

② 가슴 아픈 경험을 통해서는 사람이 성장할 수 없다는 글쓴이의 생각이 담겨 있다. ○✕

③ 훌륭하게만 생각했던 아버지에게 모르는 것이 있다는 점은 '나'에게 큰 충격이었다. ○✕

④ 아빠의 부족한 점을 알게 된 것은 '나'가 아빠를 더 깊이 이해하는 계기가 되었을 것이다. ○✕

⑤ 어린 서술자를 통해 사건이 서술되어 가족 간의 사랑과 '나'의 내적 성장이라는 주제가 더 효과적으로 드러난다. ○✕

02 ★★★★☆ 고난도

〈내 이름은 백석〉에 대한 이해로 알맞은 것은?

① '용머리'에 대한 생각을 통해 아빠에게 가지고 있는 '나'의 두려움을 짐작할 수 있다. ○✕

② '닭대가리'라는 별명에 대한 '나'의 반감은 '나'가 가진 아빠에 대한 부정적인 마음을 짐작하게 한다. ○✕

③ 시 읽기 사건은 '나'가 아빠의 새로운 면모를 발견하고 처음으로 아빠를 자랑스럽게 여기는 계기가 된다. ○✕

④ '나'가 시집을 손에 땀이 나게 쥐고 있는 장면은 아빠에 대해 새롭게 인식하면서 혼란스러워하고 있음을 나타낸다. ○✕

⑤ '나'가 아빠의 모습이 닭집을 가득 채운다고 느낀 장면은 아빠의 삶이 닭집 밖에서는 가치가 없다는 것을 의미한다. ○✕

03 ★★★☆☆ 고난도

대중 매체와 개인 인터넷 방송에 대한 이해로 알맞지 <u>않은</u> 것은?

① 대중 매체는 수용자가 생산자와 실시간으로 소통하기 어렵다. ○✕

② 개인 인터넷 방송은 주로 일반 개인이 전 과정을 전담하여 제작한다. ○✕

③ 개인 인터넷 방송은 수용자가 직접적으로 생산 과정에 참여할 수 있다. ○✕

④ 대중 매체는 표현을 비교적 자유롭게 할 수 있고, 개인 인터넷 방송은 방송 규정 내에서 표현해야 한다. ○✕

⑤ 대중 매체는 주로 불특정 다수의 관심사를 고려하여 소재를 정하고, 개인 인터넷 방송은 생산자의 취향에 따라 소재가 더 다양하게 세분화되는 경향이 있다. ○✕

04 ★★★★☆ 고난도

매체의 영향력을 이해한 내용으로 알맞은 것은?

① 대중 매체는 젊은 세대에게만 영향을 많이 미친다. ○✕

② 대중 매체는 생산자 개인의 취향이나 관심사에 대한 세부 정보를 얻기에 유용하다. ○✕

③ 개인 인터넷 방송은 최근 영향력이 점점 더 커지고 있어 허위 정보로 인한 피해를 경계해야 한다. ○✕

④ 개인 인터넷 방송은 주로 사회적으로 중요한 정보가 필요하거나 사회 규범이나 문화 등을 익힐 때 이용된다. ○✕

⑤ 개인 인터넷 방송은 불특정 다수에게 영향을 주기 때문에 공정해야 하며 공적인 기능을 수행하는 경우가 많다. ○✕

4 단원

01 품사에 대한 설명으로 알맞지 <u>않은</u> 것은?

① 모든 품사는 형태가 바뀌지 않는다.
② 단어는 의미에 따라 아홉 개의 품사로 나눌 수 있다.
③ 관형사와 부사는 문장에서 다른 단어를 꾸며 주는 역할을 한다는 공통점이 있다.
④ 단어를 문법적으로 공통된 성질을 가진 것끼리 나누어 묶은 갈래를 품사라고 한다.
⑤ 단어는 문장에서의 기능에 따라 체언, 수식언, 독립언, 관계언, 용언으로 나눌 수 있다.

02 다음 밑줄 친 단어 중에서 품사가 <u>다른</u> 것은?

① 나는 <u>이</u> 신발을 오늘 처음 신었다.
② 세상에 태어난 <u>모든</u> 사람은 귀하다.
③ 나는 <u>새</u> 신발을 신으니 기분이 좋다.
④ 옷을 재활용하여 <u>저</u> 모자를 만들었다.
⑤ 어제 형과 함께 본 노을이 <u>무척</u> 아름다웠다.

03 〈보기〉의 ㉠~㉢에 들어갈 알맞은 말을 쓰시오.

> **보기**
>
> 품사를 분류하는 기준에는 세 가지가 있다. 단어가 문장에서 쓰일 때 (㉠)가 변하는지 변하지 않는지에 따른 것, 단어가 문장에서 어떤 (㉡)을 하는지에 따른 것, 단어가 나타내는 공통적인 (㉢)가 무엇인지에 따른 것이다.

㉠	㉡	㉢

서술형

04 〈보기〉의 두 문장의 의미 차이를 〈조건〉에 맞게 서술하시오.

> **보기**
>
> ㄱ. 그는 키가 크다.
> ㄴ. 그는 키가 무척 크다.

> **조건**
>
> • 완결된 한 문장으로 쓸 것

[05~11] 다음 글을 읽고 물음에 답하시오.

가

[A]

㉠가장 확실한 것은 '무색 페트'라고 적힌 삼각형 마크를 확인하는 것이다. 그런데 마크가 잘 안 보일 때에는 어떻게 해야 할까? 우선 초록색, 갈색 등 색이 있는 페트병은 모두 제외해야 한다. 유색 페트병은 재생 원료를 오염시키기 때문이다. 또 확인할 것은 재질이다. 플라스틱 중에서도 페트 재질인 것<u>만</u> 골라내야 한다. 커피 컵 같은 경우 색이 없는 플라스틱이지만 페트병과는 재질이 다르다. 재활용할 수 있는 페트 재질 플라스틱에는 생수병, 우유병, 음료수병 등이 있다.

나 무색 페트병을 재활용하는 것도 ㉡중요하지만 그에 못지않게 중요한 것은 재활용의 질이다. 《그건 쓰레기가 아니라고요》라는 책에서도 우리나라 페트병 재생 원료는 "재생 원료의 품질이 좋지 않아 재활용해도 잘 팔리지 않아요."라고 ㉢지적한다. 그래서 분리배출은 '잘'하는 것이 중요하다. 한순간의 귀찮음 때문에 페트병을 땅속에 백 년 넘게 가둬 둘지, 아니면 페트병으로 멋진 옷을 만들어 입고 다닐지는 우리 손에 달렸다.

05 (가)와 (나)에 대한 설명으로 알맞은 것은?

① (가)에서는 커피 컵이 플라스틱이 아니라는 정보를 전달하고 있다.
② (가)에서는 유색 페트병을 재활용해야 하는 필요성을 주장하고 있다.
③ (가)에서는 무색 페트병과 유색 페트병을 구분하여 버려야 하는 이유를 설명하고 있다.
④ (나)에서는 우리나라의 재생 원료 품질이 세계에서 뛰어난 편임을 알려 주고 있다.
⑤ (나)에서는 재활용의 질이 떨어져도 무색 페트병을 재활용하려는 노력을 멈추어서는 안 된다고 설명하고 있다.

06 다음은 글쓴이가 이 글을 쓰기 전에 작성한 개요이다. 각 부분에서 고려했을 만한 내용으로 알맞지 <u>않은</u> 것은?

개요	중심 내용	
처음	무색 페트병을 올바르게 분리배출해야 하는 까닭	ⓐ
중간	① 무색 페트병을 분리하는 방법 • 색을 기준으로 분리 • 재질을 기준으로 분리	ⓑ
	② 무색 페트병을 배출하는 방법 • 무색 페트병을 배출하는 순서 • 무색 페트병을 배출할 때 주의할 점	ⓒ
끝	무색 페트병을 올바르게 분리배출하는 것의 중요성	ⓓ

① ⓐ: 분리배출이 올바르게 되지 않은 모습을 사진으로 보여 주면 독자의 관심을 끌 수 있을 것 같아.

② ⓐ: 무색 페트병을 올바르게 분리배출해야 하는 까닭을 신문 기사처럼 믿을 만한 자료를 가지고 와서 알려 줘야지.

③ ⓑ: 무색 페트병 재활용 마크를 자료로 제시해서 이 글을 읽은 독자가 무색 페트병을 잘 분리배출할 수 있도록 해야지.

④ ⓒ: 무색 페트병을 재활용하여 만든 제품이 경제를 살린 예를 제시해야겠어.

⑤ ⓓ: 무색 페트병을 올바르게 분리배출해야 하는 것의 중요성을 강조하기 위해 전문가가 쓴 책의 내용을 인용해야지.

07 〈보기〉는 [A]에 들어갈 소제목이다. 이러한 소제목을 붙이면 어떤 효과가 있는지 서술하시오.

보기
> 잘 분리하는 법 - 플라스틱 속에서 무색 페트병 골라내기

08 ㉠과 품사가 <u>다른</u> 하나는?

① 앞서　　② 벌써　　③ 빨리
④ 너무　　⑤ 요즘

09 ㉡의 품사에 관한 설명으로 알맞은 것은?

① 주로 용언을 꾸며 주는 단어이다.

② 문장에서 쓰일 때 형태가 변하지 않는다.

③ 문장에서 서술어의 역할을 주로 하며 용언에 속한다.

④ 사람이나 사물, 장소 등 대상의 이름을 대신하여 나타내는 단어이다.

⑤ 문장에서 주로 주어나 목적어 등으로 쓰여 문장의 몸통 역할을 한다.

10 만에 대한 설명으로 알맞지 <u>않은</u> 것은?

① 주로 체언 뒤에 붙는다.

② 문장에서 쓰일 때 형태가 변하지 않는다.

③ 말하는 이의 느낌이나 부름 등을 나타낸다.

④ 품사 분류 기준에 따라 나누면 관계언에 해당한다.

⑤ 다른 것으로부터 제한하여 어느 것을 한정한다는 뜻을 지녔다.

11 ㉢의 기본형과 품사를 쓰고, 이러한 품사가 나타내는 공통적 의미를 〈조건〉에 맞게 쓰시오.

조건
> • 공통적 의미는 '~을 나타내는 단어이다.' 형태의 완결된 문장으로 쓸 것

• 기본형: ＿＿＿＿＿＿＿＿＿＿
• 품사: ＿＿＿＿＿＿＿＿＿＿
• 공통적 의미: ＿＿＿＿＿＿＿＿

12 자료를 활용하여 글을 쓸 때 유의할 점으로 알맞지 <u>않은</u> 것은?

① 글의 주제와 관련 있는 자료를 여러 매체에서 수집한다.

② 수집한 자료가 글의 주제와 관련 있는 것인지 판단해야 한다.

③ 수집한 자료가 독자들이 이해하기 쉬운 내용인지 확인해야 한다.

④ 글의 내용에 따라 자료의 내용을 효과적으로 과장하거나 축소할 수 있다.

⑤ 수집한 자료는 저자와 출처가 분명한지 확인한 후 글에 활용하여야 한다.

[13~16] 다음 글을 읽고 물음에 답하시오.

가 우리 가게 이름은 '대거리 닭집'이다. '큰거리 시장'에 있으니까 그냥 '큰거리 닭집' 하면 좋았을 텐데, 아빠가 큰 대(大) 자로 바꾸면 유식해 보일 것 같아서 바꿨다고 한다. 대거리 닭집, 대거리 닭집 하다 대가리 닭집이 되고, 결국 아빠는 '닭대가리'가 되었다.

별명이 닭대가리여서 아빠는 좋다고 한다.

"사람들이 나를 닭대가리라고 불러야 스트레스가 풀리지. 우리 가게가 시장에서 제일 장사가 잘되는데 내 별명이 '용머리'였어 봐. 괜히 우리 닭이 수입산이라고 헛소문 냈을 걸."

그렇게 말할 때 보면 아빠는 '용머리' 같다. 결코 닭대가리가 아니다.

나 "그리고 말이다. 나중에 니 자식 이름을 지을 때는 혹시 똑같은 이름을 가진 유명한 사람이 있는지 잘 알아 봐. 백석이 세계적인 천재 시인이어서 정말 다행이다. 잘 모르긴 하지만……. 나타샤는 좋은 시 같다."

㉠아빠 목소리는 점점 더 떨렸다. ㉡내 고개는 다시 아래로 떨어졌다. 나는 터벅터벅 가게를 나섰다. 엄마가 통닭 한 쪽을 주었지만 고개를 저었다.

다 "닭은 내장보다 목이 먼저 상해. 그래서 외국에서 들어오는 건 다 목이 짧아. 목을 달고 들어오면 옮기다 썩을 수 있으니까. 아빠는 언제나 목이 달려 있는 닭만 팔아. 아빠는 닭을 잘 알아. 닭은 언제나 목이 길게 달려 있는 게 맞는 거야."

아빠는 두 손에 ㉢닭을 하나씩 잡고, 닭 모가지를 손아귀에 쥐고 흔들었다. / 아빠 입은 무거운 닭 바구니를 들 때처럼 꽉 물려 있었지만, 모가지를 잡힌 닭들은 날아갈 듯 가뿐해 보였다. 고개를 치켜들고, 팔을 번쩍 들어 올린 아빠는 정말 컸다. 우리 대거리 닭집은 닭 모가지를 깃대처럼 쥐고 흔드는 우리 아빠로 가득 찼다.

㉣나는 그 순간 천재 시인 백석의 시집을 흔들며 환하게 웃어야 한다는 생각이 들었다. 하지만 ㉤내 입도 내 손도 말을 듣지 않았다. ㉥나는 그저 입을 다문 채 백석 시집을 손에 땀이 나도록 쥐고 있을 뿐이었다.

13 이 글을 감상한 내용으로 알맞지 <u>않은</u> 것은?

① 가족을 위해 열심히 일하시는 부모님이 생각나서 공감이 되었어.

② 사람이라면 누구든 훌륭한 점과 부족한 점이 있다는 것을 깨달았어.

③ 어릴 적 힘든 일을 겪으며 혼란스러워했던 기억이 떠올라 위로를 받았어.

④ 앞으로 새로운 사람을 만날 때 그 사람의 부족한 점은 무엇인지 자세히 관찰해야겠어.

⑤ 다른 사람들도 미숙했던 시기를 지나 성장해 나간다는 것을 깨닫고 내 자신과 주변 사람의 삶을 더 잘 이해하게 되었어.

14 (나)에 대한 이해로 알맞은 것은?

① 아빠는 자신의 부족한 부분을 고백하고 있다.

② 아빠는 아들에게 기운을 주고 싶어 통닭을 건네고 있다.

③ 아빠는 아들에게 천재 시인과 이름이 같으니 부끄러워하지 말라고 당부하고 있다.

④ 아빠는 특별한 재능을 가진 사람이 쓴 시는 이해하기 어려울 수 있다고 설명하고 있다.

⑤ 아빠는 아들에게 나중에 유명한 사람의 이름을 따서 자식의 이름을 지으라고 당부하고 있다.

15 ㉠~㉤에 담긴 인물의 태도로 알맞지 <u>않은</u> 것은?

① ㉠: 자신의 부족한 점으로 인해 부끄러움.

② ㉡: 의기소침한 아빠의 모습을 보며 속상해함.

③ ㉢: 자신이 하는 일에 자부심과 자신감을 드러냄.

④ ㉣: 아빠에 대한 존경심이 사라져 화가 남.

⑤ ㉤: 아빠에게 웃어 보이고 싶지만 자신의 뜻대로 되지 않아 힘들어함.

서술형

16 '나'가 ㉣와 같이 생각한 이유를 〈조건〉에 맞게 서술하시오.

> **조건**
> • 앞서 아빠가 '나'에게 보인 행동을 쓸 것
> • 완결된 한 문장으로 쓸 것

[17~20] 다음을 보고 물음에 답하시오.

가

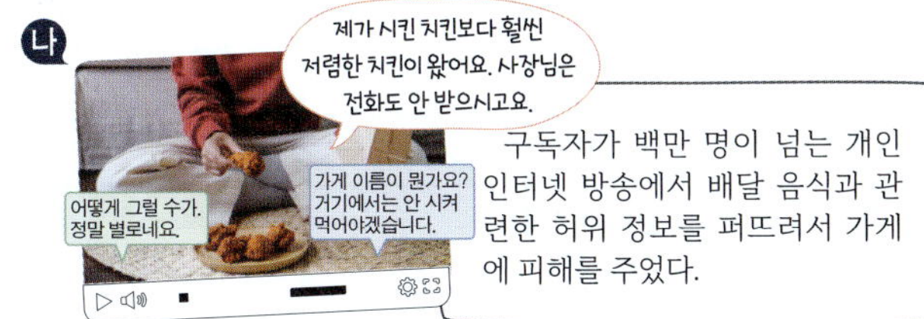

나

다

라

마

---

17 (가)~(나)를 통해 알 수 있는 내용으로 알맞은 것은?

① 대중 매체는 실시간으로 수용자와 의견을 교류하며 방송 내용을 만들어 공유한다.

② 대중 매체는 큰 영향력을 활용하여 방송 중 상호를 이야기해서 가게 홍보를 돕는다.

③ 대중 매체는 개인적인 경험과 견해를 바탕으로 다소 검증되지 않은 정보를 전달하기 쉽다.

④ 개인 인터넷 방송은 영향력이 점점 커져 객관적으로 확인된 내용만 방송으로 내보낼 수 있다.

⑤ 개인 인터넷 방송은 표현이 자유로워 사생활 침해나 허위 정보로 다른 사람에게 피해를 줄 수 있다.

18 (다)와 같은 제작 과정을 통해 만들어진 매체의 특성으로 알맞은 것은?

① 소수의 개인이나 생산자가 만들어 다소 전문성이 떨어진다.

② 기획, 촬영, 편집 등을 요소별로 나누어 전문적으로 제작한다.

③ 생산자의 일정에 따라 방송 시간을 비교적 자유롭게 조정할 수 있다.

④ 생산자가 될 수 있는 진입 장벽이 다소 낮아 누구나 생산이 가능하다.

⑤ 실시간으로 수용자가 방송에 의견을 내서 생산 과정에 참여할 수 있다.

19 (라)와 같은 대중 매체에 대한 설명으로 알맞지 <u>않은</u> 것은?

① 수용자들이 비슷한 경험을 공유할 수 있다.

② 정해진 방송 일정에 따라 대량의 정보를 전송한다.

③ 사회에서 일어나는 의미 있고 중요한 정보를 제공한다.

④ 불특정 다수의 사람들이 실시간으로 방송에 참여할 수 있다.

⑤ 많은 사람들에게 영향을 미치므로 공익성과 공정성이 중시된다.

서술형

20 (마)를 참고하여 개인 인터넷 방송의 특성을 〈조건〉에 맞게 서술하시오.

> **조건**
> • '개인적', '선택'이라는 단어를 포함하여 쓸 것
> • 완결된 한 문장으로 쓸 것

셀프 성적 리포트 — 기말 모의평가

모의평가 채점 결과를 스스로 분석하여 자신의 우수한 부분과 부족한 부분을 파악하고 앞으로의 학습 계획을 세워 봅시다.

학습 정보

이름	학교	학년	평가 날짜
			년 월 일

빠른 채점 — 채점 칸에 정답을 맞혔으면 ○, 틀렸으면 ✕를 표시하세요.

문항	해당 단원	정답	채점
01	3단원 (1) 단어의 갈래	①	
02	3단원 (1) 단어의 갈래	⑤	
03	3단원 (1) 단어의 갈래	생략	
04	3단원 (1) 단어의 갈래	생략	
05	3단원 (2) 자료를 활용하여 글 쓰기	③	
06	3단원 (2) 자료를 활용하여 글 쓰기	④	
07	3단원 (2) 자료를 활용하여 글 쓰기	생략	
08	통합 문제	⑤	
09	통합 문제	③	
10	통합 문제	③	
11	통합 문제	생략	
12	3단원 (2) 자료를 활용하여 글 쓰기	④	

문항	해당 단원	정답	채점
13	4단원 (1) 문학과 성장	④	
14	4단원 (1) 문학과 성장	①	
15	4단원 (1) 문학과 성장	④	
16	4단원 (1) 문학과 성장	생략	
17	4단원 (2) 생활 속의 다양한 매체	⑤	
18	4단원 (2) 생활 속의 다양한 매체	②	
19	4단원 (2) 생활 속의 다양한 매체	④	
20	4단원 (2) 생활 속의 다양한 매체	생략	

채점 결과: 총 ＿＿＿＿＿＿＿＿ 점 (배점: 문항당 5점)

3단원 (1)	___ 점	3단원 (2)	___ 점
4단원 (1)	___ 점	4단원 (2)	___ 점
통합 문제	___ 점

성적 분석 — 채점 결과를 아래 표에 표시하여 선으로 이으세요.

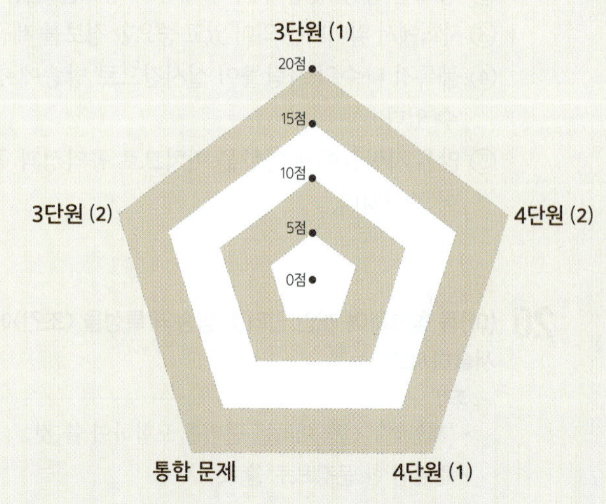

학습 진단

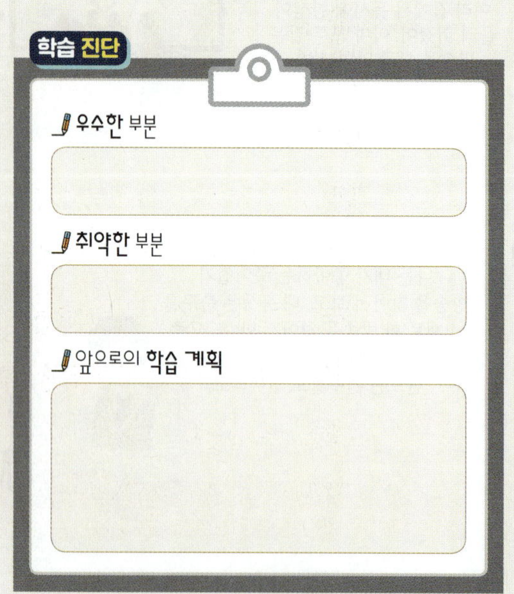

여러 번 반복해? 아니! 제대로 한 번에!

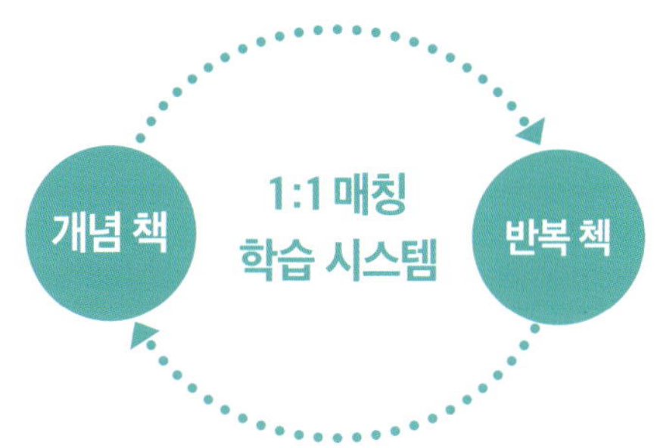

1:1 매칭 학습으로
수학 자신감을 완성하는
개념 기본서
리:피트 개념

1, 2학기 총 6책

중등 도서 안내

국어 독해·문법·어휘 훈련서

수능 국어의 자신감을 깨우는 단계별 실력 완성 훈련서

독해	0_준비편, 1_기본편, 2_실력편, 3_수능편
어휘	1_종합편, 2_수능편
문법	1_기본편, 2_수능편

영어 문법·독해 훈련서

중학교 영어의 핵심 문법과 독해 스킬 공략으로
내신·서술형·수능까지 단계별 완성 훈련서

GRAMMAR
BITE

문법	PREP
문법	Grade 1, Grade 2, Grade 3
문법	PLUS 수능

READING
BITE

독해	PREP
독해	Grade 1, Grade 2, Grade 3
독해	SUM

내신 필수 기본서

자세하고 쉬운 설명으로 개념을 이해하고, 특별한 비법으로 자신 있게
시험을 대비하는 필수 기본서

[2022 개정]

사회	①-1, ①-2*
역사	①-1, ①-2*
과학	1-1, 1-2*

*2025년 상반기 출간 예정

[2022 개정]

국어	(신유식) 1-1, 1-2*
	(민병곤) 1-1, 1-2*
영어	1-1, 1-2*

*2025년 상반기 출간 예정

[2015 개정]

국어	2-1, 2-2, 3-1, 3-2
영어	2-1, 2-2, 3-1, 3-2
수학	2(상), 2(하), 3(상), 3(하)
사회	①-1, ①-2, ②-1, ②-2
역사	①-1, ①-2, ②-1, ②-2
과학	2-1, 2-2, 3-1, 3-2

*국어, 영어는 미래엔 교과서 연계 도서입니다.

수학 개념·유형 훈련서

빠르게 반복하며 수학 실력을 제대로 완성하는
단계별 내신 완성 훈련서

[2022 개정]

수학	1(상), 1(하), 2(상), 2(하), 3(상)*, 3(하)*

*2025년 상반기 출간 예정

[2015 개정]

수학	2(상), 2(하), 3(상), 3(하)

[2015 개정]

수학	2(상), 2(하), 3(상), 3(하)

올리드

중등 국어 1·1

바른답 ✦ 알찬풀이

교과서학습편과 **시험대비편**의 정답 및 풀이를 제공합니다.

Mirae N 에듀

바른답✦
알찬풀이

Study Point

1. 알찬 해설
문제 해결 노하우를 담은 자세한 풀이로 문제의 핵심
을 파악할 수 있습니다.

2. 오답 풀이
꼼꼼한 오답 풀이로 헷갈리는 부분을 짚어 함정을 피
하는 전략을 배울 수 있습니다.

3. 고난도 문제 완전 정복
선지의 내용과 문제 풀이 과정을 자세히 분석하여 고
난도 문제를 완벽하게 정복할 수 있습니다.

올리드 100점 전략

1 본문 알짜 핵심과 학습 활동 포인트로 **교과서 꽉 잡기**

　　　　　　　　　　　　　　　　　　　　　　　教科書学습편

2 기본 – 응용 – 서술형의 반복·심화 학습으로 **문제 싹 잡기**

3 핵심 정리부터 기출 문제까지 빠르고 정확하게 **시험 확 잡기**　　　　시험대비편

4 문제 해결 노하우를 담은 자세한 풀이로 **오답 꼭 잡기**　　　　바른답·알찬풀이

바른답·알찬풀이

중등

국어

1-1

중학교에서 알아야 할 **핵심 용어** 

1 ①   **2** ④   **3** ⑤   **4** ③   **5** ①   **6** ②   **7** ③   **8** (1) ㉢
(2) ㉡ (3) ㉠   **9** ②   **10** ④   **11** ③   **12** ①

1   운문은 운율이 드러나는 글을 가리키므로 시가 운문에 해당한다.

2   〈보기〉는 설명하는 글인 설명문에 해당하는 설명이다.

3   듣는 이에게 같이 할 것을 요청 또는 권유하는 문장을 청유문이라고 한다.

4   ③은 명령형 종결 표현인 '-라'가 쓰인 명령문이다.
　　오답풀이 ①은 청유문이다.
　　②는 감탄문이다.
　　④는 평서문이다.
　　⑤는 의문문이다.

5   〈보기〉는 음운에 해당하는 설명이다.

6   '아침에', '돌개바람이', '거세게', '불었다'로 4개의 어절로 이루어져 있다.

7   〈보기〉의 '그래서'는 앞문장과 뒷문장을 이어 주는 접속어이다.

8   ㉠은 '주제'의 뜻이고, ㉡은 '문체', ㉢은 '구성'의 뜻이다.

9   평화와 같은 추상적인 개념을 비둘기라는 구체적 동물로 나타내었으므로 빈칸에는 '상징적'이 알맞다.

10   자기의 견해나 관점을 바탕으로 쓰는 논설문은 주관적인 성격을 지닌다.

11   일상적인 대화에서 사용하는 말을 '구어'라고 한다.

12   〈보기〉는 '관점'에 대한 설명이다.

기본 개념을 세우는 **갈래 학습** 

01 시

1 (1) × (2) ○   **2** 심상   **3** ⑤   **4** ③   **5** ②   **6** ③   **7** 미각
적   **8** ④

1   (1) 시는 정보를 전달하는 것이 목적이 아니라 정서를 표현하는 글이다.

2   심상은 어떤 대상과 관련하여 떠올리는 마음속의 모습이나 느낌이다.

3   시조 등 몇몇 경우를 제외하면 일반적으로 시를 쓸 때 특별히 지켜야 할 구성 방식이 있는 것은 아니다.

4   시적 화자는 글쓴이 자신일 수도 있지만 대부분 글쓴이가 창조해 낸 허구적 인물이다.

5   이 작품은 시조로 4음보로 이루어진 정형시이다. 또한 임에 대한 그리움이라는 개인적인 정서를 노래했다는 점에서 서정시에 해당한다.

6   시의 운율이 표면에 뚜렷하게 드러나는 것은 외형률만의 특징이다.

7   미역의 맛을 나타내었으므로 미각적 심상이 사용되었다.

8   '밥 짓는 냄새'라는 후각적 심상을 사용하였다.
　　오답풀이 ① 청각적 심상이 나타난다.
　　② 공감각적 심상이 나타난다.
　　③ 시각적 심상이 나타난다.
　　⑤ 촉각적 심상이 나타난다.

02 소설

1 ③   **2** (1) ㉠ (2) ㉢ (3) ㉡   **3** 문체   **4** 내적 갈등   **5** ②
6 ③   **7** 3인칭 관찰자 시점   **8** ④

1   운율은 시의 특징이다.
　　오답풀이 ① 소설은 글쓴이가 꾸며 낸 이야기이다.
　　② 인물, 사건, 배경은 소설 구성의 3요소이다.
　　④ 소설은 아름다움과 감동을 전달하는 예술의 한 형식이다.

⑤ 소설은 현실에서 실제로 일어날 수 있을 법한 이야기를 다룬다.

2 ㉠은 소설의 허구성, ㉡은 서사성, ㉢은 산문성과 관련된 설명이다.

3 글에 나타난 글쓴이의 개성적인 글투나 표현을 문체라고 한다.

4 인물의 마음속에서 일어나는 갈등이므로 '내적 갈등'이다.

5 '홍길동'은 소설의 주인공으로서 주동 인물, 주요 인물에 해당한다.

6 소설이 전개되면서 성격이 변하는 인물을 입체적 인물이라고 한다.

7 서술자가 이야기 밖에 있으므로 3인칭이고, 이야기를 관찰하여 전달하므로 관찰자 시점이다.

8 〈보기〉에서는 소설 밖에 있는 서술자가 소녀의 행동에 대해 관찰한 바를 이야기하고 있다.

03 수필

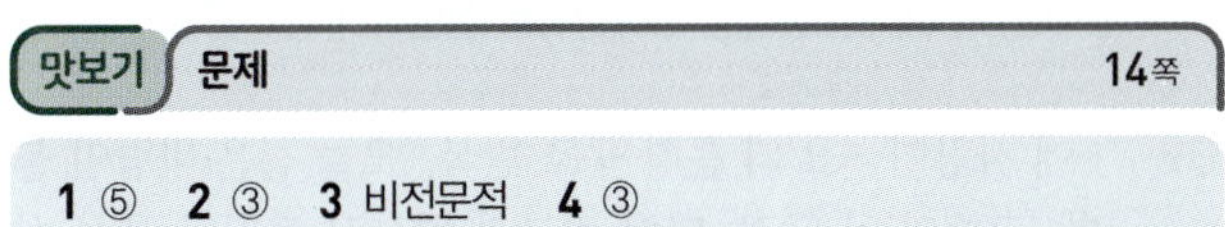

1 수필은 글쓴이가 자신의 체험과 생각을 직접 쓴 글로, 글쓴이가 아닌 다른 인물을 내세우지 않는다.

2 건의문은 주장하는 글로 수필이 아니다.

3 수필은 누구나 쉽게 쓸 수 있는 특성을 가지고 있다.

4 소설은 있음 직한 일을 상상하여 꾸며 쓴 글이고, 수필은 이와 달리 글쓴이의 경험을 바탕으로 쓴 글이다.

04 희곡

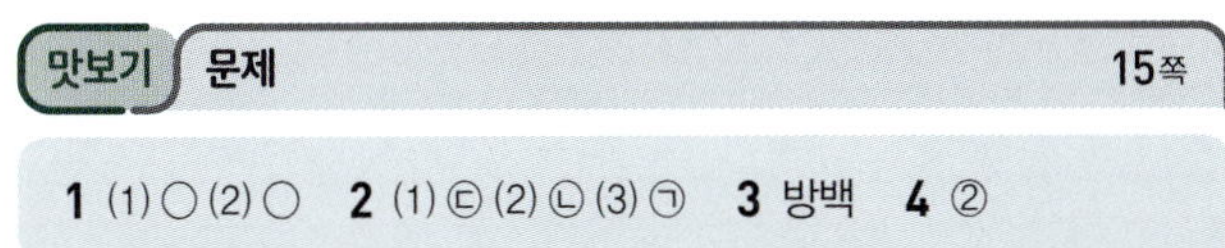

1 희곡은 현재 진행형의 문학이자, 대사의 문학이다.

2 ㉠은 음향 효과를 지시하는 무대 지시문, ㉡은 행동 지시문, ㉢은 대사이다.

3 방백은 상대역에게는 들리지 않는 것으로 약속하고 관객에게 하는 말이다.

4 시나리오는 스크린을 통해 상연된다.

오답풀이 ① 희곡과 시나리오는 모두 문학의 갈래인 극에 속한다.

③ 희곡은 무대를 통해 상연되므로 등장하는 인물의 수가 제한된다.

④ 시나리오는 촬영과 녹음, 특수 효과 등 기계적인 효과를 고려하여 구성한다.

⑤ 희곡과 시나리오는 모두 인물의 대사와 행동을 통해 인물의 심리와 성격을 드러내고 사건을 전개한다.

05 설명문

1 설명문을 쓸 때는 조사를 통해 수집한 정확한 자료를 바탕으로 한다.

2 설명문의 처음 부분에는 읽는 이의 관심을 유도하며 글을 쓰게 된 동기를 제시한다.

3 〈보기〉는 끝 부분으로 앞에서 살펴보았던 내용을 정리하고 글쓴이의 당부를 제시하고 있다.

4 (1) 설명문은 글쓴이의 주장을 펼치는 글이 아니다.

06 논설문

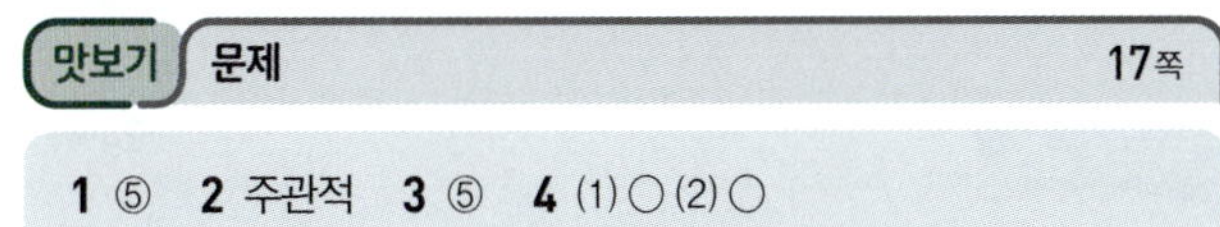

1 논설문은 자신의 의견을 뚜렷하게 제시하여 다른 사람들을 설득하는 글이다.

2 〈보기〉에는 논설문의 주관적인 특성이 설명되어 있다.

3 결론은 본론에서 주장한 내용을 정리하는 부분이다.

4 논설문은 글의 내용을 사실과 의견으로 구분하여 글쓴이의 의도를 파악하고 글쓴이의 주장이 타당한지, 실현 가능한지 검토하며 읽어야 한다.

1 마음을 표현하는 법

(1) 운율과 비유

 개념 확인 문제
20쪽

1 운율 **2** (1) ○ (2) × **3** ③ **4** ①

1 운율은 시에서 느껴지는 말의 가락이다.

2 (2) 운율은 시의 전체적인 분위기를 형성하고, 말하는 이의 정서나 주제를 보다 효과적으로 전달하는 기능을 한다.

3 비유는 원관념과 보조 관념 사이에 서로 연관 지을 수 있는 공통점이나 유사성이 있어야 한다.

4 사물인 '해'에 '-님'과 '웃는다'를 사용해 인격을 부여하여 사람처럼 표현하였으므로 의인법이 드러난다.

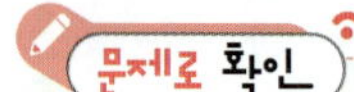 핵심 콕콕
21쪽

직유법, 뽀뽀, 숨결

문제로 확인
21쪽

1 ○ **2** 의인화

감상 × 탐구
22~23쪽

1 (1) 리듬감, 호흡 (2) 후후, 민들레, 분위기 (3) 음악성, 통일감, 분위기 **2** (1) 민들레, 털방울, 민들레, 뽀뽀, 입술, 봄바람, 숨결, 낙하산, 바람 (2) 민들레, 참신함 (3) 주제

적용 × 실천
24쪽

1 (1) 리듬감 (2) 팝콘, 꽃잎 **2** 은유법, 의인법

학습 활동 응용 >>>
22~24쪽

01 ⑤ **02** ② **03** ⑤ **04** 반복 **05** ④ **06** ① **07** ②
08 ③ **09** ③ **10** ④ **11** ④ **12** ⑤

01 시에 비하여 줄글은 쭉 붙여 읽게 되고 흘러가듯이 빠르게 읽힌다.

02 이 시는 음성 상징어 '후후', '후후후'와 어미 '-지'가 반복되어 운율을 형성하고 있다. '봄바람'은 반복되는 단어가 아니므로 이 시에서 운율을 형성하는 부분이 아니다.

03 시에서 반복되는 표현은 운율을 형성하여 단조로움을 피하고 생동감과 즐거움을 느끼게 한다.

04 시에서 운율을 형성하는 방법에는 비슷한 소리, 단어, 구절, 문장 구조 등을 반복하거나 글자 수, 음보 등을 규칙적으로 반복하는 것 등이 있다.

05 '아가'가 입술을 동그랗게 모아 '내밀고' 있는 모양이 '뽀뽀'하는 입술 모양과 비슷한 점을 바탕으로 '작은 입술 뽀뽀하듯 내밀고'와 같이 직접적으로 빗대어 표현하였다.

06 '숨결'이 따뜻한 느낌을 준다는 점에서 '봄바람'과 비슷하여 '숨결'을 '봄바람'에 직접적으로 빗대어 표현하였다.

07 표현하려는 대상인 '나(민들레)'는 빗대어 표현한 대상인 '낙하산'과 바람을 타고 날아간다는 점이 비슷하여 '나'를 '낙하산'에 간접적으로 빗대어 표현하였다.

08 '민들레'가 자신을 '아가'에게 소개하는 것은 사람이 아닌 것을 사람처럼 표현한 의인법에 해당한다.
오답풀이 ① 비유의 하나인 대유법에 해당하는 설명이다.
② 비유의 하나인 활유법에 해당하는 설명이다.
④ 비유의 하나인 직유법에 해당하는 설명이다.
⑤ 비유의 하나인 은유법에 해당하는 설명이다.

09 '~에 사랑이 ~요'의 문장 구조 반복, '오늘 같은 바람이 불면', '그대만'의 구절, 단어 반복과 반복적 표현인 음성 상징어 '아른아른'이 나타나 있다. ③은 이 노랫말에서 반복되고 있지 않다.

10 '그대가 나의 봄'이란 표현은 '~은 ~(이)다'의 형식으로 원관념을 보조 관념에 빗댄 은유법이 쓰인 것이다. ①~③, ⑤는 은유법, ④는 직유법이 쓰인 것이다.

11 '헌혈은 구명조끼'라는 비유를 통하여 수혈이 필요한 사람의 목숨을 헌혈로 구할 수 있다는 의미를 강조한다.

12 (나)는 <후후후>에서도 쓰인 의인법('노래하는 봄', '손짓하는 꽃잎')을 사용하여 봄꽃 축제의 분위기를 효과적으로 전달하고 있다.

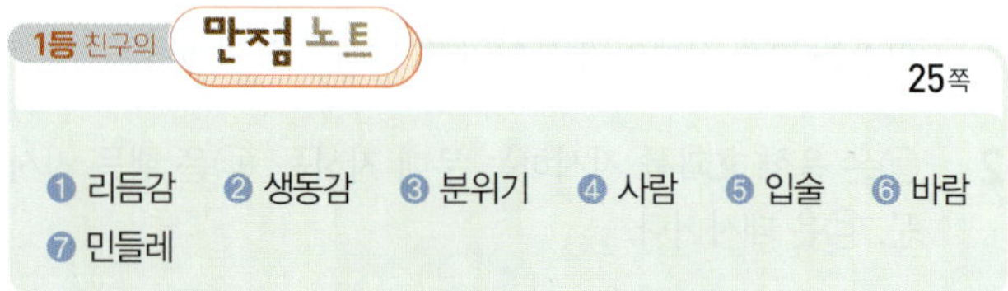 1등 친구의 만점 노트
25쪽

❶ 리듬감 ❷ 생동감 ❸ 분위기 ❹ 사람 ❺ 입술 ❻ 바람
❼ 민들레

소단원 다잡기

01 ④ **02** ① **03** ② **04** ② **05** ① **06** ④ **07** ⓐ에서 표현하려는 대상은 내밀고 있는 입술이고, 빗대어 표현한 대상은 뽀뽀하는 입술로 두 대상은 입을 동그랗게 모아 내민 모양이 비슷하다. **08** [A]에는 내년에 아가가 숨결이 힘차지는 만큼 더 자랐을 것이라는 '나'의 긍정적이고 따뜻한 시선이 담겨 있다. **09** ① **10** ①

01 (가)에서는 '-지', '후후후', '후후'가 반복되고 있다. (나)에서도 '~요', '오늘 같은 바람이 불면', '그대만' 등의 표현이 반복되고 있다.

02 (가)에는 '아가'의 성장을 기쁘게 여기는 '나'의 따스한 마음이, (나)에는 '그대'를 사랑하는 마음을 행복하게 전하는 '나'의 마음이 드러나 있으므로, (가), (나) 모두 전체적으로 따뜻한 분위기가 느껴진다.

03 (가)의 5~7연에서 아가가 자라 숨결이 세지는 것, 즉 아가가 성장하는 것을 따뜻하게 바라보는 민들레의 시선을 느낄 수 있다.

04 '팝콘 같은 꽃잎'에서는 '꽃잎'을 '팝콘'에 직접적으로 빗댄 직유법이 나타나 있다. (가)의 '너의 모자 끝에 / 달려 있던 털방울 같지'에서도 '같지'를 활용하여 '민들레'를 '털방울'에 직접적으로 빗댄 직유법이 나타나 있다.

05 ㄱ. (가)에서는 '후후후', '후후'의 시어를 반복하여 운율을 형성하고 있다.
ㄴ. (가)에서는 종결 어미 '-지'를 반복하여 운율을 형성하고 있다.
오답풀이 ㄷ. 일정한 글자 수가 반복될 때 운율을 형성할 수 있다.
ㄹ. (가)는 읽는 중간마다 숨을 쉬면서 끊어 읽어야 운율을 느낄 수 있다.

06 민들레 홀씨가 날리는 시적 상황, '봄바람', '내년 봄' 등의 시어로 보아 이 시의 계절적 배경은 봄이라는 것을 알 수 있다. 그러나 말하는 이인 '민들레'는 '올해'와 '내년 봄'을 이야기하며 '아가'가 잘 자라기를 바라는 마음을 드러내고 있을 뿐 성장하고자 하는 소망을 드러내고 있지는 않다.

07 ⓐ에는 비유가 드러나는데, 비유는 표현하려는 대상과 빗대어 표현한 대상 사이에 비슷한 점이 있어야 한다. ⓐ에서 표현하려는 대상은 내밀고 있는 작은 입술이고 빗대어 표현한 대상은 뽀뽀하는 입술이다. 이 두 대상의 비슷한 점은 입술을 동그랗게 모아 앞으로 내밀고 있는 모양이다.

08 [A]에는 올해는 아기가 민들레 홀씨를 날리기 위해 숨을 세 번 불어야 하지만, 내년에는 성장하여 숨결이 세져서 두 번만 불어도 민들레 홀씨가 날아갈 것이라는 민들레의 생각이 담겨 있다. 이는 아기의 성장을 따뜻한 시선으로 바라보는 민들레의 태도와 관련이 있다.

09 '그대가 나의 봄'에서 ⓒ '봄'은 '그대'를 빗대어 표현한 말이다. 그러나 ⓑ는 '그대'를 떠올리게 하는 것일 뿐 '그대'를 빗대어 표현한 말은 아니다.
오답풀이 ② '오늘 같은 바람 불면' '나'는 '그대'가 제일 먼저 떠오른다고 표현하고 있으므로, ⓑ는 말하는 이에게 '그대'를 떠올리게 한다.
③ ⓑ는 '나'가 사랑하는 '그대'를 떠오르게 하는 소재이므로, 말하는 이에게 긍정적인 감정을 불러일으킨다.
④ (나)에서는 은유법을 사용하여 사랑하는 '그대'가 '봄'이라고 표현하고 있으므로, ⓒ는 '그대'를 사랑하는 '나'의 마음과 관련이 있다.
⑤ ⓒ는 포근하고 따뜻한 (나)의 분위기를 형성하는 데 영향을 미치는 시어이다.

10 <보기>는 '가자'라는 말을 반복하여 운율을 형성하고 있고, (나)에서는 '~요', '그대만' 등의 표현을 반복하여 운율을 형성하고 있다.

(2) 상징

개념 확인 문제

1 추상적 **2** (1) × (2) × **3** ② **4** 원관념, 보조 관념

1 상징이란 눈에 보이지 않는 개념을 구체적인 대상으로 표현한 것으로, 작품의 주제 형성에 중요한 역할을 한다.

2 (1) 상징은 원관념과 보조 관념 사이에 특별한 연관성이나 유사성이 없다. (2) 상징은 원관념과 보조 관념의 대응 관계가 다대일의 다의성을 지닌다.

3 상징은 주로 많은 사람들이 오랜 시간 동안 관습적으로 의미를 수용한 개념으로, 비둘기는 보통 평화를 상징한다.

4 비유와 상징에는 원관념과 보조 관념이 있다. 비유는 원관념과 보조 관념이 작품 표면에 나타나는 반면, 상징은 원관념은 드러내지 않고 보조 관념만으로 의미를 표현한다는 차이가 있다.

지문 콕콕

P. 30 개울둑, 조약돌
P. 33 산, 꽃, 상처
P. 34 소나기, 도랑
P. 37 대추, 이사, 호두, 분홍 스웨터, 추억

핵심 콕콕 & 문제로 확인　　　　　　29~37쪽

1 ③　2 ②　3 ①　4 ④　5 ③　6 ③　7 ③　8 ③
9 ②　10 ①　11 ③　12 ②　13 ①　14 ①　15 ⑤
16 ④　17 호두알, 갈꽃　18 ③　19 ③

1 소년은 징검다리를 건너고 싶지만 소녀에게 비켜 달라는 말을 하지 못해 개울둑에 앉아 소녀가 비키기를 기다린 것이다.

2 소녀는 소년이 자신에게 말을 걸어 주기를 바라는데, 소년이 반응이 없어 조약돌을 던진 것이지, 소년의 행동이 위험하다고 생각하는 것은 아니다.

3 '가을 햇살', '갈꽃' 등의 소재를 바탕으로 하여 (가)와 (나)의 시간적 배경은 가을임을 알 수 있다.

오답풀이 ② 공간적 배경은 '개울, 징검다리, 메밀밭' 등의 단어를 통해 농촌이라는 것을 추측할 수 있다.

③ 개울가, 갈밭 사잇길 등에서 향토적인 분위기를 느낄 수 있다.

④ 향토적인 정서를 느낄 수 있는 배경인 농촌은 등장인물들의 순수한 면을 잘 드러나게 하는 데 영향을 준다.

⑤ '개울, 징검다리'라는 공간적 배경에서 소년과 소녀가 만나 사건이 벌어지고 있다.

4 소년은 피부가 하얀 소녀와 달리 검게 탄 자신의 모습이 못마땅했을 것이다.

5 서로 헤어져야 하는 갈림길에서 소녀는 소년과 친해질 수 있는 기회를 놓치고 싶지 않아서 말을 건 것이다.

6 소녀가 흔드는 허수아비가 좀 전 것보다 더 우쭐거리는 것은 소녀가 전보다 더 격하게 허수아비 줄을 흔들었기 때문으로, 소녀의 즐거운 감정이 고조되고 있음이 드러난다.

7 소녀는 무가 맛이 없다며 집어 던진다. 이 모습을 본 소년은 소녀와 친해지고 싶은 마음에 자신도 소녀와 같은 생각임을 보여 주고 싶어서 무를 더 멀리 던져 버렸다.

8 소녀에 대한 호감과 소녀를 위하는 마음으로 소녀에게 좋은 것만 주고 싶었기 때문이다.

9 소녀에게 자기 혼자만 할 수 있는 멋진 모습을 보여 줌으로써 잘 보이고 싶어 하는 소년의 마음을 엿볼 수 있다.

10 '어린 송아지'는 소년과 소녀에게 안 좋은 일이 일어날 것 같은 느낌을 주는 것에 해당하지 않는다.

11 소녀는 수숫단 앞에 앉아 비를 맞는 소년이 안쓰러워 수숫

단 속으로 들어오라고 말하고 있다. 따라서 소년의 어려움을 모른 체하고 있지 않다.

12 도랑을 건널 때 소년이 소녀를 업어 줌으로써 둘 사이는 이전보다 가까워지고 서로에 대한 호감이 커질 것이다.

13 분홍 스웨터의 얼룩은 소녀가 소년에게 업혔을 때 생긴 것으로, 소년은 소녀와의 추억이 떠오르자 얼굴이 달아오른다. 이는 소년이 수줍어하고 쑥스러워하는 모습이다.

14 소녀는 이사를 가게 된 상황에서 소년에게 맛있는 대추를 선물하며 자신의 마음을 마지막으로 표현하고 싶었을 것이다.

15 소년은 소녀가 이사 가는 것이 충격적이고 서운하여 대추의 달달한 맛을 느끼지 못했을 것이다.

16 소년은 소녀에게 좋은 호두를 주고 싶어 덕쇠 할아버지네 호두를 몰래 딴다. 몰래 호두를 땄다는 죄책감과 다른 사람의 눈에 띄지 않기를 바라는 마음 때문에 소년은 그늘진 공간을 골라 짚으며 돌아왔다.

17 (러)에서 소년은 이사 가게 될 소녀를 마주치지 못하자, '호두알을 만지작거리며, 한 손으로는 수없이 갈꽃을 휘어 꺾고 있'다. 이는 심란한 소년의 심리를 드러낸 행동이다.

18 소녀는 소년과 소나기가 온 날 함께 나눈 시간을 소중하게 생각하여 그때 소년의 등에서 옮은 물이 든 옷을 마지막까지 입고 싶다고 했을 것이다.

19 소년과 소녀의 사랑은 소녀의 죽음으로 인하여 계속 이어지지 못하고 금세 끝나게 되었으므로 제목인 '소나기'는 '짧고 강렬한' 소나기 같은 사랑으로 해석할 수 있다.

감상 × 탐구　　　　　　38~39쪽

1 (1) ① 답답 ② 이사 ③ 호두 ④ 추억 (2) 호감, 기억　2 (1) 수숫단, 도랑, 소나기, 옷 (2) 사이　3 짧은, 강렬한　4 주제, 풍부한, 신선한

학습 활동 응용 >>>　　　　　　38~39쪽

01 ③　02 ②　03 ②　04 추억, 옷(분홍 스웨터)　05 ㄱ → ㄹ → ㄷ → ㄴ　06 ③　07 ④　08 ⑤

01 개울가는 소년과 소녀의 만남이 주로 이루어지는 공간적 배경이지만, 개울가에서 소년과 소녀가 물고기를 함께 잡은 내용은 나타나 있지 않다.

02 소녀는 이사를 가기 전에 자신이 좋아하는 소년에게 마지

막 선물로 대추를 주었다.

03 소녀가 이사 간다는 사실을 안 소년은 소녀에게 주고 싶어 덕쇠 할아버지네 호두밭에서 남몰래 알이 굵고 큰 호두를 땄다.

04 소녀는 소나기가 오던 날 소년과 함께 시간을 지내며 검붉은 진흙물이 물든 자신의 분홍 스웨터를 입혀서 묻어달라고 할 만큼, 소년과의 추억을 소중히 간직하고 싶어 했다.

05 소년과 소녀는 함께 산 너머로 놀러 갔다가 갑작스레 소나기를 만나 비를 피하고 돌아오는 길에 불어난 도랑을 건넜다. 소나기를 맞은 뒤 병을 앓던 소녀는 결국 죽음을 맞았다.

06 원두막과 수숫단 속에서 함께 소나기를 피하고, 소나기로 불어난 도랑을 건너면서 소년과 소녀는 더욱 가까워졌다.

07 갑작스럽게 내린 소나기로 소년과 소녀는 서로 더 가까워졌지만 소나기를 맞은 소녀는 병을 앓다 죽고 만다. 이를 바탕으로 할 때, 이 글에서 '소나기'는 소년과 소녀에게 갑작스럽게 찾아온 사랑을 상징한다.

08 상징은 표현하고자 하는 바를 직접 드러내지 않아 독자에게 신선한 느낌을 준다.

1등 친구의 만점 노트　　　　　　　　　　　40쪽

❶ 소나기　❷ 이별　❸ 구체적　❹ 간접적　❺ 짧은　❻ 추억
❼ 순수한 사랑

기초가 튼튼해지는 소단원 다잡기　　　　41~45쪽

01 ①　**02** ③　**03** ④　**04** 소녀는 자신에게 말을 걸지 않고 개울둑에 앉아만 있는 소년이 답답하여 소년의 관심(표현)을 끌기 위해 이러한 행동을 하였다.　**05** ②　**06** 꽃(묶음)　**07** ④　**08** ⑤　**09** ①　**10** ⑤　**11** ⑤　**12** 이전에는 소녀에게 비켜 달라는 말을 못하고 가만히 기다릴 만큼 소극적이었는데, ⓐ에서는 소녀에게 등에 업히라고 제안할 만큼 적극적인 태도를 보인다.　**13** ⑤　**14** 호두, 얼룩 수탉　**15** ⑤　**16** 소녀의 스웨터에 물든 자국이 소년이 소녀를 업고 도랑을 건넌 날 소년의 등에서 옮은 것이라는 사실을 알게 된 소년은 부끄러움과 쑥스러움을 느끼고 있다.　**17** ④　**18** ③　**19** ⑤　**20** ⑤

01 이 글의 갈래는 소설이며, 소설은 작가가 현실에 있을 법한 이야기를 그럴듯하게 꾸며 쓴 허구의 이야기이다.

02 이 글의 서술자는 작품 밖에서 소년과 소녀의 모습을 관찰하고 있다.
오답풀이 ① (라)의 '가을 햇살'에서 이 글의 계절적 배경이 가을임을 알 수 있다.
② '징검다리', 개울둑, '갈밭' 등에서 공간적 배경이 농촌의 어느 마을임을 추측할 수 있다.
④ 농촌에서 지내는 소녀와 소년의 순수한 모습에서 향토적이고 순수한 분위기를 느낄 수 있다.
⑤ 소녀는 자신에게 말을 걸지 않는 소년이 답답하여 개울가에서 조약돌을 던졌다. 이처럼 소녀와 소년의 만남이 개울가에서 이루어지고 있다.

03 소년은 징검다리를 막고 있는 소녀에게 비켜 달라는 말을 하지 못할 만큼 소극적인 성격이다.

05 (가) 자신이 뽑아 준 무를 소녀가 맛이 없다고 하자 소년은 멀리 팽개쳐 버리는데, 이는 민망함을 느꼈기 때문에 보인 행동이라고 할 수 있다. (나) 소년은 소녀에게 꽃묶음을 만들어 주며 설레고 즐거워하고 있다. (다) 소년은 소녀가 상처를 입자 이를 걱정하며 안타까워하고 있다. (라) 소년은 소녀 앞에서 송아지 등에 올라타서 자랑스러워하고 자부심을 느끼고 있다.

06 (라)에서는 '소녀의 흰 얼굴이~꽃묶음 같다.'라고 하며 소녀를 꽃에 빗대어 표현하고 있다. (나)에서는 소년이 소녀를 위해 꽃을 꺾어 와 싱싱한 꽃만을 골라 건네고 있다.

07 소녀는 소년이 자신에게 주려고 꺾어 온 꽃을 골라내지 말고 모두 달라고 말하고 있다. 이를 통해 소녀가 자신을 위해 여러 가지 꽃을 꺾어 온 소년의 정성에 고마워하고 있으며, 그 꽃을 아끼는 소녀의 마음을 짐작할 수 있다.

08 '바투'는 '두 대상이나 물체의 사이가 썩 가깝게'라는 뜻이다.

09 (다)에서 수숫단 속으로 소년이 들어오다 소녀가 안고 있는 꽃묶음이 우그러들었다는 것을 알 수 있다. 하지만 소녀는 '상관없다고 생각'하고 있으므로 소년 때문에 꽃묶음이 망가져 소녀가 속상해하고 있다는 내용은 적절하지 않다.

10 '갑자기 사면이 소란스러워진 것 같다.', '삽시간에 주위가 보랏빛으로 변했다.', '대번에 눈앞을 가로막는 빗줄기.' 등을 통해서 (가)에서 인물들 주변의 분위기가 어두워졌음을 알 수 있다.

11 도랑의 물이 불어나 소년이 소녀를 업게 되면서 둘 사이가 더 가까워진다. 즉 ㉤은 소년과 소녀의 사이를 가깝게 해 주는 계기이지 소년과 소녀가 시련을 겪게 만든 사건이 아니다.

13 소년은 덕쇠 할아버지네 호두밭에서 작대기를 내리치며 호두를 몰래 땄다. 호두를 다 따고 돌아오는 길에 다른 사람에게 들키지 않으려고 그늘만 골라 짚으며 갔을 뿐, 그늘에 있는 호두를 따려고 하지는 않았다.

14 소년은 소녀에게 맛보여 주고 싶은 생각에 남몰래 덕쇠 할아버지네 호두를 땄다. 그리고 아버지가 윤 초시네 댁 제사에 닭을 가져다주려는 것을 알고는 소녀네에 큰 닭인 얼룩 수탉을 가져갔으면 하는 마음을 내비친다. 따라서 '호두'와 '얼룩 수탉'을 통해 소년이 소녀에게 호감을 가지고 있음을 알 수 있다.

15 소년은 소녀를 위하는 자신의 마음을 아버지에게 들킨 것 같아 부끄러워서 공연히 쇠잔등을 내리친 것이다.

17 이 글에서 소녀에 대한 마을 사람들의 부정적인 시각은 알 수 없다. 소녀의 아버지가 '잔망스럽'다고 표현한 것은 소녀의 유언이 남달랐던 것에 대한 반응일 뿐 소녀를 부정적으로 바라본 것은 아니다.
오답풀이 ①, ②, ⑤ 이 글은 부모님의 대화를 통해 소년이 소녀의 죽음을 간접적으로 알게 되면서 이야기가 끝이 난다. 이를 통해 독자는 소년이 앞으로 취할 행동이나 느낄 감정 등에 대해 상상하며 여운을 느낄 수 있다.
③ 소녀를 보고 싶어 하던 소년과, 소년과의 추억을 간직하고자 하는 유언을 남긴 소녀 두 사람이 느꼈을 안타까움을 효과적으로 전달한다.

18 소녀네 집은 전답(논밭)을 다 팔고, 살던 집도 남의 손에 넘어가고, 하나 남은 증손녀인 소녀까지 죽게 되는 등 불행한 일이 잇따라 일어나고 있다. 이러한 상황에 어울리는 사자성어는 난처한 일이나 불행한 일이 잇따라 일어남을 이르는 말인 '설상가상'이다.
오답풀이 ① 고진감래(苦盡甘來)는 쓴 것이 다하면 단 것이 온다는 뜻으로, 고생 끝에 즐거움이 옴을 이르는 말이다.
② 반포지효(反哺之孝)는 자식이 자란 후에 어버이의 은혜를 갚는 효성을 이르는 말이다.
④ 금시초문(今時初聞)은 바로 지금 처음으로 들었다는 말이다.
⑤ 전화위복(轉禍爲福)은 재앙과 근심, 걱정이 바뀌어 오히려 복이 된다는 말이다.

19 (나)의 소녀네(윤 초시 댁)가 전답을 다 팔아 버리고 집마저 남의 손에 넘겼다는 부분에서 소녀네의 가세가 많이 기울었음을 알 수 있다. 이를 바탕으로 할 때 ㉤에서 약을 써 보지 못한 것은 소녀가 집안사람들에게 관심을 받지 못해서가 아니라, 경제적인 어려움 때문이었음을 알 수 있다.

20 '말이 아니다'는 '사정, 형편' 따위가 몹시 어렵거나 딱하다.'라는 뜻의 관용구이다.

(3) 정서를 표현하는 글 쓰기

46쪽

개념 확인 문제

1 ㄷ → ㄴ → ㄱ **2** (1) ✕ (2) ○ (3) ○ **3** ④ **4** 자아

2 (1) 글을 독자와 공유하고 독자의 반응을 확인하는 경험을 통해 글쓰기 능력을 향상시킬 수 있다.

3 비유, 상징 등과 같은 다양한 표현 방법을 활용하여 개성 있게 표현하면 정서를 진솔하게 담는 글 쓰기를 할 수 있다.

지문 콕콕

P. 47 엘리베이터, 형벌
P. 48 책, 축구공, 자전거, 징크스, 할머니, 지각, 외면
P. 49 형벌, 마음

핵심 콕콕 & 문제로 확인

47~49쪽

1 형벌 **2** ⑤ **3** ① **4** ③ **5** ① **6** ②

2 자전거를 사람처럼 비명을 지른다고 표현한 것은 의인법이다. ⑤는 깃발을 의인화하고 있다.
오답풀이 ① 은유법이 쓰였다.
② 직유법이 쓰였다.
③, ④에서는 비유적 표현이 쓰이지 않았다.

3 (나)에는 아침→오후→하교 후에 글쓴이가 겪은 불행한 일이 나타나 있다. 이는 시간의 흐름에 따라 자신의 경험을 제시한 것이다.

4 자신이 느끼기에 시간이 늦게 가는 상황을 '-듯이'를 활용하여 '시간 여행'에 빗대어 표현한 직유법이 쓰였다.

5 176개의 계단을 걸어 올라갈 때 육체적으로 힘든 것보다 할머니를 외면하여 마음이 무거운 것이 더 괴로우므로 할머니를 외면하는 것이 진정한 형벌이라는 뜻이다.

6 '나'는 되는 것이 없는 불행한 하루라고 생각했던 날, 작은 선행으로 만족감을 느끼고, 불행이든 행복이든 모든 것은 마음먹기에 달려 있다는 것을 깨닫는다.

과정 · 탐구

50~51쪽

1 (1) 엘리베이터, 할머니 (2) 경험 **2** (1) 시간 (2) 불길, 짐, 자전거, 불편 **3** 형벌, 시간 여행, 길게, 뿌듯, 계단, 불행 **4** 감동, 가치관

01 ⑤ **02** (1) ○ (2) × (3) × **03** 시간 **04** ④ **05** ④
06 ③ **07** 뿌듯 **08** ⑤

01 세라는 옆집 할머니를 도와 뿌듯함을 느낀 경험을 글감으로 삼았다.

03 세라는 학원에 가기 위해 계단을 내려가다가 체육복 소매가 찢어지고, 그 뒤 짐을 들고 올라가는 할머니를 발견한 경험을 썼다. 이는 자신의 경험을 시간의 흐름에 따라 정리한 것이다.

04 세라는 힘겨워하는 할머니를 모르는 척하며 불편한 감정을 느꼈다.

05 매일 많은 계단을 오르내려야 해서 힘든 상황을 '형벌'에 빗대어 표현하였다.

06 힘들어하는 할머니를 모르는 척 외면하는 동안 마음이 너무 불편하여 시간이 느리게 가는 것처럼 느껴져 '시간 여행이라도 하듯이'라고 표현한 것이다.

08 의견 교환을 통해 문제를 해결하는 것은 토의나 토론의 특징이다. 정서를 표현하는 글을 쓰면서 얻을 수 있는 효과로는 알맞지 않다.

1등 친구의 만점노트 52쪽

❶ 글감 ❷ 진솔 ❸ 감동 ❹ 즐거움 ❺ 깊이 ❻ 계단
❼ 할머니 ❽ 불행

소단원 다잡기 53~55쪽

01 ⑤ **02** ⑤ **03** 형벌 **04** ③ **05** ② **06** ① **07** '엘리베이터를 타고 오르듯 가벼웠다.'라는 표현으로 할머니를 모른 척하면서 불편했던 글쓴이의 마음이 할머니를 도우며 뿌듯함으로 바뀌었음을 효과적으로 드러냈다. **08** ④ **09** ④ **10** ④ **11** 할머니를 도와드리지 않고 모르는 척할 때 불편한 마음이 들어 시간이 길게 느껴졌기 때문이다. **12** ⑤

01 (나)에서 엘리베이터 공사가 일주일째인데 앞으로 3주가 더 남았다고 하였으므로, 엘리베이터 공사는 총 4주간 진행됨을 알 수 있다.
　오답풀이 ① (가)에서 글쓴이는 176개의 계단을 올라야 하는 것을 '형벌'에 비유할 만큼 힘겨워하고 있다.
　②, ④ (다)에서 글쓴이는 4층 계단을 꺾어 올라가다가 자전거 손

잡이에 체육복 소매가 걸려 밑단이 뜯어지고, 자전거 손잡이에 걸린 실밥을 풀어내다가 그만 짜증이 나서 자전거를 넘어뜨린다.
　③ (다)에서 글쓴이는 오후에 누군가 찬 축구공에 머리를 맞았다고 하였다.

02 글쓴이는 계단을 오르내려야 하는 나날도 괴롭고, 특히 오늘은 아침부터 내내 안 좋은 일이 벌어져 짜증을 느끼고 있다. 따라서 (가)~(라)에 나타난 글쓴이의 주된 심리로는 짜증스러움이 알맞다.

03 글쓴이는 (가)에서 12층에 사는 자신이 집에 가려면 176개의 계단을 올라가야 하는데, 이는 숨이 턱 밑까지 차오를 만큼 고통스럽다고 표현하고 있다. 이러한 고통을 '형벌'에 비유하여 효과적으로 드러내고 있다.

04 (다)에서 글쓴이는 자신이 징크스에 약하다며, 우연히 마주친 불행은 꼬리를 물고 하루 종일 들러붙는다고 하였다.

05 이 글은 글쓴이의 경험과 그에 따른 정서, 깨달음을 쓴 것으로, 이와 같은 글을 쓸 때에 경험이나 느낌을 압축하여 간결하게 제시해야 하는 것은 아니며 경험과 느낌이 잘 드러나도록 구체적으로 쓰는 것이 적절하다.

06 <보기>에서는 바람을 사람에 빗대어 표현한 의인법이 쓰였다. ㉠에서는 사람이 아닌 자전거가 사람처럼 비명을 질렀다고 표현하였으므로 <보기>와 같은 의인법이 쓰인 것이다.

08 글쓴이는 불행한 일을 겪으면 하루 종일 불행이 따라오는 것을 자신의 징크스로 여기고 있었다. 오늘 아침부터 불행한 일들이 생겨 자신의 징크스대로 오늘 하루 운이 나쁠 것이라고 생각했는데, 할머니를 돕고 나서 뿌듯함을 느꼈다. 이러한 경험을 한 글쓴이는 행복이든 불행이든 모두 자신의 마음에 달려 있음을 깨닫는다.

09 할머니의 한숨 소리는 계단을 힘겹게 오르는 할머니의 상황을 효과적으로 보여 주는 의성어일 뿐, 할머니와 할아버지의 갈등을 짐작하게 하는 것은 아니다.

10 글쓴이는 ㉠에서와 같이 할머니를 모르는 척하려다가도 ㉡에서는 마음이 무거워짐을 느끼고 있다. 이는 글쓴이의 내면에서 서로 다른 생각이 충돌을 일으키기 때문이다.

12 이 글에서 글쓴이는 인사를 거의 나눈 적이 없는 옆집 할머니를 도와주며 뿌듯함을 느끼고 있지만, 이를 통해 이웃과 가까이 지낼 것을 당부하고 있다고 볼 수는 없다. 글쓴이는 자신의 경험을 통해 불행과 행복이 자신의 마음가짐에 달려 있다는 깨달음을 전하고 있다.

대단원

문제 **56~61쪽**

01 ③ **02** ① **03** ③ **04** 나는 세상에서 제일 작은 낙하산
05 ③ **06** ③ **07** ⓐ에서 원관념은 '꽃잎'이고, 보조 관념은 '팝콘'이다. '꽃잎'과 '팝콘'은 모두 작고 하얗고 가볍게 흩날리는 모습을 보인다는 공통점이 있다. **08** ⑤ **09** 이 광고에서는 원관념인 '헌혈'을 보조 관념인 '구명조끼'에 빗댄 은유법이 쓰였는데, 두 대상은 사람의 생명을 구한다는 공통점이 있다. **10** ① **11** ⑤ **12** 소녀의 뒤를 따라 달리던 소년이 소녀를 스쳐 지나 앞서 달리는 것을 보니 소년이 점차 적극적인 모습을 보임을 알 수 있다. **13** ④ **14** ②
15 ④ **16** 무어 그리 안타까울 것도 서러울 것도 없었다. **17** ③
18 ⑤ **19** 이 소설에서 '소나기'의 상징적 의미는 짧은 사랑, 강렬한 사랑이다. 소년과 소녀의 사랑은 소녀의 죽음으로 인해 계속 이어지지 못하고 금세 끝이 나 버렸기 때문이다. **20** ⑤ **21** ②
22 ⑤ **23** ① **24** ③ **25** 아가가 내년에 올해보다 자라 숨결이 세질 것임을 함축적으로 표현하였다.

01 (가)에서는 '민들레'를 활용하여 아가가 잘 자라기를 바라는 민들레의 마음을, (나)에서는 '바람, 꽃잎'을 소재로 활용하여 그대를 사랑하는 마음을 드러낸다.

02 (가)에 사용된 '후후후', '후후'는 입을 둥글게 오므려 내밀고 입김을 많이 내뿜는 소리 또는 모양을 의미하는 '후'를 반복한 것으로, 음성 상징어이다. 한편 (다)에서는 음성 상징어가 쓰이지 않았다.

03 (가)의 말하는 이 '나(민들레)'는 '내년'에 '아가'가 더 '힘차고 따뜻하게 자라' 있으리라 기대하는 마음을 드러내고 있다. 따라서 '아가'가 건강하고 밝게 잘 자라기를 응원하는 마음을 전하고자 함을 알 수 있다.

04 <보기>의 '내 마음은 낙엽'에서는 '내 마음'='낙엽'의 형식으로 빗대어 표현한 은유법이 쓰였다. (가)의 3연에서는 '나(민들레)'='세상에서 제일 작은 낙하산'과 같이 표현한 부분에서 은유법이 쓰였다.

05 <보기>와 비교할 때 (가)의 3연은 <보기>의 상황을 비유법으로 보다 생생하고 구체적으로 표현하였다. 읽는 중간마다 숨을 쉬면서 끊어 읽게 되어 내용을 음미할 수 있다. 즉 흘러가듯이 빠르게 읽히는 것은 (가)가 아니라 <보기>이다.
오답풀이 ①, ②, ⑤ (가)의 3연은 직유법, 은유법, 의인법을 활용한 시구로, <보기>보다 참신하고 재미있는 느낌을 주며 시적 상황을 생생하고 구체적으로 그려 낸다.
④ 시를 읽을 때에는 호흡을 하며 끊어 읽으면서 리듬감을 느끼고 내용을 음미할 수 있다.

06 (가)에서는 '후후후' 같은 똑같은 말이나 '-지'의 어미를 통한 비슷한 문장 구조가 반복됨으로써 운율이 형성되고 있다. ⓒ은 이와 같은 반복이 나타나는 부분이 아니므로 운율을 형성하는 부분으로 보기 어렵다.

08 '노래하는 봄'은 의인법으로 봄꽃 축제의 즐거운 분위기를 생생하게 전달한다.

10 (가)의 '(소녀의) 분홍 스웨터 소매를 걷어 올린 팔과 목덜미가 마냥 희었다.'와 (다)의 '(소년은) 물속을 들여다보았다. 검게 탄 얼굴이 그대로 비치었다.'를 통해 확인할 수 있다.

11 (다)에서 소년은 소녀의 그림자가 보이지 않자 '다행'이라고 생각하다가 소녀가 뵈지 않는 날이 계속되자 가슴 한구석에 허전함을 느낀다. 그러던 어느 날에는 개울물에 비친 검게 탄 자신의 얼굴을 보고 싫어하는데, 이는 피부가 하얀 소녀의 모습과는 다른 자신의 모습을 못마땅해하는 것으로 볼 수 있다.

12 ⊙에서 소년은 소녀의 뒤를 따라 달리고 있고, ⓒ에서는 소녀를 앞질러 달리고 있다. 이는 전보다 소녀에게 적극적인 모습을 보이며 변화한 소년의 태도를 반영한 것이다.

13 '개울가, 징검다리, 갈밭, 허수아비'는 시골의 정취를 느끼게 하는 소재들로, 소년과 소녀의 순수한 모습을 보여 주는 데 기여하고 있다고 볼 수 있다. 그러나 '그림자'는 향토적 분위기나 인물의 순수한 면을 부각하는 소재로 볼 수 없다.

14 (다)에서 소녀는 소년에게 이사 가는 것이 싫어졌다고 말하고 있으므로, 자신의 집이 이사 가는 것을 숨기고 있다고 볼 수 없다.
오답풀이 ① (가)에서 소년은 자신이 뽑아 주고, 자신 있게 베어 먹은 무를 소녀가 맵고 지리다고 집어 던져 무안한 마음에 더 멀리 팽개쳐 버린다.
③ (라)에서 소년은 소녀에게 맛이 좋은 호두를 주려고 주머니에 호두를 담아 왔음을 알 수 있다. 하지만 소녀가 이사 가기 전에 개울가로 나와 달라는 말을 못 한 것을 아쉬워한다. 이를 미루어 볼 때, 소년은 소녀가 이사 가기 전 맛있는 호두를 선물해 주고 싶어 한다.
④ (가)에서 소년은 소녀 앞에서 '이렇게 먹어야 한다는 듯이' 무를 '먼저 대강이를 한 입 베어' 우적 깨물어 먹고 있다. 이는 소녀 앞에서 자신감에 찬 모습이다.
⑤ (라)에서 소년은 '소녀더러 병이 좀 낫거들랑 이사 가기 전에 한 번 개울가로 나와 달라는 말'을 못 해 둔 자신을 '바보'라고 생각한다. 이를 미루어 볼 때, 소년은 소녀가 이사 가기 전 소녀와 만날

약속을 잡지 않은 것을 후회한다고 할 수 있다.

15 (나)에서는 머리 위에 와 있는 먹장구름, 우수수 소리를 내며 지나가는 바람, 삽시간에 보랏빛으로 변한 주위 등을 통해 불길하고 어두운 분위기가 조성되고 있으며, 이를 통해 소년과 소녀에게 좋지 않은 일이 일어날 것임을 암시하고 있다.

16 <보기>는 반어에 대한 설명이다. (다)의 '무어 그리 안타까울 것도 서러울 것도 없었다.'에는 소녀와 헤어지는 것이 매우 안타깝고 서운한 소년의 마음이 반어적으로 표현되어 있다.

17 ⓒ은 비가 오고 바람이 불어 서늘해진 공기로 인해 시원함을 느끼는 것일 뿐, 소녀를 향한 소년의 호감과는 관련이 없다.

18 (가)는 작가의 상상력을 바탕으로 허구적으로 꾸민 소설이지만, (나)는 작가의 경험과 이를 바탕으로 깨달은 바를 담은 수필이다.

19 소나기는 갑자기 쏟아지고 금방 그치는 비이다. 이러한 소나기는 (가)의 소년과 소녀가 나눈 사랑과 공통점을 지닌다. 소년과 소녀의 사랑이 짧고 강렬했으며, 갑자기 찾아왔다는 점, 그리고 소녀의 죽음으로 금세 끝이 났다는 점을 소나기와의 공통점으로 들 수 있다.

20 (나)의 글쓴이는 행복도 불행도 모두 자기 마음먹기에 달려 있음을 깨닫고 있다. (가)의 '윤 초시네'는 안 좋은 일이 연달아 일어난 상황으로, 불행은 자신의 마음에 있으므로 마음을 굳게 먹고 시련을 극복하길 바란다고 위로해 주는 것이 가장 적절하다.

21 ⊙은 많은 계단을 오르며 느끼는 육체적 고통을, ⓒ은 어려움에 처한 할머니를 모른 척하는 것에서 오는 괴로움을 의미한다.

22 (가)에는 '아가'가 민들레 홀씨를 부는 소리와 모양을 흉내 내는 말인 '후후후'가, (나)에는 자전거가 넘어지는 소리인 '와장창'이 나타나 있다.

23 ⓐ에서는 자전거를 의인화하였다. (가)에서 의인화가 나타난 부분은 민들레가 자신을 소개하는 ⊙이다.

24 정서를 표현하는 글은 자신이 겪은 일에서 느낀 점이나 깨달은 점을 과장이나 거짓 없이 솔직하고 진술하게 써야 한다.

② 숨은 의미 찾기

(1) 추론하며 읽기

64쪽

개념 확인 문제

1 (1) ◯ (2) ✕ **2** ③ **3** ① **4** 이미지

1 (2) 추론하며 읽기를 할 때에는 단어나 문장, 시각 자료 등 글에 나타난 정보를 활용하여 글쓴이의 의도나 관점을 추론해야 한다.

2 자신의 흥미와 관심, 수준에 맞는 책을 선정하여 읽는 것은 능동적으로 책을 읽는 방법에 해당한다.

3 글의 내용을 추론하며 읽으면 글과 관련된 다양한 생각을 하게 되므로 글을 읽는 속도는 오히려 더 느려질 수 있다.

4 광고에 담긴 의도를 파악하기 위해서는 광고에 사용된 언어 표현과 이미지에 담긴 의미를 추론해야 한다.

지문 콕콕

P. 65 지능, 창작, 요약
P. 66 질병, 자율 주행, 일자리, 사생활, 편리, 문제, 설득

문제로 확인

65~66쪽

1 관점 **2** (1) ◯ (2) ✕ **3** ③ **4** ④ **5** ② **6** ④ **7** (1) ◯ (2) ◯ (3) ✕ (4) ◯ **8** 설득

1 '경계'의 뜻은 '뜻밖의 사고가 생기지 않도록 조심하여 단속하는 것'이다. 글쓴이는 이 단어를 부제에 사용하여 인공지능 기술의 도입을 조심스럽게 바라보는 자신의 관점을 드러내고 있다.

2 (2) (나)에서는 인공지능 기술로 인해 현재 존재하는 직업 가운데 상당수가 사라질 수 있다고 설명하고 있으므로 인공지능 기술의 도입으로 사람들의 일자리가 늘어난다는 설명은 적절하지 않다.

3 ⊙의 앞부분에는 인공지능 기술을 도입했을 때의 이점이, ⊙의 뒷부분에는 인공지능 기술의 도입을 반대하는 입장이 제시되어 있다. ⊙ 앞의 내용과 뒤의 내용은 상반되므로, ⊙에는 앞의 내용과 상반되는 내용을 연결하는 표지인 '하지만'이 들어가야 한다.

4 글쓴이는 인공지능 기술의 섣부른 도입을 우려하는 자신의 생각을 뒷받침하려는 의도로 인공지능 기술의 도입을

반대하는 사람들의 의견을 제시하고 있다.

5 인공지능 기술을 활용하여 많은 양의 정보를 요약한 것은 인공지능 기술을 활용하여 인간의 삶이 편리해진 경우에 해당한다.

6 독자는 자신의 경험을 떠올리며 글쓴이의 관점을 추론하고 있다. 따라서 독자는 자신의 배경지식을 활용하였다.

7 (3) (다)에서는 인공지능 기술 도입으로 생기는 문제를 해결할 방법을 고민해야 한다고 주장할 뿐, 인공지능 기술로 생기는 문제가 편리함보다 크지 않다는 내용은 제시되어 있지 않다.

8 (다)의 마지막 문장을 통해 글쓴이가 이 글을 쓴 이유가 인공지능 기술을 우리의 삶 속에 들여오는 것은 신중하게 고민해야 할 문제라고 독자를 설득하기 위해서임을 알 수 있다.

과정 × 탐구　　　　　　　　　　67~68쪽

1 (1) 인공지능 기술 (2) 1문단: 컴퓨터 시스템 / 2, 3문단: 편리, 반대 / 4, 5, 6문단: 사생활 침해, 책임 / 7문단: 신중, 고민　**2** 문제, 단어, 반대, 배경지식　**3** (1) 해결, 설득 (2) 부정적　**4** 깊이

적용 × 실천　　　　　　　　　　69쪽

1 (1) 플라스틱 쓰레기 (2) 비닐봉지, 생태계, 스리랑카 코끼리 (3) 설득, 부정적

학습 활동 응용 >>>　　　　　　　67~69쪽

01 ③　**02** ②　**03** ①　**04** ①　**05** 제목　**06** ④　**07** ①
08 ④　**09** ③　**10** ④

01 글쓴이는 인공지능 기술의 섣부른 도입을 반대하는 목소리가 있다고 하며 도입에 신중해야 한다고 말하고 있다. 따라서 모든 현대인들이 인공지능 기술 도입을 찬성하는 것은 아니다.

02 글쓴이는 인공지능 기술을 인간의 삶에 들여오는 것은 신중해야 한다는 관점을 가지고 있다. 이러한 글쓴이의 의견과 일치하는 관점은 ②이다.

03 업무의 효율성이 증가하는 것 자체는 인공지능 기술 도입의 장점으로 볼 수 있다. 자동화에 따른 효율성 증가로 일자리 감소가 일어날 수 있는 것이 문제점이다.

04 글쓴이는 인공지능 기술 도입에 신중해야 한다는 입장일 뿐 인공지능 기술을 거부해야 한다는 생각을 가진 것은 아니다.

05 글의 제목과 부제에 나타난 '인공지능 기술', '도입', '경계'라는 단어를 통해 인공지능 기술의 도입을 조심스럽게 바라보는 글쓴이의 입장을 추론할 수 있다.

06 '하지만'은 앞의 내용과 상반되는 내용이 이어질 것임을 나타내는 표지어이므로 인공지능 기술을 이용할 때의 편리한 점과 대비되는 문제점과 관련한 내용이 이어질 것이라고 추론할 수 있다.

07 글쓴이는 인공지능 기술로 인한 문제점을 제시하여 인공지능 기술의 섣부른 도입을 신중하게 고민해야 한다는 자신의 생각을 뒷받침하고 있다.

08 이 광고에서 생태계 교란종은 인간이 만든 플라스틱 쓰레기를 의미하므로 이 광고의 내용과 의도를 추론할 때 야생에서 코끼리를 위협하는 동물이 무엇인지 질문하는 것은 적절하지 않다.

09 이 광고에서는 코끼리의 이미지는 작게, 비닐봉지로 표현된 맹수의 얼굴은 크게 제시하고 있다. 이를 통해 플라스틱 쓰레기 때문에 희생되는 코끼리의 상황을 효과적으로 표현하여 플라스틱으로 인해 계속해서 생태계가 파괴되면 생태계의 다른 존재들이 사라질 수 있음을 경고하고 있다.
오답풀이 ①, ② 비닐봉지를 큰 맹수로 표현한 것은 인간이 버리는 플라스틱 쓰레기가 생태계를 위협한다는 내용을 효과적으로 전달하기 위한 것이다.
④ 맹수의 얼굴처럼 보이도록 표현한 것은 비닐봉지이다.
⑤ 코끼리를 작게 표현한 것은 플라스틱 쓰레기로 희생되는 존재임을 강조하기 위해서이다.

10 이 광고는 코끼리들이 플라스틱 쓰레기로 인해 죽어 가고 있는 현실을 보여 주고 있다. 코끼리에게 플라스틱을 먹이로 주는 사람을 처벌해야 한다는 내용을 담고 있는 것은 아니다.

1등 친구의 만점 노트　　　　　　70쪽

❶ 배경지식　❷ 내용　❸ 경계　❹ 질병　❺ 일자리　❻ 해결

01 ②   **02** ③   **03** 요약   **04** 의료 분야에서 인공지능 기술을 이용하여 다양한 질병을 빠르게 진단하는 것처럼 인공지능 기술은 우리의 생활을 더욱 편리하게 만들어 주기 때문이다.   **05** ③   **06** ⑤   **07** ①   **08** ④   **09** 악용   **10** 글쓴이는 인공지능 기술을 도입하는 것에 신중해야 한다고 독자를 설득하고 있다.   **11** ④   **12** ⓐ 의도, ⓑ 내용, ⓒ 능동적   **13** ④   **14** ③   **15** 이 광고는 플라스틱 쓰레기를 줄여야 한다고 독자를 설득하기 위해 만든 것이다.

01 이 글은 인공지능 기술을 이용하는 것이 삶을 편리하게 해 주지만, 인간에게 좋은 점만 있는 것은 아니라는 글쓴이의 주장이 드러난 글이다. 따라서 글쓴이가 무엇을 주장하고자 하는지를 중점적으로 추론하며 읽어야 한다.

02 '우리'는 글쓴이가 독자들이 모두 함께 생각해 봐야 할 사회적 문제를 제시하기 위해 사용한 표현으로 볼 수 있다.

03 (가)에서는 인공지능 기술 활용의 장점에 관해 설명하고 있다. 인공지능 기술을 이용하면 사람처럼 글을 쓰거나 그림을 그리는 창조적인 활동이 가능하고, 짧은 시간 안에 많은 양의 정보를 요약할 수 있다고 설명하고 있다.

05 ㉠의 앞에서는 인공지능 기술의 장점이 드러나고, ㉠의 뒤에서는 인공지능 기술을 반대하는 입장이 나타나므로 ㉠에 들어갈 말로 알맞은 것은 앞의 내용과 상반되는 내용이 이어짐을 나타내는 표지어인 '하지만'이다.

오답풀이 ① 앞의 내용에 더하여 다른 내용이 이어질 때 사용한다.
②, ⑤ 앞의 내용이 원인이 되어 그 결과로서 뒤의 내용이 이어질 때 사용한다.
④ 앞의 내용에 대해 구체적인 예시가 되는 내용이 이어질 때 사용한다.

06 (가)와 (나)에 인공지능 기술과 관련하여 생길 수 있는 문제들을 나열하여 인공지능 기술의 도입을 신중하게 고민해야 한다는 글쓴이의 생각을 뒷받침하고 있다.

07 (다)에는 인공지능 기술이 우리의 삶을 더 편리하게 하는 것은 분명하지만, 인공지능 기술 도입으로 생기는 문제도 있으므로 이를 해결할 방법 또한 고민해야 한다는 글쓴이의 관점이 드러난다.

08 (가)에서는 ㉠에서 사생활 침해가 발생할 수 있다는 점이 문제라고 언급하고 있다. 고객 맞춤형 서비스를 제공하는 프로그램을 만들 때에 고객의 습관이 학습 데이터로 사용되는 것이나, 기업이 자사의 휴대 전화를 사용하는 고객들의 위치 정보를 동의 없이 수집하는 것 등은 모두 기업이 고객의 동의 없이 고객의 정보를 수집하여 사생활 침해 문제가 발생할 수 있음을 보여 준다.

09 <보기>에서는 인공지능 로봇이 인간을 위협하는 내용의 영화를 본 경험을 떠올리며 인공지능 기술이 인간에 의해 악용되어 사람들의 안전을 위협하는 일이 생길 수 있음을 걱정하는 글쓴이의 관점에 공감하고 있다.

11 이 글의 글쓴이는 인공지능 기술의 도입은 좋은 점도 있지만 문제점도 있으므로, 문제를 해결할 수 있는 방법을 찾으며 신중하게 접근해야 한다는 생각을 드러내고 있다. 인공지능 기술의 발전에 이바지한 인물을 찾아보겠다는 반응은 이 글의 이러한 의도와 거리가 먼 반응이므로 적절하지 않다.

12 추론하며 읽으면 글쓴이가 전달하려는 내용, 즉 의도와 관점을 분명하게 알 수 있고 내용을 보다 깊이 있게 이해할 수 있다는 효과가 있다. 또한 독자는 추론을 위해 배경지식이나 글 속의 정보를 활용하여 능동적으로 읽을 수 있고 이를 통해 사고의 폭을 넓힐 수 있다.

13 ④는 독자의 배경지식을 활용하여 의미를 추론한 것이다. 나머지는 광고에 나타난 언어적 표현과 이미지를 바탕으로 하여 광고의 의미를 추론한 것이다.

14 비닐봉지 이미지, 코끼리 이미지, 플라스틱 소비량에 대한 언급 등을 고려할 때 '새로운 생태계 교란종'은 플라스틱 쓰레기를 의미하며 [A]는 플라스틱 쓰레기가 생태계를 위협하고 있음을 표현하고 있다.

(2) 추론하며 듣기

74쪽

개념 확인 문제

1 내용, 추론   **2** ③   **3** (1) ○ (2) ○ (3) ×   **4** 정보, 가치관

2 화자와 청자, 화자와 청자의 관계, 대화가 이루어지는 시간과 공간 등을 상황 맥락이라고 한다. 화자가 사용하는 문장은 언어적 표현에 해당한다.

3 (3) 준언어적, 비언어적 표현은 모두 화자가 표현하고자 하는 의미를 전달하는 데 활용되는 표현으로, 화자의 의도에 영향을 끼친다.

4 면담에서는 면담 대상자의 의도와 가치관을 추론하며 들어야 하는데, 이는 면담 대상자의 생각을 알 수 있는 말과 면담 대상자의 정보를 통해 추론할 수 있다.

과정 × 탐구 75~77쪽

1 ㉮ 가게 점원, 확인 ㉯ 환자, 병원, 아픈지 / 상황 맥락 **2** ㉰ 수락 ㉱ 거절 **3** (1) ·표정: 화남 ·행동: 시계, 한숨 ·말투: 못마땅함 (2) 약속, 나무라는 **4** 요청 **5** (1) 뒷받침하기 (2) 디지털 정보 격차, 부정적

핵심 콕콕

P. 75 화자, 청자, 시간, 단어, 문장
P. 76 목소리 크기, 얼굴 표정

적용 × 실천 78~79쪽

1 (1) 아쿠아리움, 돌고래, 두뇌, 자연 방사, 사는 (2) 설득, 행복

학습 활동 응용 >>> 75~79쪽

01 ④	**02** ③	**03** 마음, 수락	**04** ④	**05** ③	**06** ⑤
07 ④	**08** ⑤	**09** ①	**10** ②	**11** ②	**12** ④	**13** ①
14 ③	**15** ④	**16** ③	**17** ④	**18** 고향	**19** ③	**20** ⑤

01 (나)의 화자와 청자는 병원에서 의사와 환자로 만나 대화를 나누고 있다.

02 화자와 청자의 상황, 화자와 청자의 관계, 대화가 이루어지는 시간과 장소 등의 상황 맥락을 고려하여야 화자의 의도를 추론할 수 있다. (가)의 화자는 신발 판매원으로, 신발을 신어 본 손님이 인상을 찌푸리자 신발의 착용감이 어떠한지 살피기 위해 '많이 불편하세요?'라고 묻고 있다.

04 '내 코가 석 자'는 내 사정이 급하고 어려워서 남을 돌볼 여유가 없다는 뜻이므로 (라)의 화자는 건우의 제안을 거절하는 의도로 말하고 있다.

05 ㉠의 화자는 약속을 지키지 않은 청자에게 화가 나 있으므로 부끄러워하는 표정을 짓는 것은 적절하지 않다.

06 화자의 못마땅한 말투와 찌푸린 표정 등의 준언어적·비언어적 표현을 통해 청자가 약속한 시간을 지키지 않은 상황에 화자가 화가 났음을 파악할 수 있다.

07 승주가 무거운 책을 들고 땀을 흘리면서 난처한 표정을 짓는 것으로 보아 민호에게 도움을 요청하려고 ㉡과 같이 말했음을 알 수 있다.

08 승주는 양손에 무거운 짐을 든 상태라서 난처한 표정을 짓고 있는 것이다. 민호에게 도움을 요청하기 위해 ㉡과 같이 말하고 있으므로 민호를 만나 반갑지 않은 표정이라는 것은 적절하지 않다.

09 이 뉴스는 디지털 정보 격차가 심각하다는 문제를 알리고 있다. 즉 비대면 상황이 일상화되면서 키오스크가 보편화되고 디지털 기기의 보급도 늘었지만, 정보 취약 계층은 디지털 활용 역량 수준이 낮아 변화에서 소외되고 있음을 전달하고 있다.

10 뉴스의 화제는 디지털 정보 격차인데, 기자는 디지털 정보 격차를 부정적으로 바라보며 이로 인해 발생하는 문제점을 시청자에게 전달하고 있다.

11 코로나바이러스감염증의 장기화로 비대면이 일상화되었다는 것은 사회에서 일어나고 있는 현상을 객관적으로 설명한 것으로, 기자의 생각이나 관점이 드러난 부분은 아니다.

오답풀이 ① 어르신들이 패스트푸드점에서 비대면 주문을 하는 기계를 마주하는 순간을 '어색한 순간'으로 표현한 것은 디지털 정보 격차를 부정적으로 바라보는 기자의 관점을 강조한 것이다.
③ 정보 취약 계층이 디지털 정보 격차로 인해 어려움을 겪고 있는 상황을 제시하여 디지털 정보 격차에 관한 기자의 문제의식을 강조하고 있다.
④ 정보 취약 계층과 관련한 통계 자료의 내용을 바탕으로 하여 디지털 정보 격차에 관한 기자의 부정적인 관점을 강조하고 있다.
⑤ 디지털 정보 격차로 인해 발생하는 문제를 제시하여 디지털 정보 격차에 대한 기자의 문제의식을 강조하고 있다.

12 어르신들이 키오스크 사용을 어려워하는 상황을 면담을 통해 보여 줌으로써 디지털 정보 격차로 문제가 발생하고 있음을 강조하고 있다.

13 면담 대상자는 벨루가가 살 수 있는 최적의 환경을 조성했다는 아쿠아리움의 주장에 대해 말도 안 된다고 반응하며, 돌고래의 생태적 특성을 근거로 들어 벨루가가 살기에 아쿠아리움의 환경은 적절하지 않다고 말하고 있다.

14 ㉢은 벨루가의 특성을 설명한 것일 뿐, 동물을 함부로 잡아 가두어서는 안 된다는 면담 대상자의 가치관을 보여 주는 것은 아니다.

15 면담 대상자는 동물의 인지 능력과 상태에 관한 연구를 바탕으로 하여 갇힌 공간에서 정신적으로 살아남기 힘든 동물은 풀어 줘야 한다고 말하고 있다.

16 면담 대상자는 행동반경이 넓고 초음파를 내보내는 돌고래의 생태적인 특성을 근거로 하여 돌고래를 아쿠아리움에 가두어서는 안 된다고 말하고 있다.

17 면담 대상자는 돌고래에게 배에 부딪혀 죽을지도 모른다고 말해도 돌고래는 머뭇거리지 않고 바다로 나가는 것을 선택할 것이라고 생각한다. ④는 면담 대상자의 생각과 관련이 없다.

18 '질문 4'에서 질문자가 돌고래가 보고 싶다면 어떻게 해야 하는지 묻자, 면담 대상자는 돌고래가 보고 싶다면 그들의 고향으로 인간이 직접 가서 만나야 한다고 설명하고 있다.

19 답변 내용으로 보아 면담 대상자는 인간에게는 동물을 가둘 권한이 없으며, 동물의 입장에서 그들의 삶을 생각하고 동물이 행복할 수 있는 권리를 지켜 주어야 한다는 가치관을 지닌 것으로 볼 수 있다.

20 면담 대상자는 돌고래의 특성을 근거로 들어 동물을 시설에 가두어서는 안 된다고 사람들을 설득하려 하고 있다.

1등 친구의 만점 노트 80쪽

❶ 추론 ❷ 내용 ❸ 상황 맥락 ❹ 반복 ❺ 면담 ❻ 정보

소단원 다잡기 81~83쪽

01 ④ **02** ② **03** ⑤ **04** ④ **05** 응, 시간 있어. 내가 도와줄게. 짐 하나 이리 줘. **06** ③ **07** ② **08** 접근성, 정보 취약 계층 **09** 정보 취약 계층의 디지털 정보 격차에 대한 부정적인 관점을 바탕으로 그 문제의 심각성을 알리고 관심을 촉구하기 위해서이다. **10** ⑤ **11** 행동반경, 정신적 **12** ③ **13** 돌고래는 갇힌 공간에서 정신적 어려움을 겪는 동물이기 때문에 아쿠아리움(수족관)에서 풀어 주어야 한다.

01 대화가 이루어진 장소와 화자가 건넨 말을 바탕으로 할 때, (1)에서 화자는 가게 점원이며 청자는 손님, (2)에서 화자는 의사이며 청자는 환자임을 알 수 있다.

02 (가)에서 ㉠과 ㉡에 담긴 의도가 다르게 해석되는 것은 대화가 이루어지는 장소, 화자의 직업 등과 같은 상황 맥락이 다르기 때문이다. 그러나 화자와 청자의 성별은 ㉠과 ㉡의 의미가 달라지는 것에 영향을 미치지 않는다.

03 ㉢은 화자가 건우의 권유에 수락하는 의도를, ㉣은 화자가 건우의 권유를 거절하는 의도를 담고 있다. ㉣에서 화자는 자신이 누군가를 도울 여유가 없기 때문에 건우의 권유를 거절하는 것이지, 정현이가 자신의 도움을 거절할 것이라고 생각하여 정현이를 돕지 않겠다고 하는 것은 아니다.

04 화자의 표정과 말투, 늦은 시간과 집이라는 장소 등의 상황 맥락을 고려할 때 ㉤에서는 아들을 나무라는 엄마의 의도를 파악할 수 있다.

05 승주가 두 손 가득 짐을 들고 땀을 흘리는 상황에 처한 것을 미루어 볼 때, 승주가 민호에게 시간 있냐고 물은 것은 바쁜 일이 없다면 짐 드는 것을 도와달라는 내용을 전하고자 한 것임을 추론할 수 있다. 이러한 추론을 바탕으로 할 때 민호가 승주에게 긍정적인 반응을 보이며 할 수 있는 대답에는 '응, 시간 있어. 내가 도와줄게. 짐 하나 이리 줘' 등이 있다.

06 정보 취약 계층의 디지털 기기 접근 정도는 일반 국민 대비 91.7%로 크게 차이나는 수준이 아니다. 정보 취약 계층의 디지털 기기 활용 역량 수준이 일반 국민 대비 60.2%로 낮은 편이다.

07 (나)에는 주문받는 직원도, 비대면 주문 방법을 물어볼 사람도 없어서 고령층이 패스트푸드점과 같은 식당에 가서 주문하는 것을 포기한다고 제시되어 있다. 주문받는 직원이 불친절하여 고령층이 식당에 가지 않는 것은 아니다.

08 (다)에서는 정보 취약 계층에 해당하는 고령층과 장애인이 키오스크 사용에 불편을 겪는 이유를 제시하고 있다.

10 돌고래가 뱅글뱅글 도는 정형화한 행동을 하는 것은 수조와 같이 작은 공간에 갇혀 있을 때 보이는 행동이다.

11 (가)와 (나)에서 면담 대상자는 아쿠아리움 측에서 벨루가가 살 수 있는 최적의 환경을 제공한다는 것에 대해 '말도 안 되는 거죠.'라고 답한다. 또한 벨루가가 철 따라 먼 거리를 이동하는 행동반경이 넓은 동물이며 두뇌가 발달하여 갇힌 공간에서 정신적으로 살아남기 힘든 동물임을 설명한다. 이러한 면담 대상자의 말을 바탕으로 하여 면담 내용을 요약하면, 행동반경이 넓고 갇힌 공간에서 정신적으로 살아남기 힘든 동물은 아쿠아리움에서 살아가기 힘들다는 것을 추론할 수 있다.

12 ㉢은 자신의 감금 상태에 대한 인식 능력이 없는 동물의 사례인 올챙이에 대한 설명이다.

대단원

문제   **84~87쪽**

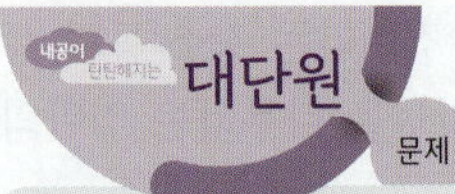

01 ④   **02** ⑤   **03** ③   **04** ①   **05** 인공지능 기술을 도입하면 일자리 감소, 사생활 침해, 법적 책임 문제가 발생할 수 있기 때문에 도입을 반대하고 있다.   **06** 인공지능 기술을 도입할 때 생기는 문제에 대한 해결 방법을 고민하지 않고 섣불리 우리의 삶에 인공지능 기술을 도입하면 인공지능 기술이 인간에게 위협이 될 수 있기 때문이다.   **07** ③   **08** ④   **09** 생태계를 파괴하지 않기 위해 플라스틱의 사용을 줄여야 한다.   **10** ⑤   **11** (가) 좋아. 우리가 같이 도와주자. (나) 미안하지만 내가 바빠서 도와주기가 어려워.   **12** 아들이 자신과 약속한 시간을 지키지 않는 상황에서 화자는 화가 난 표정과 못마땅한 말투로 말하고 있으므로 아들을 나무라는 의도로 말한 것이다.   **13** ③   **14** 디지털 정보 격차가 심각하다는 사실을 뒷받침하기 위해 객관적 성격을 지닌 통계 자료를 제시하였다.   **15** ⑤   **16** ⑤   **17** 인간에게는 돌고래를 수조에 가두어 둘 권한이 없기 때문에 돌고래가 보고 싶다면 인간이 바다로 가서 돌고래를 봐야 한다고 말한 것이다.

01 (라)에서는 인공지능 기술로 인해 생길 수 있는 문제점으로 사생활 침해를 들고 있다. 이러한 문제가 발생하는 원인은 인공지능 기술을 개발하는 과정에서 개인 정보를 학습 데이터로 활용하기 때문이라고 하였다. 인공지능 기술의 발전 과정은 다루고 있지 않다.

02 (다)에서는 인공지능 기술이 사람이 하던 일을 자동화함으로써 많은 일을 정확하고 효율적으로 할 수 있게 되었고, '이에 따라' 사람들의 일자리가 사라지게 될지도 모른다고 설명하고 있다. 따라서 정확하고 효율적으로 해야 하는 일이 사라지게 될 것이라는 추론은 적절하지 않다.

03 (마)에서 글쓴이는 인공지능 기술이 문제를 일으켰을 때 법적 책임이 누구에게 있느냐를 해결되지 않은 숙제라고 표현하고 있다. 나아가 (바)에서 글쓴이는 인공지능 기술을 도입할 때 생기는 문제의 해결 방안을 고민해야 한다고 이야기하고 있을 뿐, 인공지능 기술로 생기는 문제를 기술 발전 과정에서 풀어 나갈 수 있다고 이야기하고 있지는 않다.

04 <보기>에는 인공지능 로봇이 인간의 삶을 위협할 수 있다는 배경지식이 제시되어 있고, (바)에서 글쓴이는 인공지능 기술이 우리에게 위협이 될지도 모른다고 말하고 있다. 따라서 <보기>의 내용을 바탕으로 이 글의 내용을 추론한 것으로 적절한 것은 ①이다.

07 이 광고에서는 생태계 교란종은 인간이 만든 플라스틱 쓰레기이고, 이 플라스틱 쓰레기 때문에 코끼리를 비롯한 다양한 동물들이 죽음의 위협을 받고 있다는 것을 효과적으

로 드러내기 위해 비닐봉지를 크게, 코끼리 이미지를 작게 사용한 것이다.

08 ㉠에서는 한국의 연간 플라스틱 소비량을 구체적인 수치로 제시한 뒤, 스리랑카의 코끼리가 플라스틱을 먹고 죽은 사례를 연결하여 제시하고 있다. 이를 통해 플라스틱의 무분별한 사용이 스리랑카의 코끼리에게까지 악영향을 미칠 수 있다는 경각심을 주고 있다.

오답풀이 ① 플라스틱을 먹은 스리랑카의 코끼리가 죽음을 맞이했다는 것이지 플라스틱을 코끼리의 먹이로 사용하고 있다는 것은 아니다.
② ㉠은 통계 수치를 보여 준다는 점에서 객관적 자료이나, 이는 멸종 동물 문제가 심각함을 강조하기 위해 활용된 자료는 아니다.
③ ㉠은 한국의 플라스틱 소비량이 많다는 것을 보여 주고, 이것이 생태계에 부정적인 영향을 미칠 수 있음을 스리랑카 코끼리의 죽음을 제시함으로써 추론할 수 있게 하고 있다. 스리랑카에서 사용한 플라스틱 사용량은 알 수 없으며 그것이 한국까지 피해를 주고 있는지도 이 광고를 통해서는 알 수 없다.
⑤ 비닐봉지가 맹수로 표현된 것일 뿐, 스리랑카의 코끼리가 맹수의 공격을 받고 있음을 보여 주는 광고는 아니다.

09 이 광고는 플라스틱 쓰레기 중 하나인 비닐봉지를 맹수로 표현하여 동물들이 플라스틱 쓰레기 때문에 생존에 위협을 받고 있음을 드러내고 있다. 이를 통해 독자가 플라스틱 쓰레기로 인한 생태계 파괴를 인식하고, 플라스틱 사용을 줄이게끔 하는 것이 이 광도의 의도라고 볼 수 있다.

10 화자와 청자는 구두 가게의 점원과 손님의 관계이다. 신발을 신어 보는 손님의 표정이 좋지 않자, 점원인 화자는 손님에게 신발의 착용감을 확인하려는 의도에서 '많이 불편하세요?'라고 물어보고 있다.

11 <보기>에서 (가)는 건우의 제안을 수락하는 의미, (나)는 거절하는 의미를 담고 있다. 이러한 화자의 의도를 보다 직접적으로 드러내는 표현으로 바꾸면 (가)는 '좋아. 우리가 같이 도와주자.'로, (나)는 '미안하지만 나도 바빠서 도와주기가 어려워.'로 바꿀 수 있다.

13 (나)에 따르면 정보 취약 계층의 경우에는 디지털 기기나 정보의 활용에서 소외될 수 있다는 문제가 있다.

15 '컴퓨터나 스마트폰 등의 기기는 열에 아홉이 가지고 있'다는 것은 디지털 기기를 대부분 가지고 있다는 의미이고, '이용 능력은 크게 떨어진다'는 것은 그러한 디지털 기기를 이용하는 능력이 크게 떨어진다는 의미이다. (가), (나)의 내용으로 보아, 정보 취약 계층의 디지털 기기 이용 능력이 떨어지는 이유는 활용 방법에 대한 교육이나 익숙해

질 기회를 누리지 못해 활용 방법을 제대로 알지 못하기 때문이라고 볼 수 있다.

16 글쓴이는 돌고래가 바다에 나가게 되면 배에 부딪혀 죽을 지도 모르지만 수조에 남는 선택은 절대로 하지 않을 것이라고 보고 있다.

3 분류하고 활용하기

(1) 단어의 갈래

90쪽

개념 확인 문제

1 (1) ○ (2) × **2** 형태, 기능, 의미 **3** 감탄사(독립언) **4** ②

1 (2) 품사의 분류 기준 중에서 문장 속에서 단어가 어떤 기능을 하느냐에 따라 나누는 것은 '기능'이다.

2 품사는 단어의 형태, 기능, 의미에 따라 분류된다.

3 문장에서 독립적으로 기능하고 느낌, 부름, 대답을 나타내는 것은 감탄사이다.

4 '달리다', '먹다' 등과 같이 대상의 움직임을 나타내며 문장에서 주로 서술어의 기능을 하는 품사는 동사이다.

핵심 콕콕

P. 91 성질, 형태, 기능, 의미
P. 93 이름, 대신, 순서, 주어, 목적어, 형태
P. 95 움직임, 상태, 성질, 서술어, 형태, 활용
P. 97 체언, 용언, 꾸며, 형태
P. 99 체언, 문법적 관계, 변하지, 이다
P. 101 대답, 독립적

이해 × 탐구

91~101쪽

1 품사의 분류 기준
1 형태 변화 여부에 따른 분류
탐구 1 형태 확인 1 높다, 가다, 노래하다 / 학교, 바로, 모든

2 문장 속 기능에 따른 분류
탐구 2 몸통, 꾸며, 기능 확인 2 ㉠ 날씨, 교실 ㉡ 무척, 꽤, 매우

3 의미에 따른 분류
탐구 3 이름, 움직임, 의미 확인 3 유관순, 연필, 복도 / 걷다, 날다, 흐르다

2 품사의 종류와 특성
1 명사, 대명사, 수사의 특성
탐구 1 ㉠ 사랑, ㉡ 이것, ㉢ 셋, 이름, 추상적, 사람, 사물, 장소, 수량, 순서 확인 1-1 수학, 문제, 주희, 도서관, 제하, 책 확인 1-2 우리 / 그곳, 거기 / 이것 확인 1-3 ① 삼, 사, 칠 ② 하나 ③ 첫째, 둘째, 셋째 확인 1-4 체언

2 동사, 형용사의 특성
탐구 2 움직임, 동사, 형용사 확인 2-1 ② 오른다 → 오르다 ③ 보자 → 보다 확인 2-2 편하다, 푸르다, 아름답다 확인 2-3 용언
3 관형사, 부사의 특성
탐구 3 신발, 신발, 슬프다, 관형사, 부사 확인 3-1 ① 모든 | 사람 → 명사 ② 저 | 모자 → 명사 확인 3-2 ① 빨리 | 달린다(달리다) → 동사 ② 무척 | 아름다웠다(아름답다) → 형용사 확인 3-3 수식언

4 조사의 특성
탐구 4 가, 를, 체언, 조사, 특별한 의미 확인 4-1 ① 가, 을 ② 만, 도 ③ 는, 이고, 은, 이다 확인 4-2 관계언

5 감탄사의 특성
탐구 5 앗, 얘, 응, 감탄사 확인 5-1 야, 우아 확인 5-2 독립언

적용 × 실천

102~103쪽

1 (1) 동사, 부사 (2) 부사, 설명문, 시, 꾸며 (3) 수식언, 명사
2 (1) (가) 깨끗하자, 명령형 (나) 띄어쓰기, 깃털같이

학습 활동 응용 >>>

91~103쪽

01 ① **02** ② **03** ③ **04** ②, ③ **05** ③ **06** ③ **07** ①
08 ④ **09** 문장, 형태 **10** ⑤ **11** ①, ④ **12** ① **13** 대신
14 ② **15** ④ **16** ⑤ **17** ④ **18** 활용 **19** ④ **20** 맞있다, 흐리다, 아름답다 **21** ①, ③ **22** ⑤ **23** 잔다, 자니, 자고
24 ① **25** 체언, 용언, 수식언 **26** ① **27** ⑤ **28** ③
29 ⑤ **30** ③ **31** ③ **32** 무척, 덥석, 활짝 **33** ④ **34** 체언, 관계, 뜻 **35** ③ **36** 가, 에서, 는, 을 **37** ㉠ 이다 ㉡ 가, 에서 ㉢ 에서, 를 **38** 는, 에게, 을 **39** ① **40** ④ **41** ④
42 감탄사, 부름 **43** ①, ③ **44** 맙소사, 이크 **45** ④ **46** (1) 이봐 (2) 에구머니나 (3) 여보세요 **47** ① **48** ② **49** 꾸며 주는 (수식하는) **50** ⑤ **51** ② **52** 건강해라 → 건강하기를 바란다
53 ④ **54** 선생님 이다 → 선생님이다 **55** ⑤

01 품사는 단어를 문법적으로 공통된 성질을 가진 것끼리 묶은 갈래이다. 품사의 분류 기준으로는 형태, 기능, 의미가 있다.

02 형태가 변하지 않는 단어끼리 묶인 것은 '고구마', '다섯', '새로'이다. '양파', '여덟', '자동차', '햄버거'도 형태가 변하지 않는 단어이다.

03 '라면'은 형태가 변하지 않는 단어이다. '가다', '먹다', '예쁘다', '자다'는 형태가 변한다.

04 '산', '우리', '어머나'는 항상 같은 형태로 쓰이지만, '크다'와 '앉다'는 문장에서의 쓰임에 따라 형태가 바뀐다.

05 '실내화'는 물건의 이름을 나타내는 단어로, 문장에서 몸통 역할을 한다. '꽤', '활짝', '아주', '무척'은 다른 단어를 꾸며 주는 역할을 한다.

06 '놀았다'는 문장에서 주어인 '나'의 움직임을 서술하는 역할을 한다.

07 사람이나 사물, 장소의 이름을 나타내는 단어인 명사끼리 묶은 것은 ①이다.

08 '맛있다'는 대상의 상태나 성질을 나타내는 단어이다. '달린다'는 대상의 움직임을 나타내는 단어로, <보기>의 '맛있다'를 대신할 수 없다.

09 품사는 문장에서 하는 역할(기능)과 형태 변화 유무에 따라 분류할 수 있다. 명사, 대명사, 수사는 문장에서 주로 주어나 목적어의 역할을 하고, 형태가 변하지 않는다는 특성을 지니고 있다.

10 '시험'은 사람이나 사물, 장소를 대신하여 가리키는 단어가 아니라, '재능이나 실력 따위를 일정한 절차에 따라 검사하고 평가하는 일'이라는 뜻을 가진 추상적 대상의 이름을 나타내는 단어(명사)이다.

11 명사는 형태가 변하지 않으며, 문장 내에서 주로 주어나 목적어의 역할을 하고 사람이나 사물의 이름을 나타내는 단어이다.

12 '여기'는 장소를 대신 가리키는 단어이므로 대명사에 해당한다.

13 대명사는 '나', '너', '우리'처럼 사람을 대신 가리키기도 하고, '이것', '저것', '여기', '저기'처럼 사물이나 장소를 대신 가리키기도 한다.

14 ㉠은 공연장, ㉡은 입장권, ㉢은 가수를 가리킨다. 따라서 적절한 것은 ②이다.

15 ④의 '둘째'는 둘째 자식을 의미하는 명사이다.

16 ㄷ의 '하나', '둘', ㄹ의 '셋'은 수사이고, ㄱ의 '일'과 ㄴ의 '한'은 관형사이다.

17 문장에서 주어나 목적어의 역할을 하는 것은 명사, 대명사, 수사이다.

19 '뛰논다(뛰놀다)'는 '이리저리 뛰어다니며 놀다.'의 의미를 지닌 동사이다. 나머지는 모두 형용사에 해당한다.

20 대상의 상태나 성질을 나타내는 단어는 형용사이다. '먹다'와 '달리다'는 대상의 움직임을 나타내는 동사이다.

21 ②는 대명사, ④는 관형사, 부사, ⑤는 명사, 대명사, 수사에 대한 설명이다.

22 <보기>의 단어들은 모두 형용사이다. ①은 수식언, ②는 동사, ③은 감탄사, ④는 조사에 대한 설명이다.

24 빈칸에 들어갈 단어는 차례대로 '먹는다', '먹어서', '먹을'이다. 이 세 단어들의 기본형은 '먹다'이다.

27 '매우'는 '답답하다'라는 형용사를 꾸며 주는 부사이다.

28 '헌'은 뒤의 '옷'을 꾸며 준다. '정말', '엉엉', '너무'는 부사, '요즘'은 명사이다.

29 '빨리'는 뒤에 나오는 동사 '달린다'를 꾸며 주므로 부사이다.

31 '정말'은 뒤에 나오는 동사 '기대돼'를 꾸며 준다.

32 '저녁', '마늘'은 명사이고, '무엇'은 대명사이다.

33 '한'은 뒤에 오는 명사 '명'을 꾸며 주는 기능을 하는 관형사이다. ㉠은 명사, ㉡은 동사, ㉢은 수사, ㉤은 대명사이다.

35 조사는 문장에서 홀로 쓰일 수 없지만, 홀로 쓰일 수 있는 말에 붙어 쉽게 분리되기 때문에 단어로 분류된다.

39 이 문장에서 '아기'는 주어이고, 엄마 '손'은 목적어이다. 또한 이 문장에서 장소를 나타낼 때는 부사격 조사 '에'가 어울린다.

40 조사 '도'는 '이미 어떤 것이 포함되고 그 위에 더함.'의 뜻이 있다.

41 '-는지'는 막연한 의문이 있는 채로 그것을 뒤 절의 사실이나 판단과 관련시키는 데 쓰는 연결 어미이다.

43 ②는 수식언에 대한 설명이고, ④, ⑤는 조사에 대한 설명

이다.

45 '우아'는 느낌을 나타내는 감탄사이다. '야'는 부름을, '네'는 대답을 나타내는 감탄사이다.

47 '단단하다'는 '어떤 힘을 받아도 쉽게 그 모양이 변하거나 부서지지 아니하는 상태에 있다.'라는 뜻을 지닌 형용사이다.

48 '감싸고'는 동사 '감싸다'의 활용형으로, '-고'는 조사에 해당하지 않는다.

50 '피고'는 기본형이 '피다'이고, '꽃봉오리 따위가 벌어지다.'라는 뜻의 동사이다.

51 '꿈꾸며'는 '꿈꾸다(꿈을 꾸는 상태에 있다.)'의 활용형으로, 동사이다.

52 '건강하다'는 형용사이다. 형용사는 '-해라'와 같은 명령형 표현을 쓸 수 없다.

53 '같이'는 '앞말이 보이는 전형적인 어떤 특징처럼'의 뜻을 나타내는 조사로, 앞말에 붙여 써야 한다.

54 '이다'는 명사를 서술어로 만들어 주는 서술격 조사로, 앞 명사와 붙여 써야 한다.

55 '행복하다'는 형용사이다. 형용사는 명령형인 '행복하세요'로 표현할 수 없으므로 '행복하시기를 바랍니다'와 같이 고쳐 써야 한다.

문법 다잡기 · 104~105쪽

① 품사의 분류 기준
01 (1) 작고, 귀엽다 (2) 고양이, 정말　**02** (1) 배우 (2) 그, 꽤
03 (1)-㉠ (2)-㉢ (3)-㉡

plus 문제
01 ① | 형태가 변하지 않는 품사는 명사, 대명사, 수사, 관형사, 부사, 감탄사, 조사(서술격 조사 제외)이다. ㉠, ㉢은 명사, ㉡은 조사로 형태가 변하지 않는 단어이다. ㉣은 형용사, ㉤은 동사이다. **02** ③ | '입고'와 '나가서'는 모두 지유의 행동(움직임)을 서술한다. 서술어는 두 개 이상의 용언이 나열될 수 있다. **03** ④ | 체언에는 명사, 대명사, 수사가 있다. '이런'은 '상태, 모양, 성질 따위가 이러한'의 의미를 지닌 관형사이다. **04** ② | '싱그럽다'는 형용사이다. ① '말랐다(마르다)', ③ '되자(되다)', '갔다(가다)', ④ '피었다(피다)', ⑤ '날아가고(날아가다)'는 움직임을 나타내는 동사이다.

② 품사의 종류와 특성
01 (1) 대명사 (2) 명사 (3) 명사 (4) 수사 (5) 대명사　**02** (1) 형용사 (2) 동사 (3) 동사　**03** (1) 옛, 그 (2) 자주, 참　**04** (1) 가, 를 (2) 만
05 (1) 네 / 대답 (2) 오 / 느낌 (3) 여보세요 / 부름

plus 문제
01 ② | '근처'는 '가까운 곳'이라는 뜻의 명사이다.　**02** ⑤ | '만'은 '다른 것으로부터 제한하여 어느 것을 한정한다'는 뜻을 더해 주는 조사이다.　**03** 응, 그래 | '응', '그래'는 대답을 나타내는 감탄사이고, '우아', '아'는 느낌을 나타내는 감탄사이다. 그리고 '야'는 부름을 나타내는 감탄사이다.

1등 친구의 만점 노트 · 106쪽
❶ 공통　❷ 형태　❸ 기능　❹ 의미　❺ 체언　❻ 관형사
❼ 조사　❽ 형용사

기초가 튼튼해지는 소단원 다잡기 · 107~110쪽
01 ②　**02** ②　**03** (1) 동생, 에, 이, 는, 정말, 그것, 매우 (2) 있다, 재미있다, 아름다운 (3) 이, 정말, 매우 (4) 에, 는　**04** ②　**05** ⑤
06 ②　**07** 문장에서 주로 주어, 목적어 등으로 쓰인다.　**08** 돈가스　**09** ③　**10** '자전거'는 사물의 이름을 나타내기 때문에 명사이다.　**11** ①　**12** ④　**13** ②　**14** ⑤　**15** ⑤　**16** ⑤
17 '예쁘다'는 형용사로, 형용사는 청유형 표현을 쓸 수 없기 때문이다.　**18** ④　**19** ⑤　**20** 문장에서 뒤에 오는 단어를 꾸며 준다.
21 ①　**22** ③　**23** 여보게(감탄사), 사람(명사), 이, 만, 은(조사), 하나, 둘(수사), 알고, 모르는가(동사), 어찌(부사)　**24** ③　**25** (가)는 설명문으로, 명사와 동사, 형용사가 주로 쓰였으며 설명하고 싶은 대상의 특징을 자세하게 설명하고 있다.

01 품사 중에서 단어의 형태가 변하는 것은 동사, 형용사이다.

02 <보기>를 통해 '사과'는 문장에서 쓰일 때 형태가 변하지 않는 단어임을 알 수 있다.

04 '그대'는 듣는 이를 가리키는 대명사이다. '그네'는 사물의 이름을, '도서관', '급식실'은 장소의 이름을, '윤봉길'은 사람의 이름을 나타내는 단어이다.

05 대명사는 사람이나 사물, 장소의 이름을 대신 나타내는 단어이다. 대명사는 명사, 수사와 마찬가지로 문장에서 주로 주어나 목적어 등으로 쓰여 문장의 몸통 역할을 한다.

06 어제의 일과 오늘의 일이 자연스럽게 이어지는 문장을 만들 때, 세준과 은수를 대신하는 말로는 '그들'이 알맞고, 어

제 갔던 분식집을 대신하는 말로는 '거기' 또는 '그곳'이 알맞다.

08 대명사가 가리키는 대상을 찾을 때는 문장의 성분(주어, 목적어)을 파악하며 찾아야 한다.

09 '올라갔더니(올라가다)'는 대상의 움직임을 나타내는 동사, '지호', '산', '다리'는 대상의 이름을 나타내는 명사, '아팠다'는 대상의 상태나 성질을 나타내는 형용사이다.

10 사람이나 사물의 이름을 나타내는 단어를 명사라고 한다.

11 명사는 대상의 이름을 나타내는 단어이다. 문장 내에서는 주체의 역할을 하는데, 주로 주어나 목적어의 역할을 한다.

12 '동생'은 '같은 부모에게서 태어난 사이거나 일가친척 가운데 항렬이 같은 사이에서 손윗사람이 손아랫사람을 이르거나 부르는 말'이라는 뜻을 가진 명사이다.

13 사람이나 사물의 수량이나 순서를 나타내는 단어인 수사는 <보기>의 문장에 쓰이지 않았다.
오답풀이 ① 명사: 집, 휴대 전화
③ 동사: 두고(두다), 왔구나(오다)
④ 감탄사: 아
⑤ 대명사: 내(나)

14 '첫째', '둘째'는 순서를 나타내는 수사이고, 나머지는 수량을 나타내는 수사이다.

15 '황당하다'는 '말이나 행동 따위가 참되지 않고 터무니없다.', '답답하다'는 '숨이 막힐 듯이 갑갑하다.'의 의미를 지닌 형용사이다.

16 ㄹ의 '웃는'은 동사 '웃다'가 활용한 것으로 명사 '하늘이'를 꾸미는 관형어로 기능하고 있다.

18 '빨리', '굉장히', '매우', '확'은 뒤의 용언을 수식하는 부사인 반면, '저'는 뒤의 체언을 수식하는 관형사이다.

19 '성큼성큼'은 '걷다'를 수식하며 '다리를 잇따라 높이 들어 크게 떼어 놓는 모양'이라는 뜻을 지닌 부사이다. '쿵쿵'은 '뛰다'를 수식하며 '심리적으로 충격을 받아서 가슴이 자꾸 세차게 뛰는 소리. 또는 그 모양'이라는 뜻을 지닌 부사이다. 부사는 수식하는 용언의 뜻을 분명하고 자세하게 전달해 준다.

21 '그래'는 대답을 나타내는 단어로, 문장에서 독립적으로 쓰이는 감탄사이다. '나', '준비'는 명사, '이제'는 부사, '됐어'는 동사이다.

22 ③은 수식언인 관형사와 부사의 특성에 대한 설명이다.

24 (나)는 (가)보다 부사를 많이 사용하여 대상을 더 아름답고 섬세하게 표현하였다.

(2) 자료를 활용하여 글 쓰기

개념 확인 문제   111쪽

1 ④ **2** ④ **3** 책, 신문, 인터넷 **4** ③

1 글쓴이가 모르는 내용의 자료라고 하더라도 주제와 관련이 있고 신뢰할 수 있는 내용이라면 자료로 쓰일 수 있다.

2 자료 수집을 통해 선정한 자료를 글에서 어떻게 활용할 것인지 계획을 세우고, 글의 짜임을 고려하여 내용을 조직하는 단계는 '개요 작성하기'이다.

4 수집한 자료를 글에 활용할 때에 자료의 내용을 과장 또는 축소하거나 마음대로 내용을 왜곡해서는 안 된다.

과정 × 탐구   112~118쪽

1 무색 페트병 분리배출 **2** 직접 사진 촬영하기 **3** 자료 2: ×, × / 자료 3: ○, ○, ○ / 자료 4: ×, × / 자료 5: ○, ○ / 자료 6: ○, ○, ○ / 자료 3, 자료 5, 자료 6 / 자료 2, 자료 4 **4** 사진, 신문 기사, 순서, 책 **5** 독자, 소제목, 질문, 그림, 인용

핵심 콕콕

P. 112 주제, 예상 독자
P. 113 주제, 핵심어, 출처
P. 115 출처, 독자
P. 117 중심, 계획, 통합
P. 118 출처, 왜곡

학습 활동 응용 >>>   112~118쪽

01 ⑤ **02** ⑤ **03** ④ **04** ② **05** ③ **06** (1) ○ (2) ×
07 ⑤ **08** 매체 **09** ② **10** ① **11** 저자 **12** ③ **13** ③
14 ⑤ **15** ① **16** ③ **17** ④ **18** ③ **19** ② **20** ⑤
21 ③ **22** 중심 내용 **23** 무색 페트병을 분리배출하는 방법
24 ② **25** ① **26** ④

01 윤성이는 예상 독자가 주변 친구들인 점을 고려하여 어려운 표현은 사용하지 않겠다고 하였으므로, 어려운 전문 용

어를 사용하겠다는 설명은 적절하지 않다.

02 사진 자료는 '자료 수집하기' 단계에서 고려해야 할 요소
이다.

03 <보기>의 예들은 독자에게 정보를 전달하여 그 정보를
독자가 이해할 수 있도록 하는 글을 쓸 때 적절한 주제들
이다. 따라서 설명문이 가장 적절하다.

04 계획하기 단계에서 예상 독자를 정해야 하는 이유는 계획
하기 단계에서 예상 독자의 지적 수준과 흥미를 고려해야
독자가 잘 이해할 수 있는 글을 쓸 수 있기 때문이다.

05 전문가와의 질의응답(면담)은 윤성이가 선택한 자료 수집
방법이 아니다.

06 (2) 설문 조사는 글쓰기 자료를 수집하는 적절한 방법이지
만 설문 조사의 결과를 자신의 마음대로 축소하거나 과장
하는 등 조작해서는 안 된다.

07 인터넷에서 자료를 수집할 때 글쓴이가 평소에 잘 알고 있
지 않은 내용이라고 하더라도 주제와 관련 있고, 출처가
정확하고 믿을 만한 내용이라면 자료로 활용할 수 있다.

09 자료 1은 독자들이 이해하기 쉽게 쓰인 자료이다.
오답풀이 ① 자료 1은 환경 전문가가 쓴 책으로, 믿을 만한 저자가
만든 자료이다.
③ 자료 1은 올바르게 페트병을 분리배출해야 한다는 내용을 담고
있어, 글의 주제(무색 페트병 분리배출의 방법)와 관련이 높다.
④ 자료 2는 재활용이 어려운 재질의 물건에 대한 설명으로, 글의
주제(무색 페트병 분리배출의 방법)와 관련이 적다.
⑤ 자료 3은 신문 기사로, 언론사에서 만든 자료이므로 믿을 만한
출처의 자료이다.

10 글의 주제와의 관련성을 바탕으로 하여 수집한 자료의 활
용 여부와 중요도를 판단할 수 있다.

11 활용할 자료의 저자가 해당 분야의 전문가인지, 또는 그의
설명이나 주장이 사실에 부합하는지를 판단하는 것은 중
요하다. 특히 인터넷 자료 중에는 비전문가의 글도 있기
때문에 반드시 수집한 자료의 저자가 분명하고 믿을 만한
지를 판단해야 한다.

12 수집한 자료의 중요도를 판단할 때에는 저자와 자료의 출
처가 분명하고 믿을 만한지, 글의 주제와 관련이 있는지,
독자들이 이해하기 쉬운 내용인지를 기준으로 해야 한다.

13 자료 5의 출처는 공공 기관의 누리집으로, 출처가 분명하

고 신뢰할 만하다.

14 비전문가가 쓴 사회 관계망 서비스(SNS) 게시 글은 사실
에 기반한 것인지, 전문성을 갖춘 것이 맞는지 등을 검증
하기가 어려워 신뢰할 만한 출처로 볼 수 없다.

15 ㄱ 주제와 관련이 깊은 시각 자료(사진, 그림 등)는 독자의
이해를 돕는다. ㄴ 복잡한 절차를 글로만 설명하는 것보다
그림으로 시각화하여 제시하면 독자가 주제를 이해하는
데 도움을 준다.

16 자료 선정하기 단계에서는 수집된 자료의 중요도를 판단
하고, 이에 따라 글에 포함할 자료를 선정한다.

17 신문 기사 내용을 인용하려는 부분은 글의 처음 부분이다.

18 글의 개요를 작성할 때에는 글의 구성 단계에 따른 중심
내용과 수집한 자료의 활용 계획을 고려해야 한다. 완성된
글에 대한 평가는 초고를 쓴 후나 고쳐쓰기를 한 후 진행
해야 한다.

19 개요는 '간결하게 추려 낸 주요 내용'을 말하므로 개요를
작성할 때에는 글의 짜임에 들어갈 중심 내용을 간략히 정
리해야 한다.

20 이 글에 무색 페트병이 환경 오염에 미치는 영향이나 그래
프 자료 등은 제시되어 있지 않다.

21 사진 자료는 플라스틱 분리수거함에 무색 페트병과 무색
이 아닌 페트병이 뒤섞여 있는 모습을 보여 준다. 이 글에
서는 무색 페트병끼리만 분리배출을 하지 않고 있는 이러
한 상황을 문제라고 지적하고 있다.

23 이 글은 무색 페트병을 분리배출하는 방법에 대한 정보를
담고 있다.

25 [A]는 '잘 배출하는 법' 중에서 무색 페트병 배출 순서를
그림으로 제시하여 독자에게 해당 내용을 더 쉽게 전달하
고 있다.

26 글에서 자료를 인용할 때는 출처를 명확하게 밝히고 원저
자가 쓴 내용을 임의로 바꾸거나 축소 또는 왜곡해서는 안
된다.

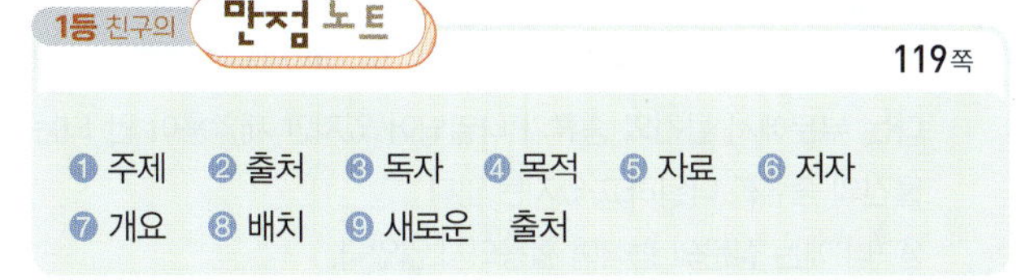

 **소단원** 다잡기 120~123쪽

01 ⑤ **02** ① **03** ③ **04** 인터넷에서 자료를 수집할 때에는 출처가 정확하고 믿을 만한 내용을 다루는지를 확인해야 한다. **05** ㉠ 주제, ㉡ 출처 **06** ① **07** 자료 1 **08** 올바른 분리배출 순서를 한눈에 보여 주는 그림을 제시하여 독자가 무색 페트병 분리배출 방법을 쉽게 이해할 수 있게 하기 위해서이다. **09** ① **10** ① **11** ③ **12** 분리배출된 무색 페트병에 오염 물질이 남아 있으면 같이 배출된 다른 페트병도 못 쓰게 되기 때문이다. **13** ① **14** ③ **15** ②

01 윤성이는 무색 페트병을 분리배출하는 방법을 주제로 하여 정보를 전달하는 글을 쓰려고 한다. 설명문은 객관적인 정보를 다른 대상에게 알려 주는 글로, 윤성이가 글을 쓰는 목적과 부합한다.

02 (나)에서 책이나 신문에 실린 자료는 믿을 만하다고 하였으므로 ①은 적절하다.

03 (다)에서는 글의 주제와 관련 있는 자료를 핵심어를 활용하여 찾을 수 있다고 하였다.

05 수집한 자료의 중요도 판단 기준에는 글의 주제와의 관련성, 저자와 출처의 정확성과 신뢰성, 독자들의 이해 정도가 있다.

06 (나)의 자료 1, 자료 3은 책과 신문의 내용이므로, 도서관, 서점 등에서 책과 신문을 찾아본 것임을 알 수 있다. 자료 2는 기획재정부의 누리집이므로, 공공 기관의 누리집을 찾아봤음을 알 수 있다. 자료 4는 개인 블로그의 내용이므로, 인터넷 검색을 이용했음을 알 수 있다.

07 <보기>에서 이야기하는 자료는 책이며, 그 내용과 저자가 분명하고 믿을 만한지를 평가하고 있으므로 '자료 1'에 대한 평가이다.

09 (다)의 '내용물이 남지~닦아 배출한다.' 부분을 통해 무색 페트병을 배출하는 순서가 제시되어 있음을 알 수 있다.

10 (나)에서는 사진 자료를 제시하여 무색 페트병이 제대로 분리배출되지 않는 문제 상황을 제시하고 있다. 이러한 사진 자료는 독자의 관심을 유도하는 효과가 있다.
> **오답풀이** ② (나)에 청소를 끝낸 교실에서 무색 페트병의 분리배출이 제대로 이루어지지 않고 있다고 했으므로 알맞지 않다.
> ③ (나)에서 무색 페트병이 재활용되어 옷, 가방 등의 재료로 쓰인다는 부분에서 물건의 종류가 나열되어 있지만 재활용이 안 되는 물건의 종류를 나열하고 있지는 않다.
> ④ (나)에는 질문의 형식이 활용되지 않았다.

05 (나)에서는 미래에 일어날 일을 가정하고 있지 않고, 우리 사회에 발생할 수 있는 문제에 대한 생각을 유도하고 있지도 않다.

11 <보기>의 자료에 따르면 분리배출된 무색 페트병은 고급 원사의 원료가 된다. 글쓴이는 이 자료를 독자의 수준에 맞는 단어와 표현으로 수정하여 ㉢과 같이 제시하였다.

13 (가)에 따르면 유색 페트병은 재생 원료를 오염시킨다. 따라서 우리가 사용하는 페트병 중, 유색 페트병은 재생 원료가 될 수 없다.

14 ㉠에는 그림 자료에 대한 설명이 들어가야 한다. 그림 자료는 무색 페트병을 배출하는 순서를 한눈에 보기 쉽게 제시하고 있다.

15 (다)에서는 《그건 쓰레기가 아니라고요》라는 책의 내용을 인용하여 분리배출을 잘해야 한다는 글쓴이의 생각을 강조하고 있다.

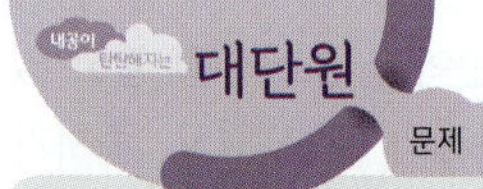 **대단원** 문제 124~129쪽

01 ① **02** ③ **03** ② **04** ⑤ **05** ③ **06** ⑤ **07** 공통점: 두 단어는 형태가 변하는 단어라는 공통점을 지닌다. 차이점: '예쁘다'는 사물의 상태나 성질을, '날아간다'는 사물의 움직임을 나타낸다. **08** ② **09** ③ **10** ① **11** ④ **12** ⑤ **13** '매우'는 용언(좋아한다)을, '새'는 체언(옷)을 수식하여 문장의 의미를 더 구체적으로 드러낸다. **14** ③ **15** ③ **16** ⑤ **17** ④ **18** ⑤ **19** ② **20** ④ **21** 잘못된 부분: 처음 처럼. 잘못된 이유: 조사인 '처럼'은 앞말 '처음'에 붙여 써야 하는데 붙여 쓰지 않았기 때문에 잘못되었다. **22** ② **23** ④ **24** ④ **25** 핵심어를 활용하여야 주제와 관련 있는 자료를 빠르게 찾을 수 있기 때문이다. **26** ①, ⑤ **27** ② **28** '무색 페트병 사용의 문제점'은 윤성이가 쓰려고 하는 글의 주제인 무색 페트병을 분리배출하는 방법을 뒷받침하는 내용이 아니기 때문에 삭제해야 한다. **29** ⑤ **30** ③ **31** ④ **32** ① **33** 《그것 쓰레기가 아니라고요》라는 책의 내용을 그대로 가져와 직접 인용했기 때문에 큰따옴표를 사용해서 인용한 것이다.

01 관계언인 조사는 문장에서 홀로 쓰이지 못하고 주로 체언 뒤에 붙어 쓰인다.

02 '하는지'는 '하다'의 활용형으로, 대상의 움직임을 나타내는 동사이다. <보기>의 단어 중, 대상의 상태나 성질을 나타내는 형용사에 해당하는 단어는 '없다'이다.

04 '그'는 대명사이고, 나머지는 모두 명사이다.

05 '오르다(올랐다)'는 '사람이나 동물 따위가 아래에서 위쪽

으로 움직여 가다.'라는 뜻을, '불다(분다)'는 '바람이 일어나서 어느 방향으로 움직이다.'라는 뜻을, '만나다'는 '누군가 가거나 와서 둘이 서로 마주 보다.'라는 뜻을 가진 동사이다.

오답풀이 ㄷ. '느리다'는 '어떤 동작을 하는 데 걸리는 시간이 길다.'라는 의미의 형용사이다.

06 '따뜻하고'와 '달콤했다'는 형용사이다.
오답풀이 ①의 '핀', ②의 '받았다', ③의 '자는', ④의 '쳐다보았다'는 동사이다.

08 '모든'은 체언을 수식하는 관형사이고, '매우', '무척', '너무', '전혀'는 용언을 수식하는 부사이다.

09 ㉠은 대명사로 사람이나 사물, 장소의 이름을 대신 가리킨다. ㉡은 부사로 주로 용언을 꾸며 주는 역할을 한다. ㉢은 동사로 문장에서 서술어의 역할을 하며 주어의 움직임을 설명한다.

10 '깨끗하다'는 형용사이다. <보기>의 ㉡은 용언을 명령형과 청유형으로 활용한 것인데, 형용사는 명령형이나 청유형으로 표현할 수 없다.

11 빈칸에는 명사 '옷'을 수식하는 관형사가 들어가야 한다.

12 동사와 형용사는 모두 형태 변화가 가능하다.

14 '삐질삐질'은 '몹시 난처하거나 힘들 때 땀을 흘리는 모양'을 의미하는 부사이다. 부사는 주로 동사나 형용사를 꾸며 준다.

15 밑줄 친 단어들은 조사로, 조사는 단어들 사이의 관계를 나타내거나 문장에 특별한 뜻을 더해 주기도 한다.

16 ㄷ에서는 조사 '만'이 쓰였으므로 강아지가 좋아하는 대상은 '지우' 한 명으로 한정된다.

17 '물론'은 '말할 것도 없이'라는 의미의 부사이고, 나머지는 감탄사이다.

18 그곳(대명사), 을(조사), 여기(대명사), 로(조사), 가져오는(동사), 것(명사), 은(조사), 거의(부사), 불가능하다(형용사)

19 감탄사는 말하는 이의 느낌이나 부름, 대답을 나타내는 단어를 말한다. ㉠은 부름을 나타내는 단어, ㉡은 느낌을 나타내는 단어, ㉣은 대답을 나타내는 단어이다. ㉢은 대명사(너)에 조사(도)가 결합한 것이다.

20 ④에서 '만큼'은 조사이므로 체언 뒤에 붙여 써야 한다.

22 윤성이는 학급 홈페이지에 글을 게시하려고 하는 것이 아니라, 학교 신문에 글을 투고하려고 한다.

23 인터넷을 이용하여 자료 수집을 할 때에는 찾고자 하는 자료의 내용과 관련 있는 단어를 적절히 조합해야 한다. 윤성이는 무색 페트병을 올바르게 분리배출하는 방법을 찾아야 하므로 ④가 적절하다.

24 (다)에는 인터넷에서 찾은 자료의 출처가 정확하고 믿을 만한 내용을 다루는지 확인하는 것이 중요하다는 내용이 나타나 있다.

26 ① 자료 3은 재활용된 무색 페트병이 어떻게 사용되는지에 관한 신문의 내용으로, '처음' 부분에 제시하여 무색 페트병 분리배출의 필요성을 알리는 데 활용할 수 있다. ⑤ 자료 2는 여러 가지 재질이 섞인 물건은 재활용에 적합하지 않다는 내용으로, 글의 주제인 무색 페트병을 올바르게 분리배출하는 방법과 관련이 없으므로 활용하지 않는 것이 알맞다.
오답풀이 ② 자료 1은 무색 페트병을 배출하는 순서를 한눈에 알기 쉽게 보여 주는 자료가 아니며 무색 페트병 배출 순서와 관련한 내용은 '중간' 부분에 해당한다.
③ 자료 1은 색을 기준으로 분리하는 방법과 관련이 없다.
④ 자료 3은 무색 페트병을 올바르게 분리배출하지 못한 예와 관련이 없다. 또한 '끝' 부분에서는 무색 페트병을 올바르게 분리배출하는 것의 중요성을 이야기해야 하기 때문에 무색 페트병을 올바르게 분리배출하지 못한 예를 제시하는 것은 알맞지 않다.

27 새로운 자료인 무색 페트병 재활용 마크는 무색 페트병을 플라스틱 속에서 손쉽게 골라낼 수 있게 하는 역할을 한다. 따라서 이 마크를 배치하기에 알맞은 부분은 ㉡이다.

28 개요는 글의 주제를 중심으로 통일성 있는 내용으로 구성해야 한다.

29 무색 페트병을 배출하는 순서를 보여 주는 그림, 사진 등의 시각 자료는 독자의 이해를 도울 수 있다.

30 (가)는 플라스틱 속에서 무색 페트병을 골라내는 방법을 알려 준다. (가)에 따르면 '무색 페트'라고 적힌 삼각형 마크가 있는 것, 색이 없는 것, 생수병이나 우유병, 음료수병으로 쓰인 것 등이 재활용할 수 있는 무색 페트병이다.

31 (나)에는 무색 페트병 배출 순서가 나타나 있다. 먼저 무색 페트병에 내용물이 남지 않도록 잘 씻고, 라벨을 떼고, 압축하고, 뚜껑을 닫아 배출해야 한다.

32 질문의 형식은 독자들의 관심을 끌어 독자가 능동적으로 글을 읽도록 유도한다.

4 성장하고 변화하고

(1) 문학과 성장

132쪽

개념 확인 문제

1 고민, 성장 **2** (1) ○ (2) ○ **3** ① **4** (1) ○ (2) ×

1 <보기>는 성장 소설에 대한 설명이다. 성장 소설은 주인 공이 어른이 되기까지 겪는 어려움과 고민을 형상화한 것으로, 미성숙한 상태에 있는 주인공의 갈등이 중심을 이룬다.

3 <보기>는 소설의 갈등 종류 중 인물이 자신의 마음속에서 겪는 내적 갈등에 대한 설명이다.

4 (2) 1인칭 관찰자 시점은 작품 속 인물인 '나'가 주인공을 관찰하는 입장에서 서술하는 것이다.

지문 콕콕

P. 134 닭대가리, 용머리, 창피
P. 136 백석, 시집
P. 137 구절, 내린다, 나타샤
P. 138 미국, 소련, 러시아, 닭대가리
P. 139 닭, 당부, 이름, 시집

핵심 콕콕 & 문제로 확인

133~139쪽

1 ⑤ **2** 용머리 **3** ④ **4** ⑤ **5** ③ **6** ⓐ 걱정(고민) ⓑ 시집
7 ④ **8** 질문 **9** ③ **10** ⑤ **11** ⑤ **12** 부끄럽게(창피하게)
13 ② **14** (1) ○ (2) ×

2 (가)에서 '나'는 '닭대가리'라는 별명을 긍정적으로 받아들이는 아빠의 넉넉한 성품을 존경하며 자신의 아빠가 '용머리' 같다고 생각하고 있다.

3 쓰기 쉬운 '이'씨가 부러웠던 아빠는 '백'씨가 쓰기 복잡하다고 생각해 아들이 이름이라도 쓰기 편하라고 한 글자 이름을 지어 주었다.

4 '나'는 자신의 이름으로 인해 선생님의 관심을 받은 것이 좋은 일인지, 오해를 사게 돼 나쁜 것인지 판단하기 어려워 기분이 이상했다.

5 선생님은 '나'의 아빠도 시인 백석을 좋아해 '나'의 이름을 백석이라고 지었다고 생각한다.

6 '나'는 선생님이 자신에게 백석 시 읽는 것을 시킬까 봐 걱정하고 있다. 이러한 걱정을 아빠에게 말하자 아빠는 '나'의 걱정을 덜어 주려고 백석의 시집을 하나 사오라고 흔쾌히 말하고 있다.

7 아들이 학교에서 백석 시를 외워야 하는 것을 걱정하자, (마)에서 아빠는 이러한 아들의 걱정을 덜어 주기 위해 백석의 시집을 펼쳐 보며 아들과 함께 시를 낭송하고 있다.

8 ㉠에는 백석 시의 내용은 모르지만, '나'의 질문에 답해 주기 위해 책을 얼굴 가까이 끌어당겨 '나'가 질문한 시구의 내용을 곰곰이 생각해 보는 아빠의 모습이 드러난다.

9 아들 앞에서 자신의 무지로 인해 망신을 당한 아빠는 '닭대가리'라는 별명을 들었을 때 평소처럼 웃어넘기지 못하고, 모욕감을 느꼈을 것이다.

10 백석이 집안의 반대로 나타샤와 결혼하지 못했다고 생각한 인물은 아버지이다.
오답풀이 ① '나타샤'는 '나'와 아빠가 백석 시를 읽다가 알게 된 이름으로, 백석 시에 등장하는 인물이다.
② (바)에서 아빠는 '나타샤'가 '미국 여자'이며 백석이 좋아한 여자라고 '나'에게 설명한다.
③ (사)에서 엄마는 '나타샤'가 '소련 여자' 같다고 말한다.
④ (사)에서 건어물집 아저씨는 '나타샤'가 '러시아 여자 이름'이라고 말한다.

11 '나'는 건어물집 아저씨의 놀림에 아무런 대응을 하지 못하는 아빠의 뒷모습이 안타깝고 낯설어서 아빠 얼굴을 보는 것을 쑥스러워한다. 이는 아빠를 자랑스러워하는 심경은 아니다.

12 아빠는 자신의 무지로 부끄러운 일을 당했다고 생각하면서 '나'에게 몇 가지 당부를 한다. 이때 아빠의 목소리가 떨리는데, 이는 자신의 무지함과 부족함을 자식에게 드러내는 것을 부끄럽게 여기고 있기 때문이다.

13 아빠는 '나'에게 자신이 가장 잘 아는 것을 설명하며 의기소침했던 자신의 모습을 털어 내고자 하였을 것이다.

14 (2) (차)에서 아빠가 '나'에게 한 말을 미루어 볼 때, 아빠는 닭에 대해 잘 알고 있는 전문가이다. 아빠가 닭에 대해서 더 공부하고 싶어 하는 모습을 보이고 있지는 않다.

1 사랑, 너그러운   **2** (1) 용 (2) 소련, 러시아, 의기소침, 힘 (3) 시 읽기, 자부심   **3** 이해, 성장

1 (1) 도움, 수영, 혼자, 의지, 반대편, 보조 도구 (2) 도움, 수영, 용기 (3) 스스로   **2** 공감, 반성

01 ④	**02** ①	**03** ⑤	**04** ①	**05** ④	**06** ④	**07** ④
08 ⑤	**09** ②	**10** ①	**11** ①	**12** ④	**13** ③	**14** ④
15 ①	**16** 반대편 수영장 벽		**17** ⑤		**18** 성장	**19** ⑤
20 ④	**21** ③					

01 <보기>에서는 시장 아저씨들이 짓궂게 놀려도 화내지 않고 같이 농담으로 유쾌하게 대꾸하며 넘기는 아빠의 모습이 드러난다.

02 아빠의 별명은 닭집 이름 때문에 '닭대가리'이다. '나'는 자신의 별명을 너그럽게 받아들이는 아빠가 용머리처럼 훌륭한 사람이라고 생각하며 자랑스러워한다.

03 소련과 러시아를 구별하지 못해 건어물집 아저씨에게 놀림을 당하고는 의기소침해하는 아빠의 모습을 보고 '나'는 자랑스럽게만 여기던 아빠의 다른 면모를 알게 된다.

04 의기소침했던 아빠가 기운 내서 자신이 잘 아는 닭에 관해 이야기하는 모습을 보고 '나'는 자신도 아빠에게 힘을 주고 싶다고 생각했다.

05 '나'는 아빠에게 기운을 드리고 싶었지만 아빠에게도 부족한 면이 있다는 것과 그것 때문에 '나'의 앞에서 보인 서글픈 모습이 낯설어서 몸이 굳어 움직이지 않았을 것이다.

06 이 글은 성장 소설로, 독자는 주인공의 미성숙했던 모습이 성장해 가는 모습을 보고 공감하면서 자신의 삶을 성찰할 수 있다.

07 작가의 말에서도 알 수 있듯이 원하지 않는 모습으로 상처를 받았더라도 그것을 통해 인생의 다양한 면을 알게 되었다는 점에서 주인공인 '나'가 성장했다고 볼 수 있다.

08 물리 치료사가 허리를 치료하려면 수영을 해 보라고 해서 수영장에 왔으나 제희는 수영하는 방법을 모르고 물에 두려움을 가지고 있다.

09 이 글에서는 제희가 수영을 처음 시작할 때의 두려움과 어려움을 수영 언니의 도움으로 조금씩 이겨 내는 경험이 드러나 있다. ②는 제희의 상황과 반대의 경험이다.

10 제희는 물을 두려워하고 있다. ㉠에서는 수영을 잘 못하는데 물이 깊어져 가라앉을까 봐 걱정하는 모습이 드러나 있다.

11 수영 언니는 수영을 못하는 제희를 위해 친절하게 수영을 가르쳐 주고 있다.

12 수영 언니는 보조 도구를 킥판에서 풀 부이로 바꾸어 가며 조금씩 단계를 높여 제희가 수영을 배울 수 있도록 돕고 있다.

13 보조 도구를 조금씩 다른 것으로 바꾸는 것에 성공하며 실력이 늘고 있지만 여전히 물을 무서워하고 수영 언니에게 의지하고 있다.

14 수영 언니가 준 도구를 많이 누르지도 않고 한 바퀴 돈 제희는 자신의 수영 실력이 좋아지고 있다고 생각하며 뿌듯해한다.

15 수영 언니는 매일매일 노력하면 느는 것이 수영 실력이라는 말을 하고 있다. 이와 의미가 통하는 것은 힘을 다하고 정성을 다하여 한 일은 그 결과가 반드시 헛되지 아니함을 비유적으로 이르는 말인 ①이다.

오답 풀이 ② 자그마한 나쁜 일도 자꾸 해서 버릇이 되면 나중에는 큰 죄를 저지르게 된다는 말이다.
③ 잘 아는 일이라도 세심하게 주의를 하라는 말이다.
④ 형편이나 사정이 전에 비하여 나아진 사람이 지난날의 미천하거나 어렵던 때의 일을 생각지 아니하고 처음부터 잘난 듯이 뽐냄을 비유적으로 이르는 말이다.
⑤ 어떤 상황에 합당한 노력을 하지 않고서 우연히 좋은 결과만 이루어지기를 바라는 경우를 비유적으로 이르는 말이다.

16 수영 언니의 도움 없이, 보조 도구도 없이 혼자 수영해서 다다른 곳이 '반대편 수영장 벽'이다. 이는 제희가 드디어 혼자 힘으로 수영을 할 수 있게 되었음을 보여 준다.

17 외적으로는 보조 도구 없이 혼자 수영할 수 있게 되는 성장, 내적으로는 수영 언니 없이 수영을 할 수 있게 되었음을 깨달으며 자립하는 성장을 이루었다.

18 이 글은 제희가 수영 언니의 도움을 받고, 나중에는 스스로 노력하여 홀로서기를 하면서 성장하는 모습을 보여 주는 작품이다.

19 제희는 수영 언니나 보조 도구에 의지하지 않고 혼자 힘으로 수영할 것을 결심하고, 결국 혼자 힘으로 수영장 반대편에 도착한다.

20 수영 언니의 도움으로 제희가 노력하고 용기를 내 성장하여 좋은 결과를 이뤄 낼 수 있었다. 제희의 성장에는 타인의 도움과 친절이 긍정적인 발판이 되었기 때문에 ④와 같은 반응은 알맞지 않다.

21 인물의 성장을 보며 자신이 겪는 갈등의 해결 방안을 고민해 볼 수 있지만, 작품 속 인물의 성장을 본다고 해서 모든 갈등 상황에 적용할 수 있는 완벽한 해결 방안을 얻을 수 있는 것은 아니다.

1등 친구의 만점노트　　　　　146쪽

❶ 백석　❷ 소련　❸ 러시아　❹ 당부　❺ 별명　❻ 성장통
❼ 바람직　❽ 위로

소단원 다잡기　　　　　147~150쪽

01 ②　　**02** ③　　**03** 아빠는 백씨 성은 쓰기가 어렵다고 생각해서 아들이 이름이라도 쉽게 쓰라고 '나'의 이름을 '석'이라는 한 글자로 지었다.　**04** 용머리　**05** ④　**06** ③　**07** ④　**08** ①　**09** ④
10 스스로 자부심을 가지고 의기소침한 마음을 덜어내고 자신에게 실망했을 아들에게 기운 내라는 마음을 전달하고 싶었기 때문이다.
11 ③　**12** 물은 좀 정직한 게 있거든.　**13** (1) 제희의 수영 실력이 성장하였다. (2) 제희는 주체적으로 삶을 살게 된 성장을 이루었다.
14 ②

01 이 글의 갈래는 소설로, 실제로 있음 직한 일을 작가가 상상하여 꾸며 쓴 글이다.
　오답풀이 ① 수필, ③ 설명문, ④ 시, ⑤ 논설문의 특성이다.

02 '닭대가리'라는 별명은 상대를 얕잡아 보는 매우 기분 나쁠 수 있는 별명인데도 이를 관대하고 유머스럽게 받아 넘기는 아빠는 여유가 있고 너그러운 성향의 사람이다.

05 이 글에 등장하는 '나'가 자신의 아버지가 백석의 시를 읽다가 겪게 되는 사건을 '나'의 시선에서 전달하고 있다.

06 ⓒ에는 엄마의 말이 틀리고 자신이 말이 맞다고 생각하여 우쭐해져서 어깨를 쭉 펴고 큰소리를 내는 아빠의 모습이 나타나 있다. 아빠가 자존심 상해하는 모습은 (나)의 '아빠는 "꼬끼오." 하고 대답하지 않았다. 아빠 얼굴은 발갛게 달아올랐다.'에 나타나 있다.

07 평소에는 '닭대가리'라는 별명을 들으면 '꼬끼오'라고 답하며 웃던 아빠가 얼굴이 발갛게 달아올라 아무 말 없는 모습을 보였다. 이러한 아빠의 모습에 아빠의 감정이 많이 상했음을 눈치챈 엄마와 건어물집 아저씨는 '나타샤'로 논쟁을 벌인 자리를 피했다.

08 아빠를 자랑스럽고 훌륭하게 여기던 '나'는 시 읽기 사건 이후 아빠의 부족한 면모를 알게 된다. 그리고 이전에는 보지 못했던 아빠의 의기소침한 모습을 낯설게 느끼며 아빠의 얼굴을 보는 것을 쑥스러워한다.

09 (다)의 '팔을 번쩍 들어 올린 아빠는 정말 컸다. 우리 대거리 닭집은 닭 모가지를 깃대처럼 쥐고 흔드는 우리 아빠로 가득 찼다.' 부분을 통해 '나'가 여전히 성실하게 열심히 살아온 아빠의 삶을 멋지다고 여기고 있음을 알 수 있다. 남보다 똑똑하고 뛰어나게 살아가는 것이 중요하다고 깨닫는 '나'의 모습은 (가)~(다)에 제시되어 있지 않다.

11 (다)에서 수영 언니는 자신도 과거에 제희처럼 수영을 잘하지 못했던 때가 있었음을 말해 주고 있다. 제희는 그런 수영 언니의 말에 과거와 달리 현재는 이렇게 수영을 잘하느냐고 답하고 있을 뿐, 의심하고 있는 것은 아니다.

12 (다)에서 수영 언니는 제희에게 자신도 과거에 수영을 잘하지 못했다고 밝히면서, 물은 정직하기 때문에 열심히 수영 연습을 하면서 노력하면 수영을 잘하게 될 것이라고 조언하고 있다.

14 ㉠에서 제희는 자신이 헤엄쳐 수영장 레인을 한 바퀴 돌았다는 것을 수영 언니에게 자랑스럽게 말하고 있다. ㉡에서 제희는 작은 도구로는 물에 뜨기 힘들 것이라는 생각에 두려움을 드러내고 있다. ㉢에서 제희는 자신이 누구의 도움도 받지 않고 혼자 수영장 반대편에 왔다는 사실이 놀랍고 뿌듯할 것이다.

(2) 생활 속의 다양한 매체

개념 확인 문제　　　　　151쪽

1 (1) ✕ (2) ○　**2** ③　**3** 생산자, 수용자　**4** 대중 매체

1 (1) 주로 개인이 제작한 방송을 인터넷을 이용하여 전달하는 매체는 개인 인터넷 방송이라고 한다.

2 개인 인터넷 방송은 비전문적인 개인도 제작할 수 있고, 개인이 기획, 촬영, 진행 등 여러 역할을 담당한다. 또한 수용자가 내용을 만드는 과정에 참여하기가 비교적 쉽다.

3 개인 인터넷 방송은 대중 매체와 다르게 수용자와 생산자의 소통이 자유로운 편이다.

4 대중 매체는 많은 사람에게 필요한 정보를 한꺼번에 전달하고, 세대와 지역 등을 가리지 않고 사람들에게 영향을 미친다.

핵심 콕콕

P. 152 전문가, 개인
P. 153 대중, 개인
P. 154 사회적 규범, 규제
P. 155 어려움, 쉬움

01 대중 매체는 각 분야의 전문가들이 모여 각자의 역할을 분담하여 제작한다. 일반 개인은 개인 인터넷 방송의 생산자이지 대중 매체의 생산자가 아니다.

03 대중 매체는 전문가 집단이 모여 각자의 역할을 분담하여 제작한다.
오답풀이 ① 매체에서 정보를 얻는 사람을 수용자라고 한다.
② 최근 등장한 개인 인터넷 방송은 비전문가 개인도 생산자가 될 수 있기 때문에, 생산자와 수용자가 엄격하게 구분되지 않는다.
④ 매체에서 전달하는 정보를 만드는 사람을 생산자라고 한다.
⑤ 사람들에게 정보, 지식 등을 전달하고 공유할 수 있도록 매개 역할을 하는 모든 것을 가르켜 매체라고 한다.

04 대중 매체는 대중을 고려하므로 누구나 좋아할 만한 소재를 주로 다룬다.

06 (2) 생산자 개인의 관심사가 방송 소재를 정할 때 중요한 기준이 되는 것은 개인 인터넷 방송이다.
(4) 비전문가인 개인이 직접 자신의 취미를 소개하는 영상을 촬영하여 인터넷을 통해 전달하는 매체는 개인 인터넷 방송이다.

07 <보기>는 대중 매체에 적용되는 규제로, 방송 심의에 관한 규정이다.

08 개인 인터넷 방송은 대중 매체와 달리 규제를 덜 받는다. 이에 상호명 언급이 가능한 편이며 표현 역시 대중 매체보다 자유롭다.

10 매체 내용이 모두 생산된 이후에 수용자가 매체 내용의 수정에 간접적으로 참여하는 것은 주로 대중 매체의 소통 방식 특성이다.

11 대중 매체는 이미 만들어진 내용을 정해진 방송 편성 시간에 송출하므로 방송 이후에 간접적이거나 제한적으로 수용자와 생산자의 소통이 이루어지는 경우가 많다.

12 대중 매체를 통해서는 사회적으로 중요한 정보를 얻기 쉽고 개인 인터넷 방송을 통해서는 개인적으로 관심 있는 정보나 수용자 자신이 필요로 하는 정보를 얻기 쉽다.

13 사회적으로 중요한 정보를 많은 사람에게 전달하는 대중 매체가 올바른 영향력을 행사하지 않으면 대중에게 잘못된 인식이나 가치관을 전달할 수 있다.

14 개인 인터넷 방송에서 전달하는 정보를 무분별하게 받아들여서는 안 되고, 사람들의 이목을 끌기 위해 거짓되거나 과장되게 다룬 내용은 없는지 비판적으로 판단해야 한다.

01 (가)에는 전문가들이 분담하여 방송 내용을 제작하는 대중 매체의 특성이, (라)에는 주로 누구나 관심을 가지는 소재를 방송으로 만든다는 대중 매체의 특성이 나타나 있다.
오답풀이 (나)에는 규제를 적게 받는 개인 인터넷 방송의 특성이, (다)에는 개인이 혼자서 기획, 촬영, 편집 등을 모두 하는 개인 인터넷 방송의 특성이, (마)에는 생산자 개인의 관심이나 취향을 소재로 하는 개인 인터넷 방송의 특성이 드러난다.

02 개인 인터넷 방송은 대중 매체와 달리 방송법의 규제가 강하지 않아서 상호명이나 기타 표현이 자유로운 편이다.

04 전문가들이 자신의 분야를 담당하여 분업 형태로 제작하는 것은 대중 매체의 제작 방식이다.

05 방송법, 사회적 규범 등의 규제가 강하게 적용되는 것은 대중 매체이다.

06 (가)와 같은 대중 매체는 내용 생산 이후에 수용자가 의견을 내기 때문에 수용자가 간접적으로 참여하는 편이다. 이에 비해 (나)와 같은 개인 인터넷 방송은 방송 생산 과정에 수용자의 직접적, 실시간 참여가 용이하다.

08 (라)는 많은 구독자를 보유한 개인 인터넷 방송의 영향력이 커져서 이를 통해 허위 정보를 퍼뜨릴 경우 피해자가 생길 수 있음을 보여 주고 있다.

문제	160~164쪽

01 ⑤ **02** ② **03** 아빠가 시인 백석을 좋아해서 아들 이름을 백석이라고 지었다고 생각하는 선생님이 자신에게 시를 외워 보라고 할까 봐 걱정이 되어서이다. **04** ① **05** ④ **06** 아빠는 자신이 '러시아'와 '소련'을 구별하지 못해 건어물집 아저씨에게 놀림을 당한 것이 부끄러웠기 때문이다. **07** ③ **08** ③ **09** '나'는 닭에 관해 전문적인 아빠의 모습에서 다시 한번 자랑스러움을 느꼈다. **10** ④ **11** ⑤ **12** ② **13** 외적 요인은 제희가 수영 연습을 꾸준히 할 수 있도록 해 준 수영 언니의 도움이다. 내적 요인은 꾸준한 제희의 노력, 혼자 수영하기 위해 낸 제희의 용기이다. **14** ② **15** ⑤ **16** ① **17** 개인 인터넷 방송에서 전달하는 정보가 거짓되거나 과장된 내용은 없는지 비판적으로 판단하며 수용해야 한다.

01 (나)에서 아빠는 '나'가 태어나던 해부터 대거리 닭집을 했음을 알 수 있을 뿐 ⑤에 대한 질문의 답은 이 글에서 찾을 수 없다.

02 (가)에서 아빠가 자신의 가게 이름을 '큰거리 닭집'이 아닌 '대거리 닭집'으로 한 것은 큰 대(大) 자를 쓰면 유식해 보일 것 같아서라고 했다. 따라서 아빠가 사람들에게 유식해 보이는 것을 경계한 것은 아니다.

04 이 글은 '나'가 주인공인 1인칭 주인공 시점으로, 자신과 자신의 아빠가 겪은 일을 서술하고 있다.

05 이 글은 아빠가 잘 모르는 것이 있고 아빠에게도 부족한 면이 있다는 것을 알게 되면서 성장하는 '나'의 모습을 그리고 있다.

07 이 글은 소설로, 인물의 갈등을 파악하는 것이 중요하다. 또한 그 속에서 사건이 어떻게 전개되어 나가는지 파악하면서 주제를 이해해야 한다.
오답풀이 ①, ⑤ 주장하는 글, ② 시, ④ 설명문을 읽는 방법이다.

08 아빠의 의기소침해진 모습에 당황한 '나'는 통닭을 먹고 싶지 않았다.

10 (다)의 '아빠 입은 무거운 닭 바구니를 들 때처럼 꽉 물려 있었지만, 모가지를 잡힌 닭들은 날아갈 듯 가뿐해 보였다. 고개를 치켜들고, 팔을 번쩍 들어 올린 아빠는 정말 컸다.'라는 표현을 통해 ④와 같이 지시할 수 있다.

11 수영 언니는 제희에게 킥판과 풀 부이를 사용하는 방법을 알려 주며 제희가 단계별로 수영을 익힐 수 있도록 친절하게 도와주었다.

12 (가)에서 제희는 수영 언니의 도움을 경계하지 않고 잘 받아들이며 수영에 적응하는 모습을 보인다. (다)에서는 제희가 용기를 내어 물에 대한 두려움을 이겨 내며 혼자 수영하는 것에 성공한다. 이를 미루어 볼 때 제희가 낯선 사람과 상황을 경계한다고 볼 수 없다.

14 대중 매체는 각 분야의 전문가가 역할을 분담하여 방송을 제작한다. 누구나 쉽게 생산자가 될 수 있는 것은 개인 인터넷 방송이다.

15 (나), (다)는 개인 인터넷 방송이다. ⑤는 대중 매체의 특징이다.

16 개인 인터넷 방송은 생산자의 관심사를 반영한 소재로 방송을 만들기 때문에, 수용자는 자신과 관심 분야가 비슷한 생산자의 방송을 보며 필요한 정보를 얻을 수 있다.

17 (라)를 통해 개인 인터넷 방송의 영향력이 커지고 있다는 것과 허위 정보와 관련한 피해가 발생하고 있다는 것을 알 수 있다. 개인 인터넷 방송이 전달하는 정보가 믿을 만한 것인지 검증하지 않고 전달하는 내용을 있는 그대로 수용해서는 안 된다.

1 마음을 표현하는 법

(1) 운율과 비유

시험에 꼭 나오는 **지문 알맹이 분석**　　4쪽

내용 분석　성장
운율　리듬감
비유적 표현 ①　직유법
비유적 표현 ②　은유법
비유적 표현 ③　의인법

필수 문제로 **소단원 완전 정복**　　5쪽

01 ⑤　**02** ①　**03** ①　**04** ④　**05** 시구: 내 이름은 민들레야. 효과: 표현하려는 대상이 생생하게 전달된다. / 재미있고 참신한 느낌을 준다. / 주제를 효과적으로 전달할 수 있다.

01 '민들레'가 홀씨를 부는 '아가'에게 다정한 시선으로 말을 건네고 있다.

02 ㄱ. '털방울 같지', '낙하산 되어 날아가지', '자라 있을 테지' 등에서 동일한 어미 '-지'의 반복을 확인할 수 있고, 이를 통해 운율이 형성된다. ㄴ. '후후후', '후후' 등 입을 오므려 입김을 부는 소리와 모양을 나타내는 음성 상징어 '후'의 반복을 통해 운율이 형성된다.

03 '나'(민들레)를 '털방울 같지'라며 '털방울'에 직접적으로 빗댄 직유법이 사용되었으나, '털방울' 자체를 사람처럼 표현하지는 않았다.

04 <보기>는 'A는 B이다'의 형식으로 표현하려는 대상(원관념)과 빗대어 표현하는 대상(보조 관념)을 연결한 은유법이 사용된 표현이다. 이와 같은 표현법이 사용된 것은 '나'(민들레)를 '낙하산'에 빗댄 ㄹ이다.

05 <보기>는 의인법에 대한 설명으로, 이에 해당하는 시구는 '내 이름은 민들레야'이다. 의인법은 표현하려는 대상을 생생하게 표현하고, 독자가 재미있고 참신한 느낌을 받게 하며 주제를 효과적으로 전달하는 효과를 지닌다.

(2) 상징

시험에 꼭 나오는 **지문 알맹이 분석**　　6~7쪽

'조약돌'의 의미　조약돌, 관심
'발돋움'의 의미　관심
일그러진 '꽃'의 상징성　소녀, 불행
'분홍 스웨터'의 의미　추억
소년의 심리　부끄러움
소녀의 유언과 심정　유언, 추억

필수 문제로 **소단원 완전 정복**　　8~9쪽

01 ④　**02** ③　**03** ⑤　**04** 보랏빛은 어두운 분위기를 자아내고, 앞으로 소녀에게 불길한 일이 생길 것임을 암시한다.　**05** ⑤　**06** 대추, 소년을 위하는 소녀의 마음을 의미한다.　**07** ①　**08** ③

01 (가)에서 '갈꽃'은 소녀의 싱그럽고 아름다운 이미지를, (나)에서 '꽃'은 비를 맞고 떠는 소녀의 연약한 이미지를 떠오르게 한다.

02 소년은 갈밭 속으로 사라진 소녀가 나타날 때까지 꽤 오랜 시간을 기다렸고, 발돋움을 하여 소녀를 찾으려고 애쓴다. 발돋움한 소년의 행동에서 소년이 소녀에게 관심이 있음을 짐작할 수 있다.

03 [A]와 <보기> 모두 서정적이고 아름다운 표현, 시적인 느낌의 서술로 문학의 아름다움을 느끼게 한다.

05 윤 초시네는 가세가 기울어 많던 전답을 다 팔아 버린 뒤 대대로 살아오던 집마저 남의 손에 넘기게 된 상황이다. 따라서 고향 집을 다른 사람에게 비싼 값에 팔아 이익을 남겼다고 보기 어렵다.

06 <보기>에서는 서술자를 좋아하는 상대가 감자를 챙겨 와서 서술자에게 건네주고 있다. 따라서 '감자'는 서술자를 향한 상대의 관심이라고 할 수 있다. (가)에서 소녀는 소년을 위하는 마음으로 '대추'를 건네주므로 '대추'는 '감자'와 같은 기능을 한다고 볼 수 있다.

07 (가)에서 소녀는 소년과 헤어질 생각에 쓸쓸해하는 모습을 보인다. 이런 모습을 바탕으로 할 때 소녀는 소년과 함께한 날 진흙물이 든 스웨터를 보며 행복해한다고 짐작할 수 있으므로 가장 알맞은 것은 ①이다.

08 소년과 소녀 사이의 일이나 소년을 향한 소녀의 마음을 어른들이 눈치채도록 할 만한 내용은 소녀의 유언에 담겨 있지 않다.

(3) 정서를 표현하는 글 쓰기

시험에 꼭 나오는 **지문 알맹이 분석** 10쪽

글쓴이의 경험과 깨달음 할머니, 뿌듯함
글쓴이의 인식 변화 형벌, 불행
정서를 표현하는 방법 평범, 비유적

필수 문제로 **소단원 완전 정복** 11쪽

01 ⑤ **02** ① **03** ④ **04** 글쓴이는 행복이든 불행이든 모두 마음먹기에 달려 있음을 깨달았다.

01 이 글은 글쓴이가 자신의 경험을 바탕으로 깨달은 바를 진솔하게 풀어 쓴 것으로, 주장과 근거를 찾아 타당성을 판단하며 읽는 것과는 거리가 멀다.

02 (나)에서 '나'는 물통의 물이 새서 책이 젖고, 축구공에 맞고, 체육복이 뜯기는 등 안 좋은 일이 연이어 발생하였으므로, 어려운 일이나 불행이 겹쳐서 생긴다는 뜻인 ①의 상황이라 할 수 있다.
오답 풀이 ② 한 가지 일을 하여 두 가지 이상의 이익을 보게 됨을 비유적으로 이르는 말.
③ 언 발을 녹이려고 오줌을 누어 봤자 효력이 별로 없다는 뜻으로, 임시변통은 될지 모르나 그 효력이 오래가지 못할 뿐만 아니라 결국에는 사태가 더 나빠짐을 비유적으로 이르는 말.
④ 애써 하던 일이 실패로 돌아가거나 남보다 뒤떨어져 어찌할 도리가 없이 됨을 비유적으로 이르는 말.
⑤ 강한 자들끼리 싸우는 통에 아무 상관도 없는 약한 자가 중간에 끼어 피해를 입게 됨을 비유적으로 이르는 말.

03 (라)에서 글쓴이는 할머니를 못 본 척하는 것이 '더한 형벌'이라고 하며 괴로워하는 모습을 보인다. 이후 할머니의 짐을 들어 드리면서 오늘의 불행이 끝났다고 하는 것에서 글쓴이가 뿌듯함을 느끼고 있음을 추측할 수 있다.

04 유난히 운이 따르지 않는다고 생각했던 하루가 작은 선행으로 인해 오히려 뿌듯한 기억으로 바뀌는 과정에서 글쓴이는 행복과 불행이 마음먹기에 달려 있음을 깨달았다.

실력을 완성하는 **대단원 완전 정복** 12~16쪽

01 ⑤ **02** ④ **03** ① **04** 그대를 보고 싶어 하고 사랑하는 마음이 강조된다. **05** ⑤ **06** ⑤ **07** ③ **08** (가)의 '나'와 (나)의 '소년'은 모두 대상을 정답고 따스하게 대하는 태도를 보인다. **09** ② **10** ① **11** ② **12** '꽃묶음'은 소년의 눈에 비친 소녀의 모습을 빗대어 표현한 것으로 소녀와 동일시된다. **13** ④ **14** ③ **15** ③ **16** 직유법을 활용하여 마음이 불편하여 할머니를 외면하는 시간이 길게 느껴지는 것을 효과적으로 표현하였다. **17** ③ **18** ④ **19** ・표현 방법: 의인법 ・효과: 참신한 느낌을 주고, 아가를 향한 민들레의 마음이 잘 느껴지게 한다. **20** ③

01 (가)와 (나)는 모두 비슷한 소리나 어미의 반복을 통해 운율을 형성하고 있으므로 둘 다 리듬감이 느껴진다.

02 <보기>에는 '봄'과 '꽃잎'을 사람처럼 표현하는 의인법이 쓰였다. ㉣ 역시 '나무'가 사람처럼 춤을 춘다고 표현하였다.

03 (가)와 같은 시는 중간중간 숨을 쉬며 끊어 읽게 되어 리듬감이 느껴지고 천천히 내용을 음미할 수 있어 시적 아름다움을 느낄 수 있다. <보기>는 시를 줄글로 바꾸어 쓴 것으로, 줄글은 쭉 붙여서 흘러가듯이 빠르게 읽힌다.

05 (가)는 시로, 동일한 소리와 단어 등의 반복을 통해 운율이 형성되어 읽을 때 리듬감이 느껴진다. 이와 달리 (나)는 소설로, 자유로운 문장으로 쓰인 산문이기 때문에 읽을 때 리듬감이 느껴지지 않는다.

06 소녀는 싱싱한 꽃가지만 골라 건넨 소년의 정성에 고마워하고 있으며, 그 꽃을 아끼는 마음에 ㉠과 같이 말하고 있다.

07 바위에 앉자고 누가 말하지 않았는데도 나란히 걸터앉을 만큼 소년과 소녀의 사이가 가까워졌으므로, ㉡의 상황은 '마음과 마음으로 서로 뜻이 통함'의 '이심전심'이라 할 수 있다.
오답 풀이 ① 유구무언(有口無言): 변명할 말이 없거나 변명을 하지 못함을 이르는 말.
② 오매불망(寤寐不忘): 자나 깨나 잊지 못함.
④ 상부상조(相扶相助): 서로서로 도움.
⑤ 희로애락(喜怒哀樂): 기쁨과 노여움과 슬픔과 즐거움을 아울러 이르는 말.

08 (가)의 '나'(민들레)는 '아가'의 성장을 긍정적으로 바라보며 따뜻한 시선을 보내고 있으며, (나)의 '소년'은 '소녀'를 위해 꽃을 꺾어 싱싱한 꽃만 건네는 것으로 보아 '소녀'를 정답게 대하고 있다.

09 (나)에는 비를 맞은 소녀가 입술이 파래지고 어깨를 떠는 장면이 나타난다. 이는 앞으로 소녀의 건강이나 운명에 안 좋은 일이 생길 것이라는 짐작을 하게 한다.

10 ㉠은 소녀의 행동으로, 소년의 태도가 점차 적극적으로 변화한 것을 보여 주는 장면이 아니다.

11 소년은 송아지를 보러 가자고 적극적으로 제안하고 있으며, 부끄러워하는 모습은 나타나지 않는다.

12 이 작품에서 '꽃', '꽃묶음'은 소녀 또는 소녀의 운명과 동일시된다.

13 소년은 소녀를 생각하는 자신의 마음을 아버지에게 들키지 않으려고 괜히 외양간으로 자리를 피했고, (나)의 글쓴이는 할머니를 돕지 않으려고 할머니를 모른 척하는 불편한 상황에서 '조금만 기다리면 돼'라고 생각하며 그 상황이 지나가기를 바라고 있다.

14 소년은 아버지가 소녀네 집에 닭을 한 마리 가져다주려는 것을 알고, 소녀를 더 챙겨 주고 싶은 마음에 이왕이면 큰 닭을 가지고 갈 것을 권한다.

15 ⓐ는 소년이 자신의 마음을 아버지에게 들킬까 봐 괜스레 딴청을 피우는 모습이고, ⓑ는 글쓴이가 할머니를 모른 척하고 싶어서 자전거를 묶는 척 연기를 하는 것이다.

17 (나)의 글쓴이는 할머니를 돕지 않으려던 마음을 바꾸어 할머니를 돕기로 다짐하면서 자신의 마음먹기에 따라 행복과 불행이 결정된다는 깨달음을 얻고 있으며, 이를 통해 정신적으로 한층 성장했다고 볼 수 있다.

18 <보기>는 직유법이 사용되었다. ㉣은 자신의 속마음을 표현한 것일 뿐, 직유법이 사용되지 않았다.

20 (나)는 정서를 표현한 글로, 이러한 글을 쓸 때에는 자신이 경험하고 느낀 바를 진솔하게 표현하는 것이 중요하다.

01 ② | ②에는 같거나 비슷한 소리 반복이 나타나지 않는다.

02 ② | ②의 '내 마음은 낙엽'에 은유법이 쓰였다.
> **오답풀이** ③ '강가에 나온 아이와 같이'에 직유법이 쓰였다.
④ 무생물을 생물인 것처럼 표현하는 활유법이 쓰였다.
⑤ 표면적으로는 이치에 맞지 않는 듯하나 실은 그 속에 진실이나 교훈이 담긴 역설법이 쓰였다.

03 ④ | '사군자'는 오랫동안 동양의 문화적 배경에서 형성된 의미를 담고 있는 것으로, 관습적 상징에 해당한다.
> **오답풀이** ①, ②, ③ 원형적 상징에 해당한다.
⑤ 개인적 상징에 해당한다.

04 ① | 내용을 구체화하는 방법을 정하는 단계는 '글감 구체화하기' 단계이다.

2 숨은 의미 찾기

(1) 추론하며 읽기

인공지능의 뜻과 활용 지능, 컴퓨터 시스템
인공지능 기술의 이점 의료, 자동차
인공지능 기술 도입의 문제점 ① 효율성, 일자리
인공지능 기술 도입의 문제점 ② 개인 정보, 사생활
인공지능 기술 도입의 문제점 ③ 오진, 책임
글쓴이의 생각 위협, 도입

01 ④ **02** ③ **03** ④ **04** 인공지능 기술을 통해 사람이 하던 일을 자동화하면 많은 일을 보다 정확하고 효율적으로 할 수 있게 되어 많은 부분에서 사람의 작업이 불필요하게 되기 때문이다.
05 ②, ④ **06** 인공지능 기술을 도입할 때 생기는 문제를 해결할 방법을 미리 마련하지 않으면 인공지능 기술이 우리에게 위협이 될 수도 있기 때문이다. **07** ④ **08** ④

01 추론하며 읽을 때에는 독자가 자신의 배경지식과 글에 나타난 정보를 활용할 수 있다.
오답 풀이 ① 글에 드러나지 않은 내용을 미루어 생각하며 읽는다. ② 글의 제목과 부제에 담긴 의미 모두를 자세히 살펴보아야 한다. ③ 단어와 문장에 나타난 정보를 활용하며 읽는다. ⑤ 글에 숨겨진 글쓴이의 관점과 의도를 살펴야 하는 것이지, 독자의 관점과 비교하여 더 옳은 것을 고르는 것은 아니다.

02 (다)에서는 인공지능 기술의 섣부른 도입에 반대하는 목소리가 나오고 있다는 점을 언급하며 인공지능 기술의 이용에 문제를 제기하고 있을 뿐 그러한 목소리가 문제가 되고 있다고 한 것은 아니다.

03 글쓴이는 ㉠에서 사람들이 인공지능 기술의 도입을 반대하는 까닭이 무엇일지 질문을 던지고 있다. ㉠ 뒤에는 이 질문에 대한 답이나 답과 관련된 내용이 올 것이므로 가장 알맞게 추론한 것은 ④이다.

05 인공지능의 오작동으로 인한 오진이나 사고, 악용 문제 등 인공지능 기술 도입으로 발생할 수 있는 문제 상황을 가정하여 질문의 형식으로 제시함으로써 독자에게 경각심을 갖게 하고 있다.

07 <보기>는 플라스틱 쓰레기가 환경을 오염시키고 생태계를 파괴한다는 내용이다. 이를 배경지식으로 활용하면 (다)는 생태계를 위협하고 코끼리의 생명을 앗아가는 플라스틱 사용을 줄이자는 내용이 숨겨져 있다고 추론할 수 있다.

08 스리랑카 코끼리는 플라스틱으로 인해 생명의 위협을 받고 있다. 인간이 스리랑카 코끼리에게 위협받는 상황을 우려하는 것은 (다)의 내용을 잘못 파악한 것이다.

(2) 추론하며 듣기

시험에 꼭 나오는 지문 알맹이 분석   22쪽

상황 맥락	화자, 청자, 시간, 장소
(가)와 (나)의 화자의 의도	상황 맥락
언어적 표현	단어, 문장
(가)와 (나)의 화자의 의도	언어적 표현, 수락
준언어적·비언어적 표현	속도, 말투, 표정
㉠처럼 말한 화자의 의도	약속, 나무라는

필수 문제로 소단원 완전 정복   23쪽

01 ④   **02** 승주는 민호에게 도와달라는 요청을 하려는 의도로 물어본 것이므로, 민호는 '내가 좀 도와줄까?'라고 대답할 수 있다. **03** ③

01 (나)의 기자는 정보 취약 계층이 일반 사람들에 비해 디지털 정보를 활용하는 능력이 크게 떨어진다는 문제 상황을 전달하고 있다.

02 승주는 책을 들고 계단을 오르며 힘든 표정을 하고 있다. 이러한 상황을 고려할 때, 승주는 민호에게 책을 드는 것을 도와달라는 의도로 말을 건네고 있다는 추론이 가능하다.

03 뉴스에서 기자가 자주 반복하는 단어나 강조하는 말, 면담이나 실태 조사 결과 등 보도에서 활용한 자료를 살펴보면 기자의 의도나 관점을 파악하는 데 도움이 된다. 하지만 기자의 보도에 진행자의 의견이 반영되었는지는 기자의 의도나 관점을 파악하는 방법과 관련이 없다.

실력을 완성하는 대단원 완전 정복   24~28쪽

01 ⑤   **02** ④   **03** ④   **04** ③   **05** ⓐ 자동화 ⓑ 직업(일자리)   **06** ②   **07** ①   **08** ④   **09** 비닐봉지 같은 플라스틱 쓰레기가 생태계를 위협한다는 것을 강조하기 위해서 비닐봉지로 맹수의 얼굴을 표현한 것이다.   **10** ⑤   **11** ③   **12** (1) 못마땅함. (2) 화난 표정 (3) 약속한 시간이 지났는데도 아직 게임을 하는 것을 나무라기 위한 말이다.   **13** ③   **14** ⑤   **15** ⑤   **16** ②   **17** ③   **18** 디지털 정보 격차가 발생하는 이유는 정보 취약 계층의 디지털 기기 이용 능력이 일반 국민보다 크게 떨어지기 때문이다.   **19** ⑤   **20** ①   **21** ⑤   **22** 좁은 수조 안에서 돌고래가 초음파를 내보내면 초음파가 벽에 부딪혀 되돌아오기 때문에 돌고래는 귀에서 계속 소리가 나는 병에 걸리는 것이다.

01 (마)에서는 인공지능 기술로 인한 업무의 자동화로 현재 존재하는 많은 직업 가운데 상당수가 사라질 수 있다고 설명하고 있다.

02 이 글은 인공지능 기술에 대한 이점을 먼저 제시한 후 도입을 반대하는 목소리를 제시하고 있다. 인공지능 기술에 대한 전문가의 의견이나 발전 과정은 제시되지 않았다.

03 <보기>는 글쓴이가 이 글을 쓴 의도와 관련이 있다. 글쓴이는 인공지능 기술의 도입이 문제를 일으킬 수 있다고 생각하여 이 글을 쓴 것인데, 이러한 글쓴이의 의도를 추론하기 위해서는 ④와 같은 질문을 해야 한다.

04 의료 분야에서는 인공지능 기술을 이용해서 다양한 질병을 이전보다 빠르게 진단하고 있다고 했으나, 이를 통해 고치기 어려운 질병의 완치가 가능해진다고 볼 수는 없다.

06 ㉢는 (나)에서 글쓴이가 인공지능 기술로 인한 문제를 심각하게 바라본다는 내용을 추론하고 있다. 이 추론에 활용한 단서는 독자의 배경지식이다.

오답풀이 ①, ③, ④, ⑤ 글에 나타난 단어, 문장 등의 정보를 바탕으로 글쓴이의 의도와 내용을 추론하고 있다.

07 (가)에서는 인공지능 기술 개발 과정에서 개인 정보의 유출과 사생활 침해 문제가 발생할 수 있음을 이야기하고 있다. 소통 단절에 대한 배경지식은 이와 직접적인 관련이 없다.

08 이 광고는 플라스틱 쓰레기로 인해 생태계가 파괴되고 있으므로 플라스틱 쓰레기의 발생량을 줄여야 한다는 의도를 담고 있다. 이와 비슷한 관점은 ④이다.

10 (가)의 (2)는 병원에서 환자가 의사에게 진료를 받는 상황이다. 진료 과정에서 의사가 환자에게 '많이 불편하세요?'라고 묻고 있으므로 이에 대해 환자는 자신의 통증 정도나 아픈 부위에 대한 답을 해야 한다. 진료 시간을 궁금해하는 것은 상황 맥락에 어울리지 않는다.

11 '내 코가 석 자'는 자신의 처지 때문에 남을 도와주기 어렵다는 의미로, 정현이를 같이 도와주기 어렵다는 의도를 표현한 말이다.

13 승주는 몇 시인지 묻는 것이 아니라 민호에게 도움을 요청하려는 의도로 '시간 있어?'라고 물은 것이므로, 시각을 확인하는 것은 알맞지 않다.

14 (마)는 금융 서비스의 비대면화 확대로 인해 정보 취약 계층이 우대 금리 등 실질적인 혜택에서 소외되는 문제를 제시하고 있다.

15 이 글은 무인 시스템의 빠른 확대로 디지털 기기 활용 역량이 부족한 정보 취약 계층이 불편을 겪고 있음을 중심 내용으로 한다. 이러한 내용을 보도하는 기자의 의도를 추론하기 위해서는 ⑤와 같은 질문을 할 수 있다.

16 기자의 보도로 문제를 심층적으로 분석하기에 앞서 (가)에서 진행자의 말을 통해 정보 취약 계층이 무인 시스템을 제대로 활용하지 못하는 문제 상황이 발생하게 된 배경(코로나바이러스감염증이 길어짐)을 제시하고 있다.

17 (나)에서 어르신이 식당에서 비대면 주문을 하는 기계를

사용하지 못하는 상황과 그 어르신을 인터뷰한 내용을 제시하여 디지털 정보 격차가 심각한 상황을 생생하게 전달하고 있다. 이는 디지털 정보 격차가 심각하다는 기자의 생각을 뒷받침한다.

19 면담 대상자는 벨루가의 생태적 특성을 들어 수족관이 돌고래에게 적합한 환경이 아님을 설명하고 있으므로 질문 내용으로는 ⑤가 알맞다.

20 ㉠은 돌고래의 정형화된 행동이 수족관의 좁은 상황 속에서 일어나는 문제 상황임을 돌고래의 입장에서 설명한 것이 있다. 수조에서 뱅글뱅글 도는 것은 자연 속에서 돌고래가 보이는 행동이 아니다.

21 '동물 행동학'은 동물의 인지 능력과 상태에 관한 연구를 하는 학문이다. ㉡은 이러한 학문의 연구 내용을 바탕으로 하여 동물의 인지 능력과 상태에 따라 동물이 살아갈 공간을 결정해야 한다는 의미이므로 ⑤와 같은 내용을 담고 있다고 할 수 있다.

01 ② | 다원이 도움이 필요한 윤아에게 다가가 도움을 주고자 말을 건네자 이에 대해 윤아가 고마움을 표현하고 있는 상황이다.

02 ④ | <보기>의 면담 대상자는 올챙이는 인간에게 억류됐음을 인식하는 동물이 아니지만, 돌고래는 올챙이와는 대조적으로 고등 인식 능력이 있어서 자신의 상태를 인지할 수 있다고 설명한다. 이러한 동물들의 인지 능력과 상태에 따라 자유 방사를 결정해야 한다고 주장하고 있으므로 면담 대상자의 말을 바르게 이해한 반응은 ④이다.

오답풀이 ① 돌고래와 올챙이의 인식 능력을 비교하고 있을 뿐, 돌고래의 처지를 올챙이의 처지로 비유하여 설명하지는 않았다.
② 올챙이와 돌고래의 인식 능력 차이를 설명하고 있다.
③ 올챙이는 어항에 옮겨 놓아도 자신이 억류되었다는 것을 인식하지 못하는 존재로 설명하고 있으므로 올챙이의 특성을 바탕으로 하여 동물의 인식 능력이 뛰어남을 설명한다는 것은 알맞지 않다.
⑤ 올챙이는 자신이 살고 있는 환경에 대한 인식 능력을 갖추지 못한 존재이다.

중간 | **모의평가** 30~34쪽

01 ⑤ **02** ④ **03** ④ **04** ② **05** 공통적으로 쓰인 비유적 표현: 의인법 / (가)의 해당하는 부분: 내 이름은 민들레야 / (나)의 해당하는 부분: 나무가 춤을 추면 **06** ① **07** ④ **08** ⑤ **09** 덕쇠 할아버지네 호두를 몰래 딴 것을 들키지 않기 위해서이다. **10** ② **11** ④ **12** ③ **13** ① **14** 옆집 할머니를 도와드리지 않고 외면하는 시간이 길게 느껴지는 글쓴이의 불편한 마음을 효과적이고 개성 있게 표현하였다. **15** ⑤ **16** ④ **17** ② **18** ⑤ **19** ① **20** 글쓴이는 인공지능 기술의 도입을 신중하게 결정해야 한다고 독자를 설득하기 위해 이 글을 썼다. **21** ④ **22** ③ **23** 키오스크가 고령층이 사용하기에는 어렵다는 문제가 있는데, 이는 키오스크가 터치스크린 방식으로 글씨는 작고 속도가 빠르기 때문이다. **24** ① **25** 면담 대상자는 돌고래는 수족관에 가두면 안 되는 동물임을 주장하기 위해 ⓒ과 같이 말했다.

01 (가)와 (나)에는 원인과 결과가 나타나 있지 않으며, 글쓴이의 경험을 쓴 것인지는 알 수 없다.

02 (가)는 아가의 성장을 기쁘게 여기는 마음을 민들레의 정겹고 따스한 시선으로 그려 내고 있는 시이다.

03 <보기>의 표현을 직유법을 활용하여 [A]와 같이 바꾸어 쓰면 입술을 내밀고 있는 아가의 모습이 보다 더 생생하게 전달된다.

04 '후후후', '후후'의 반복은 시에 운율감을 형성하여 읽을 때 통일감과 생동감, 즐거움을 느끼게 한다.

05 (가), (나)에는 사람이 아닌 것을 사람인 것처럼 표현한 방식이 공통적으로 쓰였다.

06 소년은 (나)에서 자신이 하는 행동을 숨겨서 엿본 소녀 때문에 놀라 달려가다가 물속에 빠진다. '몸을 가릴 데가 있어 줬으면 좋겠다'고 생각하며 메밀밭으로 향한 소년의 모습에서 소년이 창피함을 느끼고 있음이 나타난다.

07 소년과 소녀가 서로에게 호감을 느낀 것은 우연한 계기로 갑작스레 일어난 일이다. 따라서 제목 '소나기'는 갑자기 세차게 내리는 비처럼 갑자기 찾아온 사랑을 상징한다고 볼 수 있다.

08 (가)에서 소녀는 소년에게 던지려고 물속에서 하얀 조약돌을 집어낸다. 이는 그러고는 소년에게 '이 바보'라고 말하며 조약돌을 던지고 갈밭 사잇길로 달려간다. 이러한 모습으로 미루어 볼 때, 소녀는 소년에 대한 관심의 표현으로 조약돌을 던졌다고 할 수 있다.

10 원두막의 기둥이 기울어 있는 것은 원두막의 상태가 좋지 않은 것을 보여 주는 것일 뿐, 소녀에 대한 소년의 감정을 짐작하게 하는 것은 아니다.

11 이 글은 정서를 진솔하게 표현하는 글로, 이러한 글은 사소하고 일상적인 경험에서 글감을 찾아 그 경험을 통해 얻은 깨달음을 비유와 상징 등 다양한 표현 방법을 활용하여 쓴다.

12 (다)에 드러난 의성어는 '휴우, 으휴우!'이다. 이는 '나'의 속마음이 아닌 할머니의 가쁜 숨소리이다.

오답풀이 ① (가)에서 '나'는 그동안 아파트 엘리베이터를 편하게 이용해 왔는데, 엘리베이터 교체 공사를 해서 '고통의 계단'을 올라야 한다고 했으므로 '나'가 엘리베이터 공사로 불편함을 겪었다고 할 수 있다.
② (나)에서 '나'는 오늘 아침에 가방 속 물통에 물이 새고, 오후에는 축구공에 머리를 맞았으며 지금은 체육복이 뜯어졌다고 하였으므로, '나'가 연달아 불행스러운 일을 겪었다고 할 수 있다.
④ (라)에서 '나'는 자신의 징크스가 '내 마음 안에서 시작'되었을지도 모른다는 깨달음을 드러내고 있다.
⑤ (라)에서 '나'는 할머니를 도와드리고 난 후의 뿌듯한 마음을 '엘리베이터를 타고 오르듯 가벼웠다'라고 직유법을 활용하여 효과적으로 드러냈다.

13 글쓴이는 생각지 못했던 작은 선행을 통해 스스로 만든 징크스를 극복하고 행복이든 불행이든 마음먹기에 달려 있음을 깨닫게 되었다.

14 양심의 가책을 느껴 불편한 마음을 직유법을 활용하여 효과적으로 드러냈다.

15 '나'는 176개의 계단을 오르는 것보다 짐을 들고 계단을 힘들게 올라가는 할머니를 모른 체하는 상황이 더 괴롭다며 이를 176계단의 형벌보다 '더한 형벌'이라고 표현한 것이다.

16 인공지능 기술에 대한 대중의 관심도는 이 글에 나타나 있지 않으며, 인공지능 기술에 대한 대중의 관심도가 인공지능 기술 도입을 신중하게 생각해야 함을 설득하려는 글쓴이의 의도, 관점을 파악하는 데 필요한 단서도 아니다.

17 인공지능 기술이 사용자의 사소한 정보를 알고 있다는 배경지식은 개인의 사생활 침해를 우려하는 글쓴이의 생각과 관련된다.

18 [A] 앞에서는 의료 분야에 인공지능 기술을 도입하여 우리의 생활이 편리해진 상황을 설명하고 있다. '또'라는 표지어 뒤로 [A]가 오므로 [A]에는 다른 분야에 인공지능 기

술을 도입한 상황이 제시되는 것이 알맞다.

19 ㉠ 앞에는 인공지능 기술의 도입을 반대하는 까닭이 무엇인지 묻고 있고, ㉠ 뒤에는 인공지능 기술의 도입을 반대하는 첫 번째 까닭이 제시되고 있다. 따라서 가장 알맞은 표지어는 '먼저'이다.

21 (다)는 면담의 일부로, 질문자는 전문가와 면담을 하고 있다. 질문자와 면담 대상자의 친분 여부는 면담 내용을 추론하는 데 고려할 요소가 아니다.

22 (가)의 화자와 청자는 의사와 환자 관계로 병원에서 이야기를 나누는 상황이다.

24 면담 대상자는 먼 거리를 이동하는 돌고래를 작은 곳에 놓아 두고는 최적의 환경을 갖추었다고 하는 아쿠아리움 측의 주장을 반박하고 있다. 이러한 면담 대상자의 의견을 드러내려면 ㉠에는 '자격'이 들어가야 한다.

3 분류하고 활용하기

(1) 단어의 갈래

시험에 꼭 나오는 **지문 알맹이 분석**   36~37쪽

체언의 특징	않음, 주어, 목적어, 이름, 대신, 수량, 순서
용언의 특징	변함, 서술어, 움직임, 상태, 성질
수식언의 특징	않음, 꾸며 주는, 체언, 용언
관계언의 특징	않음, 관계, 뜻
감탄사의 특징	않음, 독립적, 부름, 대답

필수 문제로 **소단원 완전 정복**   38~39쪽

01 ④   **02** ②, ③, ④   **03** ③   **04** ③   **05** ②, ④   **06** ②
07 ②, ③   **08** ⑤   **09** ④   **10** ①   **11** ③   **12** ①   **13** ②
14 ③   **15** ④   **16** 〈보기〉에 쓰인 부사: 잘, 아주, 빨리 / 공통적인 특성: 부사는 주로 뒤에 오는 용언을 꾸며 준다.

01 품사는 형태, 기능, 의미를 기준으로 공통된 성질을 가진 것끼리 묶은 단어의 갈래이다.

02 품사의 분류 기준은 형태, 기능, 의미이다.

03 '우리'는 대명사로, 형태가 변하지 않는 단어이다.

04 '수학, 문제, 주희, 도서관, 제하, 책'은 명사이고, '나, 너, 여기'는 대명사이다. '너무'는 부사이다.

05 대상의 이름을 나타내는 단어인 명사는 구체적인 대상을 나타내는 단어와 추상적인 대상을 나타내는 단어로 나눌 수 있다. '나무', '얼굴', '이순신'은 구체적인 대상을 나타내는 단어이며 '행복', '평화'는 추상적인 대상을 나타내는 단어이다.

06 체언은 형태가 변하지 않으며 명사, 대명사, 수사를 포함한다.

07 '① 맑다, ④ 빠르다, ⑤ 맛있겠다'는 형용사이다.

08 용언은 문장에서 주로 서술어 역할을 한다.

09 ㉡은 장소에 해당하므로 '그곳', '거기' 등으로 바꿀 수 있다. '저것'은 사물을 대신 가리키는 단어다.

10 '활짝'은 동사 '피었다(피다)'를 수식하는 부사이다.
🔎**오답풀이** ②. ③은 관형사. ④. ⑤는 부사이다.

11 '내려와서'는 '내려오다'가 기본형이고, 과거형으로 쓰일 때 '내려왔다'가 된다.

12 '푸르다', '아름답다', '편하다'는 모두 형용사이다.

13 '이', '새', '모든', '한'은 뒤에 오는 명사를 꾸며 주는 관형사이다. '두루'는 볼(보다)', '함부로'는 '대해서(대하다)'를 꾸며 주는 부사이다.

14 〈보기〉에서 설명하고 있는 품사는 형용사이다.
🔎**오답풀이** ① '옛'은 관형사, '매우'는 부사이다.
② '이것'은 대명사, '학교'는 명사이다.
④ '먹다'는 동사, '건강하다'는 형용사이다.
⑤ '자다'는 동사, '행복하다'는 형용사이다.

15 감탄사는 부름이나 대답, 느낌을 나타내며 문장에서 독립적으로 쓰여 독립언이라고 한다. 또한 활용을 하지 않아서 형태가 변하지 않는다.

(2) 자료를 활용하여 글 쓰기

시험에 꼭 나오는 **지문 알맹이 분석**   40쪽

자료를 활용하여 정보를 전달하는 글을 쓸 때 고려할 점	정보, 자료, 쉽게, 출처
무색 페트병 분리배출 방법	세척, 압축
글쓴이의 당부	품질, 재활용, 올바르게

필수 문제로 **소단원** 완전 정복   **41쪽**

01 ⑤   **02** ⑤   **03** 글에서 설명하는 내용을 한눈에 쉽게 이해할 수 있다.   **04** ④

01 개요 쓰기는 내용을 조직해서 실제 글을 쓰기 위한 과정 가운데 하나이다. 선정한 내용을 바탕으로 글의 구조에 맞게 내용을 체계적으로 배치하고 문단별로 중심 내용을 작성하면서 개요를 짜면 효과적으로 글을 쓸 수 있다.

02 ㉠에서는 무색 페트병이 플리스틱 분리수거함에 들어가 있는 교실의 모습을 다루고 있다. 따라서 ㉠과 관련하여 활용할 만한 자료로 알맞은 것은 ⑤이다.

03 매체 자료(그림, 사진 등)를 활용하면 설명하는 내용을 한눈에 쉽게 이해할 수 있다.

04 글을 쓰기 위해 수집한 자료는 최대한 많이 활용하는 것이 아니라, 글의 주제와 관련 있는 내용인지, 저자와 출처는 분명하고 믿을 만한지, 독자들이 이해하기 쉬운지 등을 판단하여 글에 활용할 만한 것을 선정해야 한다.
　오답풀이 ① 자료를 활용하여 글을 쓸 때에는 여러 매체를 통해 다양한 자료를 수집하고, 그중 주제와 관련한 중요도를 살펴서 글에 쓸 자료를 선정해야 한다.
② 자료를 활용하여 글을 쓸 때는 자료의 내용을 마음대로 바꾸거나 왜곡해서는 안 되며 자료의 출처를 밝혀야 한다.
③ 선정한 여러 자료는 글의 개요에 맞게 적절히 통합하고 배치해야 한다.
⑤ 쓰기 윤리를 지키기 위해 활용할 자료의 출처는 정확하게 기록하고 정리해 두어야 한다.

실력을 완성하는 **대단원** 완전 정복   **42~46쪽**

01 ②,④   **02** ①   **03** ③   **04** ②   **05** ⑤   **06** ⑤   **07** 〈보기〉의 단어들은 문장에서 서술어의 역할을 주로 하며 문장에서 쓰일 때 그 형태가 변한다는 공통점이 있다.   **08** ①   **09** ④   **10** ②
11 ②   **12** ③   **13** ①   **14** ②   **15** ③   **16** ⑤   **17** ③
18 ④   **19** ④   **20** ⑤   **21** ②   **22** ③   **23** 잘못된 까닭: '은커녕'은 하나의 조사이므로 앞 단어에 모두 붙여 써야 한다. / 바르게 고친 문장: 돈은커녕 상품도 받지 못했어요.   **24** ③   **25** ①
26 ②   **27** ③   **28** ④   **29** ①   **30** 자료의 출처에 따라 글에 대한 신뢰도가 달라지며, 출처를 밝히지 않으면 쓰기 윤리를 어기게 되므로 출처를 반드시 밝혀야 한다.

01 품사는 형태, 기능, 의미를 기준으로 공통된 성질을 가진 것끼리 묶은 단어의 갈래이다.

02 형태가 변하지 않는 단어에는 명사, 대명사, 수사, 관형사, 부사, 감탄사, 조사(서술격 조사 제외)가 있다.

03 '천'은 뒤에 오는 명사 '냥'을 수식하는 관형사이다.
　오답풀이 ① '굴뚝'은 명사이다.
② '여든'은 수사로 쓰였다.
④ '사공'은 명사이다.
⑤ '그'는 대명사이다.

04 '힘들다', '즐겁다'는 형용사이다.
　오답풀이 ①의 '들어오다', ③의 '만나다', ④의 '먹다', ⑤의 '눕다'는 동사이다.

05 ⑤는 동사에 대한 설명이며, 〈보기〉의 문장에는 동사가 없다.
　오답풀이 ①은 부사로, 〈보기〉의 '무척'이 해당한다.
②는 조사로, 〈보기〉의 '는', '이', '같이', '가'가 해당한다.
③은 명사로, 〈보기〉의 '미래', '얼굴', '보름달', '키'가 해당한다.
④는 형용사로, 〈보기〉의 '하얗고', '크다'가 해당한다.

06 '응'은 대답을 나타내는 단어로, 감탄사이다.

07 제시된 단어 중, '먹다', '자다'는 동사이고 '느리다', '빠르다'는 형용사이다. 동사와 형용사를 묶어 용언이라고 하는데, 용언은 문장에서 주로 서술어의 역할을 하고 형태가 변한다.

08 사람이나 사물의 상태나 성질을 나타내는 단어는 형용사이다. ①의 '포근하다'는 형용사이다.
　오답풀이 ②의 '달려간다(달려가다)', ③의 '반짝이다', ④의 '날아간다(날아가다)', ⑤의 '내려온다(내려오다)'는 동사이다.

09 ㉣은 '학교 근처 공원'을 가리킨다.

10 ②에서 '이'라는 관계언 하나가 쓰였으며, 나머지 문장에서는 관계언이 두 개씩 쓰였다.
　오답풀이 ①에서는 '가', '은'이, ③에서는 '은', '를'이 ④에서는 '은', '을'이, ⑤에서는 '이', '은'이 쓰였다.

11 〈보기〉에 제시된 단어들은 모두 동사이다. ②가 동사에 대한 설명이다.
　오답풀이 ①은 부사, ③은 감탄사, ④는 형용사, ⑤는 명사에 대한 설명이다.

12 문장에서 쓰일 때 형태가 변하는 품사는 동사와 형용사이다. '크다'는 형용사, '만들다'는 동사이다.

13 '단단하다'는 '어떤 힘을 받아도 쉽게 그 모양이 변하거나

부서지지 아니하는 상태에 있다.'라는 뜻의 형용사이다.
ⓛ~ⓜ은 모두 동사이다.

14 '만'은 다른 것으로부터 제한하여 어느 것을 한정함을 나타내는 조사이고, '도'는 이미 어떤 것이 포함되고 그 위에 더함의 뜻을 나타내는 조사이다.

15 '활짝'은 부사, '모든'은 관형사로서 뒤에 오는 말을 꾸며 주는 수식언이다.

16 '처음'은 '시간상으로 맨 앞'을 나타내는 명사이다.

17 <보기>에는 단어들 사이의 문법적 관계를 나타내 주는 조사가 들어가야 한다.

18 ④에는 대명사 '거기'가 쓰였다.
오답풀이 ①의 '그', ②의 '저', ③의 '이'는 체언을 수식하는 관형사이다.
⑤ '하나', '둘'은 수사이다.

19 ㉣은 '행동이나 사태 따위가 가벼우면서도 은근하고 천천히'라는 뜻을 지닌 부사이다.

20 '① 마저, ② 께서, ③ 까지, ④ 조차'는 모두 조사이지만, ⑤의 '못'은 부정의 뜻을 나타내는 부사이다.

21 ②는 명사이다.
오답풀이 ①은 관형사, ③, ④, ⑤는 부사이다.

22 누구를 부르는 말이라고 해서 모두 감탄사인 것은 아니다. '태형아'는 명사인 '태형'과 조사 '아' 두 단어가 결합한 것이기 때문에 감탄사가 아니다.

24 (가)는 글쓰기를 계획하는 단계이다. 이 단계에서는 자신이 글을 쓰는 목적, 주제, 예상 독자를 떠올려 보고 글의 유형을 정해야 한다.

25 (나)의 자료 1~자료 5 중 무색 페트병 분리배출 실태를 설문한 자료에 해당하는 것은 없다.

26 공공 기관의 자료라고 해도 글의 주제인 무색 페트병 분리배출과는 관련이 없으므로 자료에서 제외해야 한다.

27 무색 페트병을 분리배출하는 방법을 독자들이 이해해서 분리배출을 잘하자는 것이 글쓴이가 의도하는 바이다.

28 (라)에서는 무색 페트병을 버릴 때 깨끗하게 만드는 것이 중요한 이유와 무색 페트병 배출 순서를 설명하고 있다. 따라서 제시된 소제목이 들어가기에 알맞은 곳은 (라) 앞

이다.

29 (라)는 무색 페트병을 올바르게 배출하는 방법에 대해 설명하고 있다. 따라서 (라)의 내용을 종합적으로 설명하는 데에는 분리배출 순서를 한눈에 보여 주는 그림이 가장 어울린다.

30 자료의 출처에 따라 글에 대한 신뢰도가 달라지며, 출처를 밝히지 않으면 쓰기 윤리를 어기게 되므로 출처를 반드시 밝혀야 한다.

고난도 문제로
만점 올리드 47쪽

01 ② | <보기>의 단어는 명사, 수사, 대명사에 해당하며, 이 셋을 체언이라고 한다. 체언은 단어의 형태가 변하지 않고 문장에서 몸통의 역할을 한다.
오답풀이 ① 감탄사, ③ 용언, ④ 수식언, ⑤ 관계언에 대한 설명이다.

02 ③ | '고운'은 '모양, 생김새, 행동거지 따위가 산뜻하고 아름답다.'라는 뜻을 지닌 형용사이다.

03 ④ | 자료를 활용하여 글을 쓰기 위해 수집한 자료는 글의 주제와 관련 있는 내용인지, 저자와 출처가 분명하고 믿을 만한 것인지, 독자들이 이해하기 쉬운 내용인지를 판단하여 중요한 자료를 선정한 후 활용해야 한다.

04 ③ | 자료의 내용을 그대로 가져와 적는 것을 직접 인용이라고 하고, 직접 인용을 할 때는 큰따옴표를 사용하여 글쓴이가 자료에서 어느 부분을 가져왔는지 정확히 표시해야 한다. 간접 인용은 자료의 내용을 글쓴이가 자신의 말로 풀어 쓰거나 다른 표현으로 바꾸어 가져오는 것을 말한다.

4 성장하고 변화하고

(1) 문학과 성장

시험에 꼭 나오는 **지문 알맹이 분석** 48~49쪽

소재의 의미	닭대가리, 스트레스, 용머리, 존경심
'나'의 이름을 '석'이라고 지은 이유	쉽게, 사랑
인물의 심리	닭대가리, 의기소침
아빠에 대한 '나'의 생각 변화	용머리, 부족한
'나'의 성장	훌륭한, 성장

필수 문제로 **소단원** 완전 정복 50~51쪽

01 ③ **02** ② **03** ③ **04** 사람들이 닭대가리라는 별명을 부르며 스트레스를 풀고 자신을 질투하지 않아 좋다는 아빠의 모습을 볼 때, 아빠는 타인을 너그럽고 여유 있게 대하는 성품을 지닌 인물이다. **05** ③ **06** ⑤ **07** ④ **08** '나'는 아빠의 목소리가 떨리고 의기소침해진 모습을 보고 속이 상했기 때문에 엄마가 주는 통닭을 마다했다.

01 어린 소년인 '나'가 자신의 아빠는 '용머리' 같다고 하며 아빠를 자랑스럽게 생각하는 모습이 드러나 있다.

02 '나'는 자신의 이름에 특별한 뜻이 없는 것 같아서 창피했다가 잊어버리고 있었다. 그런데 4학년이 되어 새로 만난 담임 선생님이 천재 시인 백석과 이름이 같다며 관심을 주자 '나'는 이러한 상황이 좋은 것인지 싫은 것인지 몰라 얼떨떨해하고 있다.

03 사람들이 닭대가리라는 별명을 부르며 스트레스를 풀고 시기, 질투로 나쁜 소문을 내지 않아 좋다는 아빠의 넓은 마음을 보며 '나'는 아빠가 닭대가리라는 별명과는 어울리지 않고, '용머리'라고 생각한다.

05 아빠가 자신의 부족한 부분을 '나'에게 보여 당황해하는 모습이 (가)에 제시될 뿐, ③과 같은 장면은 제시되지 않는다.

06 닭을 도막 내면서 마음을 가다듬은 아빠는 뒤를 돌아 '나'를 쳐다보며 '나'가 얼마나 상심했을지 그리고 그 마음을 어떻게 풀어 줘야 할지 고민했을 것이다. 아빠는 무지함을 감추지 않았으므로 ⑤는 적절하지 않다.

07 [A]에서 아빠는 자신이 잘 아는 것을 아들에게 설명하고 있다. 이는 풀이 죽은 아들을 위해서 아빠도 자신의 분야에서만큼은 잘 아는 부분이 있다는 메시지를 전달하고자 했음을 짐작할 수 있다.

(2) 생활 속의 다양한 매체

시험에 꼭 나오는 **지문** 알맹이 분석 52쪽

대중 매체의 영향력 정보, 경험
개인 인터넷 방송의 영향력 취향, 영향력, 개인적

필수 문제로 **소단원** 완전 정복 53쪽

01 ① **02** ① **03** ④ **04** (바)의 규제를 받는 매체: 대중 매체 / 규제를 받는 이유: 대중 매체는 사회적으로 큰 영향을 미치므로 사회적 책임과 의무를 다해야 하기 때문이다.

01 (가)는 대중 매체, (나)는 개인 인터넷 방송이다. (가)는 (나)에 비해 다수의 사람이 관심을 가질 만한 소재, (나)는 생산자가 관심이 있는 소재를 주로 다룬다.

02 (다)에서는 생산자가 자신이 좋아하는 소재로 영상 제작의 전 과정을 전담하여 영상을 만들고 있는 모습이 드러난다. ①은 대중 매체의 특성이다.

03 (라), (마)에서는 인터넷 개인 방송에서 허위 정보를 퍼뜨리거나 사생활 침해 등으로 피해자가 발생하는 사례를 제시하고 있다. ④는 대중 매체의 특징이다.

04 대중 매체는 방송법의 규제를 받아 상호를 노출할 수 없는 등 내용의 공공성에 제약이 많다. 이는 불특정 다수에게 많은 정보를 전달하여 사회적으로 큰 영향을 미치기 때문이다.

실력을 완성하는 **대단원** 완전 정복 54~58쪽

01 ⑤ **02** ④ **03** ② **04** '나'는 자신의 이름에 특별한 뜻이 없는 것 같아 창피했다가 선생님에게 멋진 이름이라고 칭찬을 받자 이 관심이 좋은 건지 나쁜 건지 구별이 가지 않아 기분이 이상했다. **05** ③ **06** ⑤ **07** ③ **08** ⑤ **09** ④ **10** ㉠에서 아빠는 부끄럽고 창피함을 느꼈다. 아빠가 자신의 무지함으로 인해 자식 앞에서 다른 사람에게 놀림을 받았기 때문이다. **11** ② **12** ④ **13** ④ **14** **15** ② **16** **17** ③ **18** 사회적으로 중요한 정보를 전달해야 하는 대중 매체가 역할을 제대로 하지 않으면 그로 인한 피해가 사회 전반에 미칠 수 있기 때문이다.

01 (다)에서 '나'는 자신의 이름에 특별한 뜻이 없고, 쓰기 쉬우라고 아빠가 자신의 이름을 한 글자로 지었다는 것을 알고 창피해한다. 따라서 ⑤에 대한 답은 이 글에서 찾을 수 없다.

02 사람들이 자신을 '닭대가리'라는 별명으로 부르면서 시기, 질투하지 않아 가게에 해를 주지 않으니 오히려 다행이라는 아빠의 말에서 너그러운 마음과 현명한 생각이 드러난다. '나'는 이를 보고 무식한 사람을 얕잡아 보는 닭대가리라는 별명은 아빠와 어울리지 않는다고 생각한다.

03 [A]에는 자신의 경험을 바탕으로 하여 아이가 이름을 쓸 때 겪을 어려움을 생각해 이름을 한 글자로 지었다는 아빠

의 말이 나타나 있다. 이를 통해 아들을 아끼고 사랑하는 아빠의 마음을 알 수 있다.

05 '나'의 아빠는 (다)에서 백석의 시를 잘 모르지만, 곰곰이 생각해 보고 나름대로 해석해 주려고 애쓰고 있다. 하지만 술술 쉽게 해석해 준다고 볼 수는 없다.

06 (다)에서 아빠는 아들의 걱정을 해결해 주고 싶어서 배경지식이 없어 잘 모르는 작품이지만 최선을 다해서 시를 해석해 알려 주려고 노력하고 있다.

07 성장을 다룬 작품을 감상하면 인물에 공감하며 자신을 성찰하고 인간의 삶을 더 잘 이해할 수 있다. 하지만 성장을 다룬 작품을 읽는다고 해서 살면서 생길 수 있는 갈등과 마찰을 피할 수 있는 것은 아니다.

08 이 글에는 아빠와 아들의 사랑과 사람에게는 훌륭한 면, 부족한 면 등 다양한 면이 공존함을 깨달으며 성장해 나가는 '나'의 모습이 나타난다. 따라서 약점이 없는 사람이 되어야겠다고 다짐하는 것은 이 글을 읽고 보인 반응으로 적절하지 않다.

09 아빠는 솔직하게 자신이 백석의 시를 잘 몰라 도와줄 수 없음을 고백하고 아들이 아빠처럼 너무 무지하게 살지는 말라고 당부하고 있다. 또한 아빠가 하는 일만큼은 확신을 갖고 잘 알고 있으며 열심히 살고 있으니 아들도 기죽지 말기를 바라는 마음을 전하고 있다.

11 (나)는 소설로, 인물('나')이 겪는 갈등을 중심으로 읽어야 한다.
오답풀이 ① (가)는 소설이다. 반복되는 표현을 통해 리듬감을 느끼며 읽어야 하는 것은 시이다.
③ (나)는 소설이다. 글쓴이의 주장이나 의견을 파악하며 읽어야 하는 것은 논설문이다.
④ (다)는 시나리오이다. 글쓴이의 경험을 통해 깨달은 바를 찾으며 읽어야 하는 종류의 글은 주로 수필이다.
⑤ (라)는 시나리오의 지문 부분이다. 독백은 배우가 혼자서 말하는 대사로, (라)에는 나타나지 않는다.

12 아빠는 사람들이 자신을 닭대가리라고 부르며 시기하거나 질투하지 않아야 수입산이라고 헛소문을 내지 않고 지금처럼 장사가 잘될 것이라고 생각할 뿐, 아빠가 파는 닭이 수입산이라고 소문이 난 것은 아니다.

13 수영 언니는 제희에게 수영할 때 도움이 되는 조언들을 하고 있으므로 제희의 수영 실력이 늘도록 돕는 인물이다.

14 ㉠에는 수영 언니의 도움이나 보조 도구 없이 스스로 수

영하여 반대편 수영장까지 헤엄쳐 간 제희의 모습이 나타나 있다. 이는 제희가 스스로 수영할 수 있게 되어 홀로서기에 성공했음을 의미한다.

15 (가)는 대중 매체로, 수용자는 내용이 모두 방송된 이후에 수정이나 추후의 재생산 과정에 의견을 내는 간접적인 방식으로 참여할 수 있으며 일방향 소통이 주를 이룬다.

16 개인 인터넷 방송은 방송 규제를 덜 받아 상호 등을 표현하는 데 있어 비교적 자유롭다.

17 대중 매체는 개인 인터넷 방송보다 불특정 다수에게 영향을 주기 때문에 방송 심의를 준수해야 하며 방송 내용의 공정성이 중시된다.

만점 올리드   59쪽

01 ② | 글쓴이는 '나'가 아빠를 향해 웃고 싶어 하지만, 혼란스러운 심리와 상황으로 인해 생각과 다르게 웃지 못하는 마지막 장면을 통해 성장하는 과정에 있는 '나'의 모습을 그리고 있다. 이는 가슴 아픈 경험을 통해서도 사람은 성장할 수 있음을 보여 준다.

02 ④ | '나'는 아빠가 모르는 것이 있다는 점, 놀림을 받아 의기소침할 때가 있다는 점을 통해 아빠에 대해 새롭게 인식하면서 아빠를 어떻게 대해야 할지 혼란스러워한다. 이는 '나'가 시집을 손에 땀이 나게 쥐고 굳어 있는 모습으로 나타난다.
오답풀이 ① 아빠의 너그럽고 현명한 모습을 '용머리'에 비유한 것은 아빠에 대한 '나'의 존경심을 의미한다.
② 무식한 사람을 얕보는 별명이 아빠에게 붙은 것을 싫어하는 모습에서 아빠에 대한 '나'의 긍정적인 마음을 읽을 수 있다.
③ '나'는 아빠를 늘 자랑스럽게 여기지만, 백석 시를 읽는 사건을 통해 아빠의 부족한 면을 알게 된다. 이로 인해 '나'는 혼란스러워한다.
⑤ '나'가 닭집이 아빠로 가득 찼다고 느낀 것은 아빠의 성실한 삶을 훌륭하게 느꼈음을 의미한다.

03 ④ | 대중 매체는 방송 규제의 틀 내에서 공정성과 공익성을 준수해야 하므로 사용해서는 안 되는 표현들이 있으나, 개인 인터넷 방송은 규제를 비교적 덜 받아 표현이 자유로운 편이다.

04 ③ | 개인 인터넷 방송은 최근 들어 영향력이 점점 커지고 있다. 하지만 개인이 쉽게 제작하다 보니 방송 내용을 제대로 검증하지 않는 경우가 발생해 피해가 생기기도 한다.

기말 모의평가 60~63쪽

01 ① **02** ⑤ **03** ㉠: 형태 ㉡: 기능 ㉢: 의미 **04** ㄱ에 비해 ㄴ이 키가 큰 그의 상태를 더욱 구체적으로 나타낸다. **05** ③
06 ④ **07** 글의 중심 내용이 잘 드러난다. **08** ⑤ **09** ③
10 ③ **11** 기본형—지적하다. 품사—동사, 공통적 의미—사람이나 사물의 움직임을 나타내는 단어이다. **12** ④ **13** ④ **14** ①
15 ④ **16** 자신 있는 것을 설명하는 아빠의 모습을 보고, '나'도 아빠에게 힘을 주고 싶다는 마음이 들었기 때문이다. **17** ⑤ **18** ②
19 ④ **20** 개인적으로 관심 있거나 필요한 정보를 선택하여 얻기 쉽다.

01 단어는 형태 변화 여부에 따라 가변어와 불변어로 나눌 수 있고, 그중 동사, 형용사, 서술격 조사 '이다'와 같은 가변어는 활용하여 형태가 변한다.

02 '무척'은 '아름답다'라는 형용사(용언)를 꾸며 주는 부사이다. 나머지는 모두 체언을 꾸며 주는 관형사이다.

04 ㉡의 '무척'은 부사로, '크다'라는 형용사를 꾸며 주어 '크다'의 뜻을 더욱 구체적이고 분명하게 해 준다.

05 (가)에서는 무색 페트병을 잘 분리하는 방법에 관해 설명하고 있다. 유색 페트병을 무색 페트병과 구분하여야 하는 이유는 유색 페트병이 재생 원료를 오염시키기 때문이라고 밝히고 있다.

06 ㉢에는 무색 페트병을 배출하는 순서와 주의할 점을 제시해야 한다. 무색 페트병을 재활용하여 만든 제품이 경제에 도움을 준다는 내용은 ⓓ에 넣기에 적절하다.

08 ㉠은 '확실하다'라는 형용사를 꾸며 주는 부사이다. '요즘'은 명사이다.

09 '중요하지만'의 기본형은 '중요하다'로 형용사이다. 형용사는 용언에 속하는데, 문장에서 쓰일 때 형태가 변하며 주로 서술어의 역할을 한다.

10 '만'은 다른 것으로부터 제한하여 어느 것을 한정한다는 뜻을 지닌 조사이다. ③은 감탄사에 대한 설명이다.

12 자료의 내용은 과장, 축소, 왜곡해서는 안 된다.
오답 풀이 ① 필요하다면 두 개 이상의 자료를 합쳐서 활용할 수도 있다.
② 수집한 자료는 중요도를 판단해서 글에 활용해야 한다.
③ 수집한 자료는 독자들의 수준에 맞게 활용해야 한다.
⑤ 출처를 정확히 밝힐 수 있도록 출처가 분명한 자료를 활용해야 한다.

13 이 글은 '나'가 훌륭하게 생각했던 아빠에게도 부족한 점이 있다는 것을 깨달으며 성장해 가는 과정을 담고 있다. 이 글을 읽고 사람마다 부족한 점이 있음을 깨닫고 인간에 대한 이해를 넓혀 나갈 수는 있으나, 사람의 부족한 점만을 자세히 관찰하겠다는 반응은 적절한 감상이 아니다.

14 (나)에서 아빠는 백석의 시에 대해 잘 모르겠다고 말한다. 이는 아들에게 자신의 부족한 부분을 고백하는 것으로 볼 수 있다.

15 ㉣은 아빠가 기운을 내어 자신에게 용기를 주려고 하는 모습을 보고 '나'도 아빠에게 용기를 주고 싶지만 아빠에 대한 인식 변화가 쉽게 이루어지지 않아 혼란스러워하는 '나'의 상태를 보여 준다.

16 아빠는 자신이 잘 아는 닭에 관해 말하며 닭 모가지를 쥐고 흔든다. 이는 자신의 부족한 부분을 '나'가 알게 되었지만 의기소침한 마음을 이겨 내려는 행동으로 볼 수 있다. 이러한 아빠의 모습을 본 '나'는 아빠에게 힘을 주고 싶어 ⓐ와 같은 생각을 한다.

17 개인 인터넷 방송은 점점 영향력이 커지고 있지만 규제를 덜 받아 표현이 자유로운 편이다. 이러한 특성으로 인해 (나)에서와 같이 허위 정보로 다른 사람에게 피해를 줄 수 있다.

18 대중 매체는 전문가 집단이 역할을 분담하여 체계적으로 제작한다.

19 (라)에서는 많은 사람이 동시에 같은 방송을 시청하며 같은 내용을 공유하는 모습이 드러나 있으나, 실시간으로 방송에 참여하는 모습은 나타나 있지 않다. 대중 매체는 수용자가 실시간으로 참여하기 어렵다는 특성을 지닌다.

20 개인 인터넷 방송은 수용자 개인이 관심을 가지는 정보나 필요로 하는 정보를 손쉽게 얻을 수 있어 수용자가 개별적인 매체 이용을 경험할 수 있다.

www.mirae-n.com

학습하다가 이해되지 않는 부분이나 정오표 등의 궁금한 사항이 있나요?
미래엔 홈페이지에서 해결해 드립니다.

교재 내용 문의
나의 교재 문의 | 자주하는 질문 | 기타 문의

교재 정답 및 정오표
정답과 해설 | 정오표

교재 학습 자료
MP3

Contact Mirae-N
www.mirae-n.com
(우)06532 서울시 서초구 신반포로 321
1800-8890

꼼꼼한 개념 학습

꼭 알아야 할 교과서 핵심 개념을 필수 탐구와 자료로 꼼꼼하게 익히자!

기출 적용 훈련

꼭 출제되는 문제 유형을 단계별 문제를 풀며 완벽하게 적용하자!

반복 실전 훈련

다양한 문제 유형으로 반복하며 실전에 자신 있게 다가가자!

미래엔이 PICK한 개념과 유형으로 실력 PEAK에 도달하세요.

고등학교 내신과 수능을 다 잡는
필수 개념 기본서

사회	통합사회1, 통합사회2*, 한국사1, 한국사2*
과학	통합과학1, 통합과학2, 물리학*, 화학*, 생명과학*, 지구과학*

*2025년 상반기 출간 예정

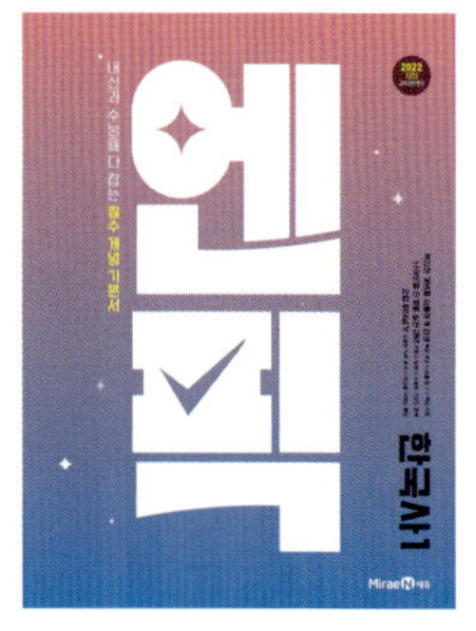

Mirae N 에듀